ACCOUNTING

全新
增值税政策
与会计
实操大全

实务难点+账务处理+税务筹划

王有松 编著

中国铁道出版社有限公司
CHINA RAILWAY PUBLISHING HOUSE CO., LTD.

图书在版编目（CIP）数据

全新增值税政策与会计实操大全：实务难点＋账务处理＋税务筹划 /
王有松编著 . —北京：中国铁道出版社有限公司，2020.6（2021.10 重印）
ISBN 978-7-113-26628-8

Ⅰ.①全… Ⅱ.①王… Ⅲ.①增值税－税收政策－基本知识－中国
②税务会计－会计实务－中国 Ⅳ.① F812.42

中国版本图书馆 CIP 数据核字(2020)第 021451 号

书　　　名：**全新增值税政策与会计实操大全：实务难点＋账务处理＋税务筹划**
　　　　　　QUANXIN ZENGZHISHUI ZHENGCE YU KUAIJI SHICAO DAQUAN:
　　　　　　SHIWU NANDIAN+ZHANGWU CHULI+SHUIWU CHOUHUA
作　　　者：王有松

责任编辑：王淑艳　　　编辑部电话：（010）51873022　　　邮箱：wangsy20008@126.com
封面设计：王　岩
责任校对：王　杰
责任印制：赵星辰

出版发行：中国铁道出版社有限公司 (100054，北京市西城区右安门西街 8 号)
网　　址：http://www.tdpress.com
印　　刷：北京铭成印刷有限公司
版　　次：2020 年 6 月第 1 版　2021 年 10 月第 3 次印刷
开　　本：710 mm×1 000 mm 1/16　印张：25.25　字数：517 千
书　　号：ISBN 978-7-113-26628-8
定　　价：88.00 元

序 言

时维三月，春意正浓，全国上下抗击新冠疫情胜利在望，复产复工正有序推进。恰有松《全新增值税政策与会计实操大全：实务难点＋账务处理＋税务筹划》一书出版，欣然应邀为其作序。

本书结构新颖、层次清晰，立足业务、财务、税务一体化理念，分模块阐述增值税管理纳税实操。全书从增值税基本要素开篇，扫清增值税认知盲点；之后以发票管理为目标，揭开"以票控税"神秘面纱；以增值税进项、销项两端管理为策略，把控核心与重点，总结实务问题处理规律；以会计账务处理为手段，破译增值税会计语言法则；最后以税收优惠政策为抓手，用税收筹划技巧与税收风险防控结尾，探寻增值税管理更高价值的实现路径与思维密码。全书将增值税政策与操作策略并举，提示细腻，体现了"细"；全书法条避免罗列，案例分析突出应用，体现了"实"；全书结构编排层次清晰，规律总结巧妙深刻，图表示例规范有序，体现了"新"。

中央财经大学税务人才培养最早起源于 1949 年中央税务学校的税政专业，现拥有税收学学士、硕士、博士学位授予点，是新中国成立以来为国家税务人才培养的摇篮。有松是中央财经大学作为全国第一批税务专业硕士研究生试点单位培养的学生，并担任该班班长。他在求学期间系统学习税收、法律、会计专业理论知识，学习刻苦，勤于思考，参与了不少税务管理课题的调研和写作，其硕士毕业论文《企业税务风险防控体系研究》是"税收风险因子精细化管控"的初步探索。毕业后，有松曾在大型企业集团从事税务管理工作，历经税务会计、财务主管、财务负责人、总会计师等岗位，积累了丰富的财税管理经验。上述背景和经历，为这本书的写作奠定扎实的理论与实践基础。

正所谓"知之愈明，行之愈笃"。希望有松以这本书的出版为起点，更加注重将财税理论、政策和管理实践结合，在学习和工作中取得更大进步！

是为推荐。

中央财经大学博士生导师、教授 樊勇

2020 年 3 月 10 日

前　言

2019年3月21日，财政部、国家税务总局、海关总署联合发布《关于深化增值税改革有关政策的公告》，高档税率又从16%降至13%，期末留抵退税制度顺势推出。2019年11月27日，财政部、国家税务总局公布《中华人民共和国增值税法（征求意见稿）》，增值税改革成果亟待巩固。2020年2月27日，财政部公布2020年立法工作安排，力争年内完成增值税法、消费税法、关税法等法规的起草工作，税收法定原则进一步落实。

《中华人民共和国增值税法（征求意见稿）》与现行《中国人民共和国增值税暂行条例》主要变化有：起征点为季销售额30万元，明确购买方为扣缴义务人，修改"境内"发生交易的概念、进口货物组成计税价格、纳税期限、不能抵扣进项税的项目和不征收增值税的范围，扩大了教育服务业免税范围，明确了留抵退税的法定地位，提出了增值税的缴存机制，以及新旧税收策政策过渡期达5年的规定。

2016年以来，正是我对增值税业务学习和实践的关键期，工作岗位调整后，随着视野的拓宽，对增值税的理解日益加深，吸收了更多的实务疑难问题，研读了最新税收政策（截至2020年2月，2021年7月重印时对个别内容重新修订），经过长时间的沉淀与思考，我用全新的结构和视角来诠释增值税各项涉税问题，以期对大家有所帮助。

本书共分为8章，立足于财务、税务、业务一体化理念，按照增值税管理工作流程，分模块阐述增值税会计业务与纳税技巧。

写作技巧主要体现在：

第一，章节编排新颖，结构明晰。本书与其他同类书籍篇章结构不同，我从自身实际工作出发，把企业全面"营改增"纳税实操分类分模块，各个击破。

第二，图表化归纳，特别提示讲解。人们往往记忆文字、数据较难，而图表、空间记忆敏感。书中海量税收政策归纳多以图表展示，重点问题用特别字体提示，避免文件罗列和摘抄，实务难点通过"小窗口"的方式进行重点解析。

第三，实务问题论述，以案例找启发。本书内容涵盖增值税入门、管理、创新的应知应会技巧，以案说税，属于来自财税管理一线的热心奉献。

衷心感谢我的导师——中央财经大学樊勇教授！请老师为拙著作序时，心里实在忐忑，老师慨然应允，着实温暖。在中财学习期间，老师的影响和教诲永生难忘。序言中老师的嘱托，我也将铭记在心，在理论学习和工作实践创新的道路上，一步一个脚印走下去。

衷心感谢财税专家何然、董莉、艾江、邸亚辉、袁国辉、周明、赵锐！与优秀者一起，犹如打开了另一扇通往世界的窗户，启迪思维，震撼灵魂。你们是朋友、是伙伴、是师长，你们的倾情推荐，让这本书有了更大的价值和责任，感谢大家的支持与鼓舞！

衷心感谢北京能源集团有限责任公司、北京京能电力股份有限公司、北京京煤集团有限责任公司、江西宜春京能热电有限责任公司各级领导同事对我的帮助、信任和提携！

增值税征收范围广、难度大、影响深远，需要认真学习，保持政策变更的敏锐性。日常工作和学习中，我经常通过税屋、大力税手（上市公司税讯）以及一些知名财税大咖的微信公众号参考学习，在此一并表示感谢！

最后，衷心感谢中国铁道出版社有限公司对本书出版工作的支持与付出！由于作者水平有限，书中难免存在缺点及不足之处，请各位读者批评指正，也可以通过微信公众号"税语"平台和邮箱（421572163@qq.com）进行业务交流与探讨。

王有松

2020 年 3 月 15 日

目　录

CONTENTS

第❶章　阐释理论　强化基础

第 2 章　以票控税　防范风险

第 3 章　进项管理　降低税负

第 4 章　销项侧管理　以稳待变

第 5 章 税收核算 把握重点

第**6**章　会计处理　突破难点

第 7 章　税收优惠　全面掌控

第8章 税收筹划 控制风险

第 ① 章

阐释理论　强化基础

　　2019 年 3 月 20 日，财政部、国家税务总局、海关总署联合发布了《关于深化增值税改革有关政策的公告》（财政部 税务总局 海关总署公告 2019 年第 39 号），我国增值税税收改革得到了进一步深化，税收政策也发生了较大变化。然而，所有变化的源泉都来自增值税的基本知识、基本要素和基本理论。正所谓，基础不牢、地动山摇，我们学习和运用增值税要先从基础开始。本章将主要介绍增值税的基本税制要素，包括增值税的纳税人、征税范围解析、最新税率情况、纳税义务发生时间的判断、纳税地点的选择等。基础章节往往决定了后续内容的演绎，所谓万变不离其宗，本章值得大家重点阅读。

1.1　初识增值税

2016 年以来，有关增值税的新政策、新文件层出不穷，令人眼花缭乱。但是，所有的变化和根源都源于增值税的基本知识、基本要素、基本理论。

1.1.1　增值税的概念及特征

增值税（Value Added Tax，VAT）是以商品生产流通各环节或提供劳务、应税服务的增值额为计税依据而征收的一种税。

增值税是全球各国政府第三大税收来源。据统计，在全球税收收入体系中增值税占比 19.2%，仅次于社会保障税（27%）和个人所得税（25%），但占比远远超过企业所得税（8%）、特定消费税（11%）和财产税（5%）。

法定增值额不一定等于理论增值额，不一致的原因是各国在规定扣除范围时，对外购流动资产价款都允许扣除，但对外购固定资产的处理办法不同，同时存在一些难以征收增值税的行业以及对一些项目的减免税，二者也会有所不同。

增值税的类型与特点，见表 1-1。

表 1-1　增值税的类型及特点

类型	特点	优点	缺点
生产型 增值税	1. 课税基数大体相当于国民生产总值的统计口径； 2. 确定法定增值额不允许扣除任何外购固定资产价款； 3. 法定增值额＞理论增值额	保证财政收入	对固定资产存在重复征税；不利于鼓励投资
收入型 增值税	1. 课税基数相当于国民收入部分； 2. 对外购固定资产只允许扣除当期计入产品价值的折旧费部分； 3. 法定增值额＝理论增值额	一种标准的增值税，避免重复征税	凭发票扣税的计算方式下该方法操作起来比较困难
消费型 增值税	1. 课税基数仅限于消费资料价值的部分； 2. 允许当期购入固定资产价款一次全部扣除； 3. 法定增值额＜理论增值额	便于操作	减少财政收入

纵观我国增值税改革发展历程可以看出，期间经历了从生产型增值税到消费税型增值税的过渡。

（1）不重复征税，具有中性税收的特征。

（2）逐环节征税，逐环节扣税，最终消费者是全部税款的承担者。

（3）税基广阔，具有征收的普遍性和连续性，在组织财政收入上具有稳定性和及时性。

（4）能够平衡税负，促进公平竞争。

（5）在税收征管上，上下游企业可以互相制约，交叉审计，避免发生偷税。

1.1.2　增值税对其他税种的影响

1. 对企业所得税的影响

下面我们用基本公式推导得出结论：

含税收入＝不含税收入＋销项税额

含税成本＝不含税成本＋进项税额

（1）营改增前＝（含税收入－含税成本－营业税）×25%

（2）营改增后＝（不含税收入－不含税成本）×25%

（3）所得税变化＝（2）－（1）

＝［（不含税收入－含税收入）＋（含税成本－不含税成本）＋营业税］×25%

＝（进项税额＋营业税－销项税额）×25%

＝（营业税－增值税）×25%

若：营业税大于增值税，则：企业所得税会增加，反之则反。

理论上讲，如果"营改增"前后收入、成本等情况类似的话，"营改增"后，某企业缴纳的增值税比原来缴纳营业税时增加，则该企业的企业所得税会减少。如果其增值税和企业所得税同时增加，同时减少，则说明其税政管理有问题，增值税增加一定程度上对所得税有减税效应。

2. 对印花税计税的影响

增值税是商品或服务在交易流转过程中产生的，交易一般都有合同，而交易合同一般都牵涉印花税。那么问题来了，印花税的计税基础是含税价还是不含税价？包含增值税吗？

根据《中华人民共和国印花税暂行条例》的规定，购销合同的计税依据为合同上载明的"购销金额"，其他合同的计税依据基本也是以合同金额为基数。针对该问题，国家税务总局没有给出更清楚的解释，各地执行情况不一。

《上海市税务局关于实施新的〈增值税暂行条例〉后购销合同、加工承揽合同征印花税问题的通知》（沪税地〔1993〕103 号）第一条规定，对购销合同的贴花，均以合同记载的销售额（购入额）不包括记载的增值税额的金额计税贴花。

《吉林省地方税务局关于对财产与行为税有关业务问题的通知》（吉地税财行函〔2001〕23 号）第四条规定，根据《吉林省印花税征收管理办法》，对买卖双方签订商品购销合同并核定征收印花税的单位及个人，其"购进金额"和"销售收入"的计税金额，均以购进商品付给对方的全部价款和销售商品收到对方的全部价款为计税依据。

针对这一问题，最为企业接收并广为参考引用的是，湖北省地方税务局《关于明确财产行为税若干具体政策问题的通知》（鄂地税发〔2010〕176号）的规定：

（一）按合同金额计征印花税的情形：

1. 如果购销合同中只有不含税金额，以不含税金额作为印花税的计税依据；

2. 如果购销合同中既有不含税金额又有增值税金额，且分别记载的，以不含税金额作为印花税的计税依据；

3. 如果购销合同所载金额中包含增值税金额，但未分别记载的，以合同所载金额（即含税金额）作为印花税的计税依据。

（二）核定征收印花税的情形：

直接以纳税人账载购销金额作为印花税的计税依据，而不论其是否包含增值税税金。

所以，为了进一步控制税收风险，以后财务会计人员在缴纳企业合同印花税的时候，把握一个原则：如果是合同分别写有不含税金额和增值税额，且没有合计数，则按照不含税金额计算缴纳印花税；否则任何情况都按合同上总金额计缴印花税。

3. 对契税计税的影响

（1）契税的计算

根据《财政部 国家税务总局关于营改增后契税 房产税 土地增值税 个人所得税计税依据问题的通知》（财税〔2016〕43号）（以下简称"财税〔2016〕43号"）规定，计征契税的成交价格不含增值税。

比如，企业纳税人转让不动产的，一般计税方法下不动产的"成交价格"除以（1＋9%）的余额为契税的计税依据；简易计税方法下不动产的"成交价格"除以（1＋5%）的余额为契税的计税依据。

个人转让不动产，适用全额纳税的，转让不动产的"成交价格"除以（1＋5%）的余额为契税的计税依据；适用差额纳税的，转让不动产的"成交价格"除以（1＋5%）的余额为契税的计税依据；

但是，适用免征增值税的，以转让合同或发票金额为契税的计税依据，不扣减增值税额。

（2）缴纳增值税差额扣除情形的契税计算

纳税人转让不动产，按照有关规定差额缴纳增值税的，如因丢失等原因无法提供取得不动产时的发票，可向税务机关提供其他能证明契税计税金额的完税凭证等资料，进行差额扣除。

如果是 2016 年 4 月 30 日及以前缴纳契税的，则：

增值税应纳税额 = ［全部交易价格（含增值税）－ 契税计税金额（含营业税）］÷（1 ＋ 5%）× 5%

如果是 2016 年 5 月 1 日及以后缴纳契税的，则：

增值税应纳税额 = ［全部交易价格（含增值税）÷（1 ＋ 5%）－ 契税计税金额（不含增值税）］× 5%

纳税人同时保留取得不动产时的发票和其他能证明契税计税金额的完税凭证等资料的，应当凭发票进行差额扣除。

4．对房产税计税的影响

财税〔2016〕43 号文件规定，出租房产的，计征房产税的租金收入不含增值税。

比如，纳税人出租房屋、建筑物时，一般计税方法下不动产的"成交价格"除以（1 ＋ 9%）的余额为房产税的计税依据；简易计税方法下不动产的"成交价格"除以（1 ＋ 5%）的余额为房产税的计税依据。

5．对土地增值税计税的影响

根据财税〔2016〕43 号规定：土地增值税纳税人转让房地产取得的收入为不含增值税收入。《中华人民共和国土地增值税暂行条例》等规定的土地增值税扣除项目涉及的增值税进项税额，允许在销项税额中计算抵扣的，不计入扣除项目，不允许在销项税额中计算抵扣的，可以计入扣除项目。

实务中，土地增值税收入项目的"不含增值税收入"是发票上体现的不含税销售额。

（1）关于土地增值税应税收入确认问题

"营改增"后，纳税人转让房地产的土地增值税应税收入不含增值税。适用增值税一般计税方法的纳税人，其转让房地产的土地增值税应税收入不含增值税销项税额；适用简易计税方法的纳税人，其转让房地产的土地增值税应税收入不含增值税应纳税额。

为方便纳税人，简化土地增值税预征税款计算，房地产开发企业采取预收款方式销售自行开发的房地产项目的，可按照以下方法计算土地增值税预征计征依据：

土地增值税预征的计征依据 = 预收款 － 应预缴增值税税款

（2）关于视同销售房地产的土地增值税应税收入确认问题

纳税人将开发产品用于职工福利、奖励、对外投资、分配给股东或投资人、抵偿债务、换取其他单位和个人的非货币性资产等，发生所有权转移时应视同销售房地产，其收入应按照《国家税务总局关于房地产开发企业土地增值税清算管理有关问题的通知》（国税发〔2006〕187 号）第三条规定执行。纳税人安置回迁户，其拆迁安置用房应税收入和扣除项目的确认，应按照《国家税务总局关于土地增值税清算有关问题的通知》（国税函〔2010〕220号）第六条规定执行。

（3）关于与转让房地产有关的税金扣除问题

"营改增"后，计算土地增值税增值额的扣除项目中"与转让房地产有关的税金"不包括增值税。

房地产开发企业实际缴纳的城市维护建设税（以下简称"城建税"）、教育费附加，凡能够按清算项目准确计算的，允许据实扣除。凡不能按清算项目准确计算的，则按该清算项目预缴增值税时实际缴纳的城建税、教育费附加扣除。

其他转让房地产行为的城建税、教育费附加扣除比照上述规定执行。

（4）关于"营改增"前后土地增值税清算的计算问题

房地产开发企业在营改增后进行房地产开发项目土地增值税清算时，按以下方法确定相关金额：

土地增值税应税收入＝"营改增"前转让房地产取得的收入＋"营改增"后转让房地产取得的不含增值税收入

与转让房地产有关的税金＝"营改增"前实际缴纳的营业税、城建税、教育费附加＋"营改增"后允许扣除的城建税、教育费附加

1.2　增值税的纳税人

增值税纳税人是指税法规定负有缴纳增值税义务的单位和个人，涉及企业单位、个人，还有不同类型的纳税人，比如扣缴义务人、承包承租人、挂靠人。增值税纳税人也分为一般纳税人和小规模纳税人。本节将从不同角度详细介绍增值税的不同纳税人。

1.2.1　单位和个人

我国增值税相关法规规定，在我国境内销售货物或者提供加工、修理修配劳务（以下简称应税劳务），销售应税服务、无形资产和不动产（以下简称应税服务）以及进口货物的企业单位和个人为增值税的纳税人。其中，"应税服务"包括，交通运输业、邮政业、电信业、部分现代服务业服务，以及进口货物的企业单位和个人为增值税的纳税人。

1. 单位

单位，是指企业、行政单位、事业单位、军事单位、社会团体及其他单位。

行政单位、事业单位、军事单位、社会团体，只要发生了应税行为就是增值税的纳税人，就应当缴纳增值税。比如政府大楼的底楼层有的是商铺，就涉及房租收入，其他

军事、社会团体单位也有可能遇到。

2．个人

个人，是指个体工商户和自然人。

《中华人民共和国民法总则》第五十四条的规定："自然人从事工商业经营，经依法登记，为个体工商户。"《个体工商户条例》第二条的规定："有经营能力的公民，依照本条例规定经工商行政管理部门登记，从事工商业经营的，为个体工商户。"根据上述条款，个体工商户是从属于自然人群体中的一类特殊群体，主要是从事工商业经营，是增值税的纳税人。

1.2.2　扣缴义务人

中华人民共和国境外单位或者个人在境内发生应税行为，在境内未设有经营机构的，以购买方为增值税扣缴义务人。财政部和国家税务总局另有规定的除外。

1．扣缴发生的前提

以购买方为增值税扣缴义务人的前提，是境外单位或者个人在境内未设立经营机构，如果境外单位或者个人在境内设立了经营机构，应以其经营机构为增值税纳税人，不存在由扣缴义务人扣缴税款的问题。

2．扣缴税额的计算

扣缴义务人是纳税人，不是实际负税人。扣缴义务人在扣缴增值税的时候，应按照以下公式计算应扣缴税额：

应扣缴税额＝购买方支付的价款÷（1＋税率）×税率

注意，按照上述公式计算应扣缴税额时，无论购买方支付的价款是否超过500万元的一般纳税人标准，无论扣缴义务人是一般纳税人或者小规模纳税人，一律按照境外单位或者个人发生应税行为的适用税率予以计算。也就是说，税率的计算不是按照扣缴义务人的纳税人资格类型来确定的，而是按照对方的适用税率确定的。

> 👤🔍 **小贴士**
>
> ### 扣缴税额如何适用税率？
>
> 甲科技公司（小规模纳税人）受让英国一家企业乙特许使用权一年，甲公司一次性支付租用费1 090 000元。甲应当履行代扣增值税税款的义务，经过计算：
>
> 应扣缴税额＝1 090 000÷（1＋9%）×9%＝90 000（元）
>
> 而不是：应扣缴税额＝1 090 000÷（1＋3%）×3%＝31 747.57（元）

3．扣缴税款的抵扣

境内购买方从境外单位或者个人购进服务、无形资产或者不动产的，其取得的解缴税款的完税凭证上注明的增值税额，准予从销项税额中抵扣。

4．扣缴义务发生时间与地点

扣缴义务发生时间为纳税人增值税纳税义务发生的当天。扣缴义务人应当向其机构所在地或者居住地主管税务机关申报缴纳扣缴的税款。

小贴士

扣缴义务人与委托代征单位的区别是什么？

《中华人民共和国税收征收管理法》（以下简称《税收征管法》）第三十条规定："扣缴义务人依照法律、行政法规的规定履行代扣、代收税款的义务。对法律、行政法规没有规定负有代扣、代收税款义务的单位和个人，税务机关不得要求其履行代扣、代收税款义务。扣缴义务人依法履行代扣、代收税款义务时，纳税人不得拒绝。纳税人拒绝的，扣缴义务人应当及时报告税务机关处理"。

第四十四条规定"税务机关根据有利于税收控管和方便纳税的原则，可以按照国家有关规定委托有关单位和人员代征零星分散和异地缴纳的税收，并发给委托代征证书。受托单位和人员按照代征证书的要求，以税务机关的名义依法征收税款，纳税人不得拒绝；纳税人拒绝的，受托代征单位和人员应当及时报告税务机关。"委托有关单位代征零星分散和异地缴纳的税收。

扣缴义务人代扣代缴、代收代缴税款的义务是法定的，如果不作为，《税收征管法》规定，扣缴义务人应扣未扣、应收而不收税款的，由税务机关向纳税人追缴税款，对扣缴义务人处应扣未扣、应收未收税款百分之五十以上三倍以下的罚款。

目前，《税收征管法》没有规定受托代征人不作为需承担的法律责任，因此，税务机关对不作为的委托代征人无法按照《税收征管法》进行处理和处罚，只能按照《中华人民共和国合同法》的有关规定，依法申请人民法院强制执行代征人已代征未按期结报或占用的税款。

1.2.3　承包、承租、挂靠经营的纳税人

单位以承包、承租、挂靠方式经营的，承包人、承租人、挂靠人（以下统称承包人）以发包人、出租人、被挂靠人（以下统称发包人）名义对外经营并由发包人承担相关法律责任的，以该发包人为纳税人；否则，以承包人为纳税人。

这里要清楚承包、承租、挂靠经营的基本属性，也就容易把握这些经营方式下的纳

税主体了。简易图示如图 1-1 所示。

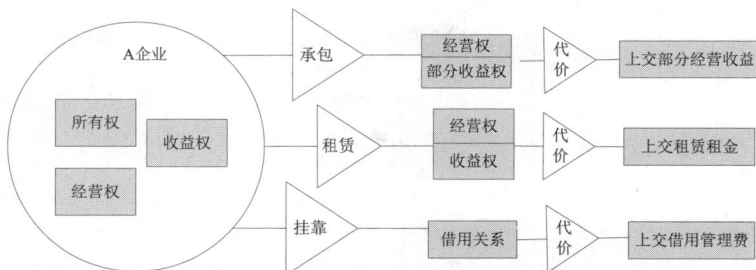

图1-1　简易图示

1．承包经营与租赁经营的区别

企业承包经营是发包方在不改变企业所有权的前提下，将企业发包给经营者承包，经营者以企业名义从事经营活动，并按合同分享经营成果的经营形式。

企业租赁经营，是在所有权不变的前提下，出租方将企业租赁给承租方经营，承租方向出租方交付租金并对企业实行自主经营，在租赁关系终止时，返还所租财产。

2．挂靠经营

挂靠经营，是指企业、合伙组织等与另一个经营主体达成依附协议，挂靠方通常以被挂靠方的名义对外从事经营活动，被挂靠方提供资质、技术、管理等方面的服务并定期向挂靠方收取一定管理费用的经营方式。

3．承包、承租、挂靠方式下的纳税人界定的原则

采用承包、承租、挂靠经营方式下，区分以下两种情况界定纳税人：

（1）如果同时满足以下两个条件的，以发包人为纳税人：一是以发包人名义对外经营；二是由发包人承担相关法律责任。

（2）如果以上两个条件有一个不满足，则以承包人为纳税人。

1.2.4　一般纳税人和小规模纳税人

我国现行增值税对纳税人实行分类管理的管理模式，以发生应税行为的年销售额为标准，将纳税人分为一般纳税人和小规模纳税人，二者在计税方法、适用税率（征收率）、凭证管理等方面都不相同。

应税行为的年应征增值税销售额（以下称年应税销售额）超过财政部和国家税务总局规定标准的纳税人为一般纳税人，未超过规定标准的纳税人为小规模纳税人。

年应税销售额超过规定标准的其他个人不属于一般纳税人。年应税销售额超过规定标准但不经常发生应税行为的单位和个体工商户可选择按照小规模纳税人纳税。

《财政部 国家税务总局关于统一增值税小规模纳税人标准的通知》（财税〔2018〕33号）规定："增值税小规模纳税人标准为年应征增值税销售额 500 万元及以下。"

那么，年应征增值税销售额 500 万元及以下的纳税人是政策规定的小规模纳税人，可以登记为小规模纳税人；反之，年应征增值税销售额超过 500 万元的纳税人为一般纳税人，应该办理一般纳税人登记。

提示

> 不是"年应税销售额未超过规定标准的纳税人"一刀切的都认定为"小规模纳税人"。会计核算健全，能够提供准确税务资料的，可以向主管税务机关办理一般纳税人资格登记，成为一般纳税人。

1. 年应税销售额的含义

第一，年应税销售额，是指纳税人在连续不超过 12 个月或 4 个季度的经营期内累计应征增值税销售额，包括纳税申报销售额、稽查查补销售额、纳税评估调整销售。

提示

> "年应税销售额"是含增值税销售额，不是会计入账的作为收入的金额。

"经营期"是指在纳税人存续期内的连续经营期间，含未取得销售收入的月份或季度。

"纳税申报销售额"是指纳税人自行申报的全部应征增值税销售额，其中包括免税销售额和税务机关代开发票销售额。

"稽查查补销售额"和"纳税评估调整销售额"计入查补税款申报当月（或当季）的销售额，不计入税款所属期销售额。

比如：甲公司自行申报提供应税服务 2017 年 7 月至 2018 年 6 月的连续 4 个季度销售额合计为 300 万元，2019 年 1 月税务局稽查局立案调查后发现甲公司 2017 年 9 月少计收入 400 万元，则 400 万元在计算一般纳税人口径时，计入 2019 年 1 月的计算金额，如甲公司 2019 年 1 月有其他销售收入 200 万元，则超过 500 万元的标准，从 2019 年 1 月起要启动认定为一般纳税人程序。但是 400 万收入的滞纳金则从 2017 年 8 月 16 日开始计算征收。400 万元稽查查补收入适用的增值税征收率还是 3%，并不能适用 6% 的税率。

第二，销售服务、无形资产或者不动产（以下简称"应税行为"）有扣除项目的纳税人，其应税行为年应税销售额按未扣除之前的销售额计算。

第三，纳税人偶然发生的销售无形资产、转让不动产的销售额，不计入应税行为年应税销售额。

提示

比对已经废止的《国家税务总局关于明确增值税一般纳税人资格认定管理办法》（国税函〔2010〕139）号规定："一、认定办法第三条所称年应税销售额，包括纳税申报销售额、稽查查补销售额、纳税评估调整销售额、税务机关代开发票销售额和免税销售额。"

替代文件《增值税一般纳税人资格登记管理办法》（国家税务总局令第43号）没有单独列明"税务机关代开发票销售额和免税销售额"，合并统计在"纳税申报销售额"中。

小贴士

如应税销售额达到标准，应当办理一般纳税人资格登记而企业就是不办理，

有什么风险吗？

《营业税改增值税试点实施办法》第三十三条规定，如未办理一般纳税人资格登记，按照规定将按销售额依照增值税税率计算应纳税额，不得抵扣进项税额。

如果一家商品零售企业的销售额达到了税务机关办理一般纳税人的要求，但就是不去办理一般纳税人登记，那么该企业计算增值税额的时候就应该适用13%的税率，同时购入商品的进项税额也不能抵扣，显然税负是大幅增加的。

当然，如果该企业继续作为小规模纳税人适用较低的税率，以达到节税的目的，这样做是有风险的，如果被税务机关稽查，面临纳税调整、加收滞纳金罚款的风险。

1.2.5　纳税人类型划分的特殊规定

（1）按照《中华人民共和国增值税暂行条例实施细则》（财政部 国家税务总局第50号令）（以下简称《增值税暂行条例实施细则》）第二十八条规定已登记为增值税一般纳税人的单位和个人，在2018年12月31日前，可转登记为小规模纳税人，其未抵扣的进项税额作转出处理。但是，转登记纳税人今后如果年应税销售额超过财政部和税务总局规定的小规模纳税人标准，就应当登记为一般纳税人，而且，转登记纳税人按规定再次登记为一般纳税人后，也不能再转登记为小规模纳税人。

（2）年应税销售额超过500万元的自然人不属于一般纳税人。

（3）不经常发生应税行为的单位和个体工商户可选择按照小规模纳税人纳税。

（4）《增值税暂行条例实施细则》第二十九条规定，非企业性单位、不经常发生应税行为的企业可选择按照小规模纳税人纳税；

（5）根据《财政部 国家税务总局关于全面推开营业税改征增值税试点实施办法》（财税〔2016〕36号）（以下简称"财税〔2016〕36号"）第三条规定，年应税销售额超过规定标准但不经常发生应税行为的单位和个体工商户可选择按照小规模纳税人纳税。

（6）年应税销售额未超过规定标准的纳税人，会计核算健全，能够提供准确税务资料的，可以向主管税务机关办理一般纳税人资格登记，成为一般纳税人。

（7）除第（1）种情况外，一般情况下一般纳税人不可以转为小规模纳税人。

小贴士

如何理解"会计核算健全"和"能够准确提供税务资料"？

会计核算健全，是指能够按照国家统一的会计制度规定设置账簿，根据合法、有效凭证核算。主要是指：有专业财务会计人员，能按照财务会计制度规定设置总账和有关明细账进行会计核算，能准确核算增值税销售额、销项税额、进项税额和应纳税额等。

能够准确提供税务资料，是指能够规定如实填报增值税纳税申报表及其他相关资料，并按期进行申报纳税。

纳税人应按照《国家税务总局关于增值税一般纳税人登记管理若干事项的公告》（国家税务总局 2018 年第 6 号公告）的规定，向主管税务机关提供是否"会计核算健全"和"能够准确提供税务资料"的情况。

综上所述，增值税纳税人类型的划分，可以总结见表 1-2。

表 1-2　纳税人资格特殊情况划分

序号	纳税人情况	纳税人类型
1	达标的企业（不经常提供应税服务的除外）	一般纳税人
2	未达标的企业（会计核算健全，能够提供准确税务资料的除外）	小规模纳税人
3	其他个人	小规模纳税人
4	达标的非企业性单位、不经常提供应税服务的企业、个体工商户	可选择成为一般纳税人或小规模纳税人
5	会计核算健全，能够提供准确税务资料的未达标企业	可申请登记为一般纳税人

提示

要注意增值税纳税人采用一般计税方法核算的开始时间：

根据《增值税一般纳税人登记管理办法》（国家税务总局令第 43 号）规定，纳税人自一般纳税人生效之日起，按照增值税一般计税方法计算应纳税额，并可以按照规定领用增值税专用发票，财政部、国家税务总局另有规定的除外。本办法所称的生效之日，是指纳税人办理登记的当月 1 日或者次月 1 日，由纳税人在办理登记手续时自行选择。

也就是登记当月可以开始，也可下月才开始。这就有了一定的筹划空间，在将变未变之际，可以考虑一些特殊交易。

1.3　增值税的征税范围

增值税的征税范围主要是货物、劳务、服务、销售无形资产、销售不动产等。全面"营改增"后，某种意义上讲除了不征收增值税的业务，都属于增值税的征税范围。但是，我们可以以反列举的方式，把握明确规定的不征收增值税的、免税的、零税率的、减征的、退税的情形，剩下的就是全额征收的了。本节是从增值税原理上讲解如何判断某一项业务是否应该征收增值税。

1.3.1　如何判定是否缴纳增值税

企业判断一项经济业务是否需要缴纳增值税，除另有规定外，一般应同时具备以下四个条件：

1. 应税行为是发生在中华人民共和国境内

一国政府的管辖权限决定了应税行为必须属于境内，一国才能对此有征税权，否则不能征税。"财税〔2016〕36 号文"附件 1 第十二条和第十三条进行了明确。具体条款内容如下：

> "在境内销售服务、无形资产或者不动产，是指：（一）服务（租赁不动产除外）或者无形资产（自然资源使用权除外）的销售方或者购买方在境内；（二）所销售或者租赁的不动产在境内；（三）所销售自然资源使用权的自然资源在境内；（四）财政部和国家税务总局规定的其他情形。"
>
> "下列情形不属于在境内销售服务或者无形资产：（一）境外单位或者个人向境内单位或者个人销售完全在境外发生的服务。（二）境外单位或者个人向境内单位或者个人销售完全在境外使用的无形资产。（三）境外单位或者个人向境内单位或者个人出租完全在境外使用的有形动产。（四）财政部和国家税务总局规定的其他情形。"

（1）境内销售服务的判定原则

境内的单位或者个人销售的服务（不含租赁不动产）属于在境内销售服务，即属人原则。也就是说，境内的单位或者个人销售的服务（不含租赁不动产），无论服务购买方为境内单位或者个人还是境外单位或者个人，无论服务发生在境内还是境外，都属于在境内销售服务。对于境外单位或者个人来说，其销售的服务（不含租赁不动产）在以下两种情况下属于在境内销售服务，应照章缴纳增值税：

第一，境外单位或者个人向境内单位或者个人销售的完全在境内发生的服务，属于在境内销售服务。例如：境外某一工程公司到境内给境内某单位提供工程勘察勘探服务。

第二，境外单位或者个人向境内单位或者个人销售的未完全在境外发生的服务，属于在境内销售服务。例如：境外一咨询公司与境内某一公司签订咨询合同，就这家境内公司开拓境内、境外市场进行实地调研并提出合理化管理建议，境外咨询公司提供的咨询服务同时在境内和境外发生，属于在境内销售服务。

①境内租赁不动产的判定原则

只要所租赁的不动产在境内，无论出租方是否为境内单位或者个人，无论承租方是否为境内单位或者个人，均属于在境内租赁不动产。例如，英国一公司将其拥有的我国境内一处办公楼出租给韩国一公司。

提示

> 境外单位或者个人销售的服务（不含租赁不动产），属于下列情形的，不属于在境内销售服务，不缴纳增值税：
>
> 第一，境外单位或者个人向境外单位或者个人销售服务。例如，美国一咨询公司为德国一公司提供咨询服务。
>
> 第二，境外单位或者个人向境内单位或者个人销售完全在境外发生的服务。例如，境内个人出境旅游时的餐饮、住宿服务。
>
> 第三，境外单位或者个人向境内单位或者个人出租完全在境外使用的有形动产。例如，境外汽车租赁公司向赴境外旅游的中国居民出租小汽车供其在境外自驾游。

②关于境内销售无形资产的判定原则

a. 境内的单位或者个人销售的无形资产（不含自然资源使用权）属于在境内销售无形资产，即属人原则。

对于境外单位或者个人来说，其销售的无形资产在以下两种情况下属于在境内销售无形资产，应照章缴纳增值税：

第一，境外单位或者个人向境内单位或者个人销售的完全在境内使用的无形资产，属于在境内销售无形资产。例如：境外 A 公司向境内 B 公司转让 A 公司在境内的连锁经营权。

第二，境外单位或者个人向境内单位或者个人销售的未完全在境外使用的无形资产，属于在境内销售无形资产。例如：境外 C 公司向境内 D 公司转让一项专利技术，该技术同时用于 D 公司在境内和境外的生产线。

b. 境外单位或者个人销售的无形资产（不含自然资源使用权），属于下列情形的，不属于在境内销售无形资产，不缴纳增值税：

第一，境外单位或者个人向境外单位或者个人销售无形资产（不含自然资源使用权）。例如，美国一公司向德国一公司转让一项非专利技术。

第二，境外单位或者个人向境内单位或者个人销售完全在境外使用的无形资产。例如，境外 E 公司向境内 F 公司转让一项专用于 F 公司所属印度子公司在印度生产线上的专利技术。

c. 境内销售自然资源使用权的判定原则

只要所销售的自然资源使用权的自然资源在境内，无论销售方或购买方是否为境内单位或者个人，均属于在境内销售自然资源使用权。例如，法国一公司将其拥有的我国境内一处矿产的探矿权转让给一家境内公司。

d. 关于境内销售不动产的判定原则

只要所销售的不动产在境内，无论销售方或购买方是否为境内单位或者个人，均属于在境内销售不动产。例如，意大利一公司将其在深圳拥有的一处办公楼销售给另一家意大利公司。

2. 应税行为是属于"销售服务、无形资产、不动产注释"范围内的业务活动

全面"营改增"把增值税的征税范围补充了新的定义，即应税行为分为三大类：销售应税服务、销售无形资产和销售不动产。其中，应税服务包括交通运输服务、邮政服务、电信服务、建筑服务、金融服务、现代服务、生活服务。

3. 应税服务是为他人提供的

"服务必须是为他人提供的"，是指应税服务的提供对象必须是其他单位或者个人，不是自己，也不是自我服务；比如：①单位或者个体工商户聘用的员工为本单位或者雇主提供取得工资的服务；②单位或者个体工商户为聘用的员工提供服务。

只有单位或个体经营者聘用的员工为本单位或者雇主提供取得工资的服务才属于非经营活动，不缴纳增值税，非本单位或个体经营者聘用的员工为本单位或者雇主提供的服务，属于应税行为，应照章缴纳增值税。

4. 应税行为是有偿的

"财税〔2016〕36 号文"附件 1 第十条和第十一条规定：销售服务、无形资产或者不动产，是指有偿提供服务、有偿转让无形资产或者不动产。有偿，是指取得货币、货物或者其他经济利益。根据上述规定，发生增值税应税行为的一个前提条件是有偿。当然也会有税法固定例外的情形。

🔍 **小贴士**

一、员工为本单位或者雇主提供的所有服务是否都不征税？

例如：员工将自己的房屋出租给本单位使用收取房租、员工利用自己的交通工具为本单位运输货物收取运费、员工将自有资金贷给本单位使用收取利息等是否需要缴纳增值税。

对这些情况如果不征税显然与增值税立法精神不符，对其他单位和个人也不公平。因此，员工为本单位或者雇主提供的不征税的服务应仅限于员工为本单位或雇主提供的取得工资的职务性服务，员工向用人单位或雇主提供与工作（职务）无关的服务，这一类行为不属于自我服务的范畴，员工应该按照视同销售依法缴纳增值税。

二、下列哪些行为属于增值税的征收范围？

1．A公司将房屋与B公司土地交换；

2．C银行将房屋出租给D饭店，而D饭店长期不付租金，后经双方协商，饭店向银行提供免费就餐服务抵账；

3．E房地产开发企业委托F建筑工程公司建造房屋，双方在结算价款时，房地产企业将若干套房屋给建筑公司冲抵工程款；

4．H运输公司与I汽车修理公司商定，H运输公司为I汽车修理公司免费提供运输服务，I汽车修理公司为其免费提供汽车维修作为回报。

分析与解答：

案例1中，A公司将不动产换取了B公司的土地使用权，此时虽没有取得货币，但对于A公司而言，它是取得了B公司的土地使用权；同样B公司也是以土地为代价换取了A公司房屋所有权，这里的土地使用权和房屋所有权就是属于其他经济利益。

案例2中，C银行将房屋出租给D饭店，而D饭店长期不付租金，后经双方协商，饭店向银行提供免费就餐服务抵账，对C银行而言，出租房屋取得的是免费接受餐饮服务；对D饭店而言，提供餐饮服务取得的是免费使用房屋。这两者所涉及的饮食服务和房屋出租等也是其他经济利益，因此都应征收增值税。

案例3中，E房地产开发企业委托F建筑工程公司建造房屋，双方在结算价款时，房地产企业将若干套房屋给建筑队冲抵工程款，看上去没有资金往来，但实际上E房地产开发企业取得的好处是接受了F建筑工程公司的建筑劳务，同样F建筑工程公司获得了房屋所有权，双方都取得了经济利益，因此也应当征收增值税。

案例4中，H运输公司与I汽车修理公司商定，H运输公司为I汽车修理公司免费提供运输服务，I汽车修理公司为其免费提供汽车维修作为回报。这里运输服务和汽车维修都属于其他经济利益，因此应征收增值税。

答案：以上4个案例均属于增值税征收范围。

通过这个案例，相信大家对其他经济利益的理解有了一个比较深刻的印象，其他经济利益是指非货币、货物形式的收益，具体包括固定资产（不含货物）、生物资产（不含货物）无形资产（包括特许权）、股权投资、存货、不准备持有至到期的债券投资、服务以及有关权益等。

1.3.2　判定条件的两种例外情形

确定一项经济行为是否需要缴纳增值税，文件要求需要满足以上四个条件，但是如果出现如下情形应如何判断？

1. 满足上述四个条件但不纳税

"财税〔2016〕36 号文"附件 2 中第一个问题提到"不征收增值税项目"，这些项目不纳入增值税的征收范围，即便符合上述四个条件，也不需要缴纳增值税。这些项目主要有：

（1）行政单位收取的同时满足条件的政府性基金或者行政事业性收费；

（2）存款利息；

（3）被保险人获得的保险赔付；

（4）房地产主管部门或者其指定机构、公积金管理中心、开发企业以及物业管理单位代收的住宅专项维修资金；

（5）在资产重组过程中，通过合并、分立、出售、置换等方式，将全部或者部分实物资产以及与其相关联的债权、负债和劳动力一并转让给其他单位和个人，其中涉及的不动产、土地使用权转让行为。

───🔲 小贴士 ───

以委托方名义开具发票代委托方收取的款项是否需要纳税？

"财税〔2016〕36 号文"附件 1 第 37 条规定：以委托方名义开具发票代委托方收取的款项也不属于价外费用，不需要计入收入缴纳增值税。

企业经营中属于这种情况的比较常见。收取的资金最终属于委托方，委托方会向支付方开具发票，企业在中间只起到代收代付的作用。

举例：

1. 旅行社代售门票：景点提供税务监制的门票给购买者作为发票，旅行社将收取的资金交给景点，该代收的门票款不属于价外费用，旅行社只需要按自己收取的代理费作为收入缴纳增值税即可；

2. 建筑企业代购保险：建筑企业代甲方向保险公司购买保险，保险公司向甲方开具发票，建筑企业代收代付的保费不属于价外费用；

3. 物业管理公司代收电费：同时符合以下条件的代收代交的水电费，暂不征收增值税：①自来水公司、电力公司将发票开具给客户；②物业公司将该项发票转交给客户；③物业公司按自来水公司、电力公司实际收取的水电费与客户结算。

4. 人力资源企业代缴社保：接受企业委托，代理缴纳社保，委托将社保资金转入人力资源公司账户，人力资源公司向社保机构缴纳，社保机构向委托企业开具行政收据或者缴款水单，人力资源公司不需要将代收代缴的社保资金计入应税收入。

提示

委托方已经将该代收款项作为收入，并申报纳税，即使付款方不需要发票，委托方没有开具，也应该符合以上规定，代收一方不需要就此缴纳增值税。

2. 不能同时满足上述四个条件则需要纳税

有一些情形不能够同时满足上述四个条件，这些情形主要是一些无偿的应税行为，比如，关联方之间的无偿借款等。"财税〔2016〕36 号文"附件 1 第十四条规定的情形要求按照视同销售进行处理：

下列情形视同销售服务、无形资产或者不动产：（一）单位或者个体工商户向其他单位或者个人无偿提供服务，但用于公益事业或者以社会公众为对象的除外。（二）单位或者个人向其他单位或者个人无偿转让无形资产或者不动产，但用于公益事业或者以社会公众为对象的除外。（三）财政部和国家税务总局规定的其他情形。"

首先，上述"第十四条"规定了无偿的销售服务、无形资产或者不动产等一般都需要视同销售，但是如果是用于公益事业和社会公众的可以不视同销售，不用缴纳增值税。所以这就存在一定的税收筹划的空间。纳税人把握好用于公益事业，尤其是用于社会公众的量和度，就可以合理调节增值税纳税范围，一定程度上达到合理节税的目的。

其次，要注意全面"营改增"对视同销售政策的纳税人范围。财税〔2016〕36 号将上述情形第一部分视同销售的主体限定为"单位或者个体工商户"，将"其他个人"排除在外。第二部分"单位或者个人向其他单位或者个人无偿转让无形资产或者不动产（用于公益事业或者以社会公众为对象的除外）"都要视同销售，主体包括了"其他个人"。

最后，还应注意增值税的视同销售行为还包括《增值税暂行条例实施细则》中的内容。单位或者个体工商户的下列行为，视同销售货物：

（一）将货物交付其他单位或者个人代销；

（二）销售代销货物；

（三）设有两个以上机构并实行统一核算的纳税人，将货物从一个机构移送其他机构用于销售，但相关机构设在同一县（市）的除外；

（四）将自产或者委托加工的货物用于非增值税应税项目；

（五）将自产、委托加工的货物用于集体福利或者个人消费；

（六）将自产、委托加工或者购进的货物作为投资，提供给其他单位或者个体工商户；

（七）将自产、委托加工或者购进的货物分配给股东或者投资者；

（八）将自产、委托加工或者购进的货物无偿赠送其他单位或者个人。

小贴士

特别注意：特殊的免税

根据《财政部 国家税务总局关于明确养老机构免征增值税等政策的通知》（财税〔2019〕20 号）第三条"财政部 税务总局公告 2021 年第 6 号"规定：自 2019 年 2 月 1 日至 2023 年 12 月 31 日，对企业集团内单位（含企业集团）之间的资金无偿借贷行为，免征增值税。

而根据"财税〔2016〕36 号"文件规定，无偿资金借贷行为属于增值税视同销售。无偿资金借贷行为需要视同销售是确定的，而免税的规定只是在视同销售征税的基础上划出一块，即是企业集团单位（含企业集团）之间的资金无偿借贷行为，而其他单位之间的、有偿的、不符合统借统贷政策的，依然需要视同销售，征收增值税。

1.4　增值税的最新税率及征收率

2016 年全面"营改增"以来，我国增值税税率、征收率发生了几次变化，总体趋势是税率降低，行业税率差距缩小。2019 年 4 月，又开启了新的纪元。如何在变化中总结普遍性规律，记忆特殊性项目，适应新的节奏，将在本节一一揭晓。

1.4.1　增值税 2019 年最新基本税率

1. 基本税率

为贯彻落实党中央、国务院决策部署，推进增值税实质性减税，2019 年增值税改革也随着《财政部 税务总局 海关总署关于深化增值税改革有关政策的公告》（财政部 税务总局 海关总署公告 2019 年第 39 号）文件的发布落实落地了，我国增值税税率便发生了巨大变化。

（1）增值税一般纳税人发生增值税应税销售行为或者进口货物，原适用 16% 税率的，税率调整为 13%；原适用 10% 税率的，税率调整为 9%。

（2）纳税人购进农产品，原适用 10% 扣除率的，扣除率调整为 9%。

（3）纳税人购进用于生产或者委托加工 13% 税率货物的农产品，按照 10% 的扣除率计算进项税额。

（4）原适用 16% 税率且出口退税率为 16% 的出口货物劳务，出口退税率调整为 13%；原适用 10% 税率且出口退税率为 10% 的出口货物、跨境应税行为，出口退税率调整为 9%。

提示

> 出口退税率的执行时间及出口货物劳务、发生跨境应税行为的时间，按照以下规定执行：
> ①报关出口的货物劳务（保税区及经保税区出口除外），以海关出口报关单上注明的出口日期为准；
> ②非报关出口的货物劳务、跨境应税行为，以出口发票或普通发票的开具时间为准；
> ③保税区及经保税区出口的货物，以货物离境时海关出具的出境货物备案清单上注明的出口日期为准。

提示

> 此次深化增值税改革，增值税率为16%、10%两档增值税税率下调后，出口退税率也做了相应调整，即原适用16%税率且出口退税率为16%的出口货物劳务，出口退税率调整为13%；原适用10%税率且出口退税率为10%的出口货物、跨境应税行为，出口退税率调整为9%。除上述调整外，其他退税率保持不变。
> 本次出口退税率调整后，退税率档次由改革前的16%、13%、10%、6%、0%调整为13%、10%、9%、6%、0%，仍保持五档。

（5）适用 13% 税率的境外旅客购物离境退税物品，退税率为 11%；适用 9% 税率的境外旅客购物离境退税物品，退税率为 8%。

2019 年 6 月 30 日前，按调整前税率征收增值税的，执行调整前的退税率；按调整后税率征收增值税的，执行调整后的退税率。

退税率的执行时间，以退税物品增值税普通发票的开具日期为准。

（6）新税率自 2019 年 4 月 1 日起执行。

2. 基本税率归纳

根据《中华人民共和国增值税暂行条例》、《财政部 国家税务总局关于全面推开营业税改征增值税试点通知》（财税〔2016〕36 号）、《财政部 税务总局关于调整增值税税率的通知》（财税〔2018〕32 号）、《财政部 税务总局 海关总署关于深化增值税改革有关政策公告》（财政部 税务总局 海关总署公告 2019 年第 39 号）等文件规定：

（1）纳税人发生应税行为，除第（2）项、第（3）项、第（4）项规定外，税率为 6%。

（2）提供交通运输、邮政、基础电信、建筑、不动产租赁服务，销售不动产，转让土地使用权，税率为 9%。

另外，一些国务院规定的特殊货物税率也为 9%。包括：

① 农产品、食用植物油、食用盐、玉米胚芽。

② 自来水、暖气、冷气、热水、煤气、石油液化气、天然气、二甲醚、沼气、居民用煤炭制品。

③ 图书、报纸、杂志、音像制品、电子出版物。

④ 化肥、农药、非免税的饲料、农用水泵、农用柴油机。

⑤ 国务院规定的其他货物。

（3）销售货物（特殊货物除外）、加工修理修配劳务、提供有形动产租赁服务，税率为 13%。

（4）纳税人出口货物，以及境内单位和个人跨境销售规定范围内的服务、无形资产应税行为，税率为零。

> **提示**
>
> 　　第一，增值税的基本税率是 13%，比如销售商品的税率；第二，所谓增值税的"税率"指的是一般纳税人适用的"税率"，小规模纳税人适用的税率以及适用简易征收的税率都叫作"征收率"。

1.4.2　增值税征收率

小规模纳税人增值税税款计算使用的是征收率。一般纳税人采用简易计税方法计税的也使用征收率。增值税征收率为 3% 和 5% 征收率。

小规模纳税人的征收率一般为 3%，但在一些特殊项目上也按照 5% 征收。可以把握一个原则：只要是小规模纳税人和一般纳税人的老项目，征收率一般都是 3%，但是遇到销售不动产、不动产经营租赁服务的都改为了 5%。

> **提示**
>
> 　　本部分内容的每一条税率项目都散落在不同的文件里面，作者写作采用穷举归类法，穷尽了所有的可能情况，出不了这个范围。读者可以直接翻书查询适用税率，简单明了。

1. 一般纳税人可选择 5% 征收率的项目

（1）出租、销售 2016 年 4 月 30 日前取得的不动产。

（2）提供劳务派遣服务、安全保护服务（含提供武装守护押运服务）选择差额纳税的。

（3）收取试点前开工的一级公路、二级公路、桥、闸通行费。

（4）纳税人提供人力资源外包服务，按照经纪代理服务缴纳增值税。其销售额不包括受客户单位委托代为向客户单位员工发放的工资和代理缴纳的社会保险、住房公积金。向委托方收取并代为发放的工资和代理缴纳的社会保险、住房公积金，不得开具增值税专用发票，可以开具普通发票。

（5）转让 2016 年 4 月 30 日前取得的土地使用权，以取得的全部价款和价外费用减去取得该土地使用权的原价后的余额为销售额。

（6）2016 年 4 月 30 日前签订的不动产融资租赁合同。

（7）以 2016 年 4 月 30 日前取得的不动产提供的融资租赁服务。

（8）房地产开发企业出租、销售自行开发的房地产老项目。

2．一般纳税人可选择 3% 征收率的项目

（1）销售自产的微生物、微生物代谢产物、动物毒素、人或动物的血液或组织制成的生物制品。

（2）寄售商店代销寄售物品（包括居民个人寄售的物品在内）。

（3）典当业销售死当物品。

（4）销售自产的县级及县级以下小型水力发电单位生产的电力。

（5）销售自产的自来水。

（6）销售自产的建筑用和生产建筑材料所用的砂、土、石料。

（7）销售自产的以自己采掘的砂、土、石料或其他矿物连续生产的砖、瓦、石灰（不含黏土实心砖、瓦）。

（8）销售自产的商品混凝土（仅限于以水泥为原料生产的水泥混凝土）。

（9）单采血浆站销售非临床用人体血液。（注意：不得开专票）

（10）增值税一般纳税人的药品经营企业销售生物制品，可以选择简易办法按照生物制品销售额和 3% 的征收率计算缴纳增值税（国家税务总局公告 2012 年第 20 号）。

（11）一般纳税人提供城市电影放映服务。

（12）光伏发电项目发电户销售电力产品。（注意：不得开专票）

（13）资管产品管理人运营资管产品过程中发生的增值税应税行为，暂适用简易计税方法，按照 3% 的征收率缴纳增值税。

（14）增值税一般纳税人的兽用药品经营企业销售兽用生物制品，可以选择简易办法按照兽用生物制品销售额和 3% 的征收率计算缴纳增值税（国家税务总局公告 2016 年第 8 号）。

（15）公共交通运输服务。包括轮客渡、公交客运、地铁、城市轻轨、出租车、长途客运、班车。

（16）经认定的动漫企业为开发动漫产品提供的服务，以及在境内转让动漫版权。

（17）电影放映服务、仓储服务、装卸搬运服务、收派服务和文化体育服务（含纳税人在游览场所经营索道、摆渡车、电瓶车、游船等取得的收入）。

（18）以纳入营改增试点之日前取得的有形动产为标的物提供的经营租赁服务。

（19）纳入营改增试点之日前签订的尚未执行完毕的有形动产租赁合同。

（20）以清包工方式提供、为甲供工程提供的、为建筑工程老项目提供的建筑服务。

提示

建筑工程总承包单位为房屋建筑的地基与基础、主体结构提供工程服务，建设单位自行采购全部或部分钢材、混凝土、砌体材料、预制构件的，适用简易计税方法计税。（不是可选择）

（21）一般纳税人销售电梯的同时提供安装服务，其安装服务可以按照甲供工程选择适用简易计税方法计税。

（22）提供物业管理服务的纳税人，向服务接受方收取的自来水水费，以扣除其对外支付的自来水水费后的余额为销售额，按照简易计税方法依 3% 的征收率计算缴纳增值税。

（23）公路经营企业收取试点前开工的高速公路的车辆通行费。

（24）中国农业发展银行总行及其各分支机构提供涉农贷款取得的利息收入。

（25）农村信用社、村镇银行、农村资金互助社、由银行业机构全资发起设立的贷款公司、法人机构在县（县级市、区、旗）及县以下地区的农村合作银行和农村商业银行提供金融服务收入。

（26）对中国农业银行纳入"三农金融事业部"改革试点的各省、自治区、直辖市、计划单列市分行下辖的县域支行和新疆生产建设兵团分行下辖的县域支行（也称县事业部），提供农户贷款、农村企业和农村各类组织贷款取得的利息收入。

（27）提供非学历教育服务。

（28）提供教育辅助服务。

（29）非企业性单位中的一般纳税人提供的研发和技术服务、信息技术服务、鉴证咨询服务，以及销售技术、著作权等无形资产。

（30）非企业性单位中的一般纳税人提供技术转让、技术开发和与之相关的技术咨询、技术服务。

（31）一般纳税人销售自产机器设备的同时提供安装服务，应分别核算机器设备和安装服务的销售额，安装服务可以按照甲供工程选择适用简易计税方法计税（国家税务总局公告 2018 年第 42 号）。

（32）一般纳税人销售外购机器设备的同时提供安装服务，如果已经按照兼营的有关规定，分别核算机器设备和安装服务的销售额，安装服务可以按照甲供工程选择适用简易计税方法计税（国家税务总局公告 2018 年第 42 号）。

（33）纳税人转让 2016 年 4 月 30 日前取得的土地使用权，可以选择适用简易计税方法，以取得的全部价款和价外费用减去取得该土地使用权的原价后的余额为销售额，按照 5% 的征收率计算缴纳增值税（财税〔2016〕47 号）。

（34）一般纳税人 2016 年 4 月 30 日前签订的不动产融资租赁合同，或以 2016 年 4 月 30 日前取得的不动产提供的融资租赁服务，可以选择适用简易计税方法，按照 5% 的征收率计算缴纳增值税（财税〔2016〕47 号）。

3．增值税税率及征收率

根据《财政部 税务总局 海关总署关于深化增值税改革有关政策的公告》（财政部 税务总局 海关总署公告 2019 年第 39 号）、《财政部 国家税务总局关于全面推开营业税改征增值税试点通知》（财税〔2016〕36 号）等文件规定，笔者对所有增值税项目进行了梳理，分为六个大项，79 个小项，具体税率见表 1-2。

表 1-2 增值税税率及征收率表

序号	项目大类	项目中类	项目小类	征收品目	税率	征收率
1			销售货物	货物（除国务院规定 9% 税率外）	13%	3%
2			加工、修理、修配劳务		13%	3%
3			进口货物		13%	3%
4	销售服务	交通运输服务	陆路运输服务	铁路运输服务	9%	3%
5				其他陆路运输服务	9%	3%
6			水路运输服务	水路运输服务	9%	3%
7			航空运输服务	航空运输服务	9%	3%
8			管道运输服务	管道运输服务	9%	3%
9		邮政服务	邮政普遍服务	邮政普遍服务	9%	3%
10			邮政特殊服务	邮政特殊服务	9%	3%
11			其他邮政服务	其他邮政服务	9%	3%
12		电信服务	基础电信服务	基础电信服务	9%	3%
13			增值电信服务	增值电信服务	6%	3%
14		建筑服务	工程服务	工程服务	9%	3%
15			安装服务	安装服务	9%	3%

序号	项目大类	项目中类	项目小类	征收品目	税率	征收率
16		建筑服务	修缮服务	修缮服务	9%	3%
17			装饰服务	装饰服务	9%	3%
18			其他建筑服务	其他建筑服务	9%	3%
19		金融服务	贷款服务	贷款服务	6%	3%
20			直接收费金融服务	直接收费金融服务	6%	3%
21			保险服务	人身保险服务	6%	3%
22				财产保险服务	6%	3%
23			金融商品转让	金融商品转让	6%	3%
24	销售服务	现代服务	研发和技术服务	研发服务	6%	3%
25				合同能源管理服务	6%	3%
26				工程勘察勘探服务	6%	3%
27				专业技术服务	6%	3%
28			信息技术服务	软件服务	6%	3%
29				电路设计及测试服务	6%	3%
30				信息系统服务	6%	3%
31				业务流程管理服务	6%	3%
32				信息系统增值服务	6%	3%
33			文化创意服务	设计服务	6%	3%
34				知识产权服务	6%	3%
35				广告服务	6%	3%
36				会议展览服务	6%	3%
37			物流辅助服务	航空服务	6%	3%
38				港口码头服务	6%	3%
39				货运客运场站服务	6%	3%
40				打捞救助服务	6%	3%
41				装卸搬运服务	6%	3%
42				仓储服务	6%	3%
43				收派服务	6%	3%
44			租赁服务	不动产融资租赁（1）	9%	5%（简易）
45				不动产融资租赁（2）	9%	5%（一般老项目）
46				不动产经营租赁（1）	9%	5%（一般老项目）
47				不动产经营租赁（2）	9%	5%（简易）
48				有形动产融资租赁	13%	3%

序号	项目大类	项目中类	项目小类	征收品目	税率	征收率
49	销售服务	现代服务	租赁服务	有形动产经营租赁	13%	3%
50			鉴证咨询服务	认证服务	6%	3%
51				鉴证服务	6%	3%
52				咨询服务	6%	3%
53			广播影视服务	广播影视节目（作品）制作服务	6%	3%
54				广播影视节目（作品）发行服务	6%	3%
55				广播影视节目（作品）播映服务	6%	3%
56			商务辅助服务	企业管理服务	6%	3%
57				经纪代理服务	6%	3%
58		生活服务	商务辅助服务	人力资源服务	6%	3%
59				安全保护服务	6%	3%
60			其他现代服务	其他现代服务	6%	3%
61			文化体育服务	文化服务	6%	3%
62				体育服务	6%	3%
63			教育医疗服务	教育服务	6%	3%
64				医疗服务	6%	3%
65			旅游娱乐服务	旅游服务	6%	3%
66				娱乐服务	6%	3%
67			餐饮住宿服务	餐饮服务	6%	3%
68				住宿服务	6%	3%
69			居民日常服务	居民日常服务	6%	3%
70			其他生活服务	其他生活服务	6%	3%
71	销售无形资产		专利或非专利技术	专利或非专利技术	6%	3%
72			商标和著作权	商标和著作权	6%	3%
73			土地使用权	土地使用权	9%	5%（一般老项目或简易）
74			其他自然资源使用权	其他自然资源使用权	6%	3%
75			其他权益性无形资产	其他权益性无形资产	6%	3%
76	销售不动产		建筑物	建筑物（1）	9%	5%（简易）
77				建筑物（2）	9%	5%（一般老项目）

序号	项目大类	项目中类	项目小类	征收品目	税率	征收率
78	销售不动产		构筑物	构筑物（1）	9%	5%（简易）
79				构筑物（2）	9%	5%（一般老项目）

1.4.3　减征及预征率

1. 按照 3% 征收率计税减按 2% 征收

根据《国家税务总局关于增值税简易征收政策有关管理问题的通知》（国税函〔2009〕90号）、《国家税务总局关于一般纳税人销售自己使用过的固定资产增值税有关问题的公告》（国家税务总局公告2012年第1号）文件规定，下列项目可按简易办法依3%征收率减按2%征收增值税：

（1）2008年12月31日以前未纳入扩大增值税抵扣范围试点的纳税人，销售自己使用过的2008年12月31日以前购进或者自制的固定资产。

（2）2008年12月31日以前已纳入扩大增值税抵扣范围试点的纳税人，销售自己使用过的在本地区扩大增值税抵扣范围试点以前购进或者自制的固定资产。

（3）销售自己使用过的属于条例第十条规定不得抵扣且未抵扣进项税额的固定资产。

（4）纳税人购进或者自制固定资产时为小规模纳税人，认定为一般纳税人后销售该固定资产。

（5）一般纳税人销售自己使用过的、纳入营改增试点之日前取得的固定资产，按照现行旧货相关增值税政策执行。

（6）纳税人销售旧货。

2. 四项业务增值税的预征率

涉及预征率的业务有纳税人转让不动产、不动产经营租赁、建筑服务、销售自行开发房地产。

（1）一般纳税人采用一般计税方法

① 建筑业预征率为2%。

② 不动产经营租赁、房地产销售预征率为3%。

③ 转让不动产预征率为5%。

（2）一般纳税人采用简易计税或小规模纳税人

① 个人（包括个体工商户和其他个人）出租住房按1.5%。

② 跨县市建筑、房地产销售预征率为3%。

③ 不动产（个人出租住房外）经营租赁、转让预征率为5%。

1.4.4　易混淆业务的增值税税率

1. 按照 13% 税率征税的货物

以下货物销售按照 13% 税率，容易和 9% 的一些货物混淆，主要包括：

（1）以粮食为原料加工的速冻食品、方便面、副食品和各种熟食品，玉米浆、玉米皮、玉米纤维（又称喷浆玉米皮）和玉米蛋白粉。

（2）各种蔬菜罐头。

（3）专业复烤厂烤制的复烤烟叶。

（4）农业生产者用自产的茶青再经筛分、风选、拣剔、碎块、干燥、匀堆等工序精制而成的精制茶，边销茶及掺兑各种药物的茶和茶饮料。

（5）各种水果罐头、果脯、蜜饯、炒制的果仁、坚果、碾磨后的园艺植物（如胡椒粉、花椒粉等）。

（6）中成药。

（7）锯材、竹笋罐头。

（8）熟制的水产品和各类水产品的罐头。

（9）各种肉类罐头、肉类熟制品。

（10）各种蛋类的罐头。

（11）酸奶、奶酪、奶油、调制乳。

（12）洗净毛、洗净绒。

（13）直接用于动物饲养的粮食、饲料添加剂。

（14）用于人类日常生活的各种类型包装的日用卫生用药（如卫生杀虫剂、驱虫剂、驱蚊剂、蚊香等）。

（15）以农副产品为原料加工工业产品的机械、农用汽车、三轮运货车、机动渔船、森林砍伐机械、集材机械、农机零部件。

2. 各种租赁业务的增值税税率汇总

实务中，我们会碰到很多类型的租赁业务，对增值税税率也容易混淆，笔者汇总了相关业务及其税率，具体见表 1-3。

表 1-3　租赁业务容易混淆税率

序号	业务类型	应税税目	税率
1	水路运输的光租业务和航空运输的干租业务	有形动产经营租赁	13%
	水路运输的程租业务、期租业务和航空运输的湿租业务	交通运输服务	9%

续上表

序号	业务类型	应税税目	税率
2	建筑施工设备出租给他人使用	有形动产租赁	13%
	将建筑施工设备出租给他人使用并配备操作人员提供相关服务的	建筑服务	9%
3	将库房出租给其他企业或他人使用，不提供人员进行保管	不动产租赁业务	9%
	企业将库房出租给其他企业或他人使用，同时提供人员进行保管服务，承担保管责任	仓储服务	6%
4	融资租赁（分为：不动产和有形动产）	租赁服务	13%，9%
	融资性售后回租	贷款服务	6%

3. 其他业务按征收类别确定增值税税率

（1）纳税人以经营租赁方式将土地出租给他人使用，按照不动产经营租赁服务缴纳增值税（财税〔2016〕47号）。

（2）纳税人提供安全保护服务，比照劳务派遣服务政策执行（财税〔2016〕68号）。

（3）境外单位通过教育部考试中心及其直属单位在境内开展考试，教育部考试中心及其直属单位应以取得的考试费收入扣除支付给境外单位考试费后的余额为销售额，按提供"教育辅助服务"缴纳增值税；就代为收取并支付给境外单位的考试费统一扣缴增值税。教育部考试中心及其直属单位代为收取并支付给境外单位的考试费，不得开具增值税专用发票，可以开具增值税普通发票（国家税务总局公告2016年第69号）。

（4）纳税人以长（短）租形式出租酒店式公寓并提供配套服务的，按照住宿服务缴纳增值税（国家税务总局公告2016年第69号）

（5）纳税人在游览场所经营索道、摆渡车、电瓶车、游船等取得的收入，按照"文化体育服务"缴纳增值税（财税〔2016〕140号）。

（6）宾馆、旅馆、旅社、度假村和其他经营性住宿场所提供会议场地及配套服务的活动，按照"会议展览服务"缴纳增值税（财税〔2016〕140号）。

（7）提供餐饮服务的纳税人销售的外卖食品，按照"餐饮服务"缴纳增值税（财税〔2016〕140号）。

提示

（1）餐饮企业销售的外卖食品，与堂食适用同样的增值税政策，统一按照提供餐饮服务缴纳增值税。这一点在后来的"国家税务总局公告2019年第31号"政策中再次予以明确：纳税人现场制作食品并直接销售给消费者，按照"餐饮服务"缴纳增值税。

（2）"财税〔2016〕140号"文件提到的"外卖食品"，仅指该餐饮企业参与了生产、加工过程的食品。对于餐饮企业将外购的酒水、农产品等货物，未进行后续加工而直接与外卖食品一同销售的，应根据该货物的适用税率，按照兼营的有关规定计算缴纳增值税。

提示

　　餐饮企业销售的外卖食品，与堂食适用同样的增值税政策，统一按照提供餐饮服务缴纳增值税。以上"外卖食品"，仅指该餐饮企业参与了生产、加工过程的食品。对于餐饮企业将外购的酒水、农产品等货物，未进行后续加工而直接与外卖食品一同销售的，应根据该货物的适用税率，按照兼营的有关规定计算缴纳增值税。

　　（8）纳税人提供武装守护押运服务，按照"安全保护服务"缴纳增值税（财税〔2016〕140号）。

　　（9）物业服务企业为业主提供的装修服务，按照"建筑服务"缴纳增值税（财税〔2016〕140号）。

　　（10）纳税人将建筑施工设备出租给他人使用并配备操作人员的，按照"建筑服务"缴纳增值税（财税〔2016〕140号）。

　　（11）自2017年1月1日起，生产企业销售自产的海洋工程结构物，或者融资租赁企业及其设立的项目子公司、金融租赁公司及其设立的项目子公司购买并以融资租赁方式出租的国内生产企业生产的海洋工程结构物，应按规定缴纳增值税，不再适用《财政部 国家税务总局关于出口货物劳务增值税和消费税政策的通知》（财税〔2012〕39号）或者《财政部 国家税务总局关于在全国开展融资租赁货物出口退税政策试点的通知》（财税〔2014〕62号）规定的增值税出口退税政策，但购买方或者承租方为按实物征收增值税的中外合作油（气）田开采企业的除外。

　　2017年1月1日前签订的海洋工程结构物销售合同或者融资租赁合同，在合同到期前，可继续按现行相关出口退税政策执行（财税〔2016〕140号）。

　　（12）纳税人销售活动板房、机器设备、钢结构件等自产货物的同时提供建筑、安装服务，不属于《营业税改征增值税试点实施办法》（财税〔2016〕36号）文件第四十条规定的混合销售，应分别核算货物和建筑服务的销售额，分别适用不同的税率或者征收率（国家税务总局公告2017年第11号）。

　　（13）一般纳税人销售电梯的同时提供安装服务，其安装服务可以按照甲供工程选择适用简易计税方法计税。纳税人对安装运行后的电梯提供的维护保养服务，按照"其他现代服务"缴纳增值税（国家税务总局公告2017年第11号）。

　　（14）纳税人提供植物养护服务，按照"其他生活服务"缴纳增值税（国家税务总局公告2017年第11号）。

　　（15）自2018年1月1日起，纳税人已售票但客户逾期未消费取得的运输逾期票证收入，按照"交通运输服务"缴纳增值税。纳税人为客户办理退票而向客户收取的退票费、手续费等收入，按照"其他现代服务"缴纳增值税（财税〔2017〕90号）。

（16）纳税人通过省级土地行政主管部门设立的交易平台转让补充耕地指标，按照销售无形资产缴纳增值税，税率为6%。本公告所称补充耕地指标，是指根据《中华人民共和国土地管理法》及国务院土地行政主管部门《耕地占补平衡考核办法》的有关要求，经省级土地行政主管部门确认，用于耕地占补平衡的指标（国家税务总局公告2018年第42号）。

（17）拍卖行受托拍卖取得的手续费或佣金收入，按照"经纪代理服务"缴纳增值税。（国家税务总局公告2018年第42号）。

（18）关于运输工具舱位承包和舱位互换业务适用税目（国家税务总局公告2019年第31号）规定：

①在运输工具舱位承包业务中，发包方以其向承包方收取的全部价款和价外费用为销售额，按照"交通运输服务"缴纳增值税。承包方以其向托运人收取的全部价款和价外费用为销售额，按照"交通运输服务"缴纳增值税。

运输工具舱位承包业务，是指承包方以承运人身份与托运人签订运输服务合同，收取运费并承担承运人责任，然后以承包他人运输工具舱位的方式，委托发包方实际完成相关运输服务的经营活动。

②在运输工具舱位互换业务中，互换运输工具舱位的双方均以各自换出运输工具舱位确认的全部价款和价外费用为销售额，按照"交通运输服务"缴纳增值税。

运输工具舱位互换业务，是指纳税人之间签订运输协议，在各自以承运人身份承揽的运输业务中，互相利用对方交通运输工具的舱位完成相关运输服务的经营活动。

1.5　增值税的纳税义务发生时间

增值税的纳税义务发生时间指纳税人依照税法规定负有纳税义务的时间。纳税人以此判断取得收入或视同销售等业务是否开始交税，决定是否开展核算、申报、缴纳等工作。针对增值税的纳税义务发生时间，政策规定相对散乱，本节进行了梳理，对判断原则和特殊情况进行了阐述。

1.5.1　政策综述

1.《中华人民共和国增值税暂行条例》

根据《中华人民共和国增值税暂行条例》第十九条及《电力产品增值税征收管理办法》（国家税务总局第10号令），增值税纳税义务发生时间见表1-4。

表1-4　纳税义务发生时间之一

序号	业务行为	纳税义务发生时间
1	销售货物或者应税劳务	为收讫销售款项或者取得索取销售款项凭据的当天；先开具发票的，为开具发票的当天
2	发、供电企业销售电力产品，未开具发票的	（1）发电企业和其他企事业单位销售电力产品的纳税义务发生时间为电力上网并开具确认单据的当天。 （2）供电企业采取直接收取电费结算方式的，销售对象属于企事业单位，为开具发票的当天；属于居民个人，为开具电费缴纳凭证的当天。 （3）供电企业采取预收电费结算方式的，为发行电量的当天。 （4）发、供电企业将电力产品用于非应税项目、集体福利、个人消费，为发出电量的当天。 （5）发、供电企业之间互供电力，为双方核对计数量，开具抄表确认单据的当天
3	进口货物	报关进口的当天
4	发生增值税扣缴义务	纳税人增值税纳税义务发生的当天

2.《中华人民共和国增值税暂行条例实施细则》

《中华人民共和国增值税暂行条例实施细则》第三十八条，具体规定见表1-5。

表1-5　纳税义务发生时间之二

序号	业务行为	纳税义务发生时间
1	采取直接收款方式销售货物	不论货物是否发出，均为收到销售款或者取得索取销售款凭据的当天
2	采取托收承付和委托银行收款方式销售货物	为发出货物并办妥托收手续的当天
3	采取赊销和分期收款方式销售货物	为书面合同约定的收款日期的当天，无书面合同的或者书面合同没有约定收款日期的，为货物发出的当天
4	采取预收货款方式销售货物	为货物发出的当天； 但生产销售生产工期超过12个月的大型机械设备、船舶、飞机等货物，为收到预收款或者书面合同约定的收款日期的当天
5	委托其他纳税人代销货物	为收到代销单位的代销清单或者收到全部或者部分货款的当天；未收到代销清单及货款的，为发出代销货物满180天的当天
6	销售应税劳务	为提供劳务同时收讫销售款或者取得索取销售款的凭据的当天
7	本《增值税暂行条例实施细则》第四条第（三）项至第（八）项所列视同销售货物行为	为货物移送的当天

3.《财政部 国家税务总局关于全面推开营业税改征增值税试点的通知》（财税〔2016〕36号）

"财税〔2016〕36号文"附件1第四十五条对增值税纳税义务发生时间进行了规定，详见表1-6。

表 1-6　纳税义务发生时间之三

序号	业务行为	纳税义务发生时间
1	发生应税行为并收讫销售款项或者取得索取销售款项凭据的	为收讫销售款项或者取得索取销售款项凭据的当天；先开具发票的，为开具发票的当天
2	提供租赁服务采取预收款方式的	纳税义务发生时间为收到预收款的当天
3	从事金融商品转让的	为金融商品所有权转移的当天
		证券公司、保险公司、金融租赁公司、证券基金管理公司、证券投资基金以及其他经人民银行、银监会、证监会、保监会批准成立且经营金融保险业务的机构发放贷款后，自结息日起 90 天内发生的应收未收利息按现行规定缴纳增值税，自结息日起 90 天后发生的应收未收利息暂不缴纳增值税，待实际收到利息时按规定缴纳增值税。未开具发票的，实际收到利息日为纳税义务发生时间
		银行提供贷款服务按期计收利息的，结息日当日计收的全部利息收入，均应计入结息日所属期的销售额，按照现行规定计算缴纳增值税。未开具发票的，纳税义务发生时间为实际收到利息时间
4	本文件第十四条规定的视同销售服务、无形资产或者不动产的	为服务、无形资产转让完成的当天或者不动产权属变更的当天
5	发生增值税扣缴义务	为纳税人增值税纳税义务发生的当天

1.5.2　判断原则

1. 先开具发票的，以开具发票的当天为准

虽然可能没收到钱或者取得收款凭据，但是开了发票后获取发票的一方，就可以认证抵扣进项了，因此为了进项销项配比和抵扣链条的完整，新开票的纳税义务发生时间就以开票时间为准。同时，纳税人开增值税普通发票与开专用发票的征税原则一致，也适用：如果纳税人发生应税行为时先开具发票的，纳税义务发生时间为开具发票的当天。

注意，以开具发票的当天为纳税义务发生时间的前提是纳税人发生应税行为。

2. 先收讫销售款项或取得收款凭据的，以收款或取得收款凭据的当天为准

针对这一原则要注意以下几点：

第一，收讫款项是指收钱未开票的情况。有一个前提：是指纳税人发生应税行为过程中或者完成后。比如，顾客到商店购买需要送货的商品，货物交付通常在收取货款之后，纳税义务应当为收取货款的当天。

第二，取得索取销售款项凭据的当天，是指没有收到钱，索取销售款项凭据应当同时符合下面两个条件：其一，索取销售款项凭据中载明的金额必须具有确定性；其二，销售方凭借索取销售款项凭据，随时可以去结款，而不能再附加其他条件。

但是有如下行为视同取得收款凭据：①签订了书面合同且书面合同确定了付款日期的，按照书面合同确定的付款日期的当天确认纳税义务发生；②未签订书面合同或者书面合同未确定付款日期的，按照应税行为完成的当天确认纳税义务发生。同时，确认纳税义务发生的时间是按照上述顺序确定的。

第三，除了"提供租赁服务采取预收款方式"外的其他方式，在发生应税行为之前收到的款项不属于收讫销售款项，不能按照该时间确认纳税义务发生。也就是，这项服务仍然适用前面纳税义务发生时间的"收付实现制"，其他业务如果收钱发生在应税行为之前的，要按照"权责发生制"确认的。

提示

全面"营改增"后，房地产开发企业纳税义务发生时间发生了重大变化，从"收付实现制"变为了"权责发生制"，重点体现在预收款的预缴制度上。房地产开发企业取得的预收款不再像营业税时代按照"收付实现制"而产生完全的纳税义务，而只是在收到时预缴 3% 税款，等到交房时产生完全纳税义务，再按照相应的计税方法计征增值税，这样也保证了"营改增"后税收收入时间与营业税不至于出现重大差异。

3．如何把握开票和收款原则

在一般的"货到付款"经营模式下，其增值税纳税义务发生时间为收款或开具发票孰先原则。先收讫销售款项或取得收款凭据的，取得销售款或取得索取销售款凭据的当天；先开具发票的，为开具发票的当天。

1.5.3 特殊规定

1．采取预收款方式提供建筑服务、租赁服务

纳税人提供建筑服务、租赁服务采取预收款方式的，其纳税义务发生时间为收到预收款的当天。这两项特殊业务仍然采用"收付实现制"。

比如：某试点纳税人出租房屋，租金 1 000 元／月，一次性预收了对方一年的租金共 12 000 元，则应在收到 12 000 元租金的当天确认纳税义务发生，并按 12 000 元确认收入。而不是按照"权责发生制"的原则把 12 000 元租金按月分摊确认，也不能在该业务完成后再确认收入。

2．金融商品转让的纳税义务发生时间

纳税人从事金融商品转让，纳税义务发生时间为金融商品所有权转移的当天。

由此看出，购入的金融商品在持有期间取得的分红、利息收入不产生纳税义务，等到卖出该金融商品时，买入价应按购入价减去持有期间取得的分红、利息收入来确定。

3．视同发生应税行为的纳税义务发生时间

纳税人发生"财税〔2016〕36 号文"附件 1 第十四条视同发生应税行为的，其纳税义务发生时间为应税行为完成的当天。第十四条规定的内容属于无偿行为，视同销售情形。

由于无偿提供应税服务、无偿转让无形资产或者不动产不存在收讫销售款项或者取得索取销售款项凭据的情况，因此，将其纳税义务发生时间确定为应税行为完成的当天，涉及权属转移的，也应该在完成权属转移的过程中。

4．增值税扣缴义务发生时间

增值税扣缴义务发生时间为纳税人增值税纳税义务发生的当天。

先按照"财税〔2016〕36 号文"附件 1 第四十五条的相关规定确认境外单位或者个人提供应税服务的增值税纳税义务发生时间，再以确认的扣缴对方的增值税纳税义务发生的当天作为增值税扣缴义务发生时间。

1.6　增值税的纳税地点

我国税法上规定的纳税地点主要是机构所在地、居住地、经济活动发生地、财产所在地、报关地等。

"财税〔2016〕36 号文"附件 1 第四十六条规定了"营改增"纳税地点为：

> （一）固定业户应当向其机构所在地或者居住地主管税务机关申报纳税。总机构和分支机构不在同一县（市）的，应当分别向各自所在地的主管税务机关申报纳税；经财政部和国家税务总局或者其授权的财政和税务机关批准，可以由总机构汇总向总机构所在地的主管税务机关申报纳税。
>
> （二）非固定业户应当向应税行为发生地主管税务机关申报纳税；未申报纳税的，由其机构所在地或者居住地主管税务机关补征税款。
>
> （三）其他个人提供建筑服务，销售或者租赁不动产，转让自然资源使用权，应向建筑服务发生地、不动产所在地、自然资源所在地税务机关申报纳税。
>
> （四）扣缴义务人应当向其机构所在地或者居住地主管税务机关申报缴纳扣缴的税款。

1.6.1　固定业户和非固定业户

1．固定业户

固定业户是指有固定的生产经营场所，从事一定的经济业务，并经工商行政管理部门批准发证的工商业户。固定业户是相对于其主管税务机关离开机构所在地开展经营活动，在经营地的经营活动具有临时性质。根据《中华人民共和国征收管理法》规定，一般理解为办理了税务登记的机构或个体工商户等。

根据税收属地管辖原则，固定业户应当向其机构所在地的主管税务机关申报纳税，机构所在地是指纳税人的工商执照注册登记地，在哪儿登记设立公司，在哪儿缴税，当然特殊税种有特别规定。

2．非固定业户

非固定业务一般是临时税务登记，或者根本没有税务登记，往往是涉及开具发票了，才去接触税务机关。

非固定业户应当向应税行为发生地主管税务机关申报纳税。这里强调业务发生所在地。

未申报纳税的，由其机构所在地或者居住地主管税务机关补征税款。现实中，征管难度较大。

1.6.2　总分机构模式

如果固定业户设有分支机构，且不在同一县（市）的，应当分别向各自所在地的主管税务机关申报纳税。

经批准，可以由总机构汇总向总机构所在地的主管税务机关申报纳税。具体审批权限如下：

（1）总机构和分支机构不在同一省、自治区、直辖市的，经财政部和国家税务总局批准，可以由总机构汇总向总机构所在地的主管税务机关申报纳税。"跨省"汇总的，需要国家税务总局审批。

（2）总机构和分支机构不在同一县（市），但在同一省、自治区、直辖市范围内的，经省、自治区、直辖市财政厅（局）、税务局审批同意，可以由总机构汇总向总机构所在地的主管税务机关申报纳税。"省内"汇总的，"省级"国税局审批。

提示

有关金融业汇总纳税"营改增"后的情况，《国家税务总局关于全面推开营业税改征增值税试点有关税收征收管理事项的公告》（国家税务总局公告2016年第23号）中做了进一步说明：

原以地市一级机构汇总缴纳营业税的金融机构，"营改增"后继续以地市一级机构汇总缴纳增值税。

同一省（自治区、直辖市、计划单列市）范围内的金融机构，经省（自治区、直辖市、计划单列市）税务局和财政厅（局）批准，可以由总机构汇总向总机构所在地的主管国税机关申报缴纳增值税。

> 采取汇总纳税的金融机构，省、自治区所辖地市以下分支机构可以使用地市级机构统一领取的增值税专用发票、增值税普通发票、增值税电子普通发票；直辖市、计划单列市所辖区县及以下分支机构可以使用直辖市、计划单列市机构统一领取的增值税专用发票、增值税普通发票、增值税电子普通发票。

1.6.3　个人和扣缴义务人

其他个人提供建筑服务，销售或者租赁不动产，转让自然资源使用权，应向建筑服务发生地、不动产所在地、自然资源所在地税务机关申报纳税。注意，这里仅指个人，如果是机构，另有具体规定。

扣缴义务人应当向其机构所在地或者居住地主管税务机关申报缴纳扣缴的税款。这样可以促使扣缴义务人履行扣缴义务，同时方便其申报缴纳所扣缴税款，尤其对跨区跨省的经营活动，发生扣缴义务时，有极大的便利性。

第 2 章

以票控税　防范风险

目前我国税制体系是以增值税为主体税种，实行以专用发票为主要扣税凭证的增值税征管制度。以票控税是指利用发票的特殊功能，通过加强发票管理，强化财务监督，对纳税人的纳税行为实施约束、监督和控制，以达到堵塞税收漏洞、增加税收收入、提高税收征管质量的目的。强化发票管理，推行以票控税，是一项系统工程，涉及财务、业务方方面面。各企业对发票管理务必重视，涉及不合规发票的处理、虚开增值税发票的风险控制、实务中遇到的发票管理疑难等将作为本章的重点进行阐述。

2.1　不合规发票的风险及处理

所谓不合规发票，不符合税收、财务法律法规规定的发票，内容相对宽泛，包括发票的领购、开具、使用、缴销等过程中的不合规情况。

2.1.1　不合规发票的限制

根据《增值税专用发票使用规定》（国税发〔2006〕156 号）第十一条规定，专用发票应按下列要求开具：

> （一）项目齐全，与实际交易相符；
>
> （二）字迹清楚，不得压线、错格；
>
> （三）发票联和抵扣联加盖财务专用章或者发票专用章；
>
> （四）按照增值税纳税义务的发生时间开具。
>
> 对不符合上列要求的专用发票，购买方有权拒收。

2011 年 2 月 1 日起公布施行的《中华人民共和国发票管理办法》对不合规发票也做了规定：

> 第二十条规定：所有单位和从事生产、经营活动的个人在购买商品、接受服务以及从事其他经营活动支付款项，应当向收款方取得发票。取得发票时，不得要求变更品名和金额；
>
> 第二十一条规定：不符合规定的发票，不得作为财务报销凭证，任何单位和个人有权拒收。
>
> 第二十二条规定：开具发票应当按照规定的时限、顺序、栏目，全部联次一次性如实开具，并加盖发票专用章。任何单位和个人不得有下列虚开发票行为：
>
> （1）为他人、为自己开具与实际经营业务情况不符的发票；
>
> （2）让他人为自己开具与实际经营业务情况不符的发票；
>
> （3）介绍他人开具与实际经营业务情况不符的发票。

2.1.2　不合规发票的税收风险

1. 增值税方面

根据《中华人民共和国增值税暂行条例》第九条规定，纳税人购进货物、劳务、服务、

全新增值税政策与会计实操大全：实务难点＋账务处理＋税务筹划

无形资产、不动产，取得的增值税扣税凭证不符合法律、行政法规或者国务院税务主管部门有关规定的，其进项税额不得从销项税额中抵扣。

2．企业所得税

根据《国家税务总局关于发布〈企业所得税税前扣除凭证管理办法〉的公告》（国家税务总局公告 2018 年第 28 号）第十二条规定，企业取得私自印制、伪造、变造、作废、开票方非法取得、虚开、填写不规范等不符合规定的发票，以及取得不符合国家法律、法规等相关规定的其他外部凭证，不得作为税前扣除凭证。

3．土地增值税

根据《国家税务总局关于营改增后土地增值税若干征管规定的公告》（国家税务总局公告 2016 年第 70 号）第五条规定，营改增后，土地增值税纳税人接受建筑安装服务取得的增值税发票，应按照《国家税务总局关于全面推开营业税改征增值税试点有关税收征收管理事项的公告》（国家税务总局公告 2016 年第 23 号）规定，在发票的备注栏注明建筑服务发生地县（市、区）名称及项目名称，否则不得计入土地增值税扣除项目金额。

2.1.3 常见错误及处理方式

通常开票较多的有增值税普通发票、增值税专用发票以及各地方国税机关监制的通打发票。根据《国务院关于修改〈中华人民共和国发票管理办法〉的决定》（国务院令第 587 号）、《中华人民共和国发票管理办法实施细则》（国家税务总局令第 25 号）第二十八条、《国家税务总局关于开展打击制售假发票和非法代开发票专项整治行动有关问题的通知》（国税发〔2008〕40 号）第三条以及笔者长期实践经验，归纳了工作中常见的不合规发票的情形，并给出了相应的处理方式，见表 2-1。

表 2-1　取得不合规发票的情形及处理方式简表

序号	不合规情形	处理方式
1	发票名称错别字、漏写、多写的	更换
2	纳税人识别号错误、有空格的	更换
3	地址和电话填写错误、与税务系统备案不符的	更换
4	发票打印严重错格、变形的	更换
5	发票单位、规格、数量未填写的	更换
6	发票打印代码与纸质代码不一致	更换
7	增值税发票左上角二维码不清晰、打印不完整的	更换
8	取得发票抬头名称不符。常见于企业员工供暖费报销发票抬头加人名，公车保养维修发票抬头加车号，发票抬头漏字错字，非本企业名称发票入账报销等	要求开票单位重新开具合规发票

序号	不合规情形	处理方式
9	发票查验结果显示不合规。比如显示结果有："此发票已做缴销操作""发票已作废""发票已流失""此发票比对不符""此发票属空白票，结存中""查无此票""开具金额比对不符"	要求开票单位重新开具合规发票
10	发票无发票专用章或者不清晰	要求开票单位据实加盖发票专用章或重新开具（换票）处理
11	发票专用章上识别号和开票单位纳税人识别号不符	若两者纳税人识别号有至少一位不符，则要求重新开具。但是，实务中企业由于办理"三证合一"变更纳税人识别号和发票专用章的刻制不同步，导致开票加盖旧章、开票用旧税号加盖新专用章的情况比较普遍。若通过查验该发票为真实的，可以要求开票单位开具证明并加盖公章说明情况
12	备注栏开具不规范。比如：取得不动产租赁或销售发票未在"备注栏"填写"不动产的详细地址"等信息	要求开票单位重新开具合规发票
13	发票收款人及复核未填写	拒收退回，重新取得符合规定的发票

2.2　增值税发票"三流一致"的把握技巧

增值税实务中所说的"三流"，是指货物流、资金流、发票流。"三流一致"是指货物（或提供劳务的单位）、资金（所支付款项的单位）、发票（开具抵扣凭证的销货单位）的流向必须一致，否则不得抵扣增值税进项税额。在涉及增值税应税劳务、应税服务的情况下，货物流可能会被解释成劳务流、服务流。

2.2.1　"三流一致"的核心要义

1995年10月18日，国家税务总局发布了《关于加强增值税征收管理若干问题的通知》（国税发〔1995〕192号），文件"一、（三）"条款规定：纳税人购进货物或应税劳务，支付运输费用，所支付款项的单位，必须与开具抵扣凭证的销货单位、提供劳务的单位一致，才能够申报抵扣进项税额，否则不予抵扣。此文件，部分条款依然有效，尤其是被广泛认为"三流一致"政策根源的"一、（三）"条款，成为税务稽查经常使用的一把利器。

在日常的购销业务活动中，一般情况下，交易过程中的货物流、资金流、发票流三者是一致的，这种常规业务的财务处理相对简单，在一定的历史条件下，也不涉及税务上的风险。但在实际交易中，常常会出现发票流、货物流、资金流三流不一致的情况。

比如：开票后长期不付款、大量现金假付款开票、委托第三方付款、总公司统一开票而分公司收款、集中支付以及债务代偿等情况，都存在三流不一致的现状，这种情况给会计处理和税务处理带来了一定的难度，也带来了一定的税务风险。

另外，根据《中华人民共和国增值税暂行条例》第九条规定"取得的增值税扣税凭证不符合法律、行政法规或者国务院税务主管部门有关规定的，其进项税额不得从销项税额中抵扣"，也说明了取得增值税专用发票要合规，一是取得业务真实合理，应该取得；二是增值税专用发票本身没有问题，不是所谓假发票或不合规发票，本身认定比较复杂，再联系国税发〔1995〕192 号文件，一定程度上强化了"三流一致"的威力。

2.2.2 "三流一致"的明确政策

1. 幸运的诺基亚公司

2006 年 12 月 15 日，国家税务总局发布《关于诺基亚公司实行统一结算方式增值税进项税额抵扣问题的批复》（国税函〔2006〕1211 号），其中规定"对诺基亚各分公司购买货物从供应商取得的增值税专用发票，由总公司统一支付货款，造成购进货物的实际付款单位与发票上注明的购货单位名称不一致的，不属于《国家税务总局关于加强增值税征收管理若干问题的通知》（国税发〔1995〕192 号）第一条第（三）款有关规定的情形，允许其抵扣增值税进项税额"。

可见，"国税函〔2006〕1211 号"对"总公司统一支付货款，造成购进货物的实际付款单位与发票上注明的购货单位名称不一致的"情形开了口子，诺基亚公司是幸运的。但是文件的有限的适用效力，决定了只针对诺基亚公司，其余的类似业务还是要按照《国家税务总局关于加强增值税征收管理若干问题的通知》（国税发〔1995〕192 号）的规定处理。

2. 不属于对外虚开增值税专用发票的情形

2014 年 7 月 2 日，国家税务总局发布《关于纳税人对外开具增值税专用发票有关问题的公告》（国家税务总局公告 2014 年第 39 号），其中规定了不属于对外虚开增值税专用发票的情形：

纳税人通过虚增增值税进项税额偷逃税款，但对外开具增值税专用发票同时符合以下情形的，不属于对外虚开增值税专用发票：

> 一、纳税人向受票方纳税人销售了货物，或者提供了增值税应税劳务、应税服务；
>
> 二、纳税人向受票方纳税人收取了所销售货物、所提供应税劳务或者应税服务的款项，或者取得了索取销售款项的凭据；

> 三、纳税人按规定向受票方纳税人开具的增值税专用发票相关内容,与所销售货物、所提供应税劳务或者应税服务相符,且该增值税专用发票是纳税人合法取得、并以自己名义开具的。
>
> 受票方纳税人取得的符合上述情形的增值税专用发票,可以作为增值税扣税凭证抵扣进项税额。

针对上述规定,我们必须要注意:以上仅仅是界定了纳税人的某一行为不属于虚开增值税专用发票,并不意味着非此即彼,并不能反推出不符合三种情形的行为就是虚开。

比如,某一正常经营的研发企业,与客户签订了研发合同,收取了研发费用,开具了专用发票,但研发服务还没有发生或者还没有完成。这种情况下不能因为本公告列举了“向受票方纳税人销售了货物,或者提供了增值税应税劳务、应税服务”,就判定研发企业虚开增值税专用发票。

小贴士

挂靠业务如何认定虚开增值税专用发票?

挂靠业务在社会经济生活中普遍存在,挂靠行为如何适用国家税务总局公告 2014 年第 39 号,需要视不同情况分别确定。

如果挂靠方以被挂靠方名义,向受票方纳税人销售货物、提供增值税应税劳务或者应税服务,应以被挂靠方为纳税人。被挂靠方作为货物的销售方或者应税劳务、应税服务的提供方,按照相关规定向受票方开具增值税专用发票,不属于虚开增值税专用发票。

如果挂靠方以自己名义向受票方纳税人销售货物、提供增值税应税劳务或者应税服务,被挂靠方与此项业务无关,则应以挂靠方为纳税人。这种情况下,被挂靠方向受票方纳税人就该项业务开具增值税专用发票,有虚开增值税专用发票的嫌疑,企业需要通过更多证据、材料来证明不属于虚开增值税专用发票的行为。比如,账务处理、业务合同、资金流水单据等。

3. 国家税务总局视频会解答因付款账户不同可否抵扣进项税

2016 年 5 月 26 日,国家税务总局召开视频会解答“营改增”政策问题。其中提到:“纳税人取得服务品名为住宿费的增值税专用发票,但住宿费是以个人账户支付的,这种情况能否允许抵扣进项税?是不是需要以单位对公账户转账付款才允许抵扣?”

国家税务总局解答:“现行政策在住宿费的进项税抵扣方面,从未作出过类似的限制性规定,纳税人无论通过私人账户还是对公账户支付住宿费,只要其购买的住宿服务符合现行规定，都可以抵扣进项税。而且，需要补充说明的是，不仅是住宿费，对纳税人购进的其他任何货物、服务，都没有因付款账户不同而对进项税抵扣作出限制性规定。"（资料来源：www. chinatax.gov.cn/）

2.2.3 "三流一致"的把握技巧

1. 了解政策的背景和实质

在我国"以票控税"的管控模式下，实施增值税专用发票抵扣制度。在税控防伪系统不健全以及利益驱动下，如何有效防控虚开增值税专用发票、保障安全税源是税务部门的头等大事。"三流一致"政策实质符合税法原理，有利于税收征管，有利于保障国家税收安全甚至财政经济安全。

2. 严格要求，适度把握

在一些特殊的交易模式下，企业对"三流一致"的要适度把握，有所区别。比如，出口退税的本质就是一种财政的支付或者说是外贸出口后已经支付的增值税的"报销"行为，自然需要有可靠的真实性的依据。因此，对于需要出口退税的业务，"三流一致"的税收管理模式是控制风险的必要保障。但是，比如委托第三方付款、总公司统一开票而分公司收款、建筑企业的挂靠开票行为、集中支付以及债务代偿等经济业务，在确定业务真实的前提下，业务本身三流确实难以一致，除非改变交易模式。如果因为"三流一致"改变日常便利的交易行为，增加的不仅仅是税收遵从成本，还有人力、管理等成本。而如果从更宏观角度看，三流也肯定是一致的，改变交易模式去迎合"三流一致"是不符合经济规律的，更不符合纳税人纳税权利义务的对等性。

"三流一致"的初衷是防止转、借、代等虚开增值税专用发票的行为。实践中，"三流一致"必然会遇到"善意取得增值税发票"的情形。只要企业经济业务真实发生，没有故意偷漏税，还是要把"虚开增值税专用发票"和"善意取得增值税发票"区分开来的。在税收法律诉讼实践中，"善意取得"需要举证自己的"善意"，但更是一种抗辩事由，也就是即便纳税人无法举证自己是善意取得，也必须要税务机关举证是"恶意取得"才能确定是偷漏税行为。

2.3 虚开增值税发票的风险防控

虚开增值税专用发票，包括为他人虚开、为自己虚开、让他人为自己虚开增值税发票的罪行。虚开增值税发票是税务管理中为数不多的入刑的罪过，企业要高度重视，尤其是挂靠运营模式，要做好源头控制、过程审核以及事后补救。当然，善意取得虚开增值税发票的情况有时候也会发生，实务中也有通过复议、司法诉讼等过程，成功避免法律风险的案例。

2.3.1　虚开增值税发票的形式

虚开增值税发票行为可以分为为他人虚开、介绍他人虚开、让他人为自己虚开、自己为自己虚开四种违法形式。

一是为他人虚开，行为主体为实际开票人，其行为目的主要是为了获取开票利益，即开票费，受票人拿发票做什么用他并不关心。

二是介绍他人虚开，即介绍人请求开票人以开票人的名义向受票人开具发票。此时介绍人与开票人共同构成虚开发票行为主体，介绍人的行为目的主要是保护自己的经营利益。这类人一般是未办理税务登记的无证经营户，客户索取发票时以支付开票费的方式找人非法向客户代开发票。这些人找人代开发票，不是为了帮助下游客户抵扣税款，而是为了通过满足下游客户的用票需求稳固其与客户的经营业务关系。至于专职作开票业务介绍人的，主要目的是从开票人收取的开票费中获得"提成"，出发点也不是让人抵扣税款。

三是让他人为自己虚开、自己为自己虚开。前者，开票人与自己共同成为虚开发票的行为主体；后者，开票人与受票人合二为一，自己成为虚开发票和受票行为的复合主体。只有当行为人让他人为自己虚开、自己为自己虚开发票时，其行为人的目的才直接体现为用于抵扣税款或骗取出口退税。

🔍 小贴士

实务中常见的发票虚开常见类型

一是"大头小尾"。这是一种典型恶意虚开发票的行为，普通发票有，增值税专用发票也有。大致是销货方开具增值税发票时，在存根联、记账联填写较小数额，在发票联、抵扣联上填写较大数额。销货方在纳税时出示记账联，数额较小，销项税额相应减少；购货方以抵扣联抵扣进项税，数额较大，抵扣税额相应增多。销货方和购货方均可通过此种方式偷逃国家税款。这种行为一经查实，企业罚款补税，法人、财务主管、责任人基本难逃刑事责任。

二是"拆本使用"，单联填开发票。销货方把整本发票拆开使用，自己保存的发票存根联和记账联按照商品的实际交易额填写，开给购货方的发票联和抵扣联填写较大数额，从而使购货方达到多抵扣增值税税款的目的。

三是"撕联填开"发票，又称"鸳鸯票"。将增值税发票的记账联、抵扣联、发票联、存根联拆分使用，各联内容不一致。

四是"对开发票"。一般指购货方在发生"销售退回"时，为了规避开红字发票的麻烦，由退货企业再开一份销售专用发票视同购进后又销售给了原生产企业的行为。《增值税暂行条例实施细则》第十一条规定："一般纳税人销售货物或者应税劳务，开具增值税专用发票后，发生销售货物退回或者折让、开票有误等情形，应按国家税务总局的规定开具红字增值税专用发票。未按规定开具红字增值税专用发票的，增值税额不得从销项税额中扣减。"所以，企业如果发生销货退回行为，应按规定开具红字发票，如果未按规定开具红字发票，重开发票的增值税额不得从销项税额中抵减，将会被重复计税。

纳税人如果未能按规定开具红字发票，税务机关在有足够证据的情况下，可根据《中华人民共和国发票管理办法》第三十六条规定，未按照规定开具发票的，由税务机关责令限期改正，没收非法所得，可以并处 10 000 元以下的罚款。

五是"环开"。即几家关联单位或个人串通，在无贸易背景的前提下，一个接一个，成环状虚开增值税发票。

六是"代开"。即开票方应第三方要求，按其指定的受票方名称、商品品种、数量、金额等虚开增值税发票。

2.3.2 善意取得虚开增值税发票的税务处理

1. 进项税额的处理

根据《国家税务总局关于纳税人善意取得虚开的增值税专用发票处理问题的通知》（国税发〔2000〕187 号）规定，对于"善意"取得增值税专用发票的，对购货方不以逃税或者骗取出口退税论处，但应按有关法规不予抵扣进项税额或者不予出口退税；购货方已经抵扣的进项税额或者取得的出口退税，应依法追缴。但对纳税人善意取得虚开的增值税专用发票，如能重新取得合法、有效的专用发票，准许其抵扣进项税额；如不能重新取得合法、有效的专用发票，不准其抵扣进项税额或追缴其已抵扣的进项税款。

2. 企业所得税税前列支问题的处理

按照（国税发〔2000〕187 号）文件规定，企业在生产经营过程中，善意取得虚开的增值税专用发票，其购入商品实际支付的不含税价款，在结转成本时，因善意取得虚开增值税专用发票而不能抵扣的进项税额增大其存货成本，准予税前扣除。

对于"善意"取得虚开发票，即意味着税务机关已经认定虽然该增值税专用发票系虚假开具的，增值税专用发票所反映的购销交易活动是真实的、合法的，其货物的交易金额、款项的支付也不存在问题。发票的虚假只是发票本身的问题，但并不能必然否定发票背后交易本身的真实性与合法性。

凡企业属于善意取得虚开增值税专用发票的，政策层面还可以参考《北京市地方税务局关于企业因善意取得虚开增值税专用发票有关企业所得税处理问题的批复》（京地税企〔2003〕114 号）、《浙江省地方税务局关于企业所得税若干政策问题的通知》（浙地税二〔2001〕3 号）、《江苏省国家税务局关于纳税人善意取得虚开的增值税抵扣凭证能否作为企业所得税税前列支依据问题的批复》（苏国税函〔2006〕70 号）等文件。

3. 已抵扣税款是否加收滞纳金的处理

纳税人善意取得虚开的增值税专用发票被依法追缴已抵扣税款的，不属于《中华人民共和国税收征收管理法》第三十二条"纳税人未按照规定期限缴纳税款"的情形，不适用"从滞纳税款之日起，按日加收滞纳税款万分之五的滞纳金"的规定。

2.3.3　虚开增值税发票的风险防控

一是"货物流"的把控。通过分析销货方（或购货方）生产报表中的原材料消耗量、耗电量等指标，推算企业的产品产量（或入库商品）是否属实。将货物出库单（或入库单）、货运单据等与企业留存的发票各联相核对，确认增值税发票中的内容是否属实。

二是"资金流"的把控。将银行存款账、销售收入账、生产成本账，往来账相核对，从资金流的角度，核实增值税发票的金额是否与实际情况相符。

三是"发票流"的把控。将销贷方存根联、记账联与购货方的发票联、抵扣联相核对，看发票中的项目是否一致，将购销双方的会计账目以及货物出库单、入库单、货运单等相核对，从时间、数量、金额等方面，检查有无异常情况。将销货方或购货方留存的增值税发票、纳税申报表与税务机关的税控系统内的数据相核对，重点核实发票号、缴税时间、数量、金额等项目是否与税务机关系统内的相关内容相吻合。

总之，防控虚开增值税发票的风险，重点在核实增值税发票内容的真实性，手段是借鉴"三流一致"的原则要求。

有的企业管理精细，把"合同流"也作为控制的重点，这样更能在过程中防止虚开风险。实务中，出现合同和付款不一致，可以签订三方协议约定执行。签订合同时，一定要注意细节问题和兜底条款，规定对方开专票还是普票，开专票的税率、含税金额、付款方式、银行账户名称、最主要是货物运输方式。另外，建议合同加入条款：因对方开具的发票造成的损失，由对方承担责任。

如果遇到善意取得虚开增值税发票的情况，要沉着应对，仔细分析业务实质和法律关系，必要时聘请税法专业律师，把善意取得虚开增值税发票的税收成本、行政处罚风险、刑事处罚风险降到最低。

┌───┐
小贴士

实务具有虚开增值税发票重大嫌疑的情形

一、开票时经常换单位名字，多为商贸企业；

二、发票开具后大量作废等；

三、公司的税务大部分发票顶额开具，发票开具金额满额度高于 90%；

四、登记信息雷同，企业法人、财务人员、办税人员多为同一人；

五、商贸公司购进与销售货物名称严重背离的；

六、发票连续多次增量增版；

七、存在大量红字普通发票、随意开具红字发票来冲减以往年度的蓝字发票；

八、资金或存货周转次数平均每月超过 5 次；

九、一定时间内开具增值税发票金额突增；

十、成立时间短，成立时间多在半年以内，但营业规模迅速扩大；

十一、登记地址多为住宅小区某楼层某室，明显不适合对外经营；

十二、法人户籍非本地、法人设立异常集中；

十三、生产能耗如电费情况与销售情况严重不符的；

十四、公司多为认缴制或者实收资本多为较低金额；

十五、多户企业登记法人为同一人，且税务登记信息中所留的手机号码也为同一个手机号；

十六、连续同时办理税务登记或一般纳税人认定的多家企业；

十七、公司所属行业属于虚开高危行业，税务局建立了 2 个库（高风险行业库、注册地址风险库）；

十八、法人、财务负责人曾担任非正常户的负责人或财务负责人、且法人与财务负责人交叉担任。
└───┘

2.4　增值税发票实务疑难解析

本节主要对企业在增值税发票管理实务中遇到的疑难问题进行分类解读。发票管理无小事，相关疑难问题也是一个逐步收集和完善的过程，从领、用、存开始都需要精细化管理，比如增值税专用发票，应视同现金管理，专门保险箱保险柜管理。

2.4.1　使用税控设备如何开具发票

增值税税控发票，需要使用增值税发票系统升级版开具发票，纳税人需要向符合资质的税控服务公司购买税控设备，经税务部门发行后，通过税控设备在线开具税控发票，所有发票信息通过网络自动上传至税务机关，进行全国联网。需要领用增值税发票的纳税人，持税务登记证件、经办人身份证明、按照国务院税务主管部门规定式样制作的发票专用章的印模，向主管税务机关办理发票领用手续。

开票发票的过程：点击"发票管理"→"发票填开"→"增值税专用发票填开"→号码确认窗口点击确认，进入发票填开界面，输入购买方信息和货物或应税劳务、服务信息，填写好发票，点击"打印"即可（打印正式发票前，请先进行发票定位，位置严重偏移票面的增值税专用发票会影响认证结果）。

提示

第一次开具发票前必须先对打印位置进行调整，在发票填开界面先打印一张空白A4纸进行打印测试，与空白发票比对位置，若位置不合适，可对打印机位置进行反复调试，不得使用正式纸质发票测试。

截至目前，每月征期内无论上月有没有开具发票请务必进行远程抄报及清卡操作，若征期内未进行远程清卡或远程清卡未成功，金税盘会自动锁死不能再进行开票等操作。

另外，根据《国家税务总局关于2019年开展"便民办税春风行动"的意见》（税总发〔2019〕19号）决定：2019年推出取消增值税发票抄报税、精简报税资料等4类13项52条便民办税服务措施。

2.4.2　国地税合并以后发票监制章的变化

根据《国家税务总局关于做好国税地税征管体制改革过渡期有关税收征管工作的通知》（税总发〔2018〕68号）第一条规定，做好税费征管业务衔接（十一）发票、税收票证管理。挂牌前已由各省税务机关统一印制的税收票证和原各省国税机关已监制的发票在2018年12月31日前可以继续使用，2019年1月1日起启用新版发票。

因此2019年1月1日以后发票监制章具体类型见表2-2。

表2-2　最新发票监制章一览表

序号	发票类型	监制章情况	具体形式
1	增值税专用发票	没有变化	发票监制章椭圆形，上环刻制"全国统一发票监制章"字样，中间刻制"省、自治区、直辖市、计划单列市"名称，下环刻制"国家税务总局监制"
2	增值税普通发票（包括平推票、卷票）	没有变化	

续上表

序号	发票类型	监制章情况	具体形式
3	增值税电子普通发票	启用新版	
4	机动车销售统一发票	启用新版	
5	二手车销售统一发票	启用新版	新发票监制章形状为椭圆形，与原发票监制章规格相同，内环加刻一细线。上环刻制"全国统一发票监制章"字样，中间刻制"国家税务总局"字样，下环刻制"××税务局"字样，如"北京市税务局"等
6	通用机打发票	启用新版	
7	通用定额发票	启用新版	
8	手工发票	启用新版	
9	通行费（包括出租车、客票等）	启用新版	
10	航空运输电子客票行程单	没有变化	发票监制章椭圆形，上环刻制"全国统一发票监制章"字样，下环刻制"国家税务总局监制"。中间无"省、自治区、直辖市、计划单列市"

2.4.3 要求对方开具增值税发票需要的材料

1. 开具增值税专用发票

纳税人应向索取增值税专用发票的购买方开具增值税专用发票，由购买方提供四项信息：名称（不得为自然人）、纳税人识别号、地址电话、开户行及账号。如果购买方能将上述信息准确提供给商家，就可以开具增值税专用发票，不需要提供营业执照、税务登记证、组织机构代码证、开户许可证、增值税一般纳税人登记表等相关证件或其他证明材料（可以让商家去相应税务局官方网站查询某企业是否为一般纳税人）。

若实际付款人（现金、刷卡、第三方支付平台等）属于其他个人，但要求开具专用发票的"购买方"为单位的，实务中一般不认为违背"三流一致"的原则。为了防止税务风险，涉及大宗采购时，可在"备注栏"注明实际付款人的名称和有效证件号码。

2. 开具增值税普通发票

销售方开具增值税普通发票的，如购买方为企业、非企业性单位（有纳税人识别号）和个体工商户，购买方栏的"名称""纳税人识别号"为必填项，其他项目根据实际业务情况需要填写。

购买方为非企业性单位（无纳税人识别号）和消费者个人的，"名称"为必填项，其他项目可根据实际业务情况填写。如果消费者能将上述信息准确提供给商家，就可以开具增值税普通发票，不需要向销售方提供纳税人识别号、地址电话、开户行及账号信息，也不需要提供相关证件或其他证明材料。

2.4.4　增值税红字专用发票如何开具

1. 可以开具增值税红字专用发票的情形

一般纳税人（包括自开专用发票的小规模纳税人）开具增值税专用发票，发生销货退回、开票有误、应税行为中止以及发票抵扣联、发票联均无法认证等情形但不符合作废条件，或者因销货部分退回及发生销售折让情形的，可以开具增值税红字专用发票。

其中，作废条件是指同时具有下列情形的：

（1）收回全部发票联次时间未超过开票当月；

（2）开票方未抄税并且未记账；

（3）购买方取得的专用发票，未通过选择确认平台确认且未认证，或认证结果为"纳税人识别号认证不符""专用发票代码、号码认证不符"。

（4）收到退回的发票联、抵扣联时间未超过销售方开票当月；

（5）销售方未抄税并且未记账；

（6）购买方未认证或者认证结果为"纳税人识别号认证不符""专用发票代码、号码认证不符"。

2. 纳税人如何开具增值税红字专用发票

购买方取得专用发票已用于申报抵扣的，购买方可在增值税发票管理新系统中填开并上传开具红字增值税专用发票信息表（以下简称"信息表"），在填开"信息表"时不填写相对应的蓝字专用发票信息，应暂依"信息表"所列增值税税额从当期进项税额中转出，待取得销售方开具的红字专用发票后，与"信息表"一并作为记账凭证。

购买方取得专用发票未用于申报抵扣、但发票联或抵扣联无法退回的，购买方填开《信息表》时应填写相对应的蓝字专用发票信息。

销售方开具专用发票尚未交付购买方，以及购买方未用于申报抵扣并将发票联及抵扣联退回的，销售方可在新系统中填开并上传"信息表"。销售方填开"信息表"时应填写相对应的蓝字专用发票信息。

主管税务机关通过网络接收纳税人上传的"信息表"，系统自动校验通过后，生成带有"红字发票信息表编号"的"信息表"，并将信息同步至纳税人端系统中。

销售方凭税务机关系统校验通过的"信息表"开具红字专用发票，在新系统中以销项负数开具。红字专用发票应与"信息表"一一对应。

纳税人也可凭"信息表"电子信息或纸质资料到税务机关对"信息表"内容进行系统校验。

3．税务机关为小规模纳税人代开红字专用发票如何处理

税务机关为小规模纳税人代开专用发票，需要开具红字专用发票的，按照一般纳税人开具红字专用发票的方法处理。

4．开具红字增值税普通发票以及红字机动车销售统一发票有何规定

纳税人需要开具红字增值税普通发票的，可以在所对应的蓝字发票金额范围内开具多份红字发票。红字机动车销售统一发票需与原蓝字机动车销售统一发票一一对应。

5．认定或登记为一般纳税人前需要开具红字专用发票的，如何处理

按照《国家税务总局关于纳税人认定或登记为一般纳税人前进项税额抵扣问题的公告》（国家税务总局公告 2015 年第 59 号）的规定，需要开具红字专用发票的，按照《国家税务总局关于红字增值税发票开具有关问题的公告》（国家税务总局公告 2016 年第 47 号）规定执行。

2.4.5　税务机关代开发票基本规定

1．哪些人可以申请代开发票

根据《国务院关于修改〈中华人民共和国发票管理办法〉的决定》（中华人民共和国国务院令第 587 号）规定，《中华人民共和国发票管理办法》第十六条需要临时使用发票的单位和个人，可以凭购销商品、提供或者接受服务以及从事其他经营活动的书面证明、经办人身份证明、直接向经营地税务机关申请代开发票。依照税收法律、行政法规定应当缴纳税款的，税务机关应当先征收税款，再开具发票。

> **提示**
>
> 增值税纳税人应在代开增值税专用发票的备注栏上，加盖本单位的发票专用章（为其他个人代开的特殊情况除外）。税务机关在代开增值税普通发票以及为其他个人代开增值税专用发票的备注栏上，加盖税务机关代开发票专用章。

> **小贴士**
>
> **申请代开发票的范围与对象有哪些？**
>
> 根据《国家税务总局关于加强和规范税务机关代开普通发票工作的通知》（国税函〔2004〕1024 号）规定：
>
> （一）凡已办理税务登记的单位和个人，在销售货物、提供应税劳务服务、转让无形资产、销售不动产以及税法规定的其他商事活动中有下列情形之一的，可以向主管税务机关申请代开普通发票：

1. 纳税人虽已领购发票，但临时取得超出领购发票使用范围或者超过领用发票开具限额以外的业务收入，需要开具发票的；

2. 被税务机关依法收缴发票或者停止发售发票的纳税人，取得经营收入需要开具发票的；

3. 外省（自治区、直辖市）纳税人来本辖区临时从事经营活动的，原则上应当按照《税务登记管理办法》的规定，持《外出经营活动税收管理证明》，向经营地税务机关办理报验登记，领取发票自行开具；确因业务量小、开票频度低的，可以申请经营地税务机关代开。

（二）正在申请办理税务登记的单位和个人，对其自领取营业执照之日起至取得税务登记证件期间发生的业务收入需要开具发票的，主管税务机关可以为其代开发票。

（三）应办理税务登记而未办理的单位和个人，主管税务机关应当依法予以处理，并在补办税务登记手续后，对其自领取营业执照之日起至取得税务登记证件期间发生的业务收入需要开具发票的，为其代开发票。

（四）依法不需要办理税务登记的单位和个人，临时取得收入，需要开具发票的，主管税务机关可以为其代开发票。

2. 在业务发生地还是机构所在地申请代开发票

根据《纳税人转让不动产增值税征收管理暂行办法》（国家税务总局公告 2016 年第 14 号）："小规模纳税人转让其取得的不动产，不能自行开具增值税发票的，可向不动产所在地主管地税机关申请代开。"

《纳税人提供不动产经营租赁服务增值税征收管理暂行办法》（国家税务总局公告 2016 年第 16 号）："其他个人出租不动产，可向不动产所在地主管地税机关申请代开增值税发票。"

《国家税务总局关于营业税改征增值税委托地税机关代征税款和代开增值税发票的公告》（国家税务总局公告 2016 年第 19 号）："营业税改征增值税后由地税机关继续受理纳税人销售其取得的不动产和其他个人出租不动产的申报缴税和代开增值税发票业务，以方便纳税人办税"。

《纳税人跨县（市、区）提供建筑服务增值税征收管理暂行办法》（国家税务总局公告 2016 年第 17 号）："小规模纳税人跨县（市、区）提供建筑服务，不能自行开具增值税发票的，可向建筑服务发生地主管国税机关按照其取得的全部价款和价外费用申请代开增值税发票。"

2018 年 3 月 13 日，第十三届全国人民代表大会第一次会议举行第四次全体会议。受国务院委托，国务委员王勇向根据党的十九届三中全会通过的深化党和国家机构改革方案，就国务院机构改革方案向大会作说明。该说明第二点《关于国务院其他机构调整》第十一条明确指出，"改革国税地税征管体制。将省级和省级以下国税地税机构合并，具体承担所辖区域内的各项税收、非税收入征管等职责。国税地税机构合并后，实行以国家税务总局为主与省（区、市）人民政府双重领导管理体制。"国地税合并后，所有税种由税务局统管，纳税人的涉税业务只对一个税务局。

因此，纳税人销售其取得的不动产、其他个人出租不动产应向不动产所在地税务机关申请代开增值税发票业务。跨县（市、区）提供建筑服务小规模纳税人向建筑服务发生地主管税务机关申请代开增值税发票。

3．货物运输业小规模纳税人申请代开增值税专用发票

（1）纳税人具备条件

同时具备以下条件的增值税纳税人（以下简称纳税人）适用本办法：

①在中华人民共和国境内（以下简称境内）提供公路或内河货物运输服务，并办理了税务登记（包括临时税务登记）。

②提供公路货物运输服务的（以 4.5 吨及以下普通货运车辆从事普通道路货物运输经营的除外），取得中华人民共和国道路运输经营许可证和中华人民共和国道路运输证；提供内河货物运输服务的，取得国内水路运输经营许可证和船舶营业运输证。

③在税务登记地主管税务机关按增值税小规模纳税人管理。

（2）代开发票地点的选择

纳税人在境内提供公路或内河货物运输服务，需要开具增值税专用发票的，可在税务登记地、货物起运地、货物到达地或运输业务承揽地（含互联网物流平台所在地）中任何一地，就近向税务机关（以下称代开单位）申请代开增值税专用发票。

纳税人在非税务登记地申请代开增值税专用发票，不改变主管税务机关对其实施税收管理。

纳税人应将营运资质和营运机动车、船舶信息向主管税务机关进行备案。

提示

　　为进一步优化纳税服务，提高货物运输业小规模纳税人使用增值税专用发票的便利性，国家税务总局根据《中华人民共和国税收征收管理法》及其实施细则、《中华人民共和国发票管理办法》及其实施细则、《交通运输部 国家税务总局关于印发〈网络平台道路货物运输经营管理暂行办法〉的通知》（交运规〔2019〕12号）等规定，自2020年1月1日起，已经在全国范围内开展网络平台道路货物运输企业代开增值税专用发票试点工作。

　　符合试点的企业可以参照《国家税务总局关于开展网络平台道路货物运输企业代开增值税专用发票试点工作的通知》（税总函〔2019〕405号）文件执行。相信未来全国范围内推广指日可待。

2.4.6　不同情形下发票丢失的处理

1. 增值税专用发票未开出前丢失，如何处理

根据《中华人民共和国发票管理办法实施细则》第三十一条规定：使用发票的单位和个人应当妥善保管发票。发生发票丢失情形时，应当于发现丢失当日书面报告税务机关，并登报声明作废。

此种情况可能会受到税务机关的处罚。因为根据《中华人民共和国发票管理办法》第三十六条规定：跨规定的使用区域携带、邮寄、运输空白发票，以及携带、邮寄或者运输空白发票出入境的，由税务机关责令改正，可以处1万元以下的罚款；情节严重的，处1万元以上3万元以下的罚款；有违法所得的予以没收。丢失发票或者擅自损毁发票的，依照前款规定处罚。笔者曾经问过北京某区县局地税机关，地税机关"营改增"前丢失发票一张处罚50元，并为企业出具行政处罚决定书。

所以，购票单位应完善发票管理制度，加强发票管理，同时采取必要的安全措施，保证发票安全；税务机关在出现这种情况后，也会加强对购票单位发票管理的监督，至少去税务局买票的时候，批准的最大限额和领购本数会有限制。

2. 增值税专用发票开出后丢失，如何处理

分为两种情况：一是发票开出未认证；二是发票开出已认证。

（1）发票开出未认证

①丢失发票联的处理。使用专用发票抵扣联到主管税务机关（正常）认证，将专用发票抵扣联作为记账凭证，并用专用发票抵扣联复印件留存备查。

开票方和税局无须特殊处理。

②丢失抵扣联的处理。可使用专用发票发票联到主管税务机关认证，将专用发票发票联作为记账凭证，专用发票发票联复印件留存备查。

无须开票单位做任何处理，税局在认证时以发票联作为抵扣认证依据。

③丢失发票联和抵扣联的处理。根据《国家税务总局关于增值税发票综合服务平台等事项的公告》（国家税务总局公告2020年第1号）文件规定：纳税人同时丢失已开具增值税专用发票或机动车销售统一发票的发票联和抵扣联，可凭加盖销售方发票专用章的相应发票记账联复印件，作为增值税进项税额的抵扣凭证、退税凭证或记账凭证。

纳税人丢失已开具增值税专用发票或机动车销售统一发票的抵扣联，可凭相应发票的发票联复印件，作为增值税进项税额的抵扣凭证或退税凭证；纳税人丢失已开具增值税专用发票或机动车销售统一发票的发票联，可凭相应发票的抵扣联复印件，作为记账凭证。

> **提示**
>
> 同时丢失增值税专用发票发票联和抵扣联的情况，政策有变化，主要是不用开具已抄报税证明单了，也明确了发票记账联复印件加盖的是发票专用章。切记，不是公章和财务专用章。

（2）发票开出已认证

①丢失发票联的处理。使用专用发票抵扣联作记账凭证，使用专用发票抵扣联复印件留存备查，其他无须作单独处理。

②丢失抵扣联的处理。使用专用发票发票联复印件留存备查，其他无须作单独处理。

③丢失发票联和抵扣联的处理。开票方需要复印发票复印件，并由开票方税局开具《丢失增值税专用发票已报税证明》

2.4.7　增值税发票备注栏的填写要求

在开具增值税发票过程中，发票右下角的"备注栏"是一块"风水宝地"。当你差旅住店开票时，经常性会在备注栏填写具体"住宿日期、人数"；当你消费当天忘记开具发票后又补开时，往往会在发票备注栏填写"补开几月几号发票"；当你在网上购票发生退票时，退票费的发票备注栏会标明退票的"订单号、航班号……"

可见，右下角的"备注栏"有的没有硬性规定填写，填上无非是更清楚说明问题；当然也有一些硬性规定必须要在"备注栏"填写的，具体见表2-3。

表2-3　增值税发票开具备注栏要求一览表

序号	纳税行为	自行开具	税务机关代开	政策依据
1	货物运输	填写起运地、到达地、车种车号以及运输货物信息	—	国家税务总局公告2015年第99号
2	铁路运输企业提供货运服务	注明受托代征的印花税税款信息	—	

序号	纳税行为	自行开具	税务机关代开	政策依据
3	跨县（市、区）提供不动产经营租赁服务、建筑服务的小规模纳税人（不包括其他个人	注明不动产的详细地址	在发票备注栏中自动打印'YD'字样	国家税务总局公告2016年第23号
4	销售及出租不动产	注明不动产的详细地址	（1）备注栏填写销售或出租不动产纳税人的名称、纳税人识别号（或者组织机构代码）、不动产的详细地址 （2）按照核定计税价格征税的，"金额"栏填写不含税计税价格，备注栏注明"核定计税价格，实际成交含税金额×××元"	国家税务总局公告2016年第23号
5	建筑服务业	注明业务发生地县（市、区）名称及项目名称	为纳税人代开建筑服务发票时应在发票的备注栏注明建筑服务发生地县（市、区）名称及项目名称	国家税务总局公告2016年第23号
6	差额征税且不得全额开具增值税发票的注：劳务派遣公司（安保服务同）、经纪代理服务（人力资源外包服务同）	自动打印"差额征税"字样	通过系统中差额征税开票功能，录入含税销售额（或含税评估额）和扣除额，系统自动计算税额和金额，备注栏自动打印"差额征税"字样	国家税务总局公告2016年第23号
7	个人保险代理人汇总代开增值税发票时		应在备注栏内注明"个人保险代理人汇总代开"字样	国家税务总局公告2016年第45
8	保险代收车船税	填写保险单号、税款所属期（详细至月）、代收车船税金额、滞纳金金额、金额合计		国家税务总局2016年51号
9	销售预付卡	收到预付卡的结算款		国家税务总局2016年53号
10	互联网物流平台企业代开货物运输发票的	注明会员的纳税人名称和统一社会信用代码		税总函2017年579号
11	生产企业委托综合服务企业代办出口退税	备注栏内注明"代办退税专用"字样		国家税务总局公告2017年第35号
12	所有由税务机关代开发票的业务		（1）"备注"栏内注明增值税纳税人的名称和纳税人识别号 （2）增值税纳税人应在代开增值税专用发票的备注栏上，加盖本单位的发票专用章（为其他个人代开的特殊情况除外）。税务机关在代开增值税普通发票以及为其他个人代开增值税专用发票的备注栏上，加盖税务机关代开发票专用章 （3）地税局代开发票部门通过增值税发票管理新系统代开增值税发票，系统自动在发票上打印"代开"字样	国税发〔2004〕153号 国税函〔2004〕1024号 税总函〔2016〕145号 税总货便函〔2017〕127号

2.4.8 稀土企业等汉字防伪项目企业增值税发票开具

为了适应稀土行业发展和税收信息化建设需要，根据《关于稀土企业等汉字防伪项目企业开具增值税发票有关问题的公告》（国家税务总局公告 2019 年第 13 号）规定内容，自 2019 年 6 月 1 日起，停用增值税防伪税控系统汉字防伪项目。从事稀土产品生产、商贸流通的增值税纳税人（以下简称"稀土企业"）销售稀土产品或提供稀土应税劳务、服务的，应当通过升级后的增值税发票管理系统开具稀土专用发票；销售非稀土产品或提供非稀土应税劳务、服务的，不得开具稀土专用发票。

1．发票开具要求

稀土专用发票开具不得使用增值税发票管理系统"销售货物或者提供应税劳务、服务清单"填开功能。稀土专用发票"货物或应税劳务、服务名称"栏应当通过增值税发票管理系统中的稀土产品目录选择，"单位"栏选择"公斤"或"吨"，"数量"栏按照折氧化物计量填写。增值税发票管理系统在发票左上角自动打印"XT"字样。

稀土企业销售稀土矿产品、稀土冶炼分离产品、稀土金属及合金，提供稀土加工应税劳务、服务的，应当按照《稀土产品目录》的分类分别开具发票。

2．开票系统升级要求

稀土企业需要开具稀土专用发票的，由主管税务机关开通增值税发票管理系统中的稀土专用发票开具功能，开票软件应当于 2019 年 6 月 1 日前完成升级，税控设备和增值税发票可以继续使用。

除稀土企业外，其他纳入增值税防伪税控系统汉字防伪项目管理企业使用的开票软件应当于 2019 年 6 月 1 日前升级为增值税发票管理系统，税控设备和增值税发票可以继续使用。

2.4.9 简易征收项目自行开具专用发票的情形

增值税简易征收是一种特殊的计税方法，并不属于不得抵扣进项税额的范围。可以选择适用简易计税方法计税，本身就是考虑纳税人的特殊情况而给予的具有"优惠性质"的安排，并没有禁止纳税人自行开具专票，除非财政部和国家税务总局有明确规定不得开具专用发票。实务中做如下把握：针对简易计税项目，不管是"营改增"前，还是"营改增"后，只要没有明确禁止，都可以开具专用发票。

实务中也可以通过反列举的方式把握，除以下情形之外，适用简易计税方法的下列应税项目不可以开具专票：

（1）属于增值税一般纳税人的单采血浆站销售非临床用人体血液，按照简易办法依照 3% 征收率计算应纳税额的；

（2）纳税人销售旧货的；

（3）销售自己使用过的固定资产，减按 2% 征税的；

（4）税收法规规定不得开具专用发票的其他情形。

2.4.10 可以网络勾选认证的纳税人和发票类型

根据《国家税务总局关于扩大小规模纳税人自行开具增值税专用发票试点范围等事项的公告》（国家税务总局公告 2019 年第 8 号）文件规定：

将取消增值税发票认证的纳税人范围扩大至全部一般纳税人。一般纳税人取得增值税发票（包括增值税专用发票、机动车销售统一发票、收费公路通行费增值税电子普通发票）后，可以自愿使用增值税发票选择确认平台查询、选择用于申报抵扣、出口退税或者代办退税的增值税发票信息。

增值税发票选择确认平台的登录地址由国家税务总局各省、自治区、直辖市和计划单列市税务局确定并公布。

提示

从2019年3月1日起，所有的纳税人都可以使用网络勾选的方式对增值税发票进行认证，不再区分A、B、M、C级别。

可以看出，不仅是增值税专用发票可以网络勾选，机动车销售统一发票、收费公路通行费增值税电子普通发票这两项也可以网络勾选。

2.4.11 小规模纳税人自行开具增值税专用发票范围

根据《国家税务总局关于扩大小规模纳税人自行开具增值税专用发票试点范围等事项的公告》（国家税务总局公告 2019 年第 8 号）文件规定：

将小规模纳税人自行开具增值税专用发票试点范围由住宿业，鉴证咨询业，建筑业，工业，信息传输、软件和信息技术服务业，扩大至租赁和商务服务业，科学研究和技术服务业，居民服务、修理和其他服务业。上述 8 个行业小规模纳税人（以下称"试点纳税人"）发生增值税应税行为，需要开具增值税专用发票的，可以自愿使用增值税发票管理系统自行开具。

试点纳税人销售其取得的不动产，需要开具增值税专用发票的，应当按照有关规定向税务机关申请代开。

试点纳税人应当就开具增值税专用发票的销售额计算增值税应纳税额，并在规定的纳税申报期内向主管税务机关申报缴纳。在填写增值税纳税申报表时，应当将当期开具增值税专用发票的销售额，按照 3% 和 5% 的征收率，分别填写在《增值税纳税申报表》（小规模纳税人适用）第 2 栏和第 5 栏"税务机关代开的增值税专用发票不含税销售额"的"本期数"相应栏次中。

另外，由一般纳税人转登记的小规模纳税人也可以自行开具增值税专用发票。根据《国家税务总局关于统一小规模纳税人标准等若干增值税问题的公告》（国家税务总局公告 2018 年第 18 号）第六条："转登记纳税人可以继续使用现有税控设备开具增值税发票，不需要缴销税控设备和增值税发票。转登记纳税人自转登记日的下期起，发生增值税应税销售行为，应当按照征收率开具增值税发票；转登记日前已作增值税专用发票票种核定的，继续通过增值税发票管理系统自行开具增值税专用发票"。

提示

小规模纳税人开票疑难

1.月销售额未超 10 万元的小规模纳税人能否放弃使用增值税发票管理系统？

根据《国家税务总局关于小规模纳税人免征增值税政策有关征管问题的公告》（国家税务总局公告 2019 年第 4 号）文件规定，免征增值税政策调整后，已经使用增值税发票管理系统的小规模纳税人，月销售额未超过 10 万元的，可以继续使用现有税控设备开具发票，也可以自愿不再使用税控设备开具增值税发票。

小规模纳税人月销售额超过 10 万元的，除特殊情况外，应当使用增值税发票管理系统开具增值税普通发票、机动车销售统一发票、增值税电子普通发票。

2.是否月销售超过 10 万元（季度超 30 万元）才可自开专票？

为了进一步便利小微企业开具增值税专用发票，自 2019 年 3 月 1 日起试点行业的所有小规模纳税人均可以自愿使用增值税发票管理系统自行开具增值税专用发票，不受月销售额标准的限制。

3.小规模纳税人月销售额未超过 10 万元开具增值税普通发票，税率是显示实际征收率还是显示★★★？

对于小规模纳税人自行开具的增值税普通发票，税率栏次显示为适用的征收率；对于增值税小规模纳税人向税务机关申请代开的增值税普通发票，如月代开发票金额合计未超过 10 万元，税率栏次显示★★★。

2.5 不同情形下发票问题实务应对

实务中，企业对发票的取得方面，往往不够重视。发票与付款的时间难以有效匹配，付完款收不到发票的情况也经常存在。笔者总结实务经验，就相关情况的税务处理方法在这一节做了介绍。

2.5.1　已收货付款，对方迟迟不开票

这种情况下，实务中有企业人民法院提起诉讼的，但是，《中华人民共和国征管法》《中华人民共和国发票管理办法》（以下简称《发票管理办法》）规定发票管理是税务机关的法定职责，争议双方属于行政法律调节的范围，不属于人民法院受理民事诉讼的范围。

所以，企业应当去税务机关投诉处理。这种情况，对拒不开票的义务人，税务管理机关可责令开票义务人限期改正，没收其非法所得，可并处罚款。增值税专用发票管理制度还规定，取消开具增值税发票的资格、收回拒不开票义务人的增值税发票。同时，因为延迟开票，造成对方损失的，应该承担法律责任。

小贴士

经典案例

2013 年 10 月，美缘美公司与利达公司签订购销合同，约定美缘美公司向利达公司采购墨西哥铁矿 2 万吨，美缘美公司于合同签订后预付货款，双方最终根据相关的品质证书和港口过磅单结算，货款多退少补。

合同签订后，美缘美公司向利达公司预付货款共计 2 030 万元，利达公司收到预付款后向美缘美公司交付货物 2 万吨。但利达公司迟迟未向美缘美公司开具增值税专用发票。2014 年底，美缘美公司到法院起诉，称利达公司未按照合同约定向其开具增值税发票，造成美缘美公司未能抵扣税费的损失 295 万元，请求判令利达公司承担该项损失 295 万元，并支付相应的利息损失 45.9 万元。

经查，因利达公司未向美缘美公司交付相应发票，美缘美公司因此损失 295 万元税费抵扣款事实成立。

厦门中院审理后认为，本案所涉及的买卖合同系当事人的真实意思表示，内容形式合法，未违反法律、行政法规的禁止性规定，合法有效。在美缘美公司依约预付货款后，利达公司却未按照合同约定向美缘美公司开具增值税发票，造成美缘美公司损失 295 万元，应承担损失赔偿责任。据此，法院支持了美缘美公司的诉讼请求。

2.5.2　已收货，以没开发票为由拒付货款

实务中，有单位虽然收到购买商品，但是在预先没有约定开票事项的情况下，因为出卖方没有开具发票，拒付货款。

这种情况下，买方不能以卖方未开具发票为由主张同时履行抗辩权拒付货款。

根据《中国人民共和国合同法》第一百三十六条、《发票管理办法》第二十条之规

定，在买卖合同双方对开具发票无明确约定情况下，出卖人亦有义务开具发票。开具发票义务是一项法定义务，但这种法定义务属于买卖合同中的从合同义务。而买受人支付货款义务属于主合同义务。此从合同义务与主合同义务不能形成相应的对价、牵连关系，买受人对出卖人不开具发票的行为不能享有同时履行抗辩权。此外，买受人对出卖人不开发票行为主张同时履行抗辩权拒付货款也是有违一般交易习惯和诚实信用原则的。故，开发票的行为一般发生在收款之后，而非收款之前。

根据《发票管理办法》第三条："本办法所称发票，是指在购销商品、提供或者接受服务以及从事其他经营活动中，开具、收取的收付款凭证"的规定，销售发票是可以作为收款凭证使用的，一旦一方向对方开具了销售发票，即可认定其已收到对方的付款，如果对方因此而拒付货款，则将给已开具发票的一方当事人造成无法弥补的损失。

所以，实务中，如果碰到合同没有约定开票事项，而对方以未开票为由，拒付货款的，可以通过诉讼途径解决。

2.5.3 以已预先开票为由，拒绝支付货款

实务中，销售方由于催要货款，预先开具了发票，但是购买方反过来以发票开具为理由，拒绝支付货款；还有销售方仅凭发票，恶意虚构买卖关系，向对方要求支付货款的情况。

问题的核心是仅凭发票能证明经济业务真实发生吗？

根据《最高人民法院关于审理买卖合同纠纷案件适用法律问题的解释》第一条第一款规定："当事人之间没有书面合同，一方以送货单、收货单、结算单、发票等主张存在买卖合同关系的，人民法院应当结合当事人之间的交易方式、交易习惯以及其他相关证据，对买卖合同是否成立作出认定。"发票不能独立证明买卖关系的成立，应根据实际出发，结合具体情形，比如交易方式、交易习惯以及其他相关证据等作出综合的判断。

依据《增值税专用发票使用规定》第二条和第十条的规定，销售方出具增值税专用发票是其法定义务，也是履行合同的附随义务，但是仅有增值税发票也不能认定被告存在付款事实，因为增值税专用发票具有证明销售方已尽纳税义务和购买方进项税额的作用，并不能证明被告已支付货款。

小贴士

经典案例

原告宏基材料厂与被告建盛分公司于 2006 年 7 月 28 日签订了建筑工程施工分项分包合同。

建盛分公司将其承建的天山观澜豪庭工程中的轻质隔墙安装工程分包给宏基材料厂，承包方式为包工包料，工程单价为每平方米 54 元，工程总价款据实结算；如一方违约，违约者应支付对方工程价款总额千分之三的滞纳金。

宏基材料厂按照建盛分公司的要求开具了三张交款人为"新乐市建筑总公司"的发票，分别为 2006 年 8 月 29 日开具金额为 27 000 元的发票，于 2006 年 10 月 25 日开具金额为 27 000 元的发票，2006 年 11 月 26 日开具金额为 26 369.28 元的发票，票面金额总计为 80 369.28 元。建盛分公司并未按照发票显示的时间、金额付款。2006 年 12 月 2 日，建盛分公司与宏基材料厂就工程量进行了结算，建盛分公司向宏基材料厂出具了工程结算单，确认工程量为 1 484.6 平方米，并以此工程量为依据与宏基材料厂结算，工程价款为 80 168.4 元。宏基材料厂分别于 2006 年 9 月 23 日、2006 年 11 月 13 日收到建盛分公司付工程款 10 000 元和 5 000 元。2007 年 5 月宏基材料厂向建盛分公司追讨剩余工程款 65 168.4 元。

原告宏基材料厂诉称：2006 年 7 月 28 日，原告与被告签订了建筑工程施工分包合同，被告将其承揽的天山观澜豪庭工程中轻质隔板墙安装工程分包给了原告。合同对工程分包的形式、结算价格、工期等均予以了约定，合同签订后原告依约履行了自己的义务，被告尚欠原告 65 168.4 元的工程款，经多次催要未果。请求人民法院判令被告向原告支付工程款 65 168.4 元；根据最高人民法院《关于审理建设工程施工合同纠纷案件适用法律问题的解释》第十七条的规定，由于双方在合同中没有约定逾期支付工程款的利息支付标准，被告应按照银行同期贷款利率向原告支付利息 3 853 元（计算至起诉之日，此后继续累计至判决判定的给付之日）被告承担本案诉讼费用。

石家庄铁路运输法院经审理认为：原告宏基材料厂与被告建盛分公司签订了《建筑工程施工分项分包合同》，合法有效。原告作为承包方，按照合同约定完成了工程，并已交付被告，完工后双方对工程进行了结算，被告作为发包方，应当按照合同约定和工程结算单确定的工程量，给付原告工程款。被告以原告交付三张发票，证明其已以现金形式向原告支付工程款 80 369.28 元，并不欠原告工程款的抗辩意见，因被告无其他证据佐证，不能成立。原告提供了具有证明力的证据，证明原告为被告开具的三张发票只是先开发票，被告并未向原告支付工程款。施工结束后，根据合同"据实结算"的约定及建筑行业惯例，被告应依据工程结算单确定的工程量付款。被告在工程结算后明知确定的工程量却仍向原告多付工程款，不符合建筑行业惯例，也有悖常理，不能认定。

依照《中华人民共和国合同法》第二百六十九条第一款、第一百零七条、第一百零九条、第一百一十四条第一款及第三款、《最高人民法院〈关于审理建设工程施工合同纠纷案件适用法律问题的解释〉》第十七条的规定，判决建盛分公司给付宏基材料厂剩余工程款并承担违约金。

建盛分公司不服一审法院上述民事判决，提起上诉。二审法院经审理后，维持原判。

2.6 发票取得不同时间下的财税处理

实务中，发票取得时间往往不受控制，与付款早晚存在偏差，这就对各项税收业务产生影响，尤其是企业所得税，本节将对不同时间段取得发票而对应处理方法进行介绍。

2.6.1 次年 5 月 31 日前取得发票

根据"国税发〔2009〕114 号"、《中华人民共和国企业所得税法》第八条、"国家税务总局 2011 年第 34 号公告"、"国家税务总局 2012 年 15 号公告"等文件规定，以及取得发票的时间顺序，可以分情况处理如下：

1．经济业务发生当时取得发票

这种情况下，只需要正常做账，据实列支即可。

2．如果业务发生当年年底取得发票

发生当月可以按照合同价格暂估入账，政策计提流转税额，发票如果在当年年底前取得，实务中有的直接贴入记账凭证，有的冲销原来账目，重新入账。

3．次年 5 月 31 日前取得发票

根据《国家税务总局关于企业所得税若干问题的公告》（国家税务总局公告 2011 年第 34 号）第六条关于企业提供有效凭证时间问题规定，企业当年度实际发生的相关支出，由于各种原因未能及时取得该成本、费用的有效凭证，企业在预缴季度所得税时，可暂按账面发生金额进行核算；但在汇算清缴时，应补充提供该支出的有效凭证。

针对上述政策，有关次年 5 月 31 日前取得发票能否作为成本列支，税前抵扣的问题。实务中也有不同的声音。比如，企业在 2020 年汇算清缴期间取得 2019 年 5 月 31 日前某日开具的发票，有人认为如果发票开具时间是 2019 年度，没有问题；如果发票开具时间是 2020 年度的，则不符合《发票管理办法》及《会计基础工作规范》。

由此，笔者建议，如果收到开具时间是 2019 年的，只是某种原因，中间环节延迟取票，汇算清缴前收到，可以直接贴入记账凭证后，或者冲销原来账务处理，取得发票日重新入账。如果收到发票开具时间是 2020 年度的，如果有增值税进项税额，只能在 2020 年度抵扣，同时作为 2019 年的成本扣除，冲销原来账务处理，重新入账，并附有相应情况说明。

另外，如果因为对方迟迟不开发票而进行诉讼的，即便是无法在次年 5 月 31 日前取得发票，"法院判决"也可以作为真实依据进行税前扣除。

2.6.2　次年 5 月 31 日后取得发票

1. 次年 5 月 31 日还未取得发票

如果企业在次年的 5 月 31 日所得税汇算清缴前还没有收到，则需要对原来账面预支的成本或费用，做纳税调整，当年所得税不允许税前扣除。

当然，如果收到的发票是不合规发票，在次年 5 月 31 日前仍然没有取得对应合格发票的，同样不允许当年做所得税税前扣除。

2. 之后的 5 年内取得发票的

根据《企业资产损失所得税税前扣除管理办法》（国家税务总局公告 2011 年第 25 号）第六条规定：企业以前年度发生的资产损失未能在当年税前扣除的，可以按照本办法的规定，向税务机关说明并进行专项申报扣除。其中，属于实际资产损失，准予追补至该项损失发生年度扣除，其追补确认期限一般不得超过 5 年。

其中"资产损失"是指："企业拥有或者控制的、用于经营管理活动相关的资产，包括现金、银行存款、应收及预付款项（包括应收票据、各类垫款、企业之间往来款项）等货币性资产，存货、固定资产、无形资产、在建工程、生产性生物资产等非货币性资产，以及债权性投资和股权（权益）性投资。"

由此可见，如果企业因为发票没有收到，实际发生的支出，没有能在当年的企业所得税税前列支扣除的，可以通过专项申报的方式，在取得发票当年进行追补确认。

3. 5 年后取得发票的

如果业务发生当年后的 5 年内没有收到发票，5 年后取得发票的，税务上企业所得税是无法抵扣的。

第 3 章

进项管理　降低税负

　　我国增值税管理是建立在"以票控税、层层开票、环环抵扣"的基础之上，增值税专用发票的管理、进项税额的抵扣直接影响企业的税负水平、利润、现金流和资产运营能力，因此增值税进项税额的管理显得尤为重要，也是大多数增值税审计的关键模块。2019年以来又有一些新的政策出台，比如增值税留底退税全面放开、通行费增值税电子发票认证抵税等，都是之前没有过的。本章从增值税进项税抵扣凭证管理入手，着重分析新行业政策内容、新问题的解决、新政策的执行，再反向介绍不能抵扣进项税额的特殊情形，以期对各企业日常的进项税管理有所增益。

3.1 可抵扣进项税额的有效凭证

增值税进项税额抵扣有认证抵扣和计算抵扣两种方式，而增值税的抵扣是针对一般纳税人而言，小规模纳税人是用不到进项税额抵扣凭证的。经过整理，截至目前可以认证抵扣或者计算抵扣的凭证大致有 10 种，有的直接认证抵扣，有的需要及时抵扣。增值税抵扣凭证种类见表 3-1。

表 3-1 增值税抵扣凭证种类一览表

	抵扣凭证种类	出具方	抵扣金额	备注
1	增值税专用发票	销售方或通过税务机关代开	注明的增值税税额	
2	增值税电子普通发票	销售方或通过税务机关代开	注明的增值税税额	适用于纳税人取得的客运服务、道路通行费增值税电子发票的抵扣
3	机动车销售统一发票	销售方	注明的增值税税额	
4	海关进口增值税缴款书	海关	注明的增值税税额	进口环节的增值税是由海关代征的
5	税收缴款凭证	税务机关	注明的增值税税额	预缴税款、代扣代缴税收缴款、接受境外单位或者个人提供的应税服务时适用
6	农产品销售发票	销售方	买价 ×10%	（1）由卖方开具，不打印"收购"两字，主要由农场、农村合作社销售农产品时开具和农业生产者个人销售自产农产品，到税务机关代开的免税普通发票。（2）买价，是指纳税人购进农产品在收购发票或者销售发票上注明的价款和按照规定缴纳的烟叶税。（3）购进用于生产或者委托加工 13% 税率货物的农产品
7	农产品收购发票	购货方	买价 ×9%	（1）也适用于未分别核算用于生产销售或委托受托加工 13% 税率货物和其他货物服务的情形。（2）收购发票是买方开具，发票左上角打印"收购"两字
8	道路、桥、闸通行费	高速公路及一级、二级公路依法收取通行费的相关单位	增值税电子普通发票上注明的增值税额	（1）只有桥、闸的通行费抵扣属于计算抵扣。（2）收费公路通行费增值税电子普通发票需要经过认证才能抵扣（交通运输部、国家税务总局公告 2017 年第 66 号）。收费公路通行费不允许用开具的纸质收费凭证计算抵扣
		桥、闸等依法收取通行费的相关单位	桥、闸通行费发票上注明的金额 ÷(1 + 5%)×5%	

续上表

	抵扣凭证种类	出具方	抵扣金额	备注
9	土地出让金省级以上（含）财政部门监（印）制的财政票据	政府相关部门	票据上注明的金额÷（1＋9%）×9%	财政票据不是严格意义上的抵扣凭证，是房地产行业销售额的扣除项目
10	注明旅客身份信息的航空运输电子客票行程单、火车票、汽车票等	客运服务提供方	（1）航空旅客运输进项税额＝（票价＋燃油附加费）÷（1＋9%）×9% （2）铁路旅客运输进项税额＝票面金额÷（1＋9%）×9% （3）公路、水路等其他旅客运输进项税额＝票面金额÷（1＋3%）×3%	（1）对于取得未注明旅客身份信息的出租票、公交车票等，不得计算抵扣； （2）纳税人取得客运服务增值税电子普通发票的，为发票上注明的税额

3.2 日常可抵扣增值税进项税额业务

实务中，企业一般在日常办公管理、职工福利、生产经营过程会产生大量的增值税专用发票，符合政策规定抵扣范围内的经济管理事项，需要抵扣凭证以及相应票据的支持。

笔者对企业日常经营管理活动进项抵扣内容做了一定梳理，重点对需不需要增值税专用发票进行了汇总，具体见表3-2。

表3-2　日常项目增值税抵扣一览表

具体项目	一般纳税人提供		小规模纳税人提供		备注
	抵扣税率	是否需要专用发票	税率	是否需要专用发票	
外购实物发放福利	—	否	—	否	原则是用于集体福利和个人消费的不允许抵扣；外购实物用于生产经营用部分可分摊抵扣
员工商业保险、劳动保护用品（职业必备）	6%或13%	是	3%	是	一般指生产过程中使用的，购买的相关物品。强调是"职业必备"的，不是"福利类"的

续上表

具体项目	一般纳税人提供		小规模纳税人提供	备注
	抵扣税率	是否需要专用发票	税率	是否需要专用发票
劳务派遣员工	全额开票6%	是	全额开票3%	是	"人力资源外包""保安服务"可以适用"劳务派遣相关政策"
	差额开票5%	是	差额开票5%	是	
职工教育经费	存在13%,9%,6%不同情形	是	3%	是	职工教育经费不同的列支对象,税率不同
培训费	6%	是	3%	是	不与培训费同时开具一张发票的,如餐费、车票费、培训资料费等,单独适用相应税率
购图书、资料费、印刷费	13%	是	3%	是	注意"印刷费"与"摄影扩印"的区别,后者属于居民日常服务项目,不得抵扣增值税进项税额
办公低值易耗品、绿植采购、电费、软件、油费	13%	是	3%	是	油费（用于班车等福利类的不得抵扣）
花卉、植物租赁、车辆租赁、设备租赁、办公设备租赁	13%	是	3%	是	属于有形动产租赁税目
财产保险	6%	是	3%	是	可以抵扣,注意相关合同交印花税
水费	3%或13%	是	3%	是	一般纳税人供水单位可能会选择简易计税方法
暖气、冷气、热水、煤气、石油液化气、天然气	13%	是	3%	是	强调生产经营用,用于福利性职工宿舍或食堂的要进行分摊转出
办公楼租赁	9%或5%	是	5%	是	一般纳税人老项目可能会选择简易计税方法
装饰装修、修缮	9%或3%	是	3%	是	一般纳税人老项目可能会选择简易计税方法
动产修理	13%	是	3%	是	比如,单位公车、打印机及其他机器设备的维修服务等
软件开发、升级服务、空气质量检测等	6%	是	3%	是	—

具体项目	一般纳税人提供		小规模纳税人提供		备注
	抵扣税率	是否需要专用发票	税率	是否需要专用发票	
物业费	6%	是	3%	是	为最大化抵扣，不建议把水电费含到物业费里面
咨询服务	6%	是	3%	是	结合"三流一致"，防止取得虚开增值税专用发票；注重咨询服务项目有没有合同和结论性报告等
年报审计、税务鉴证、法律鉴证、工程造价鉴证、资产评估、环境评估、图审等	6%	是	3%	是	—
财务顾问、税务顾问、法律顾问、项目可行性研究等	6%	是	3%	是	—
会展服务	6%	是	3%	是	—
电信	9%和6%	是	3%	是	增值电信服务，税率为6% 基础电信服务，税率为9%
邮政	9%	是	3%	是	—
收派服务	6%或3%	是	3%	是	一般纳税人方可能会选择简易计税方法。
广告费、展览活动	6%	是	3%	是	
书报、杂志费	13%	是	3%	是	书报费存在免税优惠政策，可能拿不到专用发票
银行手续费、担保费等	6%	是	3%	是	指不与企业融资直接相关的、日常银行存款及单独担保事项产生的
餐费、餐饮服务（含打包）、居民日常服务、娱乐服务	—	否	—	否	本部分强调个人消费行为的福利性报销，一般取得的都是增值税普通发票，若取得增值税专用发票是禁止抵扣的。注意，用于员工个人的旅客服务调整为可以抵扣的情形
集体旅游包车	—	否	—	否	①指以企业的名义购买服务，即便取得增值税专用发票也不允许抵扣；②企业购买或租用的专门用于接送员工上下的班车，相关的进项税额也不允许抵扣；如果混用于生产经营的可以抵扣（属于税收筹划点）

续上表

具体项目	一般纳税人提供		小规模纳税人提供		备注
	抵扣税率	是否需要专用发票	税率	是否需要专用发票	
住宿费用	6%	是	3%	是	①交际应酬、属于福利费用范畴的企业年会旅游、"营改增"之前发生的住宿费等不得抵扣 ②以个人名义开具、单位名称不全、开票信息不全或不对（比如地址、账户错误）、错格压线、盖单位公章等盖章不符合规定的住宿费发票，不得抵扣 ③超过单位报销标准的住宿费不得抵扣 ④与餐饮费开在一张发票上的住宿费进项税额要分摊，餐费部分转出
会议费	6%	是	3%	是	实务中，有一定的筹划空间（属于税收筹划点）。如果单独租赁会议室用于开会，按照不动产租赁取得9%的增值税专用发票；如果出租方提供会务服务，可以按照商务辅助服务，取得6%的增值税专用发票
高速公路、一级公路、二级公路通行费增值税电子发票	9%	否	3%或5%	否	按照电子发票金额认证抵扣。小规模纳税人为3%
桥、闸通行费	9%	否	5%	否	建立台账、计算抵扣。
出差中购买的单程商业保险	6%	是	3%	是	—
小汽车生产运输	13%	是	3%	是	非个人专属乘坐
货车生产运输	13%	是	3%	是	非个人专属乘坐
工作租车	9%或13%	是	3%	是	比照航空租赁的干租和湿租，确定是运输服务，还是不动产租赁服务，进而确定获得一般纳税人的抵扣税率
旅游服务商提供（公务考察性）	6%	是	3%	是	①按照旅游业差额征税，获取专用发票部分，可以抵扣6%或3%； ②该旅游服务一般是公务考察性支出； ③由于对旅游服务性质界定比较敏感，相关的旅客运输单独开具发票时，不建议再分摊抵扣
贷款利息支出（含关联方借款）	—	否		否	①包括与该笔贷款直接相关的投融资顾问费、手续费、咨询费等费用； ②包含统借统贷业务、企业间资金借贷、企业与银行间资金借贷利息等

续上表

具体项目	一般纳税人提供		小规模纳税人提供		备注
	抵扣税率	是否需要专用发票	税率	是否需要专用发票	
企业集团资金结算资金池支付的利息	—	否	—	否	①银行的存款利息收入不属于增值税应税范围，不开具发票，不缴增值税；②企业集团资金结算中心资金池的资金利息收入，交不交营业税在营业税时代有争议（有观点认为应该视同银行利息，不纳入应税范围）。由于各地方执行不一样，为防范税务风险，笔者认为可以视同企业间资金借贷业务，取得利息方应开具增值税普通发票，缴纳增值税；利息支付方当然不能抵扣进项税额；③自2019年2月1日至2023年12月31日，对企业集团内单位（含企业集团）之间的资金无偿借贷行为，免征增值税
股息红利	—	否		否	—
不动产和不动产在建工程	9%或5%	是	5%	是	①专用于集体福利的不能抵扣（不含混用），但是考虑到未来有可能改变用途，用于生产经营管理用，则建议同样要求取得增值税专用发票，账务上先做转出处理；②自建工程使用的购进货物、建筑服务及设计服务，要分期抵扣；③取得老项目可以选择简易计税方法
不动产投资（共担风险，共享利润）	9%或5%	是	5%	是	视同不动产转让，换取股权价值。注意与营业税时代的不同
固定资产、无形资产（混用、专用于应税项目）	13%和6%	是	3%	是	无形资产是6%
固定资产、无形资产（专用于简易计税项目）	—	否	—	否	①取得当期不能抵扣。考虑到未来可能会用于应税项目，此时建议取得；②取得之后认证，入账，转出进项税额
周转材料、临时设施、项目设备支出（非简易项目）	13%	是	3%	是	—
周转材料、临时设施、项目设备支出（简易项目）	—	是		是	①未来可能会用于非简易项目，此时建议取得；②取得之后认证，入账，转出进项税额
监理、设计服务	6%	是	3%	是	—

续上表

具体项目	一般纳税人提供		小规模纳税人提供		备注
	抵扣税率	是否需要专用发票	税率	是否需要专用发票	
建筑分包	9%或3%	是	3%	是	—
建筑安装服务、精装修	9%或3%	是	3%	是	—
材料运输	9%	是	3%	是	—
建筑设计、景观设计、室内外装饰设计、网站设计、广告设计、文印晒图	6%	是	3%	是	—
楼市专业刊物软文广告、路牌灯箱广告、公交橱窗展示宣传、网络推介、电视传媒广告等	6%	是	3%	是	—
建筑物、构筑物等不动产或者飞机、车辆等有形动产的广告位	13%或9%	是	5%或3%	是	①该支出不属于"文化创意服务、广告服务"支出，应按照"经营租赁服务"缴纳增值税。②按照不动产租赁和有形动产租赁来确定相应税率
水文、地质勘查等	6%	是	3%	是	—

3.3　一般纳税人资格登记前的进项税抵扣

新设立的企业，从办理税务登记，到开始生产经营，往往要经过一定的筹建期，进行基础建设、购买办公和生产设备、建账建制、招聘员工、联系进销渠道等。在此期间，企业也会取得一定数量的增值税扣税凭证。在有些情况下，企业在筹建期间未能及时认定为一般纳税人。

国家税务总局于 2015 年 8 月 19 日发布公告《关于纳税人认定或登记为一般纳税人前进项税额抵扣问题的公告》（国家税务总局公告 2015 年第 59 号），对纳税人认定或登记为一般纳税人前进项税额抵扣政策做出明确，具体内容如下：

纳税人自办理税务登记至认定或登记为一般纳税人期间，未取得生产经营收入，未按照销售额和征收率简易计算应纳税额申报缴纳增值税的，其在此期间取得的增值税扣税凭证，可以在认定或登记为一般纳税人后抵扣进项税额。

上述增值税扣税凭证按照现行规定无法办理认证或者稽核比对的，按照以下规定处理：

（1）购买方纳税人取得的增值税专用发票，按照《国家税务总局关于推行增值税发票系统升级版有关问题的公告》（国家税务总局公告2014年第73号）规定的程序，由销售方纳税人开具红字增值税专用发票后重新开具蓝字增值税专用发票。

购买方纳税人按照国家税务总局公告2014年第73号规定填开《开具红字增值税专用发票信息表》或《开具红字货物运输业增值税专用发票信息表》时，选择"所购货物或劳务、服务不属于增值税扣税项目范围"或"所购服务不属于增值税扣税项目范围"。

（2）纳税人取得的海关进口增值税专用缴款书，经国家税务总局稽核比对相符后抵扣进项税额。

3.4　增值税专用发票的认证

认证有多种方式，是增值税进项税额抵扣的必由之路。本节主要介绍认证的方式及相关疑难问题。

3.4.1　增值税专用发票认证方式

实务中，发票认证主要有以下几种方式：

（1）网上"勾选认证"。网上认证比较方便，效率较高，但并非所有企业都允许适用这种方式。

（2）自购终端"扫描认证"。企业可购买增值税专用发票认证专用设备，每年有服务费，相对便利一些。自行认证通不过的，可以去办税大厅通过税务机关工作人员认证。

（3）去办税大厅"扫描认证"。不具备上述条件的纳税人可以选择去国税局大厅进行"扫描认证"，一般通过办税大厅的自助认证终端进行，也可以通过大厅前台工作人员认证。经常需要排队，时间成本较高。

> **提示**
>
> （1）根据《关于扩大小规模纳税人自行开具增值税专用发票试点范围等事项的公告》（国家税务总局公告2019年第8号）规定，从2019年3月1日起，勾选认证不再限制于纳税信用A级、B级、C级、M级的增值税一般纳税人，而是扩大到所有一般纳税人（包括D级）。

可勾选认证的增值税发票包括：增值税专用发票、机动车销售统一发票、收费公路通行费增值税电子普通发票。

（2）取得的增值税专用发票可以不认证直接入账吗？

目前没有规定不可以。但是取得增值税专用发票不认证直接当作普通发票使用，笔者认为也存在一些问题：

第一，与增值税会计处理规定不相符合。发票直接当普票入成本或费用，与一般纳税人由于未经税务机关认证记入"应交税费——应交增值税（待认证进项税额）科目"的核算要求不符。

第二，如果相关发票的进项税额由于用途发生转换，可以抵扣了，但是发票过了360日，则就永久无法抵扣该笔进项税额。但是如果当期认证后提进项税再转出的话，无论以后多久都可以合规转回。

第三，就是"滞留票"问题。由于取得增值税专用发票不认证，在国家税务总局的增值税稽核系统中提示为"滞留发票"。有存根联信息(一般纳税人开票方通过抄报税的方式将存根联信息上传至国家税务总局)，没有认证抵扣联信息，容易引起税务机关核查。

3.4.2 取消增值税扣税凭证认证期限

根据《国家税务总局关于取消增值税扣税凭证认证确认期限等增值税征管问题的公告》（国家税务总局公告 2019 年第 45 号）文件规定：

增值税一般纳税人取得的 2017 年 1 月 1 日及以后开具的增值税专用发票、海关进口增值税专用缴款书、机动车销售统一发票、收费公路通行费增值税电子普通发票，不再需要在 360 日内认证确认等，已经超期的，也可以自 2020 年 3 月 1 日后，通过本省（自治区、直辖市和计划单列市）增值税发票综合服务平台进行用途确认。

提示

（1）取得2017年1月1日及以后开具的增值税专用发票、海关进口增值税专用缴款书、机动车销售统一发票、收费公路通行费增值税电子普通发票，取消认证确认、稽核比对、申报抵扣的期限。要分两种情况看：

如果2017年1月1日之后开具没有超期，则正常认证抵扣处理。

如果2017年1月1日之后开具则超期了，则应该等到2020年3月后按要求处理，进行确认抵扣。

（2）2020年3月1日起对开具的增值税专用发票、海关进口增值税专用缴款书、机动车销售统一发票、收费公路通行费增值税电子普通发票，没有认证期限限制。

某企业取得 2020 年 1 月开具的增值税专用发票，2020 年 2 月在增值税发票综合服务平台查询到该张发票的电子信息，是否必须在 2 月属期进行用途确认？如已经将发票用途确认为申报抵扣后，又需要更改用途，应该如何处理？

解析：国家税务总局 2019 年第 45 号公告文件规定，2020 年 3 月 1 日起，增值税一般纳税人取得 2017 年 1 月 1 日及以后开具的增值税专用发票，取消认证确认、稽核比对、申报抵扣的期限。2020 年 3 月 1 日起，纳税人在增值税发票综合服务平台查询到相应增值税专用发票信息后，既可以在当期进行用途确认，也可以在之后属期进行用途确认。纳税人在已完成发票用途确认后，如需更正用途，可以在未申报当期增值税前，或作废本期增值税纳税申报表后，自行更正用途。

增值税一般纳税人取得的 2016 年 12 月 31 日及以前开具的增值税专用发票、海关进口增值税专用缴款书、机动车销售统一发票，超过认证确认等期限，但符合相关条件的，仍可按照《国家税务总局关于逾期增值税扣税凭证抵扣问题的公告》(2011 年第 50 号，国家税务总局公告 2017 年第 36 号、2018 年第 31 号修改)、《国家税务总局关于未按期申报抵扣增值税扣税凭证有关问题的公告》(2011 年第 78 号，国家税务总局公告 2018 年第 31 号修改) 规定，继续抵扣其进项税额。

3.4.3　逾期抵扣情况的处理

增值税抵扣凭证认证期限取消后，本节以下两种情况仅适用于增值税一般纳税人取得的 2016 年 12 月 31 日及以前开具的增值税专用发票、海关进口增值税专用缴款书、机动车销售统一发票，超过认证确认等期限的。

1. 认证后未按期申报抵扣的情形

在实务中，当月已认证的进项税额和纳税申报报表的金额必须是对上的，否则纳税申报系统无法通过。但是如果属于《国家税务总局关于未按期申报抵扣增值税扣税凭证有关问题的公告》（国家税务总局公告 2011 年第 78 号）第二条的客观原因造成的，真实业务行为，未按照规定申报期限抵扣的，可以向主管税务机关申请办理抵扣手续。

客观原因包括的情形有：

（1）因自然灾害、社会突发事件等不可抗力原因造成增值税扣税凭证未按期申报抵扣；

（2）有关司法、行政机关在办理业务或者检查中，扣押、封存纳税人账簿资料，导致纳税人未能按期办理申报手续；

（3）税务机关信息系统、网络故障，导致纳税人未能及时取得认证结果通知书或稽核结果通知书，未能及时办理申报抵扣；

（4）由于企业办税人员伤亡、突发危重疾病或者擅自离职，未能办理交接手续，导致未能按期申报抵扣；

（5）国家税务总局规定的其他情形。

需要提交材料有：

（1）未按期申报抵扣增值税扣税凭证抵扣申请单。

（2）已认证增值税扣税凭证清单。

（3）增值税扣税凭证未按期申报抵扣情况说明。纳税人应详细说明未能按期申报抵扣的原因，并加盖企业印章。对客观原因涉及第三方的，应提供第三方证明或说明。

（4）未按期申报抵扣增值税扣税凭证复印件。

企业出现增值税扣税凭证逾期未认证抵扣的情况，并不是新鲜事儿，尤其是大额增值税专用发票，企业不要慌张，属于客观原因真实发生的，还是有可操作的余地的。

提示

2017年3月，甲公司从乙公司购买一台机床，取得乙公司开具的增值税专用发票，发票开具日期为2017年3月10日，票面注明税额为10万元。由于会计人员的疏忽，当月认证后没有在次月申报期内申报抵扣。由于甲公司未按期申报抵扣的原因不符合《国家税务总局关于未按期申报抵扣增值税扣税凭证有关问题的公告》（国家税务总局2011年第78号公告）中规定的客观原因，这10万元税款一直未能计入进项税抵扣税款，2020年3月1日之后可以抵扣吗？

解析：可以抵扣。国家税务总局2019年45号公告第一条明确规定，2020年3月1日起，增值税一般纳税人取得2017年1月1日及以后开具的增值税专用发票，取消认证确认、稽核比对、申报抵扣的期限。根据上述规定，纳税人取得的2017年以后开具的增值税专用发票，未按期申报抵扣的原因即使不属于《国家税务总局关于未按期申报抵扣增值税扣税凭证有关问题的公告》（国家税务总局2011年第78号公告）中规定的客观原因，也可申报抵扣。

2. 逾期未认证的情形

根据《国家税务总局关于逾期增值税扣税凭证抵扣问题的公告》（国家税务总局公告2011年第50号）、《国家税务总局关于进一步优化增值税、消费税有关涉税事项办理程序的公告》（国家税务总局公告2017年第36号）有关规定，增值税一般纳税人发生真实交易但由于客观原因造成增值税扣税凭证（包括增值税专用发票、海关进口增值税专用缴款书和机动车销售统一发票）未能按照规定期限办理认证、确认或者稽核比对的，经主管税务机关核实、逐级上报，由省国税局认证并稽核比对后，对比对相符的增值税扣税凭证，允许纳税人继续抵扣其进项税额。其中客观原因包括如下类型：

（1）因自然灾害、社会突发事件等不可抗力因素造成增值税扣税凭证逾期；

（2）增值税扣税凭证被盗、抢，或者因邮寄丢失、误递导致逾期；

（3）有关司法、行政机关在办理业务或者检查中，扣押增值税扣税凭证，纳税人不能正常履行申报义务，或者税务机关信息系统、网络故障，未能及时处理纳税人网上认证数据等导致增值税扣税凭证逾期；

（4）买卖双方因经济纠纷，未能及时传递增值税扣税凭证，或者纳税人变更纳税地点，注销旧户和重新办理税务登记的时间过长，导致增值税扣税凭证逾期；

（5）由于企业办税人员伤亡、突发危重疾病或者擅自离职，未能办理交接手续，导致增值税扣税凭证逾期；

（6）国家税务总局规定的其他情形。

提示

实务中，这是一个税务筹划点。若日常工作中发生逾期大额增值税专用发票无法抵扣的情况，可从以上六点类型出发，在以事实为依据的基础上，充分发挥主观能动性创造性地收集材料，符合"客观原因"的要件，向税务机关最大化争取税收利益。

小贴士

逾期认证的如何办理抵扣？

增值税一般纳税人因客观原因造成增值税扣税凭证逾期的，申请办理逾期抵扣材料包括：

（1）逾期增值税扣税凭证抵扣申请单；

（2）增值税扣税凭证逾期情况说明。纳税人应详细说明未能按期办理认证或者申请稽核比对的原因，并加盖企业公章。其中，对客观原因不涉及第三方的，纳税人应说明的情况具体为：发生自然灾害、社会突发事件等不可抗力原因的，纳税人应详细说明自然灾害或者社会突发事件发生的时间、影响地区、对纳税人生产经营的实际影响等；纳税人变更纳税地点，注销旧户和重新办理税务登记的时间过长，导致增值税扣税凭证逾期的，纳税人应详细说明办理搬迁时间、注销旧户和注册新户的时间、搬出及搬入地点等；企业办税人员擅自离职，未办理交接手续的，纳税人应详细说明事情经过、办税人员姓名、离职时间等，并提供解除劳动关系合同及企业内部相关处理决定。

（3）客观原因涉及第三方的，应提供第三方证明或说明。具体为：企业办税人员伤亡或者突发危重疾病的，应提供公安机关、交通管理部门或者医院证明；有关司法、行政机关在办理业务或者检查中，扣押增值税扣税凭证，导致纳税人不能正常履行申报义务的，应提供相关司法、行政机关证明；增值税扣税凭证被盗、抢的，应提供公安机关证明；买卖双方因经济纠纷，未能及时传递增值税扣税凭证的，应提供卖方出具的情况说明；邮寄丢失或者误递导致增值税扣税凭证逾期的，应提供邮政单位出具的说明。

（4）逾期增值税扣税凭证电子信息；

（5）逾期增值税扣税凭证复印件（复印件必须整洁、清晰，在凭证备注栏注明"与原件一致"并加盖企业公章，增值税专用发票复印件必须裁剪成与原票大小一致）。

3.5　农产品进项税抵扣新政运用

《财政部 税务总局 海关总署关于深化增值税改革有关政策的公告》（财政部 税务总局 海关总署公告 2019 年第 39 号）规定纳税人购进农产品，原适用 10% 扣除率的，扣除率调整为 9%。纳税人购进用于生产或者委托加工 13% 税率货物的农产品，按照 10% 的扣除率计算进项税额。

3.5.1　未实行核定扣除方法的抵扣

未实行核定扣除方法的抵扣情形如下：

（1）购进农产品取得适用税率的专用发票或者海关专用缴款书，按票面注明的增值税额抵扣。

（2）从农业生产者购进农产品，按照农产品收购发票或者销售发票上注明的买价和 9% 的扣除率计算进项税额。

农产品销售发票，是指农业生产者销售自产农产品适用免征增值税政策而开具的普通发票。

（3）从小规模纳税人购进农产品，取得 3% 征收率专用发票的，以增值税专用发票上注明的金额和 9% 的扣除率计算进项税额。

上述（1）（2）（3）所列情形，用于生产或者委托加工 13% 税率货物的，在领用当期加计扣除 1% 的进项税额。

（4）纳税人购进农产品，既用于生产或委托加工 13% 税率货物，又用于生产其他货物服务的，应分别核算，按照 10% 的扣除率计算进项税额。。

提示

> 购进的农产品确实是用于生产 13% 税率的货物的，采购入库时，仍然按照票面金额乘以 9% 的抵扣率记入增值税进项税额，在领用当期，加计扣除 1% 的进项税，也就等于实际扣除率是 10%。

例如：某企业向农民收购自产牛尾用于生产食品（13% 税率的食品），开具农产品收购发票，金额 10 000 元，则总的可以抵扣的进项税额为 $10\,000 \times 10\% = 1\,000$（元）。但是分两步实现的，第一步入库时，计提进项税额 $10\,000 \times 9\% = 900$（元）；第二步领用时，加计扣除进项税额 $10\,000 \times 1\% = 100$（元）。

另外，还要注意：不管是从小规模纳税人或者从一般纳税人处购得，只要明确生产的货物是 13% 的税率，结果都是按 10% 的扣除率。

未分别核算的，统一以增值税专用发票或海关进口增值税专用缴款书上注明的增值税额为进项税额，或以农产品收购发票或销售发票上注明的买价和9%的扣除率计算进项税额。

> **提示**
>
> 　　这种情形除了不能享受加计扣除，而且从小规模纳税人取得的3%的专票，也只能按照3%抵扣，不能按照票面金额和9%的扣除率计算抵扣进项税。

（5）从批发、零售环节购进适用免征增值税政策的蔬菜、部分鲜活肉蛋而取得的普通发票，不得作为计算抵扣进项税额的凭证。

（6）从小规模纳税人购进农产品，取得 3% 征收率的普通发票，不得作为计算抵扣进项税额的凭证。

> **提示**
>
> 　　纳税人2019年3月31日前购进的农产品，2019年4月1日后领用的，进项税额如何处理？纳税人2019年3月31日前购进的农产品已按10%的扣除率申报抵扣进项税额，2019年4月1日后用于生产或委托加工13%税率货物的，可在领用当期加计扣除2%的进项税额。

3.5.2　实行核定扣除方法的抵扣

（1）以购进农产品为原料生产货物的，扣除率为销售货物的适用税率。具体计算公式为：

当期允许抵扣农产品增值税进项税额＝当期农产品耗用数量×农产品平均购买单价÷（1＋扣除率）×扣除率

（2）购进农产品直接销售的，扣除率为9%。具体计算公式为：

当期允许抵扣农产品增值税进项税额＝当期销售农产品数量÷（1－损耗率）×农产品平均购买单价÷（1＋9%）×9%

例如：某企业向农民收购自产牛尾用于加工食用初级产品（9%税率的食品），开具农产品收购发票，金额 10 000 元，则总的可以抵扣的进项税额为 10 000÷（1＋9%）×9%＝825.69（元）。

（3）购进农产品用于生产经营且不构成货物实体的（包括包装物、辅助材料、燃料、低值易耗品等），用于生产适用 13% 税率货物的扣除率为 10%，用于生产适用 9% 税率货物的扣除率为9%。具体计算公式为：

当期允许抵扣农产品增值税进项税额＝当期耗用农产品数量×农产品平均购买单价÷

（1 ＋ 9%）× 扣除率

3.5.3　农产品抵扣总结归纳

农产品抵扣进项税有增值税专用发票、海关进口增值税专用缴款书、农产品收购发票、农产品销售发票。具体见表 3-3。

表 3-3　农产品不同用途下的进项税额情况简表

抵扣票据	来源	用于生产销售或委托加工 13% 税率货物的	用于生产其他货物服务的	既用于生产销售或委托加工 13% 税率货物又用于其他货物的
增值税专用发票海关进口增值税专用发票缴款书	小规模纳税人	不含税金额 ×10%	不含税金额 ×9%	不含税金额 ×9%
	一般纳税人	不含税金额 ×10%	不含税金额 ×9%	不含税金额 ×9%
对农业生产者销售自产产品的收购发票、销售发票	自行开具	买价 ×10%	买价 ×9%	买价 ×9%

另外，农产品加计扣除的纳税申报方面，按照政策规定，纳税人购进用于生产或者委托加工 13% 税率货物的农产品，在生产领用时按照 1% 加计的进项税额，填写在《增值税纳税申报表附列资料（二）》第 8a 栏"加计扣除农产品进项税额"。

3.6　通行费用的进项税抵扣新政运用

通行费，是指有关单位依法或者依规设立并收取的过路、过桥和过闸费用。

1. 抵扣政策

根据《财政部 国家税务总局关于租入固定资产进项税额抵扣等增值税政策的通知》（财税〔2017〕90 号）（以下简称"财税〔2017〕90 号"）规定：自 2018 年 1 月 1 日起，纳税人支付的道路、桥、闸通行费，按照以下规定抵扣进项税额：

（1）纳税人支付的道路通行费，按照收费公路通行费增值税电子普通发票上注明的增值税额抵扣进项税额。

（2）纳税人支付的桥、闸通行费，暂凭取得的通行费发票上注明的收费金额按照下列公式计算可抵扣的进项税额：

桥、闸通行费可抵扣进项税额＝桥、闸通行费发票上注明的金额 ÷（1 ＋ 5%）×5%

2. 通行费电子发票的申报抵扣

2018 年 1 月 1 日以后使用 ETC 卡或用户卡交纳的通行费，以及 ETC 卡充值费可以开具通行费电子发票，不再开具纸质票据。单位和个人可以登录全国增值税发票查验平台（https://inv-veri.chinatax.gov.cn），对通行费电子发票信息进行查验。

小贴士

> 实务中注意以下几点：
>
> ①政策亮点。"财税〔2017〕90号"文件提出可以按照收费公路通行费增值税电子普通发票上注明的增值税额抵扣进项税额是一大突破，增值税普通发票也可以抵扣税额了。
>
> ②可抵扣方式的区别。文件对道路和桥、闸通行费的抵扣方式做了区分，道路只能认证通行费增值税电子普通发票抵扣，不允许计算抵扣。而桥、闸的通行费发票则是计算抵扣进项税额。道路包括"高速公路"和"一级公路、二级公路"。

发票认证方面，一是可以实现网络勾选发票的增值税一般纳税人，取得符合规定的通行费电子发票后，应当自开具之日起360日内登录本省（区、市）增值税发票选择确认平台，查询、选择用于申报抵扣的通行费电子发票信息。二是按照有关规定不适用网络办税的特定纳税人，可以持税控设备前往主管国税机关办税服务厅，由税务机关工作人员通过增值税发票选择确认平台（税务局端）为其办理通行费电子发票选择确认。

申报抵扣方面，增值税一般纳税人申报抵扣的通行费电子发票进项税额，在纳税申报时应当填写在《增值税纳税申报表附列资料（二）》（本期进项税额明细）中"认证相符的增值税专用发票"相关栏次中。

小贴士

> **开具收费公路通行费增值税电子普通发票都有哪些要求？**
>
> 一、通行费电子发票编码规则
>
> 通行费电子发票的发票代码为12位，编码规则：第1位为0，第2-5位代表省、自治区、直辖市和计划单列市，第6-7位代表年度，第8-10位代表批次，第11-12位为12；发票号码为8位，按年度、分批次编制。
>
> 二、通行费电子发票开具规定
>
> （一）通行费电子发票分为以下两种：
>
> （1）左上角标识"通行费"字样，且税率栏次显示适用税率或征收率的通行费电子发票（以下称征税发票）。
>
> （2）左上角无"通行费"字样，且税率栏次显示"不征税"的通行费电子发票（以下称不征税发票）。

（二）ETC 后付费客户和用户卡客户索取发票的，通过经营性收费公路的部分，在发票服务平台取得由收费公路经营管理单位开具的征税发票；通过政府还贷性收费公路的部分，在发票服务平台取得暂由 ETC 客户服务机构开具的不征税发票。

（三）ETC 预付费客户可以自行选择在充值后索取发票或者实际发生通行费用后索取发票。

在充值后索取发票的，在发票服务平台取得由 ETC 客户服务机构全额开具的不征税发票，实际发生通行费用后，ETC 客户服务机构和收费公路经营管理单位均不再向其开具发票。

客户在充值后未索取不征税发票，在实际发生通行费用后索取发票的，通过经营性收费公路的部分，在发票服务平台取得由收费公路经营管理单位开具的征税发票；通过政府还贷性收费公路的部分，在发票服务平台取得暂由 ETC 客户服务机构开具的不征税发票。

（四）未办理 ETC 卡或用户卡的现金客户，暂按原有方式交纳通行费和索取票据。

（五）客户使用 ETC 卡或用户卡通行收费公路并交纳通行费的，可以在实际发生通行费用后第 10 个自然日（遇法定节假日顺延）起，登录发票服务平台，选择相应通行记录取得通行费电子发票；客户可以在充值后实时登录发票服务平台，选择相应充值记录取得通行费电子发票。

（六）发票服务平台应当将通行费电子发票对应的通行明细清单留存备查。

3.7　旅客运输服务进项税抵扣新政运用

自 2019 年 4 月 1 日起，增值税一般纳税人购进国内旅客运输服务，其进项税额允许从销项税额中抵扣，这是本次增值税深化改革的亮点之一，改变了全面"营改增"以来旅客服务不能抵扣进项的规定，开启了旅客运输服务抵扣增值税的全新时代。可以抵扣的凭证有：增值税专用发票、增值税电子普通发票，注明旅客身份信息的航空运输电子客票行程单、铁路车票以及公路、水路等其他客票。本节将对新政策做详细解读，并对实务操作要点进行阐述。

3.7.1　新政策解析

根据《财政部 税务总局 海关总署关于深化增值税改革有关政策的公告》（财政部 税务总局 海关总署公告 2019 年第 39 号）规定，自 2019 年 4 月 1 日起，增值税一般纳税人购进国内旅客运输服务，其进项税额允许从销项税额中抵扣。

1. 取得增值税专用发票的

如果增值税一般纳税人购进国内旅客运输服务，取得增值税专用发票，则直接按照发票注明的税额进行抵扣。

2. 未取得增值税专用发票的

纳税人未取得增值税专用发票的，暂按照以下规定确定进项税额：

（1）取得增值税电子普通发票的，为发票上注明的税额；

（2）取得注明旅客身份信息的航空运输电子客票行程单的，按照下列公式计算进项税额：

航空旅客运输进项税额＝（票价＋燃油附加费）÷（1＋9%）×9%

（3）取得注明旅客身份信息的铁路车票的，为按照下列公式计算的进项税额：

铁路旅客运输进项税额＝票面金额÷（1＋9%）×9%

（4）取得注明旅客身份信息的公路、水路等其他客票的，按照下列公式计算进项税额：

公路、水路等其他旅客运输进项税额＝票面金额÷（1＋3%）×3%

3.7.2　实务操作要点

1. 抵扣方式

旅客运输服务，直接取得增值税专用发票及增值税普通电子发票，经认证后，直接按发票注明的税额进行抵扣。尤其是增值税电子普通发票的认证抵扣问题，和通行费抵扣相关政策是一致的。

航空、铁路及其他客票等则是按照计算方式进行抵扣。日常报销及账务处理环节要注意建立台账，及时归集种类、张数及金额等信息，笔者曾安排所在公司税务管理人员做抵扣表格，具体可参考表3-4。

表3-4　旅客运输服务进项税抵扣简表

序号	票价	票务类型	税率	税额	票据数量	备注
1	1000	机票（电子发票）	9%	82.57	××	实际为票面税额
2	××	机票（行程单）	9%	××	××	××
3	××	机票（纸质发票）	9%	××	××	××
4	××	铁路客票（高铁）	9%	××	××	××
5	××	客车票	3%	××	××	××
...	××	船票	3%	××	××	××
合计	××	××	×	××	××	××

2．注意要点

（1）计算抵扣方式下，目前暂允许注明旅客身份信息的航空运输电子客票行程单、铁路车票、公路和水路等其他客票，作为进项税抵扣凭证。

比如火车绿皮车票，往往不注明旅客信息，因此不能抵扣。铁路运输自制退票凭证、不含身份信息的补票也不能抵扣。

发生的公共交通运输服务，包括轮客渡、公交客运、地铁、城市轻轨、出租车、长途客运、班车等，取得的票据没有旅客身份信息，也是不能抵扣的。

（2）实务中，如果发生公共交通运输服务取得增值税普通电子发票的，可以认证抵扣，比如滴滴打车电子发票可以抵扣。

但是，类似北京公交及地铁充值卡充值后取得的电子发票不能抵扣，因为发票上不显示税额，是不征税的。从携程、去哪儿网等三方购买的项目为"旅游服务"的发票，不得抵扣。

（3）现行政策只是针对购进国内旅客运输服务，国际运输服务大多适用零税率或免税，取得的票据不允许抵扣。国内转机部分的机票可以抵扣，对于国际段的机票则不能抵扣进项。港澳台有特殊的税收安排，属于国际运输范畴。

（4）乘坐航空工具，航空运输电子客票行程单的没有注明税额，金额视为价税合计数，需要计算，公式如下：

航空旅客运输进项税额＝（票价＋燃油附加费）÷（1＋9%）×9%

注意金额需要扣除民航发展基金。

由于目前机票可以退票，且部分航空公司不收回原机票，因此在报销机票时，除了要求员工提供行程单外，建议还要提供登机牌，以防退票再报销的情况。

（5）旅行服务抵扣的政策适用于企业员工差旅费支出，不包括职工休假、集体旅游等福利性质的旅客服务。以报销路费等形式外聘的专家、劳务人员，不属于企业员工，也不能抵扣。

> **提示**
>
> 根据《国家税务总局关于国内旅客运输服务进项税抵扣等增值税征管问题的公告》《国家税务总局公告2019年第31号》文件规定：
>
> （1）"国内旅客运输服务"，限于与本单位签订了劳动合同的员工，以及本单位作为用工单位接受的劳务派遣员工发生的国内旅客运输服务。
>
> （2）纳税人购进国内旅客运输服务，以取得的增值税电子普通发票上注明的税额为进项税额的，增值税电子普通发票上注明的购买方"名称""纳税人识别号"等信息，应当与实际抵扣税款的纳税人一致，否则不予抵扣。

（3）纳税人允许抵扣的国内旅客运输服务进项税额，是指纳税人2019年4月1日及以后实际发生，并取得合法有效增值税扣税凭证注明的或依据其计算的增值税税额。以增值税专用发票或增值税电子普通发票为增值税扣税凭证的，为2019年4月1日及以后开具的增值税专用发票或增值税电子普通发票。

（6）如果企业在归集此类抵扣信息时，管理成本较高，不确定性较大，效率较低，笔者建议抓大放小，有的可以直接放弃抵扣。

3．纳税申报

（1）纳税人购进国内旅客运输服务，取得增值税专用发票，按规定可抵扣的进项税额，申报时填写在《增值税纳税申报表附列资料（二）》"（一）认证相符的增值税专用发票"对应栏次中。

（2）纳税人购进国内旅客运输服务，取得增值税电子普通发票或注明旅客身份信息的航空、铁路等票据，按规定可抵扣的进项税额，在申报时填写在《增值税纳税申报表附列资料（二）》第8b栏"其他"中。

（3）从统计申报角度，《增值税纳税申报表附列资料（二）》第10栏"（四）本期用于抵扣的旅客运输服务扣税凭证"：反映按规定本期购进旅客运输服务，所取得的扣税凭证上注明或按规定计算的金额和税额。

本栏次包括第1栏中按规定本期允许抵扣的购进旅客运输服务取得的增值税专用发票和第4栏中按规定本期允许抵扣的购进旅客运输服务取得的其他扣税凭证。本栏"金额""税额"≥0。

3.8 增值税的加计抵减新政运用

《财政部 税务总局 海关总署关于深化增值税改革有关政策的公告》（财政部 税务总局 海关总署公告 2019 年第 39 号）发布后，管理部门在确保税负不增加的目标实现上，细化了增值税改革多项具体政策措施。其中亮点之一就是允许生产、生活性服务业纳税人按照当期可抵扣进项税额加计 10% 抵减应纳税额，即加计抵减政策。本节将就新政策如何落地实施做详细介绍。

3.8.1 新政策解析

《财政部 税务总局 海关总署关于深化增值税改革有关政策的公告》（财政部 税务总局 海关总署公告 2019 年第 39 号）第七条规定，自 2019 年 4 月 1 日至 2021 年 12 月 31 日，允许生产、生活性服务业纳税人按照当期可抵扣进项税额加计 10%，抵减应纳税额（以下称加计抵减政策）。

1. 适用行业

（1）文件所称生产、生活性服务业纳税人，是指提供邮政服务、电信服务、现代服务、生活服务（以下称四项服务）取得的销售额占全部销售额的比重超过 50% 的纳税人。四项服务的具体范围按照《销售服务、无形资产、不动产注释》（财税〔2016〕36 号印发）执行。

（2）2019 年 3 月 31 日前设立的纳税人，自 2018 年 4 月至 2019 年 3 月期间的销售额（经营期不满 12 个月的，按照实际经营期的销售额）符合上述规定条件的，自 2019 年 4 月 1 日起适用加计抵减政策。

提示

> 根据《国家税务总局关于国内旅客运输服务进项税抵扣等增值税征管问题的公告》《国家税务总局公告 2019 年第 31 号》文件规定："销售额"，包括纳税申报销售额、稽查查补销售额、纳税评估调整销售额。其中，纳税申报销售额包括一般计税方法销售额，简易计税方法销售额，免税销售额，税务机关代开发票销售额，免、抵、退办法出口销售额，即征即退项目销售额。
>
> 稽查查补销售额和纳税评估调整销售额，计入查补或评估调整当期销售额确定适用加计抵减政策；适用增值税差额征收政策的，以差额后的销售额确定适用加计抵减政策。

（3）2019 年 4 月 1 日后设立的纳税人，自设立之日起 3 个月的销售额符合上述规定条件的，自登记为一般纳税人之日起适用加计抵减政策。

提示

> 根据《国家税务总局关于国内旅客运输服务进项税抵扣等增值税征管问题的公告》《国家税务总局公告 2019 年第 31 号》文件规定：2019 年 3 月 31 日前设立，且 2018 年 4 月至 2019 年 3 月期间销售额均为零的纳税人，以首次产生销售额当月起连续 3 个月的销售额确定适用加计抵减政策。
>
> 2019 年 4 月 1 日后设立，且自设立之日起 3 个月的销售额均为零的纳税人，以首次产生销售额当月起连续 3 个月的销售额确定适用加计抵减政策。
>
> 如果某企业 2019 年 4 月成立即开展经营，当年 4 ～ 6 月四项服务销售额比例不超过 50%，则 2019 年 4 ～ 12 月不得享受加计抵减。因此，相关行业的企业会努力在 6 月前增加主营业务销量，以取得税收较大利益。
>
> 另，假设 A 公司是一家文化服务公司，于 2019 年 5 月新设立，但是 5 ～ 8 月未开展生产经营，销售额均为 0，自 9 月起才有销售额，那么 A 公司应自该形成销售额的当月起计算 3 个月来判断是否适用加计抵减政策。即应根据 2019 年 9 ～ 11 月的销售额判断当年是否适用加计抵减政策。

（4）纳税人确定适用加计抵减政策后，当年内不再调整，以后年度是否适用，根据上年度销售额计算确定。

> **提示**
>
> 比如2019年4月确定当年可以使用加计抵减政策，但2019年6-9月的销售收入不满足占全部销售额的比重超过50%的条件，当年也不做调整，仍然适用。2020年是否适用，则根据2019年整体情况确定。

2. 加计抵减额应用须知

（1）加计抵减额不是进项税额。加计抵减额必须与进项税额分开核算，这两个概念一定不能混淆。这样处理的目的是，维持进项税额的正常核算，进而实现留抵税额真实准确，以免造成多退出口退税和留抵退税。

（2）纳税人抵扣的进项税额，都相应计提了加计抵减额。同理，如果发生进项税额转出，那么，在进项税额转出的同时，此前相应计提的加计抵减额也要同步调减。

（3）加计抵减额独立于进项税额和留抵税额，且随着纳税人逐期计提、调减、抵减、结转等相应发生变动，因此，享受加计抵减政策的纳税人需要准确核算加计抵减额的变动情况。

3. 关于汇总纳税的总分支机构如何适用加计抵减政策

按照现行政策规定，经财政部和税务总局或者省级财税部门批准，总机构及其分支机构可以实行汇总缴纳增值税。

根据《国家税务总局关于国内旅客运输服务进项税抵扣等增值税征管问题的公告》《国家税务总局公告 2019 年第 31 号》文件规定，经财政部和国家税务总局或者其授权的财政和税务机关批准，实行汇总缴纳增值税的总机构及其分支机构，在判断是否适用加计抵减政策时，以总机构及其分支机构的合计销售额计算四项服务销售额占比。

另外，如果符合加计抵减政策的适用标准，则汇总纳税范围内的总机构及其分支机构均可适用加计抵减政策。否则，总机构及其分支机构均无法适用。

3.8.2　加计抵减额的计算

1. 一般计算步骤

加计抵减额只能用于抵减一般计税方法计算的应纳税额。加计抵减额抵减应纳税额需要分两步：

第一步，纳税人先按照一般规定，以销项税额减去进项税额的余额算出一般计税方法下的应纳税额。

第二步，区分不同情形分别处理：第一种情形，如果第一步计算出的应纳税额为0，则当期无须再抵减，所有的加计抵减额可以直接结转到下期抵减；第二种情形，如果第一步计算出的应纳税额大于0，则当期可以进行抵减。在抵减时，需要将应纳税额和可抵减加计抵减额比大小。如果应纳税额比当期可抵减加计抵减额大，所有的当期可抵减加计抵减额在当期全部抵减完毕，纳税人以抵减后的余额计算缴纳增值税；如果应纳税额比当期可抵减加计抵减额小，当期应纳税额被抵减至0，未抵减完的加计抵减额余额，可以结转下期继续抵减。

按照现行规定不得从销项税额中抵扣的进项税额，不得计提加计抵减额；已计提加计抵减额的进项税额，按规定作进项税额转出的，应在进项税额转出当期，相应调减加计抵减额。计算公式如下：

当期计提加计抵减额＝当期可抵扣进项税额 ×10%

当期可抵减加计抵减额＝上期末加计抵减额余额＋当期计提加计抵减额—当期调减加计抵减额

纳税人可计提但未计提的加计抵减额，可在确定适用加计抵减政策当期一并计提。

【例3-1】 某广告服务企业一般纳税人，适用加计抵减政策。2019年10月，一般计税项目销项税额为200万元，进项税额100万元，上期留抵税额10万元，上期结转的加计抵减额余额5万元；简易计税项目销售额100万元（不含税价），征收率5%。此外无其他涉税事项。则该企业：

（1）一般计税项目：正常业务应纳税额＝200-100-10＝90（万元）

当期可抵减加计抵减额＝当期新增加计抵减额＋上期结转加计抵减额＝200×10%＋5＝25（万元）

当期加计抵减后的应纳税额＝90-25＝65（万元）

加计抵减额余额＝0（万元），因为全部加计扣减，所以没有结转到下期的余额。

（2）简易计税项目：应纳税额＝100×5%＝5（万元）

（3）本期应纳税额合计：

一般计税项目应纳税额＋简易计税项目应纳税额＝65＋5＝70（万元）

2．特殊情况的处理

纳税人应按照现行规定计算一般计税方法下的应纳税额（以下称抵减前的应纳税额）后，区分以下情形加计抵减：

（1）抵减前的应纳税额等于零的，当期可抵减加计抵减额全部结转下期抵减；

（2）抵减前的应纳税额大于零，且大于当期可抵减加计抵减额的，当期可抵减加计抵减额全额从抵减前的应纳税额中抵减；

（3）抵减前的应纳税额大于零，且小于或等于当期可抵减加计抵减额的，以当期可抵减加计抵减额抵减应纳税额至零。

未抵减完的当期可抵减加计抵减额，结转下期继续抵减。

（4）加计抵减政策执行到期后，纳税人不再计提加计抵减额，结余的加计抵减额停止抵减。

提示

> 　　如果某公司2019年适用加计抵减政策，且截至2019年12月底仍有加计抵减额余额尚未抵减完。2020年1月该公司因经营业务调整不再适用加计抵减政策，那么其2019年未抵减完的余额可以在2020年至2021年度继续抵减的，2021年政策有效期截止后还未抵减完毕的，则不能再继续递减。

3.8.3　加计扣除首次适用的声明

加计抵减政策本质上属于税收优惠，应由纳税人自主判断、自主申报、自主享受。这样可以保证纳税人及时享受政策红利，避免因户数多、审核时间长而造成政策延迟落地。同时，为帮助纳税人准确适用加计抵减政策，对于申请享受加计抵减政策的纳税人，需要就适用政策做出声明，并在年度首次确认适用时，提交《适用加计抵减政策的声明》（以下称"声明"），完成"声明"后，即可自主申报适用加计抵减政策。"声明"的内容主要包括：

（1）纳税人名称和纳税人识别号；

（2）纳税人需要自行判断并勾选其所属行业。如果兼营四项服务，应按照四项服务中收入占比最高的业务进行勾选。举例说明：某纳税人2018年4月至2019年3月期间的全部销售额中，货物占比45%，信息技术服务占比30%，代理服务占比25%。由于信息技术服务和代理服务的销售额占全部销售额的比重为55%，因此，该纳税人可在2019年适用加计抵减政策；同时，由于信息技术服务销售额占比最高，因此，纳税人在"声明"中应勾选"信息技术服务业"相应栏次。

（3）"声明"还包括纳税人判断适用加计抵减政策的销售额计算区间，以及相对应的销售额和占比。

由于加计抵减政策是按年适用的，因此，2019年提交"声明"并享受加计抵减政策的纳税人，如果在以后年度仍可适用的话，需要按年度再次提交新的"声明"，并在完成新的"声明"后，享受当年的加计抵减政策。需要注意的是，并未要求纳税人必须在每个年度的第一个申报期就提交"声明"，纳税人可以补充提交"声明"，并适用加计抵减政策。

3.8.4　加计抵减政策执行期限等问题

1. 执行期限

自 2019 年 4 月 1 日至 2021 年 12 月 31 日，允许生产、生活性服务业纳税人按照当期可抵扣进项税额加计 10%。

一方面说明该政策是过渡政策，另一方面要注意 2022 年 1 月 1 日申报 2021 年 12 月的增值税，还可以抵减，2022 年 2 月申报 2022 年 1 月增值税时则不允许加计抵减了，之前未抵扣完毕的也不允许结转抵减了。

2. 出口业务加计扣除的处理

纳税人出口货物劳务、发生跨境应税行为不适用加计抵减政策，其对应的进项税额不得计提加计抵减额。

纳税人兼营出口货物劳务、发生跨境应税行为且无法划分不得计提加计抵减额的进项税额，按照以下公式计算：

不得计提加计抵减额的进项税额＝当期无法划分的全部进项税额 × 当期出口货物劳务和发生跨境应税行为的销售额 ÷ 当期全部销售额

3. 追责条款

纳税人应单独核算加计抵减额的计提、抵减、调减、结余等变动情况。骗取适用加计抵减政策或虚增加计抵减额的，按照《中华人民共和国税收征收管理法》等有关规定处理。

4. 会计处理

生产、生活性服务业纳税人取得资产或接受劳务时，应当按照《增值税会计处理规定》的相关规定对增值税相关业务进行会计处理；实际缴纳增值税时，按应纳税额借记"应交税费——未交增值税"等科目，按实际纳税金额贷记"银行存款"科目，按加计抵减的金额贷记"其他收益"科目。

3.9　增值税留抵退税新政运用

期末留抵税额，是指纳税人销项税额不足以抵扣进项税额而未抵扣完的进项税额。自 2019 年 4 月 1 日起，试行增值税期末留抵税额退税制度。之前只是一些特殊行业享受期末增值税留抵退税政策，此次深化改革放开了适用范围，缓解了部分企业资金压力，得到了纳税人的广泛好评。本节将详细介绍新政内容及操作策略。

3.9.1 留抵退税满足的条件

1. 政策要求

根据《财政部 国家税务总局 海关总署关于深化增值税改革有关政策的公告》（财政部 税务总局 海关总署公告 2019 年第 39 号）文件规定，同时符合以下条件的纳税人，可以向主管税务机关申请退还增量留抵税额：

（1）自 2019 年 4 月税款所属期起，连续 6 个月（按季纳税的，连续两个季度）增量留抵税额均大于零，且第 6 个月增量留抵税额不低于 50 万元；

（2）纳税信用等级为 A 级或者 B 级；

（3）申请退税前 36 个月未发生骗取留抵退税、出口退税或虚开增值税专用发票情形的；

（4）申请退税前 36 个月未因偷税被税务机关处罚两次及以上的；

（5）自 2019 年 4 月 1 日起未享受即征即退、先征后返（退）政策的。

增量留抵税额，是指与 2019 年 3 月底相比新增加的期末留抵税额。

例：若某企业 2019 年 3 月底期末留抵税额为 20 万元，2019 年 4 月底期末留抵税额为 30 万元，4 月份比 3 月份多增加的 10 万元，就是增量留抵税额。

2. 实务要点

2018 年 6 月，财政部、国家税务总局发布《关于 2018 年退还部分行业增值税留抵税额有关税收政策的通知》（财税〔2018〕70 号），试行对部分行业增值税期末留抵税额予以退还的政策。而本次全新的留抵退税制度，是全面试行留抵退税制度，取消了行业限制，对于符合条件的纳税人，都可以申请退还增值税增量留抵税额。同时注意以下几点：

（1）留抵退税政策。目前现行有效的政策主要有：《国家税务总局关于办理增值税期末留抵税额退税有关事项的公告》（国家税务总局公告 2019 年第 20 号）、财税〔2018〕80 号（留抵退税有关城建教育费附加政策）、财税〔2018〕70 号（退还部分行业增值税留抵税额）、财税〔2017〕17 号（集成电路企业期末留抵退税有关城建税附加政策）、财税〔2016〕141 号（大型客机和新支线飞机增值税政策）、财税〔2014〕17 号（利用石脑油和燃料油生产乙烯芳烃有关增值税政策）、财税〔2011〕107 号（退还集成电路企业采购设备期末留抵）。

（2）给予留抵税额增量部分退税。对增量部分给予退税，一方面是基于鼓励企业扩大再生产的考虑，另一方面是基于财政可承受能力的考虑，若一次性将存量和增量的留抵税额全部退税，财政短期内不可承受。

【例 3-2】文件规定把 2019 年 3 月底的留抵税额作为留抵基数，从 4 月份开始的连续

6个月的留抵税额都和2019年3月底的留抵基数对比，增量部分要求都大于零，且第六个月的要大于50万元。比如甲企业2019年3月至9月留抵税额分别为10万元、100万元、90万元、70万元、15万元、30万元、80万元。

可以看出，留抵基数为10万元，4至9月的留抵税额和10万相比的增量（分别为90万元、80万元、60万元、5万元、20万元、70万元）都大于零，且9月份的增量留抵税额70万元大于50万元，则甲企业符合留抵退税制度规定，可以在第10月的申报期内按程序申请退税。

（3）2019年4月1日以后新设立的纳税人，2019年3月底的留抵税额的基数为0，因此其增量留抵税额即当期的期末留抵税额。

（4）公告中规定的"从4月税款所属期起连续六个月"是从4月开始往后算6个月，而不能往前倒算。当然也可以从4月以后的任何一个月开始计算连续六个月，比如5月到10月，7月到次年12月等。

> **提示**
>
> 从目前文件的表述上看，2019年4月1日成立的企业需要一直从2019年4月开始计算的，以后每期的退税申报，进项构成比例都需要从2019年4月开始计算，找到退税的周期，甚至到2999年及以后。因此在政策没有变化前，要做好每月基础数据的统计，确保准确性。

（5）按季度纳税的"连续两个季度"，不一定是从2019年的第二、第三季度开始，可能是2019年的第三季度、2020年的第一季度，以此类推。

（6）享受即征即退、先征后返或先征后退政策优惠的纳税人，其一般项目的留抵也是不允许退税的。

（7）退税要求的条件之一是纳税信用等级为A级或者B级，纳税信用等级为M级的纳税人也不符合规定的申请退还留抵税额的条件。

> **提示**
>
> 纳税信用级别设A、B、C、D四级。A级纳税信用为年度评价指标得分90分以上的；B级纳税信用为年度评价指标得分70分以上不满90分的；C级纳税信用为年度评价指标得分40分以上不满70分的；D级纳税信用为年度评价指标得分不满40分或者直接判级确定的。
>
> 2018年4月1日起增设M级纳税信用级别，纳税信用级别由A、B、C、D四级变更为A、B、M、C、D五级。其中，M级纳税信用适用未发生《信用管理办法》第二十条所列失信行为的新设立企业和评价年度内无生产经营业务收入且年度评价指标得分70分以上的企业。

（8）申请退税前36个月因偷税被税务机关处罚两次及以上的不满足留抵退税条件。也就是说，三年内因偷税受到的行政处罚不超过两次，一次是可以的。这和《中华人民共和国刑法》上相关偷税规定的时间维度也不一样。

提示

《中华人民共和国刑法》第二百零一条第四款规定："有第一款行为，经税务机关依法下达追缴通知后，补缴应纳税款，缴纳滞纳金，已受行政处罚的，不予追究刑事责任。但是，5年内因逃避缴纳税款受过刑事处罚或者被税务机关给予二次以上行政处罚的除外"。

例如，某影星偷税事件中，由于其属于首次被税务机关按偷税予以行政处罚且此前未因逃避缴纳税款受过刑事处罚，上述定性为偷税的税款、滞纳金、罚款在税务机关下达追缴通知后在规定期限内缴纳的，依法不予追究刑事责任。偷税行为可以理解为"首罚不刑""两罚入刑"，留抵退税按照刑法标准做了规范。如果之前其所在公司3年内没有收到过因偷税受到过行政处罚，则满足其他条件的情况下，还是可以申请留抵退税的，不因这一次而失去机会。

3. 纳税信用级别的确定

根据《国家税务总局关于取消增值税扣税凭证认证确认期限等增值税征管问题的公告》（国家税务总局公告 2019 年第 45 号）文件规定：

纳税人适用增值税留抵退税政策，有纳税信用级别条件要求的，以纳税人向主管税务机关申请办理增值税留抵退税提交"退（抵）税申请表"时的纳税信用级别确定。

某公司在 2019 年 4 月成立时纳税信用级别为 M 级。如果该公司在 2020 年 4 月 10 日被税务机关评价为纳税信用级别 B 级，同时也符合其他申请留抵退税的条件，可以在 2020 年 4 月 11 日申请增量留抵退税吗？

解析：按照国家税务总局公告 2019 年第 45 号公告第二条的规定，纳税人申请增值税留抵退税，判断其是否符合纳税信用级别为 A 级或者 B 级的条件，以纳税人向主管税务机关申请退税提交《退（抵）税申请表》时的纳税信用级别确定。如果该公司的纳税信用级别已在 2020 年 4 月 10 日被评价为 B 级，则可以在 2020 年 4 月 11 日完成当期增值税纳税申报后申请增量留抵退税。

4. 申报时期

根据《财政部 国家税务总局 海关总署关于深化增值税改革有关政策的公告》（财政部 税务总局 海关总署公告 2019 年第 39 号）文件规定，纳税人应在增值税纳税申报期内，向主管税务机关申请退还留抵税额。

提交留抵退税申请必须在申报期完成，以免对退税数额计算和后续核算产生影响。由于设置了连续 6 个月增量留抵的条件，因此 2019 年 10 月将是符合退税条件的纳税人提出退税申请的首个期间。

5. 出口货物劳务、发生跨境应税行为的留抵税退还

根据《财政部 国家税务总局 海关总署关于深化增值税改革有关政策的公告》（财政

部 税务总局 海关总署公告 2019 年第 39 号）文件规定，纳税人出口货物劳务、发生跨境应税行为，适用免抵退税办法的，办理免抵退税后，仍符合本公告规定条件的，可以申请退还留抵税额；适用免退税办法的，相关进项税额不得用于退还留抵税额。

从文件规定看出，期末留抵税额退税制度剔除出口退税因素。适用免抵退税办法的生产企业，办理退税的顺序是，先办理出口业务的免抵退税，待免抵退税完成后，还有期末留抵税额且符合留抵退税条件的，可以再申请办理留抵退税。

如果是适用免退税办法的外贸企业，由于其进项税额要求内销和出口分别核算，出口退税退的是出口货物的进项税额。因此，应将这类纳税人的出口和内销分开处理，其出口业务对应的所有进项税额均不得用于留抵退税；内销业务的留抵税额如果符合留抵退税条件，可就其内销业务按规定申请留抵退税。

6. 退税后管理

纳税人取得退税款后，应及时调减留抵税额，否则，会造成重复退税。在完成退税后，如果纳税人要再次申请留抵退税，连续 6 个月计算区间，不能和上一次申请退税的计算区间重复。

提示

一个纳税人在一个会计年度中，最多申请退税两次。

7. 会计处理

企业（即纳税人）收到退税款项的当月，应将退税额从增值税进项税额中转出，即，记入应交税费——应交增值税（进项税额转出）科目中。未按规定转出的，按照《税收征收管理法》有关规定承担相应法律责任。

3.9.2　先进制造业增值税期末留抵退税政策

根据《财政部 税务总局关于明确先进制造业增值税期末留抵退税政策的公告》（财政部 税务总局公告 2021 年第 15 号）文件规定：先进制造业增值税期末留抵退税政策是从上述全行业留抵退税政策里面划出来的特殊情况，税制原理是一致的，只是从退税条件、力度比例等方面有所特殊，具体如下：

（1）退税条件

自 2021 年 4 月 1 日起，同时符合以下条件的先进制造业纳税人，可以自 2021 年 5 月及以后纳税申报期向主管税务机关申请退还增量留抵税额：

①增量留抵税额大于零；

②纳税信用等级为 A 级或者 B 级；

③申请退税前 36 个月未发生骗取留抵退税、出口退税或虚开增值税专用发票情形；

④申请退税前 36 个月未因偷税被税务机关处罚两次及以上；

⑤自 2019 年 4 月 1 日起未享受即征即退、先征后返（退）政策。

提示

可以看出，先进制造业纳税人申请退还增量留抵税额的条件由"自原来的税款所属期起，连续 6 个月(按季纳税的，连续两个季度)增量留抵税额均大于零，且第 6 个月增量留抵税额不低于 50 万元"调整为"增量留抵税额大于零"，且部分先进制造业纳税人可按月申请留抵退税，不受"连续 6 个月"的限制。

或者说，部分先进制造业只要当月留抵税额大于零，就可以申请退税；只要有增量留抵税额就可以申请退税。

（2）行业范围

关于部分先进制造业纳税人的范围，由纳税人的主营业务确定，是指按照《国民经济行业分类》，生产并销售非金属矿物制品、通用设备、专用设备及计算机、通信和其他电子设备"医药""化学纤维""铁路、船舶、航空航天和其他运输设备""电气机械和器材""仪器仪表"销售额占全部销售额的比重超过 50% 的纳税人。

上述销售额比重根据纳税人申请退税前连续 12 个月的销售额计算确定；申请退税前经营期不满 12 个月但满 3 个月的，按照实际经营期的销售额计算确定。

（3）增量留抵税额的确定

增量留抵税额是指与 2019 年 3 月 31 日相比新增加的期末留抵税额。这一点没有变化。但是与《财政部 税务总局 海关总署公告 2019 年第 39 号公告》相比，在计算部分先进制造业纳税人允许退还的增量留抵税额时，取消了 60% 退税比例的限制，改为按照进项构成比例全部予以退还。具体公式为：

部分先进制造业纳税人允许退还的增量留抵税额＝增量留抵税额 × 进项构成比例

进项构成比例，为 2019 年 4 月至申请退税前一税款所属期内已抵扣的增值税专用发票（含税控机动车销售统一发票）、海关进口增值税专用缴款书、解缴税款完税凭证注明的增值税额占同期全部已抵扣进项税额的比重。

提示

进项构成比例和计算没有变化，与其他纳税人的计算方法也保持一致，不再乘以 60%。

（4）其他要求

先进制造业纳税人申请退还增量留抵税额的其他规定，按照《财政部 税务总局 海关总署关于深化增值税改革有关政策的公告》(财政部 税务总局 海关总署公告 2019 年第 39 号) 执行和《财政部 税务总局关于明确部分先进制造业增值税期末留抵退税政策的公告》(财政部 税务总局公告 2019 年第 84 号) 执行。

自 2019 年 6 月 1 日起，符合《财政部 税务总局关于明确部分先进制造业增值税期末留抵退税政策的公告》(财政部 税务总局公告 2019 年第 84 号) 规定的纳税人申请退还增量留抵税额，应按照《国家税务总局关于办理增值税期末留抵税额退税有关事项的公告》(国家税务总局公告 2019 年第 20 号) 的规定办理相关留抵退税业务，向其主管税务机关提交留抵退税申请。对符合留抵退税条件的，税务机关在完成退税审核后，开具税收收入退还书，直接送交同级国库办理退库。

3.9.3 新型冠状病毒疫情防控重点企业增值税留抵退税

根据《财政部 国家税务总局关于支持新型冠状病毒感染的肺炎疫情防控有关税收政策的公告》(财政部 税务总局公告 2020 年第 8 号) 文件规定：

疫情防控重点保障物资生产企业可以按月向主管税务机关申请全额退还增值税增量留抵税额。所称疫情防控重点保障物资生产企业名单，由省级及以上发展改革部门、工业和信息化部门确定。

增量留抵税额，是指与 2019 年 12 月底相比新增加的期末留抵税额。

提示

（1）疫情防控重点保障物资生产企业增值税增量留抵退税政策的适用范围为疫情防控重点保障物资生产企业，并且是由特殊部门确定的，不是企业自主确定。

（2）相对于《财政部 税务总局 海关总署关于深化增值税改革有关政策的公告》（财政部 税务总局 海关总署公告2019年第39号），该特殊政策取消了"允许退换的增量留抵税额"对"进项构成比例"及"退还比例"的限制，实行全额增量留底税额退税。

（3）《财政部 税务总局 海关总署公告2019年第39号》所规定的增量留抵税额退还，必须以6个月为一个申请周期；而新规定可以按月向主管税务机关申请全额退还增值税增量留抵税额；

（4）增量留抵税额，是指与2019年12月底相比新增加的期末留抵税额；而《财政部 税务总局 海关总署公告2019年第39号》所称的增量留抵税额，是指与2019年3月底相比新增加的期末留抵税额；

（5）根据《国家税务总局关于支持新型冠状病毒感染的肺炎疫情防控有关税收征收管理事项的公告》（国家税务总局公告2020年第4号）文件规定：

疫情防控重点保障物资生产企业按照《财政部 税务总局关于支持新型冠状病毒感染的肺炎疫情防控有关税收政策的公告》（财政部 国家税务总局公告2020年第8号）第二条规定，适用增值税增量留抵退税政策的，应当在增值税纳税申报期内，完成本期增值税纳税申报后，向主管税务机关申请退还增量留抵税额。

3.9.4 留抵退税额的核算

1. 计算公式

纳税人当期允许退还的增量留抵税额，按照以下公式计算：

允许退还的增量留抵税额＝增量留抵税额 × 进项构成比例 ×60%

其中，"进项构成比例"为 2019 年 4 月至申请退税前一税款所属期内已抵扣的增值税专用发票（含税控机动车销售统一发票）、海关进口增值税专用缴款书、解缴税款完税凭证注明的增值税额占同期全部已抵扣进项税额的比重。

按照《财政部 税务总局 海关总署关于深化增值税改革有关政策的公告》（2019 年第 39 号）和《财政部 税务总局关于明确部分先进制造业增值税期末留抵退税政策的公告》（2019 年第 84 号公告）的规定，在计算允许退还的增量留抵税额的进项构成比例时，纳税人在 2019 年 4 月至申请退税前一税款所属期内按规定转出的进项税额，无须从已抵扣的增值税专用发票、机动车销售统一发票、海关进口增值税专用缴款书、解缴税款完税凭证注明的增值税额中扣减。

> **提示**
>
> （1）上述公式中进项构成比例分子不包括农产品收购发票或者销售发票、加计扣除农产品进项税额、本期期用于抵扣的旅客运输服务扣税凭证（非专用发票）和外贸企业进项税额抵扣证明等扣税凭，分母是包括的。
>
> （2）纳税期内"已抵扣"进项税额应理解为增值税纳税申报表主表第17行"应抵扣税额合计"。
>
> （3）计算留抵退税时不需要考虑10%进项加计抵减。

【例 3-3】假设甲公司 2019 年 4 月—9 月共计申报抵扣了进项税额 400 万元，而这 400 万元包括了两部分：一部分是增值税专用发票、海关进口增值税专用缴款书、解缴税款完税凭证注明的增值税额 260 万元，另一部分为取得其他扣税凭证可抵扣的进项税额 140 万元；2019 年 3 月期末留抵税额 10 万元，9 月期末留抵税额 80 万元。则：

（1）进项构成比例＝ 260÷400 ＝ 65%

（2）计算增量留抵税额＝ 80-10 ＝ 70（万元）

（3）可以退还的增量留抵税额＝ 70×65%×60% ＝ 27.3（万元）

> **提示**
>
> （1）2019年4月1日以后一次性转入的待抵扣部分的不动产进项税额，在当期形成留抵税额的，可用于计算增量留抵税额。但是新政策下的加计抵减额并不是纳税人的进项税额，不会形成留抵税额，因而也不能申请留抵退税。
>
> （2）部分先进制造业增值税期末留抵退税计算原理同上。

2. 留抵退税后附加税费的计算基础

依法缴纳城市维护建设税、教育费附加和地方教育附加是以实际缴纳的增值税、消费税的税额为计税依据。根据《财政部 国家税务总局关于增值税期末留抵退税有关城市维护建设税、教育费附加和地方教育附加政策的通知》（财税〔2018〕80 号）规定，为保证增值税期末留抵退税政策有效落实，对实行增值税期末留抵退税的纳税人，允许其从城市维护建设税、教育费附加和地方教育附加的计税（征）依据中扣除退还的增值税税额。

期末留抵退税后，相应增加了后期的"应纳税额"。但是这部分"应纳税额"是退还留抵税额引起的，并不是真正意义上的应纳税额。因此，在计算附加税计税基础时，要还原为增量留抵税额退还之前的情况的。

3.9.5　留抵退税的申报要点

根据《国家税务总局关于办理增值税期末留抵税额退税有关事项的公告》（国家税务总局公告 2019 年第 20 号）文件规定，留抵退税申报要点归纳如下：

1. 纳税人如何向税务机关申请办理留抵退税

纳税人申请办理留抵退税，应于符合留抵退税条件的次月起，在增值税纳税申报期（以下称申报期）内，完成本期增值税纳税申报后，通过电子税务局或办税服务厅提交《退（抵）税申请表》。

纳税人出口货物劳务、发生跨境应税行为，适用免抵退税办法的，可以在同一申报期内，既申报免抵退税又申请办理留抵退税。

申请办理留抵退税的纳税人，出口货物劳务、跨境应税行为适用免抵退税办法的，应当按期申报免抵退税。当期可申报免抵退税的出口销售额为零的，应办理免抵退税零申报。

纳税人既申报免抵退税又申请办理留抵退税的，税务机关应先办理免抵退税。办理免抵退税后，纳税人仍符合留抵退税条件的，再办理留抵退税。

2. 暂停为其办理留抵退税的情形有哪些

税务机关在办理留抵退税期间，发现符合留抵退税条件的纳税人存在以下情形，暂停为其办理留抵退税：

（1）存在增值税涉税风险疑点的；

（2）被税务稽查立案且未结案的；

（3）增值税申报比对异常未处理的；

（4）取得增值税异常扣税凭证未处理的；

（5）国家税务总局规定的其他情形。

3．税务机关的审核程序是什么

税务机关按照"窗口受理、内部流转、限时办结、窗口出件"的原则办理留抵退税。

税务机关对纳税人是否符合留抵退税条件、当期允许退还的增量留抵税额等进行审核确认，并将审核结果告知纳税人。

纳税人不存在暂停办理留抵退税情形或相关风险已经排除，且相关事项处理完毕后，按以下规定办理：

（1）纳税人仍符合留抵退税条件的，税务机关继续为其办理留抵退税，并自增值税涉税风险疑点等情形排除且相关事项处理完毕之日起5个工作日内完成审核，向纳税人出具准予留抵退税的税务事项通知书。

（2）纳税人不再符合留抵退税条件的，不予留抵退税。税务机关应自增值税涉税风险疑点等情形排除且相关事项处理完毕之日起5个工作日内完成审核，向纳税人出具不予留抵退税的税务事项通知书。

税务机关对发现的增值税涉税风险疑点进行排查的具体处理时间，由各省（自治区、直辖市和计划单列市）税务局确定。

纳税人不符合留抵退税条件的，不予留抵退税。税务机关应自受理留抵退税申请之日起10个工作日内完成审核，并向纳税人出具不予留抵退税的税务事项通知书。

4．特殊情形下增量留抵税额如何确定

（1）因纳税申报、稽查查补和评估调整等原因，造成期末留抵税额发生变化的，按最近一期《增值税纳税申报表（一般纳税人适用）》期末留抵税额确定允许退还的增量留抵税额。

（2）纳税人在同一申报期既申报免抵退税又申请办理留抵退税的，或者在纳税人申请办理留抵退税时存在尚未经税务机关核准的免抵退税应退税额的，应待税务机关核准免抵退税应退税额后，按最近一期《增值税纳税申报表（一般纳税人适用）》期末留抵税额，扣减税务机关核准的免抵退税应退税额后的余额确定允许退还的增量留抵税额。

税务机关核准的免抵退税应退税额，是指税务机关当期已核准，但纳税人尚未在《增值税纳税申报表（一般纳税人适用）》第15栏"免、抵、退应退税额"中填报的免抵退税应退税额。

（3）纳税人既有增值税欠税，又有期末留抵税额的，按最近一期《增值税纳税申报表（一般纳税人适用）》期末留抵税额，抵减增值税欠税后的余额确定允许退还的增量留抵税额。

5．如何填报纳税申报表

在纳税人办理增值税纳税申报和免抵退税申报后、税务机关核准其免抵退税应退税额前，核准其前期留抵退税的，以最近一期《增值税纳税申报表（一般纳税人适用）》期末留抵税额，扣减税务机关核准的留抵退税额后的余额，计算当期免抵退税应退税额和免抵税额。

税务机关核准的留抵退税额，是指税务机关当期已核准，但纳税人尚未在《增值税纳税申报表附列资料（二）（本期进项税额明细）》第22栏"上期留抵税额退税"填报的留抵退税额。

纳税人应在收到税务机关准予留抵退税的《税务事项通知书》当期，以税务机关核准的允许退还的增量留抵税额冲减期末留抵税额，并在办理增值税纳税申报时，相应填写《增值税纳税申报表附列资料（二）（本期进项税额明细）》第22栏"上期留抵税额退税"。

6. 虚假骗税追究规定

税务机关对增值税涉税风险疑点进行排查时，发现纳税人涉嫌骗取出口退税、虚开增值税专用发票等增值税重大税收违法行为的，终止为其办理留抵退税，并自作出终止办理留抵退税决定之日起5个工作日内，向纳税人出具终止办理留抵退税的《税务事项通知书》。

税务机关对纳税人涉嫌增值税重大税收违法行为核查处理完毕后，纳税人仍符合留抵退税条件的，可按照本公告的规定重新申请办理留抵退税。

纳税人以虚增进项、虚假申报或其他欺骗手段骗取留抵退税的，由税务机关追缴其骗取的退税款，并按照《中华人民共和国税收征收管理法》等有关规定处理。

提示

根据《财政部 税务总局关于明确国有农用地出租等增值税政策的公告》（财政部 国家税务总局公告2020年第2号）文件规定：

纳税人按照《财政部 税务总局海关总署关于深化增值税改革有关政策的公告》（财政部 税务总局海关总署公告2019年第39号）、《财政部 税务总局关于明确部分先进制造业增值税期末留抵退税政策的公告》（财政部 税务总局公告2019年第84号）规定取得增值税留抵退税款的，不得再申请享受增值税即征即退、先征后返（退）政策。

2020年1月20日前，纳税人已按照上述规定取得增值税留抵退税款的，在2020年6月30日前将已退还的增值税留抵退税款全部缴回，可以按规定享受增值税即征即退、先征后返（退）政策；否则，不得享受增值税即征即退、先征后返（退）政策。

3.10　不动产进项税一次性抵扣新政运用

根据《财政部 国家税务总局 海关总署关于深化增值税改革有关政策的公告》（财政

部 国家税务总局 海关总署公告 2019 年第 39 号）第五条规定，自 2019 年 4 月 1 日起，纳税人取得不动产或者不动产在建工程的进项税额不再分两年抵扣。此前按照规定尚未抵扣完毕的待抵扣进项税额，可自 2019 年 4 月税款所属期起从销项税额中抵扣。该政策对企业是利好，不动产或者不动产在建工程的进项税额抵扣更加简单、高效，也是实质性降税的体现。

实务操作中要把握以下几点：

（1）企业在 2019 年 3 月 31 日前尚未抵扣的不动产进项税额的 40%，自 2019 年 4 月所属期起，只能一次性转入进项税额进行抵扣。不能因为不合规的月度纳税金额调节而把剩余的 40% 再分成两部分或几部分抵扣。

（2）自 2019 年 4 月 1 日起，增值税一般纳税人取得不动产的进项税额不再分两年抵扣，而是在购进不动产的当期一次性抵扣进项税额。这意味着该类增值税管理相当于正常增值税进项税管理，发票认证、转出处理、纳税申报等业务要纳入企业整体税收管控体系。同时，该政策是长期规定，不是阶段性过渡政策。

（3）尚未抵扣完毕的待抵扣进项税额，可自 2019 年 4 月税款所属期起，增值税一般纳税人自行选择申报月份从销项税额中抵扣。不一定是 2019 年 5 月一次性抵扣，可以选择在以后的某一年度的任一个申报期抵扣。

（4）包括为不动产或不动产在建工程构建购买的服务、材料、设备等进项税额均是一次性抵扣。

（5）不动产改为一次性抵扣后，《不动产进项税额分期抵扣暂行办法》（国家税务总局公告 2016 年第 15 号发布）相应废止。但不动产发生用途改变等情形，进项税额转进、转出的规定，还应继续保留。具体来讲，就是两项：

一是，已抵扣进项税额的不动产，如果发生非正常损失，或者改变用途，专用于简易计税方法计税项目、免征增值税项目、集体福利或者个人消费的，按照公式计算不得抵扣的进项税额，并从当期进项税额中扣减；

二是，按照规定不得抵扣进项税额的不动产，发生用途改变，用于允许抵扣进项税额项目的，按照公式在改变用途的次月计算可抵扣进项税额。

（6）2019 年 4 月 1 日以后一次性转入的待抵扣部分的不动产进项税额如果企业也适用加计抵减政策，则可在转入抵扣的当期，计算加计抵减额。

提示

一是不动产进项税额转进转出计算不动产净值率时，不动产净值、原值与企业会计核算应保持一致；二是不动产发生用途改变，需要转出的，是在发生的当期转出；需要转入的，是在发生的下期转入。

（7）2019 年 4 月 1 日以后一次性转入的待抵扣部分的不动产进项税额，在当期形成留抵税额的，可用于计算增量留抵税额。如果企业符合留抵退税条件的，可以向主管税务机关申请退还增量留抵税额。

3.11　不得抵扣进项税额的情形

本节从增值税原理出发，梳理了进项税额不予抵扣的多种情形，尤其是用于非生产经营、非正常损失项目，以及购进贷款服务、餐饮服务、居民日常服务和娱乐服务的进项税额不得抵扣。梳理不得抵扣情形的目的，还是更好地把握可以抵扣项目，做到应抵尽抵，不应抵则坚决不多抵。

3.11.1　政策综述

按照"财税〔2016〕36 号文"附件 1 第二十七条规定，下列项目的进项税额不得从销项税额中抵扣：

> （一）用于简易计税方法计税项目、免征增值税项目、集体福利或者个人消费的购进货物、加工修理修配劳务、服务、无形资产和不动产。其中涉及的固定资产、无形资产、不动产，仅指专用于上述项目的固定资产、无形资产（不包括其他权益性无形资产）、不动产。
>
> 纳税人的交际应酬消费属于个人消费。
>
> （二）非正常损失的购进货物，以及相关的加工修理修配劳务和交通运输服务。
>
> （三）非正常损失的在产品、产成品所耗用的购进货物（不包括固定资产）、加工修理修配劳务和交通运输服务。
>
> （四）非正常损失的不动产，以及该不动产所耗用的购进货物、设计服务和建筑服务。
>
> （五）非正常损失的不动产在建工程所耗用的购进货物、设计服务和建筑服务。
>
> 纳税人新建、改建、扩建、修缮、装饰不动产，均属于不动产在建工程。
>
> （六）购进的贷款服务、餐饮服务、居民日常服务和娱乐服务。
>
> （七）财政部和国家税务总局规定的其他情形。

本条第（四）项、第（五）项所称货物，是指构成不动产实体的材料和设备，包括建筑装饰材料和给排水、采暖、卫生、通风、照明、通信、煤气、消防、中央空调、电梯、电气、智能化楼宇设备及配套设施。

以前政策规定"购进的旅客运输服务、贷款服务、餐饮服务、居民日常服务和娱乐服务"进项税不可抵扣已经修改为"购进的贷款服务、餐饮服务、居民日常服务和娱乐服务"。也就是，旅客运输服务根据最新税收政策可以抵扣。

3.11.2 用于集体福利或个人消费的

1. 集体福利

集体福利是指纳税人为内部职工提供的各种内设福利部门所发生的设备、设施等费用，包括职工食堂、职工浴室、理发室、医务所、托儿所、疗养院等集体福利部门的设备、设施及维修保养费用。

> **提示**
>
> 比如建筑施工工地食堂采购粮食蔬菜属于集体福利，不能抵扣。食堂的房屋装潢、修缮、餐具、餐桌、厨具等发生的进项税均不得抵扣。

购进的用于集体福利或个人消费的货物及其他应税行为，并非用于企业生产经营，也就无权要求抵扣税款，而应负担相应的税金。交际应酬消费不属于生产经营中的生产投入和支出，是一种生活性消费活动，而增值税是对消费行为征税的，消费者即是负税者。因此，交际应酬消费需要负担对应的进项税额。

实务中无法正确区分的项目，可以按照以下原则把握：

一是涉及选择简易计税方法的部分不能抵扣，需要考虑是单独使用的，还是共用的。如果是共用的，那就需要按照收入额等方式进行确定，先全额抵扣着再作转出处理。如劳动保护费支出 100 万元，税额 13 万元，但是有一半是用于简易计税项目的，则当月 6.5 万元是不得抵扣的，要做转出处理，需要按"财税〔2016〕36 号"文件规定的计算公式计算。则：

可抵扣进项税额＝［（总支出－用于简易计税项目支出）÷总支出］×进项税总额＝［（100－60）÷100］×13＝5.2（元），进项税转出金额＝13－5.2＝7.8（万元）。

二是如果无法保障或不知道是不是限于抵扣，则先取得专用发票抵扣，再视情形作转出处理。

三是如劳务派遣公司涉及可以选择的开具专用发票的方式，但其面临税负的问题，因此通常情形之下，可能会选择差额开具专用发票的方式。

一般意义上，旅客运输服务、餐饮服务、居民日常服务和娱乐服务主要接受对象是个人。对于一般纳税人购买的旅客运输服务、餐饮服务、居民日常服务和娱乐服务，难以准确地界定接受劳务的对象是企业还是个人，因此，一般纳税人购进的餐饮服务、居民日常服务和娱乐服务的进项税额不得从销项税额中抵扣。

2. 个人消费方面

餐饮服务是指通过同时提供饮食和饮食场所的方式为消费者提供饮食消费服务的业务活动，纳税人取得的餐饮服务的进项税额不得抵扣。

（1）居民日常服务是指主要为满足居民个人及其家庭日常生活需求提供的服务，包括市容市政管理、家政、婚庆、养老、殡葬、照料和护理、救助救济、美容美发、按摩、桑拿、氧吧、足疗、沐浴、洗染、摄影扩印等服务。纳税人取得的居民日常服务的进项税额不得抵扣。

（2）娱乐服务是指为娱乐活动同时提供场所和服务的业务。具体包括：歌厅、舞厅、夜总会、酒吧、台球、高尔夫球、保龄球、游艺（包括射击、狩猎、跑马、游戏机、蹦极、卡丁车、热气球、动力伞、射箭、飞镖）。纳税人取得的娱乐服务的进项税额不得抵扣。

（3）交际应酬费，不属于生产经营中的生产投入和支出，是一种生活性消费活动，而增值税是对消费行为征税的，消费者即是负税者。因此，交际应酬消费需要负担对应的进项税额。

（4）职工福利费，包括管理部员工工作餐，医疗用品，公司组织职工体检费，工伤医疗费，注射疫苗费，医疗室药品费，工作人员租房费，液化气，餐厅用厨具，司机保安餐费补助及夜班补助，厨师工资，职工慰问金，体育用品等。作为公司福利费列支的费用，就算取得了增值税专用发票，也不得抵扣，需要做进项税额转出。

无法取得专用发票的管理费，纳税人无法取得增值税专用发票的自制内部凭证，包括工资、职工福利费、工会经费、职工教育经费及住房公积金。而这些成本比重较大，由于无法取得增值税专用发票，因而不能产生进项税。

3.11.3　贷款服务

贷款，是指将资金贷与他人使用而取得利息收入的业务活动。

各种占用、拆借资金取得的收入，包括金融商品持有期间（含到期）利息（保本收益、报酬、资金占用费、补偿金等）收入、信用卡透支利息收入、买入返售金融商品利息收入、融资融券收取的利息收入，以及融资性售后回租、押汇、罚息、票据贴现、转贷等业务取得的利息及利息性质的收入，按照贷款服务缴纳增值税。纳税人取得的贷款服务的进项税额不得抵扣。

对于借款方而言，接受贷款服务向贷款方支付的全部利息及利息性质的费用以及与该笔贷款直接相关的投融资顾问费、手续费、咨询费等费用，其进项税额不得从销项税额中抵扣。

贷款服务进项税不得抵扣，也就是利息支出进项税不得抵扣的规定，主要是考虑如果允许抵扣借款利息，从根本上打通融资行为的增值税抵扣链条，按照增值税"道道征道道扣"的原则，首先就应当对存款利息征税。但在现有条件下，难度很大，一方面涉及对居民存款征税，无法解决专用发票的开具问题，也与当下实际存款利率为负的现状不符。

> **提示**
>
> 对2016年4月30日以前发生的融资性售后回租业务，承租人、出租人、租赁标的等要素发生变化的，应当视为一项新的业务，应依据（财税〔2016〕36号文件）的相关规定，按照金融服务——贷款服务缴纳增值税，并且承租方取得相关进项税不能抵扣。

3.11.4 发生非正常损失情形的有哪些

非正常损失的在产品、产成品所耗用的购进货物、加工修理修配劳务和交通运输服务是指因管理不善造成在产品、产成品被盗、丢失、霉烂变质，以及因违反法律法规造成在产品、产成品被依法没收、销毁、拆除的。

这里所指的在产品，是指仍处于生产过程中的产品，与产成品对应，包括正在各个生产工序加工的产品和已加工完毕但尚未检验或已检验但尚未办理入库手续的产品。产成品，是指已经完成全部生产过程并验收入库，可以按照合同规定的条件送交订货单位，或者可以作为商品对外销售的产品。

虽然取得合法的扣税凭证，但非正常损失的购进货物，以及相关的加工修理修配劳务和交通运输服务；非正常损失的在产品、产成品所耗用的购进货物（不包括固定资产）、加工修理修配劳务和交通运输服务；非正常损失的不动产，以及该不动产所耗用的购进货物、设计服务和建筑服务，上述所涉及的进项税额是不能抵扣的。

这些非正常损失是由纳税人自身原因造成导致征税对象实体的灭失，为保证税负公平，其损失不应由国家承担，因而纳税人无权要求抵扣进项税额。

另外，也有相关项目的不得抵扣情形，具体见表3-5。

表3-5 其他不得抵扣而转出的情形

序号	非正常损失的类型	同时需要进项税额转出的项目
1	在产品、产成品	所耗用的购进货物（不包括固定资产）、加工修理修配劳务和交通运输服务
2	购进货物	相关的加工修理修配劳务和交通运输服务
3	不动产	该不动产所耗用的购进货物、设计服务和建筑服务。
4	不动产在建工程	所耗用的购进货物、设计服务和建筑服务

【例3-4】某企业为增值税一般纳税人，2019年6月因管理不善霉烂变质材料一批，

该批材料购买时，取得增值税专用发票注明金额 100 000 元，进项税额 13 000 万元，该笔进项税额已抵扣。假设无相关责任人赔偿，则，该批材料的进项税额如何处理？

非正常损失的购进货物，其取得的进项税额不得抵扣，故该笔进项税额应做进项税额转出处理。会计处理如下：

借：待处理财产损溢——待处理流动资产损溢　　　　　　　　　　113 000
　　贷：原材料 或相关科目　　　　　　　　　　　　　　　　　　100 000
　　　应交税费——应交增值税（进项税额转出）　　　　　　　　　 13 000
借：管理费用　　　　　　　　　　　　　　　　　　　　　　　113 000
　　贷：待处理财产损溢——待处理流动资产损溢　　　　　　　　 113 000

3.11.5　专用于简易计税及免税项目的

专用于简易计税及免税项目的一般纳税人，其取得的用于简易计税方法计税项目的购进货物、加工修理修配劳务、服务，进项税额不得抵扣。如：房地产开发企业一般纳税人销售自行开发的房地产老项目、一般纳税人为建筑工程老项目提供的建筑服务等。

例如，某建筑企业为增值税一般纳税人，2019 年 6 月购买材料，取得增值税专用发票注明金额 100 000 元，进项税额 13 000 元，该批材料用于适用简易计税方法的建筑老项目，该笔进项税额不得抵扣，应计入成本。

纳税人取得的用于免税计税项目的进项税额不得抵扣。免征增值税是指财政部及国家税务总局规定的免征增值税的项目。如：养老机构提供的养老服务、婚姻介绍服务、从事学历教育的学校提供的教育服务、农业生产者销售的自产农产品等。

3.11.6　不得抵扣项目附加费用的处理

如果某些项目的进项税不能抵扣其相关的运费、保险费以及所用的货物、加工修理修配劳务、服务、无形资产和不动产同样不得抵扣进项税额。

比如，交际应酬消费不得抵扣。同时，交际应酬消费和个人消费难以准确划分，实务中不宜掌握界限，如果对交际应酬消费和个人消费分别适用不同的税收政策，容易诱发偷避税行为。因此，为了简化操作，公平税负，对交际应酬消费所用的货物、加工修理修配劳务、服务、无形资产和不动产不得抵扣进项税额。

3.11.7　取得固定资产、不动产兼用情形的如何处理

1. 政策依据

取得固定资产、不动产兼用于增值税应税项目和非增值税应税项目、免征增值税（以

下简称免税）项目、集体福利或者个人消费情形的，其进项税额抵扣原则与其他允许抵扣的项目相比有一定的特殊性。

在《增值税暂行条例实施细则》第二十一条和《营业税改征增值税试点实施办法》（财税〔2016〕36号附件一）第二十七条第一款第（一）项中规定，对纳税人购进的固定资产、无形资产、不动产同时用于多种增值税项目的（一般计税项目、简易计税项目、免税项目、集体福利或者个人消费），其进项税额准予从销项税额中全额抵扣。

《增值税暂行条例实施细则》第二十一条规定，"条例第十条第（一）项所称购进货物，不包括既用于增值税应税项目（不含免征增值税项目）也用于非增值税应税项目、免征增值税项目、集体福利或者个人消费的固定资产。前款所称固定资产，是指使用期限超过12个月的机器、机械、运输工具以及其他与生产经营有关的设备、工具、器具等。"

根据《财政部 国家税务总局关于租入固定资产进项税额抵扣等增值税政策的通知》（财税〔2017〕90号）规定，自2018年1月1日起，纳税人租入固定资产、不动产，既用于一般计税方法计税项目，又用于简易计税方法计税项目、免征增值税项目、集体福利或者个人消费的，其进项税额准予从销项税额中全额抵扣。

提示

> "财税〔2017〕90号"实际上明确了"取得"固定资产方式中的"租入"方式下的进项税额抵扣问题。
>
> （1）政策明确了从2018年1月1日执行，之前的按各地方明确的方法处理。
>
> （2）"财税〔2017〕90号"提到了诸如固定资产、不动产的问题，没有提及无形资产问题。但是土地作为特殊的无形资产，根据财税〔2016〕47号规定，租入土地使用权在增值税上即作为租入不动产处理，因此应同样适用本政策。
>
> （3）如果不是"租入"，而是"购入"方式取得的，则包括无形资产。也就是既用于简易计税，也用于一般计税项目，那么该固定资产、无形资产、不动产的进项税是可以抵扣的，不存在不能抵扣和按比例划分的问题。

2. 实务操作

一般情况下，对纳税人用于适用简易计税方法计税项目、免征增值税项目、集体福利或者个人消费的购进货物、加工修理修配劳务、服务、无形资产和不动产的进项税额不得从销项税额中抵扣，按照"财税〔2016〕36号文"附件1第二十九条处理。比如，一批原材料购进时113元（含税），既用于生产免税产品价值100元，也用于生产增值税应税产品价值200元，那么其中购进该批原材料的进项税额13元，要根据生产免税产品和应税产品的销售额进行合理分摊，计算可以抵扣的进项税额部分约8.67元。

但是，涉及的固定资产、不动产，仅指专用于简易计税方法计税项目、免征增值税（以下简称免税）项目、集体福利或者个人消费的情况，对属于兼用或混用于允许抵扣项目和上述不允许抵扣项目情况的，其进项税额准予全部抵扣。

主要是因为，固定资产、不动产项目发生上述兼用情况的较多，且比例难以准确区分。比如，纳税人购进一台发电设备，既可以用于增值税应税项目，也可以用于增值税免税项目，二者共用，且比例并不固定，难以准确区分。如果按照对其他项目进项税额的一般处理原则办理，不具备可操作性。因此，我们要把握的处理原则是：专用、混用于生产经营的都可以抵扣，否则不允许抵扣。

另外，由于其他权益性无形资产涵盖面非常广，往往涉及纳税人生产经营的各个方面，没有具体使用对象，实务中更不好区分。

3.11.8　销售折让、中止或退回等进项税额的扣减

根据《营业税改征增值税试点实施办法》（财税〔2016〕36号）第三十二条的规定，纳税人适用一般计税方法计税的，因销售折让、中止或者退回而退还给购买方的增值税额，应当从当期的销项税额中扣减；因销售折让、中止或者退回而收回的增值税额，应当从当期的进项税额中扣减。

纳税人已开具增值税专用发票的销售行为，如发生销货退回、开票有误、应税行为中止以及发票抵扣联、发票联均无法认证等情形但不符合作废条件，或者因销货部分退回及发生销售折让，需要根据国家税务总局公告2015年第19号的有关规定开具红字专用发票。

3.11.9　其他情况

1. 抵扣凭证不合规而不能抵扣

（1）未取得有效凭证

纳税人取得的增值税扣税凭证不符合法律、行政法规或者国家税务总局有关规定的，其进项税额不得从销项税额中抵扣。

纳税人凭完税凭证抵扣进项税额的，应当具备书面合同、付款证明和境外单位的对账单或者发票。资料不全的，其进项税额不得从销项税额中抵扣。

【例3-5】A企业为增值税一般纳税人，2020年1月境外B企业向其提供咨询服务，A企业在主管税务机关为B企业代扣代缴增值税6 000元，但A企业不能够提供与该业务相关的境外单位的对账单或者发票。故该笔进项税额不得抵扣。会计处理如下：

借：管理费用或相关科目　　　　　　　　　　　　　　　　　　　　6 000

　　贷：银行存款　　　　　　　　　　　　　　　　　　　　　　　　　6 000

（2）纳税人取得的异常凭证暂不允许抵扣

增值税一般纳税人取得异常凭证，尚未申报抵扣的暂不允许抵扣；已经申报抵扣的，

一律先作进项税额转出。经核实，符合现行增值税进项税额抵扣规定的，企业可继续申报抵扣。

走逃（失联）企业（指不履行税收义务并脱离税务机关监管的企业）存续经营期间发生下列情形之一的，所对应属期开具的增值税专用发票列入异常增值税扣税凭证范围。

第一，商贸企业购进、销售货物名称严重背离的；生产企业无实际生产加工能力且无委托加工，或生产能耗与销售情况严重不符，或购进货物并不能直接生产其销售的货物且无委托加工的。

第二，直接走逃失踪不纳税申报，或虽然申报但通过填列增值税纳税申报表相关栏次，规避税务机关审核比对，进行虚假申报的。

（3）认证查询发现的失控发票

认证系统发现的"认证时失控发票"和"认证后失控发票"经检查确属失控发票的，不得作为增值税扣税凭证。所谓"失控发票"，顾名思义是指失去控制的发票。按照有关规定，未按时抄报税的企业，经税务部门电话联系、实地查找而无下落的，其当月所开具和未开具的防伪税控专用发票全部上报为"失控发票"。

2．进项与销项不匹配的

增值税遵循征扣税一致的原则，进项和销项匹配，征多少扣多少，上游没有征税或减免税的，下游则不允许抵扣进项税额。

3．用途改变的

使用过程中，用途发生了改变（由生产经营用变为用于集体福利），相应的进项税额也不能抵扣了，需要转出处理。

4．差额征税中不能重复抵扣的进项税

按照差额确定销售额业务的有效凭证中属于增值税扣税凭证的，其进项税额不得从销项税额中抵扣，因已经按照差额确认销售额，所以不会再重复允许抵扣其进项税额部分，比如下列业务：

（1）试点纳税人提供建筑服务适用简易计税方法，扣除支付分包款的业务。

（2）房地产开发企业中的一般纳税人，销售其开发的房地产项目业务中扣除受让土地时向政府部门支付的土地价款的业务。

第 4 章

销项侧管理　以稳待变

销项税额是销售方根据纳税期内的销售额计算出来的，并向购买方收取的增值税税额。然而，能否科学、合理地确定应税行为的销售额也就成了增值税项税额管理的关键。本章开票介绍一般业务的增值税销售额确定的方法，重点分析兼营、混合销售、视同销售和差额征税等征税方式，突破日常增值税销售额确定的难点。

4.1 增值税销售额确定的一般方法

增值税销售额，是指纳税人发生应税行为取得的全部价款和价外费用，财政部和国家税务总局另有规定的除外，销售额包括收取的全部价款和价外费用。

换算公式如下：

销售额是不含税销售额，销售额中不含增值税额本身。不含税销售额按照以下公式换算：销售额＝含税销售额 ÷（1＋税率或者征收率）

4.1.1 价外费用

价外费用，是指价外收取的各种性质的收费，但不包括以下项目：

（1）代为收取并符合规定的政府性基金或者行政事业性收费。

（2）以委托方名义开具发票代委托方收取的款项。

提示

实务中针对"以委托方名义开具发票代委托方收取的款项"有不同的理解，主要集中在开票环节，大致归为以下几种情况：

第一，委托方自行开具发票，受托方代为收取款项，或代为转交发票或客户自行委托方开具发票。

第二，委托方申领发票，受托方使用给客户开具发票。

第三，受托方适用自己申领发票，给客户开具发票。

以上情况，第一种情况，合规合法，实务中也存在，比如银行代收水电费，去供水电部门开票，这或许是立法的本意；第二种情况，本身在发票管理上不合规，后期纳税申报也无法对应，笔者不建议这么操作；第三种情况，实务中大量存在于代理经纪业务中，但如果代理业的税率与收款项的业务税率不一致的时候，尤其是高于经纪代理业税率时，进项销项倒挂，企业难受，比如物业公司（6%）代收水电费（13%）并自行开具发票。所以，如果两者税率一致，可以按照第三种情况操作，否则建议用第一种情况操作。

4.1.2 外币销售额的折算

企业按照人民币以外的货币结算销售额的，应当折合成人民币计算，折合率可以选择销售额发生的当天或者当月1日的人民币汇率中间价。

在事先确定采用何种折合率，确定后12个月内不得变更。

4.1.3 折扣销售的处理

根据《国家税务总局关于折扣额抵减增值税应税销售额问题通知》（国税函〔2010〕

56 号）文件规定：

折扣销售，是指销售方在销售货物或应税劳务、发生应税行为时，因购买方购买数量较大等原因而给予购买方的价格优惠。在同一张发票"金额"栏注明折扣额的，可按折扣后金额作为销售额，与现行规定一致。未在"金额"栏注明折扣额的，而仅在发票的"备注"栏注明折扣额的，折扣额不得从价款中减除，应该按折扣前金额作为销售额。

采取折扣方式销售服务、无形资产或者不动产的，处理原则与销售货物基本一致。

例如，纳税人提供应税服务的价款为 100 元、折扣额为 10 元，如果将价款和折扣额在同一张发票上分别注明的，以 90 元为销售额；如果未在同一张发票上分别注明的，以 100 元为销售额。

需要注意的是纳税人发生应税行为因销售折让、中止或者退回的，应扣减当期的销项税额（一般计税方法）或销售额（简易计税方法）。

4.2　兼营与混合销售业务处理

兼营和混合销售，是税法中比较令人头疼的概念。但这又是一个不可回避的问题，因为混合销售和兼营的税务处理是不一样的。通俗地讲，兼营存在两项或多项不同本质、互不干涉的业务，按照各自适用税率计算，不能确定的按最高税率计算；混合销售是一项业务中既涉及服务又涉及货物，两者之间遵从逻辑紧密的关系，根据主营业务的税率来计算。本节将就如何辨析兼营和混合销售进行重点介绍。

4.2.1　兼营业务判别

纳税人销售货物、加工修理修配劳务、服务、无形资产或者不动产适用不同税率或者征收率的，应当分别核算适用不同税率或者征收率的销售额，未分别核算销售额的，按照以下方法适用税率或者征收率：

（1）兼有不同税率的销售货物、加工修理修配劳务、服务、无形资产或者不动产，从高适用税率。

（2）兼有不同征收率的销售货物、加工修理修配劳务、服务、无形资产或者不动产，从高适用征收率。

（3）兼有不同税率和征收率的销售货物、加工修理修配劳务、服务、无形资产或者不动产，从高适用税率。

（4）纳税人兼营免税、减税项目的，应当分别核算免税、减税项目的销售额；未分别核算的，不得免税、减税。

> **提示**
>
> 　　一般情况下，兼营行为从事的不同业务取得的收入之间没有从属关系。实务中应注意理解和把握：
> 　　（1）某公司平时分别有展览业务、饭店业务、自来水销售业务，这三个业务之间相互独立，也没有从属性，就属于兼营。
> 　　（2）A公司向B公司销售了一批货物，又向C公司提供了设计服务。A公司从事的销售业务与设计服务则属于兼营的范畴。
> 　　（3）某酒店开设客房、餐厅从事服务业务并附设商场销售货物。或者酒店在房间内为住宿客人提供明码标价的餐饮服务、橱窗内物品、房间内迷你餐饮等（房费之外另行收费），属于兼营，应分别核算销售额，按适用税率计算缴纳增值税。

4.2.2　混合销售业务判别

　　一项销售行为如果既涉及服务又涉及货物，为混合销售。例如，A 公司向 B 公司销售货物的同时也为 B 公司送货到家提供运输服务，那么此时 A 公司的销售与运输行为属于混合销售。

　　从事货物的生产、批发或者零售的单位和个体工商户的混合销售行为，按照销售货物缴纳增值税，其中，包括以从事货物的生产、批发或者零售为主，并兼营销售服务的单位和个体工商户在内。

　　其他单位和个体工商户的混合销售行为，按照销售服务缴纳增值税。

　　混合销售行为成立的行为标准有两点：一是其销售行为必须是一项，即一笔经济业务、一个合同标的、一个合同价格，往往参考企业主营业务判断；二是该项行为必须即涉及服务又涉及货物。其中"货物"是指增值税条例中规定的有形动产，包括电力、热力和气体；服务是指属于改征范围的交通运输服务、建筑服务、金融保险服务、邮政服务、电信服务、现代服务、生活服务等，上述两点必须是同时存在。

　　混合销售其实把内容界定到"服务"和"货物"的混合，而全面"营改增"以后"服务"的范围扩大了，比如建筑服务、转让无形资产、不动产等都叫做"服务"。实际上也扩大了混合销售的适用范围。

> **提示**
>
> 　　根据《国家税务总局关于进一步明确营改增有关征管问题的公告》（国家税务总局公告2017年第11号）规定：
> 　　（1）一般纳税人销售电梯的同时提供安装服务，其安装服务可以按照甲供工程选择适用简易计税方法计税。
> 　　（2）纳税人对安装运行后的电梯提供的维护保养服务，按照"其他现代服务"缴纳增值税。

4.2.3 兼营与混合销售的实务辨析

兼营是同时有两项或多项销售行为，混合销售是一项销售行为。实务中，不同的业务结构决定不同的纳税模式，针对兼营与混合销售的问题，建议各企业要提早谋划，对业务开展做出合理优化，达到节税避税的目的。比如钢构件企业单独成立一个建筑安装企业，通过其进行接单，则就可以降低增值税的税负。但是，比如总价合同中涉及销售服务和货物的，实务中不好区分核算，强行区分往往会带来履约风险和税收风险，因此，税收筹划也要符合事前性和成本效益原则。

某些特殊的兼营行为，也有按混合销售处理的例外情况。比如，建筑公司为承建的某项工程既提供建筑材料又承担建筑、安装业务，如果该建筑材料是自产的，比如预制件，则属于兼营，如果该材料是外购的，则属于混合。

某些特殊的混合销售行为，也有按兼营处理的例外情况。国家税务总局《关于进一步明确营改增有关征管问题的公告》（国家税务总局公告 2017 年第 11 号）第一条就规定，纳税人销售活动板房、机器设备、钢结构件等自产货物的同时提供建筑、安装服务，不属于《营业税改征增值税试点实施办法》（财税〔2016〕36 号）第四十条规定的混合销售，应分别核算货物和建筑服务的销售额，分别适用不同的税率或者征收率。对于货物实行 13% 的税率，对于安装服务的成本费用基本为人工等费用，不能取得或可以取得较少的可抵扣进项税额凭证，所以符合条件的安装服务还可以按简易 3% 征收率来缴纳增值税。

【例 4-1】甲公司经营范围包括钢材销售、建筑用脚手架租赁，增值税一般纳税人，适用一般计税方法计税。2019 年 6 月销售 200 吨螺纹钢给乙公司，不含税售价 2 200 元 / 吨，货物由甲公司车辆运输至乙公司，运费 226 元 / 吨；出租脚手架给丙建筑公司收入 56 500 元；公司店面出租收入 10 900 元。则如何计算应纳税额？

解析：根据《营业税改征增值税试点实施办法》（财税〔2016〕36 号附件 1）第三十九条、第四十条规定，混合销售和兼营行为都只涉及增值税，两者区别在于是否发生在同一项销售行为上。混合销售行为是同一项销售行为，既涉及服务又涉及货物，兼营指不同的销售行为涉及不同的增值税应税项目。

所以，全面"营改增"之后，甲公司销售螺纹钢并负责运输属于混合销售行为，收取的运费按货物销售缴纳增值税；脚手架和店面出租则属于兼营行为。混合销售的，增值税税率按照甲公司主业确定，销售货物即 13%；兼营则分别核算，适用不同税率：

$$增值税应税收入 = [(2\,200 + 226 \div 1.13) \times 200] + (56\,500 \div 1.13) +$$
$$(10\,900 \div 1.09) = 540\,000（元）$$

$$销项税额＝（2\,200×200×13\%）+（226÷1.13×200×13\%）+$$
$$（56\,500÷1.13×13\%）+（10\,900÷1.09×9\%）=69\,800（元）$$

4.3　视同销售情形及销售额的确定

视同销售是指在会计上不作为销售核算，而在税收上作为销售，确认收入计缴税金的商品或劳务的转移行为。视同销售不是增值税一家的特产，在增值税、企业所得税和会计上都有视同销售的概念，范围不同也互相联系。本节主要介绍增值税视同销售的不同情形及其纳税义务发生时间、销售额的确定等内容，尤其是对不需要视同销售的特殊情况，应该引起足够的重视。

4.3.1　视同销售类型及辨析

1. 政策规定

《中华人民共和国增值税暂行条例实施细则》第四条规定了八种视同销售行为，具体如下：

> 单位或者个体工商户的下列行为，视同销售货物。
>
> （一）将货物交付其他单位或者个人代销；
>
> （二）销售代销货物；
>
> （三）设有两个以上机构并实行统一核算的纳税人，将货物从一个机构移送其他机构用于销售，但相关机构设在同一县（市）的除外；
>
> （四）将自产或者委托加工的货物用于非增值税应税项目；
>
> （五）将自产、委托加工的货物用于集体福利或者个人消费；
>
> （六）将自产、委托加工或者购进的货物作为投资，提供给其他单位或者个体工商户；
>
> （七）将自产、委托加工或者购进的货物分配给股东或者投资者；
>
> （八）将自产、委托加工或者购进的货物无偿赠送其他单位或者个人。

同时，"财税〔2016〕36号"文附件1第十四条又明确了三种视同销售：

下列情形视同销售服务、无形资产或者不动产：

（1）单位或者个体工商户向其他单位或者个人无偿提供服务，但用于公益事业或者以社会公众为对象的除外。

（2）单位或者个人向其他单位或者个人无偿转让无形资产或者不动产，但用于公益事业或者以社会公众为对象的除外。

（3）财政部和国家税务总局规定的其他情形。

纳税人发生以上业务，应按照规定视同销售。

2. 视同销售的关键点

针对全面"营改增"对"视同销售服务、无形资产或者不动产"的理解，应该注意以下几点：

第一，视同销售的主体上。"单位和个体工商户"和"单位和个人"进行一定的区隔，分别是针对"无偿提供服务""无偿转让无形资产或者不动产"。进一步理解，如果"个人"进行"无偿提供服务"，则不需要视同销售；或者"个体工商户"进行"无偿转让无形资产或者不动产服务"则也不需要视同销售。"个人"可以理解为自然人。

也可能是实务中一些服务即便是个人无偿提供的，也不好界定与征管，比如个人无偿加班。但是涉及个人无偿提供借贷服务，比如，笔者自己把个人存款借给某一般纳税人公司甲无偿使用一年，需要视同销售吗？当然，按照政策理解也是不应该视同销售的，并且实务中，北京国税的答复也是符合"财税〔2016〕36 号"表述意思的，即根据"财税〔2016〕36 号"的规定，自然人无偿提供借款确实是不需要视同销售缴纳增值税的，这也成了很多富有的个人股东喜大普奔的一件事儿。

> **提示**
>
> 辨析以下行为：
>
> （1）单位以房产（或无形资产）出资成立子公司与老板将自己的房产（或无形资产）入股成立公司，均要视同销售。
>
> （2）母公司将办公室无偿借给子公司使用，要视同销售；而老板将自己住房作为公司办公室不收房租，无须视同销售。
>
> （3）单位之间的无偿借贷（不含金融业同业拆借）、关联公司之间无偿占用，要视同销售，而个人股东将自己的钱无偿借给自己的公司，无须视同销售。
>
> （4）饮料厂将所生产的饮料供员工免费饮用，要视同销售，而饭店供其员工免费吃喝，无须视同销售。

第二，具体行为上是"无偿"的。那什么是"有偿"呢？有偿，是指取得货币、货物或者其他经济利益。无偿，是在没有取得经济利益的情况下，取得利益不是视同销售的概念了，需要正常做销项和进项了。这是经常见到的"有偿赠送"，比如销货物的同时附赠商品或服务，这是有前提条件、有消费义务的赠送，类似于捆绑组合销售或"实物"打折销售；因附赠送的货物或服务价格已经包含在总价中了，属于价内有偿赠送，无须再视同销售征税。

同时，无论无偿提供服务还是无偿转让无形资产或者不动产，都可能被视同销售，范围比营业税扩大了，视同销售由列举式规定向概扩式规定转化，今后纳入视同销售的行为越来越多，比如关联方之间无偿的资金往来、酒店"赠送"的服务及礼品、面向大众的免费试吃等活动，都可能涉及视同销售缴纳增值税的问题，需要引起重视。

提示

> 实务中有关视同销售，有区分为价内赠送和价外赠送的。如果是价内赠送，不影响主货物主服务的价格，提前已经支付了价款；如果是价外赠送，在主货物价格之外，赠送的价值大小影响主货物的价格。可比较分析房产企业"买一赠N"销售策略：
>
> "买一赠N"情况下，按照"财税〔2016〕36号文"附件1第十四条第二款规定，"N"一般要视同销售，对于如何确定视同销售价格一般有两种方法：
>
> 第一，房地产企业销售不动产，将不动产与货物一并销售，且货物包含在不动产价格以内的，不单独对货物按照适用税率征收增值税，统一按照9%对销售的房屋征税。例如随精装房一并销售的家具、家电等货物，不单独对货物按13%税率征收增值税。
>
> 第二，房地产企业销售不动产时，在房价以外单独无偿提供的货物，应视同销售货物，按货物适用税率征收增值税。例如，房地产企业销售商品房时，为促销举办抽奖活动赠送的家电，应视同销售货物，按货物适用税率征收增值税。

第三，有例外的情形。如果目的是为了公益事业或者对象是社会公众，不用视同销售，公益事业有相关界定标准，以社会公众为对象在实践中应该是人人都可以无偿享用的意思。

提示

> "例外"的情形是与原《中华人民共和国营业税暂行条例》规定视同销售最大的不同，也就是原来条例上没有规定所谓"用于公益事业或者以社会公众为对象"除外的情况。一定程度上，在扩大视同销售范围的同时，也比原营业税时代多了不征税的一种路径，实务中相当于多了一个筹划点。

小贴士

公益事业是否需要视同销售？

实务中有企业将实物用于"捐赠"行为，但是向公益企事业单位捐赠的，是否需要视同销售？

企业将实物用于"捐赠"行为，一般情况下根据《中华人民共和国增值税暂行条例实施细则》第四条规定是要视同销售的。即便是公益性捐赠也有专门的文件来明确增值税是否免税。比如《财政部 海关总署 国家税务总局关于支持玉树地震灾后恢复重建有关税收政策问题的通知》（财税〔2010〕59 号）、《财政部　海关总署　国家税务总局关于支持舟曲灾后恢复重建有关税收政策问题的通知》（财税〔2010〕107 号）等文件中都提到："对单位和个体经营者将自产、委托加工或购买的货物通过公益性社会团体、县级以上人民政府及其部门捐赠给受灾地区（玉树、舟曲）的，免征增值税、城市维护建设税及教育费附加。"因此，从文件中可以看出，一般的公益性捐赠不好界定是不是免征增值税，一般都是视同销售，同时抵扣相应的进项税额。

笔者翻阅了我国 1999 年 9 月开始实施的《中华人民共和国公益事业捐赠法》，其中将公益性捐赠界定为"自然人、法人或者其他组织自愿无偿向依法成立的公益性社会团体和公益性非营利的事业单位捐赠财产，用于公益事业"，同时列举了公益事业是指非营利的下列事项：

（一）救助灾害、救济贫困、扶助残疾人等困难的社会群体和个人的活动；

（二）教育、科学、文化、卫生、体育事业；

（三）环境保护、社会公共设施建设；

（四）促进社会发展和进步的其他社会公共和福利事业。

根据《中华人民共和国公益事业捐赠法》，结合增值税视同销售的政策看出：

（1）非公益性"捐赠"不同于用于"对外投资""分配给股东或投资者"，以及"抵偿债务"，因不符合会计准则关于收入的确认条件，是真正意义上的"视同销售"。

（2）公益性捐赠有免征增值税的空间，但是需要具体的文件规定，因此实务中存在争议。

（3）全面"营改增"后，用于公益事业的捐赠，严格上也不再属于增值税的征税范围了，但是如何界定"公益性捐赠"是一个问题。建议捐赠要通过一定的公益性组织或国家机关实施，与所得税法公益捐赠扣除的要求以及"捐赠法"保持一致。

（4）会计上是否是公益性捐赠处理有差别：

①非公益性捐赠，视同销售情形下：

借：营业外支出

　　贷：主营业务收入

　　　　应交税费——应交增值税（销项税额）

借：主营业务成本

　　贷：库存商品

②公益性捐赠，免税情形下：

借：营业外支出

　　贷：库存商品

　　　　应交税费——应交增值税（进项税额转出）

（5）实务中，由于"用于公益事业或者以社会公众为对象的除外"，从经济业务实质上用于公益事业，而目前增值税上也没有具体"公益捐赠"情况的程序与具体认定标准，所以建议暂不作为视同销售处理，不缴纳增值税，同时要转出相应增值税进项税额。

4.3.2　视同销售的销售额如何确定

根据财税〔2016〕36号文件规定，纳税人发生应税行为价格明显偏低或者偏高且不具有合理商业目的，或者发生本办法第十四条所列"视同销售服务、无形资产或者不动产"而无销售额的，主管税务机关有权按照下列顺序确定销售额：

（1）按照纳税人最近时期销售同类服务、无形资产或者不动产的平均价格确定。

（2）按照其他纳税人最近时期销售同类服务、无形资产或者不动产的平均价格确定。

（3）按照组成计税价格确定。组成计税价格的公式为：

组成计税价格＝成本×（1＋成本利润率）

成本利润率由国家税务总局确定，目前可参考依据一般为10%，具体比例由主管税务机关确定。

不具有合理商业目的，是指以谋取税收利益为主要目的，通过人为安排，减少、免除、推迟缴纳增值税税款，或者增加退还增值税税款。

提示

第一，视同销售后，增值税"销售额"的确定是有顺序的，先从自己销售的同类找，再从别人销售的同类找，组成计税价格是最后的"撒手锏"。

第二，不只是"价格偏低需要调整""偏高且不具有合理商业目的"同样需要调整，比如当时"青岛大虾"和"哈尔滨天价鱼"事件后，大家去餐馆吃饭都先问明白了，米饭是按"粒"来计价的吗？理发是按"根"收费的吗？但是，价格偏高，只要消费者接受，那就是合理的商业目的，因为价格更高，照章纳税之后不是"减少、免除、推迟缴纳增值税税款，或者增加退还增值税税款"，而是相反。

第三，根据《财政部、税务总局关于明确养老机构免征增值税等政策的通知》（财税〔2019〕20号）规定，自2019年2月1日至2023年12月31日，对企业集团内单位（含企业集团）之间的资金无偿借贷行为，免征增值税。这也意味着企业集团内单位之间的资金无偿借贷行为，不做视同销售处理，具体笔者会在后面税收优惠章节讲解。反过来也说明，特殊情况下政策有明确的"无偿行为"可以不视同销售，否则一般情况下应该做视同销售处理。

4.3.3　不需要视同销售的特殊情况

1. 货物不同来源、不同用途的增值税处理差异

实务中，对自产、委托加工的货物与购进货物的不同用途在视同销售税务处理上容易混淆，归纳总结见表 4-1。

表 4-1　货物不同来源不同用途的增值税处理差异表

类型	用途	税务处理
自产、委托加工的货物	用于非应税项目、集体福利或个人消费、投资、分配、无偿赠送	视同销售： 所涉及的购进货物的进项税额，符合规定可以抵扣
购买的货物	用于非应税项目、集体福利或个人消费（含交际应酬消费）	不视同销售： 所涉及的进项税额不得抵扣，已抵扣的，作进项税转出处理
	投资、分配、无偿赠送	视同销售： 所涉及的购进货物的进项税额，符合规定可以抵扣

2. 不动产租赁"免租期"不视同销售

厂房、写字楼或者商铺的租赁业务中，承租方在租赁后，都需要进行装饰装修，占用大量时间，为此承租方往往要求出租方在租赁合同中约定一定的免租期优惠。租赁合同中约定免租期，是以满足一定租赁期限为前提的，并不是"无偿"赠送。

提示

　　不建议不动产租赁服务免租期的非合理筹划，比如免租期22个月，租期2月，合计两年的租赁合同。

根据《国家税务总局关于土地价款扣除时间等增值税征管问题的公告》（国家税务总局公告 2016 年第 86 号）规定：纳税人出租不动产，租赁合同中约定免租期的，不属于《营业税改征增值税试点实施办法》（财税〔2016〕36 号）文件印发第十四条规定的视同销售服务。

提示

　　"不动产租赁免租期"不视同销售是文件规定的单一特例，不适用于"物业费免N月""保险服务免N月"等的情况。

3. 创新药后续免费使用的不视同销售

根据《财政部 国家税务总局关于创新药后续免费使用有关增值税政策的通知》（财税〔2015〕4 号）文件规定：创新药，是指经国家食品药品监督管理部门批准注册、获批前未曾在中国境内外上市销售，通过合成或者半合成方法制得的原料药及其制剂。

（1）药品生产企业销售自产创新药的销售额，为向购买方收取的全部价款和价外费用，其提供给患者后续免费使用的相同创新药，不属于增值税视同销售范围。

（2）药品生产企业免费提供创新药，应保留如下资料，以备税务机关查验：

①国家食品药品监督管理部门颁发的注明注册分类为 1.1 类的药品注册批件；

②后续免费提供创新药的实施流程；

③第三方（创新药代保管的医院、药品经销单位等）出具免费用药确认证明，以及患者在第三方登记、领取创新药的记录。

4.4　差额计税情形及销售额的确定

目前"营改增"的相关政策对差额征税的情形是采用正列举的方式，只有有明确规定的项目才可以适用，没有明确额可以适用的，不得自行采用差额征税的方法，比如原来营业税时代有地方的"保理行业利息支出"采用不规范的差额计税，改征增值税后，利息收入全额 6% 计入销项，支出的利息也不能作进项处理。本节介绍了增值税范围内差额计税的所有形式及其销售的确定。

4.4.1　金融商品转让

1．业务内容

金融商品转让，是指转让外汇、有价证券、非货物期货和其他金融商品所有权的业务活动。其他金融商品转让，包括：基金、信托、理财产品等各类资产管理产品和各种金融衍生品的转让。

常见按"金融商品转让"缴纳增值税的投资类型有：

（1）买卖（未持有至到期）债券、股票等有价证券。

（2）买卖（未持有至到期）基金、信托、银行理财等资管产品。

金融商品的范围非常宽泛，除股权投资之外的其他投资类产品，购买之后的转让几乎都在征税范围。

> **提示**
>
> 纳税人购入基金、信托、理财产品等各类资产管理产品持有至到期，不属于《销售服务、无形资产、不动产注释》（财税〔2016〕36号）第一条第（五）项第4点所称的金融商品转让。

2．销售额的确定

全面"营改增"之前，根据《国家税务总局关于金融商品转让业务有关营业税问题的公告》（国家税务总局公告 2013 年第 63 号），纳税人从事金融商品转让业务，不再按股票、债券、外汇、其他四大类来划分，统一归为"金融商品"，不同品种金融商品买卖出现的正负差，在同一个纳税期内可以相抵，按盈亏相抵后的余额为营业额计算缴纳营业税。若相抵后仍出现负差的，可结转下一个纳税期相抵，但在年末时仍出现负差的，不得转入下一个会计年度。

根据财税〔2016〕36 号文规定，金融商品转让按照卖出价扣除买入价后的余额为销售额。转让金融商品出现的正负差，按盈亏相抵后的余额为销售额。若相抵后出现负差，可结转下一纳税期与下期转让金融商品销售额相抵，但年末时仍出现负差的，不得转入下一个会计年度。

由此可见，全面"营改增"后金融商品转让是营业税计税政策的平移，"营改增"后的政策可以看出太多营业税的影子。由于金融产品、金融衍生产品的复杂性，征收增值税也是有难度的，国际上，征收增值税或货物与劳务税的国家，很少有对金融商品转让行为征收增值税的。但是要注意下几点：

（1）"买入价"的确认。可以选择按照加权平均法或者移动加权平均法进行核算，选择后 36 个月内不得变更。投资者在购买金融商品时，上一家的"买入价"和下一家的"卖出价"理论上应该是一样的。"买入价"支付的全部价款和价外费用可能包括其他费用，比如佣金或手续费等，但是这些是可以增值税专用发票，抵扣进项税额，不应该再从卖出价中扣减。如果金融商品买卖的上家和下家都不考虑佣金或其他费用，那么单纯的金融商品的价值就是确定的"买入价"。

（2）"卖出价"的确认。文件规定关于销售额的一般规定，按照转让金融商品时取得的全部价款和价外费用作为销售额。道理和"买入价"的确认基本一致，单纯的金融商品的价值（包括股息、利息等合理增值）就是确定的"卖出价"。

（3）销项税额的计算。参照以下公式：

$$销项税额＝销售额 \div （1 + 6\%） \times 6\%$$

（4）盈亏的抵减。金融商品转让出现的正负差（盈亏），在同一纳税期内允许互相抵减，是多种商品亏损之间的抵减。不是单一金融品种不同时期的抵减。例如，甲公司在 2016 年 6 月同时出售了股票、债券、外汇，股票盈利 2 000 万元、债券盈利 500 万元、外汇亏损 3 000 万元，则在 6 月甲公司金融商品转让增值税上销售额＝2 000 + 500－3 000 ＝ －500 万元，也就是在 7 月的纳税申报时，金融商品申报实质不交税，申报的金融商品转让的销售额为零，并且可以结转到所属 7 月的纳税申报中的抵减。

（5）"年末最后一个纳税期"是处理正负差的最后期限。所称纳税期，是指税款所属期。如果上期（11 月所属纳税期）结转的负差与本期（12 月所属纳税期）金融商品转让销售额相加后仍为负数，则该负差不得转入下一会计年度，也就是不能在次年 2 月份申报次年 1 月份税时再扣减上年度的负差。增值税目前没有全年亏损退税的规定，暂不能申请退还增值税。

（6）开票问题。金融商品转让，不得开具增值税专用发票。

4.4.2 经纪代理业务

1. 适用范围

经纪代理业务，是指各类经纪、中介、代理服务，包括金融代理、知识产权代理、货物运输代理、代理报关、法律代理、房地产中介、职业中介、婚姻中介、代理记账、拍卖等。

其中，货物运输代理服务，是指接受货物收货人、发货人、船舶所有人、船舶承租人或者船舶经营人的委托，以委托人的名义，为委托人办理货物运输、装卸、仓储和船舶进出港口、引航、靠泊等相关手续的业务活动。

其中，代理报关服务，是指接受进出口货物的收、发货人委托，代为办理报关手续的业务活动。

2. 销售额的确定

根据"财税〔2016〕36 号"文规定，经纪代理服务以取得的全部价款和价外费用，扣除向委托方收取并代为支付的政府性基金或者行政事业性收费后的余额为销售额。

销项税额＝（含税的全部价款＋价外费用－代为支付的政府性基金或者行政事业性收费后的余额）÷（1＋6%）×6%

提示

> （1）计算纳税人提供经纪代理服务的销售额时，可扣除的项目为委托方收取并代为支付的政府性基金或者行政事业性收费，并非所有向委托方收取的费用均能扣除。
>
> 例：知识产权代理机构从事专利代理服务、商标代理服务，可扣除的费用为支付给国家知识产权局、专利局的专利费和商标局的商标注册费，向委托方收取的其他非上述性质的费用不得从专利和商标代理总收入中扣除。
>
> 另外，向委托方收取的并代为支付的政府性基金或者行政事业性收费为代收代付性质，不得开具增值税专用发票，可以开具增值税普通发票。
>
> （2）纳税人代理进口按规定免征进口增值税的货物，其销售额不包括向委托方收取并代为支付的货款。向委托方收取并代为支付的款项，不得开具增值税专用发票，可以开具增值税普通发票（国家税务总局公告2016年第69号）。

4.4.3 航空运输销售代理

1. 航空运输销售代理企业提供境内机票代理服务

根据《国家税务总局关于明确中外合作办学等若干增值税征管问题的公告》（国家税务总局公告 2018 年第 42 号）文件规定：

（1）境内机票代理服务的销售额

航空运输销售代理企业提供境内机票代理服务，以取得的全部价款和价外费用，扣除向客户收取并支付给航空运输企业或其他航空运输销售代理企业的境内机票净结算款和相关费用后的余额为销售额。

（2）合法有效的扣除凭证

按照不同类型的企业，可分为两种情形的扣除凭证。

①支付给航空运输企业的款项，扣除凭证包括下列两项之一：

第一，国际航空运输协会（IATA）开账与结算计划（BSP）对账单；

第二，航空运输企业的签收单据。

②支付给其他航空运输销售代理企业的款项，以代理企业间的签收单据为合法有效凭证。

（3）发票的种类及金额

航空运输销售代理企业就取得的全部价款和价外费用，向购买方开具行程单，或开具增值税普通发票。

2. 航空运输销售代理企业提供境外航段机票代理服务

根据《财政部 国家税务总局关于租入固定资产进项税额抵扣等增值税政策的通知（财税〔2017〕90 号）》文件规定，自 2018 年 1 月 1 日起，航空运输销售代理企业提供境外航段机票代理服务，以取得的全部价款和价外费用，扣除向客户收取并支付给其他单位或者个人的境外航段机票结算款和相关费用后的余额为销售额。

其中，支付给境内单位或者个人的款项，以发票或行程单为合法有效凭证；支付给境外单位或者个人的款项，以签收单据为合法有效凭证，税务机关对签收单据有疑义的，可以要求其提供境外公证机构的确认证明。

航空运输销售代理企业，是指根据《航空运输销售代理资质认可办法》取得中国航空运输协会颁发的"航空运输销售代理业务资质认可证书"，接受中国航空运输企业或通航中国的外国航空运输企业委托，依照双方签订的委托销售代理合同提供代理服务的企业。

实务中，注意以下几点：

（1）文件的适用范围为依法成立的有资质的航空运输销售代理企业。

（2）价外费用不属于代收费用，代收代付费用由最终收款方开具发票给客户。

（3）航空运输销售代理业务的一般纳税人适用增值税税率 6%，具体销售额的核算参考经纪代理业务计算方法。

4.4.4 人力资源外包服务

根据《财政部 国家税务总局关于进一步明确全面推开营改增试点有关劳务派遣服务、

收费公路通行费抵扣等政策的通知》（财税〔2016〕47号）文件规定：纳税人提供人力资源外包服务，按照经纪代理服务缴纳增值税，其销售额不包括受客户单位委托代为向客户单位员工发放的工资和代理缴纳的社会保险、住房公积金（注意此处不能扣除向员工发放的福利费）。向委托方收取并代为发放的工资和代理缴纳的社会保险、住房公积金，不得开具增值税专用发票，可以开具普通发票。

一般纳税人提供人力资源外包服务，可以选择适用简易计税方法，按照5%的征收率计算缴纳增值税。

提示

人力资源外包服务计算销售额时工资可以扣除，但不能扣除支付的福利费。

一般计税方式下销项税额的计算：

销项税额＝（含税的全部价款＋价外费用－受客户单位委托代为向客户单位委托代为向客户单位员工发放的工资和代理缴纳的社会保险、住房公积金后）÷（1＋6%）×6%

4.4.5　建筑服务

1. 预付款情况下的扣除

根据《财政部 税务总局关于建筑服务等营改增试点政策的通知》（财税〔2017〕58号）文件规定：纳税人提供建筑服务取得预收款，应在收到预收款（全部价款和价外费用）时，以取得的预收款扣除支付的分包款后的余额预缴增值税。

按照现行规定应在建筑服务发生地预缴增值税的项目，纳税人收到预收款时在建筑服务发生地预缴增值税。按照现行规定无须在建筑服务发生地预缴增值税的项目，纳税人收到预收款时在机构所在地预缴增值税。

适用一般计税方法计税的项目预征率为2%，适用简易计税方法计税的项目预征率为3%。

2. 简易计税方法计税

纳税人（一般纳税人／小规模纳税人）提供建筑服务，按规定适用或选择适用简易计税方法计税的，按现行规定需要预缴增值税时，以取得的预收款（全部价款和价外费用）扣除支付的分包款后的余额，按照3%的预征率（征收率）计算预缴税款，向建筑服务发生地或机构所在地的税务机关预缴税款。

（1）小规模纳税人提供建筑服务适用简易计税方法计税。

（2）一般纳税人为建筑工程老项目提供的建筑服务，可以选择适用简易计税方法计税。建筑工程老项目，是指：

①《建筑工程施工许可证》注明的合同开工日期在 2016 年 4 月 30 日前的建筑工程项目；

②《建筑工程施工许可证》未注明合同开工日期，但建筑工程承包合同注明的开工日期在 2016 年 4 月 30 日前的建筑工程项目。

③未取得《建筑工程施工许可证》的，建筑工程承包合同注明的开工日期在 2016 年 4 月 30 日前的建筑工程项目。

建筑工程总承包单位为房屋建筑的地基与基础、主体结构提供工程服务，建设单位自行采购全部或部分钢材、混凝土、砌体材料、预制构件的，适用简易计税方法计税。

在纳税义务发生时，纳税人应以取得的全部价款和价外费用扣除支付的分包款后的余额为销售额，适用 3% 的征收率计算增值税应纳税额向机构所在地主管税务机关进行纳税申报。

销项税额＝（含税的全部价款＋价外费用－支付分包款）÷（1 ＋ 3%）× 3%

4.4.6 劳务派遣业务

1. 一般纳税人

（1）增值税处理。一般纳税人提供劳务派遣服务，可以按照《财政部 国家税务总局关于全面推开营业税改征增值税试点的通知》（财税〔2016〕36 号）的有关规定，以取得的全部价款和价外费用为销售额，按照一般计税方法计算缴纳增值税；也可以选择差额纳税，以取得的全部价款和价外费用，扣除代用工单位支付给劳务派遣员工的工资、福利和为其办理社会保险及住房公积金后的余额为销售额，按照简易计税方法依 5% 的征收率计算缴纳增值税。

因此，劳务派遣公司的增值税处理可以分两种情况处理：

一是劳务派遣公司可以选择一般计税方法计算缴纳增值税。即一般纳税人的劳务派遣公司从用人单位取得的全部价款和价外费用为销售额 ÷（1 ＋ 6%）× 6% 计算增值税销项税；

二是可以选择差额纳税，一般纳税人或小规模纳税人的劳务派遣公司以取得的全部价款和价外费用，扣除代用工单位支付给劳务派遣员工的工资、福利和为其办理社会保险及住房公积金后的余额为销售额，按照简易计税方法依 5% 的征收率计算缴纳增值税。

（2）发票开具。根据（财税〔2016〕47 号）文件的规定，选择差额纳税的纳税人，向用工单位收取用于支付给劳务派遣员工工资、福利和为其办理社会保险及住房公积金的费用，不得开具增值税专用发票，可以开具普通发票。

国家税务总局公告 2016 年第 23 号规定，按照现行政策规定适用差额征税办法缴纳增值税，且不得全额开具增值税发票的（财政部、税务总局另有规定的除外），纳税人自行开具或者税务机关代开增值税发票时，通过新系统中差额征税开票功能，录入含税销售额（或含税评估额）和扣除额，系统自动计算税额和不含税金额，备注栏自动打印"差额征税"字样，发票开具不应与其他应税行为混开。

（3）会计处理。支付劳务派遣服务价款方：根据《企业会计准则第 9 号——职工薪酬》（财会〔2014〕8 号）第三条和《国家税务总局关于企业工资薪金和职工福利费等支出税前扣除问题的公告》（国家税务总局公告 2015 年第 34 号）第三条的规定，用人单位直接支付给劳务派遣公司的费用在"管理费用——劳务费"会计科目核算；支付给劳务派遣公司由劳务派遣公司支付给被派遣劳动者的工资费用，在"应付职工薪酬——工资"会计科目核算。

提供劳务派遣服务方：参照"差额征税"的会计处理部分。

2．小规模企业

小规模纳税人提供劳务派遣服务，可以按照"财税〔2016〕36 号"的有关规定，以取得的全部价款和价外费用为销售额，按照简易计税方法依 3% 的征收率计算缴纳增值税。

小规模纳税人也可以选择差额纳税，以取得的全部价款和价外费用，扣除代用工单位支付给劳务派遣员工的工资、福利和为其办理社会保险及住房公积金后的余额为销售额，按照简易计税方法依 5% 的征收率计算缴纳增值税。

销项税额＝（含税的全部价款＋价外费用—代用工单位支付给劳务派遣员工的工资、福利和为其办理社会保险及住房公积金后的余额）÷（1＋5%）×5%

4.4.7　安全保护及武装押运服务

1．安保服务

安全保护服务，是指提供保护人身安全和财产安全，维护社会治安等的业务活动。包括场所住宅保安、特种保安、安全系统监控、提供武装守护押运服务以及其他安保服务。

根据《财政部 国家税务总局关于进一步明确全面推开营改增试点有关再保险、不动产租赁和非学历教育等政策的通知》（财税〔2016〕68 号）文件规定：纳税人提供安全保护服务，比照劳务派遣服务政策执行。

（1）一般纳税人提供安全保护服务，可以选择差额纳税，以取得的全部价款和价外费用，扣除代用工单位支付给外派员工的工资、福利和为其办理社会保险及住房公积金后的余额为销售额，按照简易计税方法依 5% 的征收率计算缴纳增值税。

（2）小规模纳税人提供安全保护服务，也可以选择差额纳税，以取得的全部价款和价外费用，扣除代用工单位支付给外派员工的工资、福利和为其办理社会保险及住房公积金后的余额为销售额，按照简易计税方法依 5% 的征收率计算缴纳增值税。

选择差额纳税的纳税人，向用工单位收取用于支付给安全保护服务员工工资、福利和为其办理社会保险及住房公积金的费用，不得开具增值税专用发票，可以开具普通发票。

2. 武装守护押运

根据《财政部 国家税务总局关于明确金融 房地产开发 教育辅助服务等增值税政策的通知》（财税〔2016〕140 号）文件规定：纳税人提供武装守护押运服务，按照"安全保护服务"缴纳增值税。

4.4.8　房地产开发项目的销售

1. 土地价款的扣除

房地产开发企业中的一般纳税人销售其开发的房地产项目（选择简易计税方法的房地产老项目除外），以取得的全部价款和价外费用，扣除受让土地时向政府部门支付的土地价款后的余额为销售额（财税〔2016〕36 号）。

销项税额＝（含税的全部价款＋价外费用－受让土地使用权时向政府支付的土地价款）÷（1 ＋ 9%）× 9%

所述"向政府部门支付的土地价款"，包括土地受让人向政府部门支付的征地和拆迁补偿费用、土地前期开发费用和土地出让收益等。在取得土地时向其他单位或个人支付的拆迁补偿费用也允许在计算销售额时扣除。纳税人按上述规定扣除拆迁补偿费用时，应提供拆迁协议、拆迁双方支付和取得拆迁补偿费用凭证等能够证明拆迁补偿费用真实性的材料（财税〔2016〕140 号）。

2. 项目公司扣除土地价款

房地产开发企业（包括多个房地产开发企业组成的联合体）受让土地向政府部门支付土地价款后，设立项目公司对该受让土地进行开发，同时符合下列条件的，可由项目公司按规定扣除房地产开发企业向政府部门支付的土地价款（财税〔2016〕140 号）。

（1）房地产开发企业、项目公司、政府部门三方签订变更协议或补充合同，将土地受让人变更为项目公司；

（2）政府部门出让土地的用途、规划等条件不变的情况下，签署变更协议或补充合同时，土地价款总额不变；

（3）项目公司的全部股权由受让土地的房地产开发企业持有。

4.4.9　销售不动产项目

1．一般纳税人

一般纳税人销售其 2016 年 4 月 30 日前取得的不动产（不含自建），适用一般计税方法计税的，以取得的全部价款和价外费用为销售额计算应纳税额。上述纳税人应以取得的全部价款和价外费用减去该项不动产购置原价或者取得不动产时的作价后的余额，按照 5% 的预征率向不动产所在地的主管税务机关预缴增值税，向机构所在地的主管税务机关进行纳税申报（财税〔2016〕36 号）。

一般纳税人销售其 2016 年 4 月 30 日前取得（不含自建）的不动产，可以选择适用简易计税方法，以全部收入减去该项不动产购置原价或者取得不动产时的作价后的余额，按照 5% 的预征率向不动产所在地的主管税务机关预缴税款，向机构所在地的主管税务机关进行纳税申报（国家税务总局公告 2016 年第 14 号）。

一般纳税人销售其 2016 年 5 月 1 日后取得（不含自建）的不动产，应适用一般计税方法，以取得的全部价款和价外费用为销售额计算应纳税额。纳税人应以取得的全部价款和价外费用减去该项不动产购置原价或者取得不动产时的作价后的余额，按照 5% 的预征率向不动产所在地的主管税务机关预缴税款，向机构所在地的主管税务机关进行纳税申报（财税〔2016〕36 号）。

2．小规模纳税人

小规模纳税人销售其取得（不含自建）的不动产（不含个体工商户销售购买的住房和其他个人销售不动产），应以取得的全部价款和价外费用减去该项不动产购置原价或者取得不动产时的作价后的余额为销售额。

销项税额＝（含税的全部价款＋价外费用－不动产原价或取得不动产时的作价）÷（1＋5%）×5%

3．其他个人

其他个人销售其取得（不含自建）的不动产（不含其购买的住房），应以取得的全部价款和价外费用减去该项不动产购置原价或者取得不动产时的作价后的余额为销售额，按照 5% 的征收率向不动产所在地的主管税务机关申报缴纳增值税（国家税务总局公告 2016 年第 14 号）。

北京市、上海市、广州市和深圳市，个体工商户和个人销售购买的住房，将购买不足 2 年的住房对外销售的，按照 5% 的征收率全额缴纳增值税；将购买 2 年以上（含 2 年）的非普通住房对外销售的，以销售收入减去购买住房价款后的差额按照 5% 的征收率缴纳增值税；个人将购买 2 年以上（含 2 年）的普通住房对外销售的，免征增值税（财税〔2016〕36 号）。

4.4.10　其他九种类型的差额计税

1. 融资租赁和融资性售后回租业务

（1）融资租赁销售额的确认

经人民银行、银监会或者商务部批准从事融资租赁业务的试点纳税人，提供融资租赁服务，以取得的全部价款和价外费用，扣除支付的借款利息（包括外汇借款和人民币借款利息）、发行债券利息和车辆购置税后的余额为销售额。

（2）融资性售后回租服务

经人民银行、银监会或者商务部批准从事融资租赁业务的试点纳税人，提供融资性售后回租服务，以取得的全部价款和价外费用（不含本金），扣除对外支付的借款利息（包括外汇借款和人民币借款利息）、发行债券利息后的余额作为销售额。

试点纳税人提供有形动产融资性售后回租服务，向承租方收取的有形动产价款本金，不得开具增值税专用发票，可以开具普通发票。

2. 航空运输服务

航空运输企业的销售额，不包括代收的机场建设费和代售其他航空运输企业客票而代收转付的价款。

销项税额＝（含税的销售额—机场建设费后的余额）÷（1＋9%）×9%

> **提示**
>
> （1）旅客运输服务不得开具增值税专用发票，理论上，按照"发票管理办法"的要求，应该开具增值税普通发票。但是实务中往往只提供行程单，不单独注明税款，企业也用行程单做入账处理。
>
> （2）货物运输服务可以开具增值税专用发票，发票可以采取差额开票功能，税额显示上面计算的销项税额。

3. 客运场站服务

试点纳税人中的一般纳税人提供客运场站服务，以其取得的全部价款和价外费用，扣除支付给承运方运费后的余额为销售额。

销项税额＝（含税的全部价款＋价外费用—支付给承运方运费后的余额）÷（1＋6%）×6%。

4. 旅游服务

试点纳税人提供旅游服务，可以选择以取得的全部价款和价外费用，扣除向旅游服务购买方收取并支付给其他单位或者个人的住宿费、餐饮费、交通费、签证费、门票费和支付给其他接团旅游企业（俗称地陪）的旅游费用后的余额为销售额。

纳税人提供旅游服务，将火车票、飞机票等交通费发票原件交付给旅游服务购买方而无法收回的，以交通费发票复印件作为差额扣除凭证（国家税务总局公告 2016 年第 69 号）。

销项税额＝（含税的全部价款＋价外费用—支付给其他单位或个人的住宿费、餐饮费、交通费、签证费、门票费和支付给其他接团旅游企业的旅游费）÷（1＋6%）×6%。

选择上述办法计算销售额的试点纳税人，向旅游服务购买方收取并支付的上述费用，不得开具增值税专用发票，可以开具普通发票。余额可以开具专用发票，税额＝余额部分÷（1＋6%）×6%。

5. 签证代理服务

根据《国家税务总局关于在境外提供建筑服务等有关问题的公告》（国家税务总局公告 2016 年第 69 号）文件规定：纳税人提供签证代理服务，以取得的全部价款和价外费用，扣除向服务接受方收取并代为支付给外交部和外国驻华使（领）馆的签证费、认证费后的余额为销售额。

向服务接受方收取并代为支付的签证费、认证费，不得开具增值税专用发票，可以开具增值税普通发票。

6. 代理进口按规定免征进口增值税

根据《国家税务总局关于在境外提供建筑服务等有关问题的公告》（国家税务总局公告 2016 年第 69 号）文件规定：纳税人代理进口按规定免征进口增值税的货物，其销售额不包括向委托方收取并代为支付的货款。

向委托方收取并代为支付的款项，不得开具增值税专用发票，可以开具增值税普通发票。

7. 物业管理代收自来水水费

根据《国家税务总局关于物业管理服务中收取的自来水水费增值税问题的公告》（国家税务总局公告 2016 年第 54 号）文件规定：提供物业管理服务的纳税人（一般纳税人／小规模纳税人），向服务接收方收取的自来水水费，以扣除其对外支付的自来水水费后的余额为销售额，按照简易计税办法依 3% 的征收率计算缴纳增值税。

8. 教育辅助服务

境外单位通过教育部考试中心及其直属单位在境内开展考试，教育部考试中心及其直属单位提供的教育辅助服务，以取得的考试费收入扣除支付给境外单位考试费后的余额为销售额，按提供"教育辅助服务"缴纳增值税；就代为收取并支付给境外单位的考试费统一扣缴增值税，不得开具增值税专用发票，可以开具增值税普通发票（国家税务总局公告 2016 年第 69 号）。

9. 特殊企业的差额征税

中国移动通信集团公司、中国联合网络通信集团有限公司、中国电信集团公司及其成员单位通过手机短信公益特服号为公益性机构接受捐款，以其取得的全部价款和价外费用，扣除支付给公益性机构捐款后的余额为销售额。其接受的捐款，不得开具增值税专用发票。

中国证券登记结算公司的销售额，不包括以下资金项目：按规定提取的证券结算风险基金；代收代付的证券公司资金交收违约垫付资金利息；结算过程中代收代付的资金交收违约罚息。

第 5 章

税收核算　把握重点

本章主要继前面章节增值税进项税、销项税额确定后，对如何进行增值税核算及处理做详细介绍，目的通过核算落袋为安，以月度或季度为单位盘盘增值税的家底。本章从一般计税和简易计税方法入手，重点介绍了全面"营改增"以来政策变化较大的应税业务，比如不动产转让及经营租赁、房地产企业的销售、建筑服务等。本章最后详细分析了实务中遇到的增值税处理的疑难问题，并给出解决方案。

5.1　一般计税方法核算规则

增值税的计税方法，包括一般计税方法和简易计税方法。

一般计税方法是按照销项税额减去进项税额的差额计算应纳税额，适用于增值税一般纳税人。

简易计税方法是按照销售额与征收率的乘积计算应纳税额，一般适用于小规模纳税人，一般纳税人原则上适用一般计税方法，但是在一些特殊情形下可以使用简易计税方法，这些需要特殊规定，没有规定不得使用。比如，一般纳税人销售固定资产、旧货，提供的公共交通运输服务的，可以选择按照简易计税方法计算缴纳增值税，不仅在"营改增"过渡期，而是一直能够适用。当然有一些是在全面"营改增"过渡期内规定的可以适用简易计税方法的项目，比如提供建筑服务（甲供工程、清包工）、无形资产或者不动产的老项目等，也可以适用简易计税方法。

小规模纳税人原则适用简易计税方法。小规模纳税人从来不适用一般计税方法，未来也不会。所以小规模纳税人一般不用取得增值税专用发票，不牵涉进项税额、销项税额的核算。

从企业税收管控的角度看，一般纳税人的一般计税方法相对较为规律，税控防伪比对系统和固定的核算规程让税务管理变得相对轻松，风险一般不容易发生（恶意除外）。而简易计税方法则相对繁杂，牵涉是否符合适用条件、是否备案、进项税额分摊与转出等问题，有些税务风险不好防控。所以在有些项目具体选择简易计税还是一般计税时要多加考量。

5.1.1　销项税额的确认

销项税额，是指纳税人发生应税行为按照销售额和增值税税率计算的增值税额。销项税额计算公式：

销项税额＝不含税销售额 × 税率

一般情况下，如果没有合同约定，支付的价款是含增值税的。这时候要把含税金额换算成不含税金额。按照下列公式计算销售额：

不含税销售额＝含税销售额 ÷（1＋税率）

【例 5-1】甲企业销售自产建筑材料，取得收入为 226 万元，适用税率为 13%，则：

不含税销售额＝含税销售额 ÷（1＋税率）

$$＝226÷（1＋13\%）＝200（万元）$$

销项税额＝200×13%＝26（万元）

注意，一般只有特别注明"不含税"的情况，没有特别注明，默认含税。

一般纳税人应在"应交税费"科目下设置"应交增值税"明细科目。在"应交增值税"明细账中，应设置"销项税额"等专栏。

全面"营改增"后，"销项税额"专栏，记录一般纳税人销售服务、无形资产或者不动产应收取的增值税额。一般纳税人销售服务、无形资产或者不动产应收取的销项税额，用蓝字登记；退回以及中止或者折让应冲销销项税额，用红字登记。

5.1.2　进项税额的确认

进项税额，是指纳税人购进货物、加工修理修配劳务、服务、无形资产或者不动产，支付或者负担的增值税额。只有增值税一般纳税人，才涉及进项税额的抵扣问题，增值税小规模纳税人不涉及进项税额问题。

根据"财税〔2016〕36 号"文附件 1 第二十六条规定：

> 纳税人取得的增值税扣税凭证不符合法律、行政法规或者国家税务总局有关规定的，其进项税额不得从销项税额中抵扣。
>
> 增值税扣税凭证，是指增值税专用发票、海关进口增值税专用缴款书、农产品收购发票、农产品销售发票和完税凭证。
>
> 纳税人凭完税凭证抵扣进项税额的，应当具备书面合同、付款证明和境外单位的对账单或者发票。资料不全的，其进项税额不得从销项税额中抵扣。

综上所述，准予从销项税额中抵扣的进项税额，应至少同时具备以下条件：

发生允许从销项税额中抵扣进项税额的购进行为。

取得合法有效的增值税扣税凭证。

只有应税行为的代扣代缴税款可以凭完税凭证抵扣，且需要具备书面合同、付款证明和境外单位的对账单或者发票；否则，进项税额不得从销项税额中抵扣。

其实，进项税额抵扣的条件可以从本书第二章提到的"三流一致"来看，增值税抵扣凭证是抵扣增值税进项税额的必要条件，但不是唯一条件，还需要经济业务的真实发生等条件。

5.1.3　应交增值税的计算

一般计税方法的应纳税额，是指当期销项税额抵扣当期进项税额后的余额。应纳税额计算公式：

应纳税额＝当期销项税额－当期进项税额

我国增值税实行购进扣税法，只针对毛利征税，也就是纳税人发生应税行为时按照销售额计算销项税额，购进货物、劳务、服务、无形资产或不动产时，以支付或负担的税款为进项税额，同时允许从销项税额中抵扣进项税额。这样，就相当于仅对发生应税行为的增值部分征税。

一般纳税人购进货物、服务、无形资产、不动产或者接受加工修理修配劳务支付的进项税额，用蓝字登记；退回中止或者折让应冲销的进项税额，用红字登记。

当销项税额小于进项税额时，不足抵扣的部分可以结转下期继续抵扣，也就是只要增值税专用发票认证了，当期也纳税申报了，那么会计核算上，"应交税费——应交增值税（进项税额）"可以出现借方余额，并可以一直持续下去，实务中不要担心这一点。

【例 5-2】某增值税一般纳税人甲企业 2019 年 10 月发生如下业务：

（1）取得交通运输收入 109 万元（含税），当月外购汽油 10 万元（不含税金额），取得增值税专用发票。

（2）购入运输车辆 20 万元（不含税金额），取得机动车销售统一发票。

（3）发生的联运支出 50 万元（不含税金额），取得增值税专用发票。

则甲企业 2019 年 10 月应纳税额为：

应纳税额＝ 109 ÷（ 1 ＋ 9%）× 9% － 1.3 － 2.6 － 4.5 ＝ 0.6（万元）。

5.1.4　一般计税方法下的特殊情况

（1）无法划分抵扣进项税额的情况

适用一般计税方法的纳税人，兼营简易计税方法计税项目、免征增值税项目时，按规定对应的进项税额是不能够抵扣的，所以要注意以下几点：

第一，实务中，很多进项税额是可以划分清楚用途的，比如：纳税人购进的一些原材料，用途是确定的，所对应的进项税额也就可以准确划分，对应做转出就行。具体按以下公式处理：

不得抵扣的进项税额＝当期无法划分的全部进项税额 ×（当期简易计税方法计税项目销售额＋免征增值税项目销售额）÷ 当期全部销售额

第二，兼营行为是很常见，却经常出现进项税额不能准确划分的情形。比如耗用的水和电力，这种情况下，按照下面公式处理：

纳税人全部不得抵扣的进项税额＝当期可以直接划分的不得抵扣的进项税额＋当期无法划分的全部进项税额 ×（当期简易计税方法计税项目销售额＋免税增值税项目销售额）÷ 当期全部销售额

第三，按照销售额比例法进行换算是税收管理中常用的方法，与此同时还存在其他的划分方法。一般情况下，按照销售额的比例划分是较为简单的方法，操作性比较强，便于操作。当然，实务中可以采用产出量法、产值法、耗用成本配比法等方式处理。

第四，这种分摊进项税额的方法，全面"营改增"文件规定，主管税务机关是可以按照上述公式依据年度数据对不得抵扣的进项税额进行清算的。进项税额转出是按月进行的，但由于年度内取得进项税额的不均衡性，有可能会造成按月计算的进项转出与按年度计算的进项转出产生差异，既然税务机关可以清算，也说明了实务中我们可以以季度、年度、项目期等为单位来做进项税额转出处理，这一点多加注意。

【例 5-3】某制药厂（一般纳税人），主要生产销售各类药品，2020 年 3 月，该厂购进货物的全部进项税额为 40 万元，当月药品销售收入为 300 万元，其中免征增值税药品收入 60 万元。

当月不得抵扣的进项税额 ＝ 40 × 60 ÷ 300 ＝ 8（万元）

（2）已经抵扣进项税额的转出处理

"财税〔2016〕36 号文"附件 1 规定如下：

> 第三十条 已抵扣进项税额的购进货物（不含固定资产）、劳务、服务，发生本办法第二十七条规定情形（简易计税方法计税项目、免征增值税项目除外）的，应当将该进项税额从当期进项税额中扣减；无法确定该进项税额的，按照当期实际成本计算应扣减的进项税额。
>
> 第三十一条 已抵扣进项税额的固定资产、无形资产或者不动产，发生本办法第二十七条规定情形的，按照下列公式计算不得抵扣的进项税额：
>
> 不得抵扣的进项税额＝固定资产、无形资产或者不动产净值×适用税率

固定资产、无形资产或者不动产净值，是指纳税人根据财务会计制度计提折旧或摊销后的余额。

实务中，已抵扣进项税额发生用途改变，用于简易计税方法计税项目、免征增值税项目、集体福利、非正常损失的，需要区分情况做进项税额转出，通过以上条文（第三十条比较费解）的理解，可以得出以下几点：

①货物（不含固定资产）、劳务、服务如果用途发生变化，后续用于集体福利、个人消费的、非正常损失的，按实际成本计算不可抵扣进项，并转出。

②货物（不含固定资产）、劳务、服务如果用途发生变化，后续用于简易计税方法计税项目、免征增值税项目除外，不必计算转出处理。

③固定资产、无形资产或者不动产后续专门用于简易计税方法计税项目、免征增值税项目、集体福利或者个人消费或非正常损失的，应按公式计算转出。

④固定资产、无形资产或者不动产后续混用于简易计税方法计税项目、免征增值税项目、集体福利或者个人消费，不必计算转出处理。

注意："扣减或转出"的都是在发生用途变更当期处理，另外无法确定该进项税额的，按照当期实际成本计算应扣减的进项税额。其计算公式：转出的进项税额＝实际成本 × 税率

【例 5-4】某服装厂加工一批服装，共 2 000 套，每套成本价 150 元。因管理不善，月末盘点发现毁损 40 套，适用税率 13%。

应转出进项税额 40×150×13% ＝ 780（元）

（3）销售折让、中止或者退回等进项税额的扣减

根据《企业会计准则第 14 号——收入》第八条规定："销售折让，是指企业因售出商品的质量不合格等原因而在售价上给予的减让。"对增值税而言，销售折让其实是指纳税人提供应税行为后因为劳务成果（包括无形资产或者不动产）质量不合格等原因在售价上给予的减让。

适用一般计税方法计税的，因销售折让、中止或者退回而退还给购买方的增值税额，应当从当期的销项税额中扣减；因销售折让、中止或者退回而收回的增值税额，应当从当期的进项税额中扣减。

一般纳税人开具增值税专用发票，发生销货退回、开票有误、应税行为中止以及发票抵扣联、发票联均无法认证等情形但不符合作废条件，或者因销货部分退回及发生销售折让，需要根据国家税务总局公告 2015 年第 19 号的有关规定开具红字专用发票。开具红字专用发票，也就是销售折让、中止或者退回等进项税额的扣减有赖于增值税红字专用发票的开具。从以下规定可以推出：

"财税〔2016〕36 号文"附件 1 第四十二条规定：纳税人发生应税行为，开具增值税专用发票后，发生开票有误或者销售折让、中止、退回等情形的，应当按照国家税务总局的规定开具红字增值税专用发票；未按照规定开具红字增值税专用发票的，不得按照本办法第三十二条和第三十六条的规定扣减销项税额或者销售额。"

【例 5-5】某企业为一般纳税人，2019 年 5 月租赁办公用房一间，当月预付一年租金 126 万元，已取得增值税专用发票并于当月认证抵扣。2019 年 10 月因房屋质量问题停止租赁，收到退回的剩余部分租金 63 万元，并开具了《开具红字增值税专用发票信息表》。

纳税人因销售中止而收到退还的剩余价款，应于开具《开具红字增值税专用发票信息表》的当月进行进项税额转出。

所以，转出的进项税额＝ 630 000 ÷（1 ＋ 5%）× 5% ＝ 30 000（元）。

（4）不得抵扣进项税额的其他情形

有下列情形之一者，应当按照销售额和增值税税率计算应纳税额，不得抵扣进项税额，也不得使用增值税专用发票。

①一般纳税人会计核算不健全，或者不能够提供准确税务资料的。

②应当办理一般纳税人资格登记而未办理的。

5.2 简易计税方法核算规则

简易计税方法是增值税计税方法中的一种，是指按照销售额和增值税征收率计算税额，且不得抵扣进项税额的计税方法。

5.2.1 适用对象

首先，简易计税方法的适用对象主要有：

（1）小规模纳税人销售服务、无形资产或者不动产。

（2）一般纳税人销售服务、无形资产或者不动产可选择简易计税方法计税的应税行为。

简易计税方法的销售额不包括其应纳税额，按照下列公式计算销售额：

不含税销售额＝含税销售额÷（1＋征收率）。

简易计税方法的应纳税额，是指按照销售额和增值税征收率计算的增值税额，不得抵扣进项税额。应纳税额计算公式：

应纳税额＝不含税销售额×征收率。

【例5-6】某小规模纳税人提供餐饮服务含税销售额为103元，在计算时应先扣除税额，即：不含税销售额＝103÷（1＋3%）＝100（元）。

则增值税应纳税额＝100×3%＝3（元）。

5.2.2 销售退回、折让或退回的处理

纳税人适用简易计税方法计税的，因销售折让、中止或者退回而退还给购买方的销售额，应当从当期销售额中扣减。扣减当期销售额后仍有余额造成多缴的税款，可以从以后的应纳税额中扣减。如果小规模纳税人已就该项业务委托税务机关为其代开了增值税专用发票的，应按规定申请开具红字专用发票。

【例5-7】某小规模纳税人仅经营某项应税服务，2020年5月发生一笔销售额为1000元的业务并就此缴纳税额，6月该业务由于合理原因发生退款（销售额皆为不含税销售额）。

（1）第一种情况：6月该应税服务销售额为5 000元。

在 6 月的销售额中扣除退款的 1 000 元，6 月最终的计税销售额为 5 000－1 000 ＝ 4 000（元），6 月缴纳的增值税为 4 000×3% ＝ 120（元）。

（2）第二种情况：6 月该应税服务销售额为 600 元。

6 月的销售额中扣除退款中的 600 元，6 月最终的计税销售额为 600－600 ＝ 0（元），6 月应纳增值税额为 0×3% ＝ 0（元）；

6 月销售额不足扣减而多缴的税款为 400×3% ＝ 12（元），可以从以后纳税期扣减应纳税额。

7 月该应税服务销售额为 5 000 元，7 月企业实际缴纳的税额为 5 000 ×3%－12 ＝ 138（元）。

一般纳税人发生财政部和国家税务总局规定的特定应税行为，可以选择适用简易计税方法计税，但一经选择，36 个月内不得变更。

提示

　　一般纳税人选择简易计税方法，建议要慎重，要进行业务预算与数据测算。有时候建简易征税未必合适，并且一经选定，36 个月不能变化，擅自改变肯定就是税务风险了。简易计税方法对应的进项税额是要转出的，如果当期进项税较大的话，不要急于选择简易计税方法，实务中这是一个筹划点。

5.3 汇总纳税方法核算规则

"财税〔2016〕36 号文"附件 1 第四十六条第（一）项：

经财政部和国家税务总局或者其授权的财政和税务机关批准，可以由总机构汇总向总机构所在地的主管税务机关申报纳税。

其中规定的"其授权的财政和税务机关"，实际上明确了除财政部、国家税务总局外，省（自治区、直辖市、计划单列市）级的财政和税务部门是被授权单位，可以批准总分支机构均在同一省（自治区、直辖市、计划单列市），却不在同一县（市）的固定业户实行汇总纳税。

提供金融服务的纳税人，应向其机构所在地的主管国税机关申报缴纳增值税。总分机构申请汇总缴纳增值税，由财政部、国家税务总局批准。总分机构均在北京市内的，由北京市财政局、北京市税务局批准。经北京市财政局、北京市税务局批准的，可以由总机构汇总向总机构所在地的主管国税机关申报纳税，采取由总机构按照申报所属时期汇总计算总应纳税额，依据总机构和各分支机构收入占总收入的比重分配税款，分别在总机构和各分支机构所在地主管国税机关缴纳入库的方法。

分支机构需预缴税款的总分机构，由总机构汇总分支机构的销售收入进行申报纳税，分支机构需根据自己的销售收入按照适用的预征率申报纳税，总机构可在申报时将分支机构预缴的税款予以减除。

【例 5-8】 A 公司为一般纳税人，营业税为非汇总缴纳企业，各分支机构在实际经营地缴纳营业税，现为批准汇总缴纳增值税的总机构，下设 B、C 两个分支机构。B 分支机构注册经营地为顺义区、C 分支机构注册经营地为房山区。2020 年 5 月发生业务如下：

（1）A 公司取得应税收入 10 600 元，开具增值税专用发票注明销售额 10 000 元，税额 600 元；购进货物支付价款 1 130 元，取得符合抵扣条件的增值税专用发票注明销售额 1 000 元，税额 130 元。

（2）B 公司和 C 公司分别取得收入 5 300 元和 3 180 元，未开具发票。

解析：

A 企业以前为非汇总缴纳营业税企业，2020 年后已由北京市财政局、北京市税务局批准汇总缴纳增值税。A 企业为按月申报的一般纳税人，在 2020 年 6 月征期内，由 A 公司汇总申报增值税，计算应纳税额，并按照 A、B、C 公司的收入占比分配税款，分别在各自机构所在地缴纳入库。

报表填写：

（1）A 公司汇总全部分支机构的收入计算缴销项税额：

增值税发票开票金额 = 10 000（元），销项税额 = 600（元）

未开具发票销售额 = 5 300 ÷（1 + 6%）+ 3 180 ÷（1 + 6%）= 8 000（元）

销项税额 = 8 000 × 6% = 480（元）

（2）A 公司汇总全部分支机构取得的进项税额

符合抵扣条件的进项金额 = 1 000（元），进项税额 = 130（元）

（3）A 公司汇总计算应纳税额

应纳税额 = 600 + 480 − 130 = 950（元）。

（4）按收入占比分别计算 A、B、C 分支机构的入库税额

A 公司应纳税额 = 950 × 10 600 ÷（10 600 + 5 300 + 3 180）= 527.78（元）

B 公司应纳税额 = 950 × 5 300 ÷（10 600 + 5 300 + 3 180）= 263.89（元）

C 公司应纳税额 = 950 × 3 180 ÷（10 600 + 5 300 + 3 180）= 158.33（元）

5.4 纳税人转让不动产的增值税处理

纳税人转让不动产的增值税处理有自己的势力范围，和房地产开发企业销售自行开

发房产项目增值税处理政策不同，相关政策房地产业务不适用。本章主要介绍纳税人转让不动产的新政内容、实务操作、预缴税款等内容，并通过案例分析进行纳税实操演练。

5.4.1　新政运用

1. 适用政策的选择

纳税人转让不动产"营改增"的基本政策规定，在《财政部 国家税务总局关于全面推开营业税改征增值税试点的通知》（财税〔2016〕36号）及附件中有具体规定。

国家税务总局2016年第14号公告《纳税人转让不动产增值税征收管理暂行办法》，对纳税人转让其取得的不动产的税收征管问题进行了明确，是财税〔2016〕36号文件的细化。

提示

"纳税人转让不动产"的适用政策与"房地产开发企业销售自行开发的房地产项目"的适用政策不一样。

小贴士

纳税人转让"未抵扣过进项税额"的不动产如何处理？

实务中，通常会遇到以下两个问题：

（一）纳税人身份的转换

如果企业之前是小规模纳税人，2016年5月1日之后取得不动产，取得增值税普通发票，没有抵扣进项税，作为固定资产等管理。之后企业转为一般纳税人，销售该不动产的时候，如何进行增值税处理？

（二）不动产用途发生改变

如果一般纳税人企业2016年5月1日后取得不动产项目，取得增值税专用发票，认证，由于专用于职工食堂或其他集体福利，进项税额转出处理。后期再销售该不动产时，如何进行增值税处理？

以上两种情况是同一类问题，取得2016年5月1日全面"营改增"后不动产再转让时能否适用"简易征收"问题。按照现有政策，没有特别说明，比较明确的是一般纳税人销售5月1日后取得的不动产按照9%的税率征税。但是，该类问题和"一直是小规模纳税人的情况"以及"能够进项税额抵扣的情况"又不完全一样，前期由于政策原因没有抵扣进项税额，"营改增"又没有给出可以简易征收的规定，如果完全按照9%缴纳增值税，企业该项税负确定增加，不符合改革精神。

针对这两种情况应该给出简易计税的政策。或者第一种情况适用简易征收，第二种情况，专用于集体福利的不动产出售转让时，可以允许抵扣购入时进项税额，因为转让了也就不再是专用于集体福利了，视同用途发生了改变，从"不得抵扣"到"能抵扣"了。

2."取得"及"不动产"的含义把握

纳税人转让"取得"的不动产，取得方式包括直接购买、接受捐赠、接受投资入股、自建以及抵债等各种形式取得的不动产。其中"自建"不包括房地产开发企业销售自行开发的房地产项目。"取得"的结果与证明就是不动产权属登记在自己名下，或者拥有实际控制权与经营权。

另外，"财税〔2016〕36号文"中《销售服务、无形资产、不动产注释》规定，不动产是指不能移动或者移动后会引起性质、形状改变的财产，包括建筑物、构筑物等。其中，

建筑物，包括住宅、商业营业用房、办公楼等可供居住、工作或者进行其他活动的建造物。

构筑物，包括道路、桥梁、隧道、水坝等建造物。

因此，不动产范围广泛，不仅包括住宅、商业用房、办公楼、厂房、其他房屋、商铺、楼堂馆所，还包括路、桥、道、坝，等等。

3.不动产转让纳税人的界定

第一，企业可以是增值税一般纳税人或者小规模纳税人；

第二，非企业性单位可以是增值税一般纳税人和小规模纳税人；

第三，个体工商户可以是增值税一般纳税人和小规模纳税人。在实际业务中，个体工商户以小规模纳税人居多。

第四，其他个人（特指"自然人"）都是小规模纳税人。

另外，除自然人以外，纳税人应在不动产所在地预缴，机构所在地申报纳税。

4.销售额扣除原价的凭证要求

纳税人按规定从取得的全部价款和价外费用中扣除不动产购置原价或者取得不动产时的作价的，应当取得符合法律、行政法规和国家税务总局规定的合法有效凭证；否则，不得扣除。

上述凭证是指：

（1）税务部门监制的发票。

（2）法院判决书、裁定书、调解书，以及仲裁裁决书、公证债权文书。

（3）国家税务总局规定的其他凭证。

5. 个人出售住房的征免

个人将购买不足 2 年的住房对外销售的，按照 5% 的征收率全额缴纳增值税；个人将购买 2 年以上（含 2 年）的住房对外销售的，免征增值税。上述政策适用于北京市、上海市、广州市和深圳市之外的地区。

个人将购买不足 2 年的住房对外销售的，按照 5% 的征收率全额缴纳增值税；个人将购买 2 年以上（含 2 年）的非普通住房对外销售的，以销售收入减去购买住房价款后的差额按照 5% 的征收率缴纳增值税；个人将购买 2 年以上（含 2 年）的普通住房对外销售的，免征增值税。上述政策仅适用于北京市、上海市、广州市和深圳市。

6. 纳税义务发生时间

（1）纳税人销售不动产过程中或完成后收到款项的当天；书面合同确定的付款日期；未签订付款日期的为不动产权属变更的当天。

（2）先开具发票的为开具发票的当天

（3）视同销售不动产的为不动产权属变更当天。

5.4.2　操作指南

纳税人转让取得不动产内容复杂。纳税人是一般纳税人还是小规模纳税人，不动产是自建还是外购，一般纳税人对于老房产是选择简易计税方法还是一般计税方法……预缴税款的计算、应纳税额的计算、纳税地点等，均存在差异，具体见表 5-1。

表 5-1　纳税人转让不动产核心内容简表

类型	计税方式	取得方式	预征率	预缴税款计算	正常税率（征收率）	销售额	发票开具
一般纳税人	一般计税	非自建	5%	应预缴税款＝（全部价款和价外费用－购入时原价或作价后的余额）÷（1＋5%）×5%	9%	以取得的全部价款和价外费用减去不动产购置原价或者取得不动产时的作价后的余额为销售额	（1）纳税人自行开具；（2）增值税专用发票或普通发票
		自建	5%	应预缴税款＝全部价款和价外费用÷（1＋5%）×5%	9%	以取得的全部价款和价外费用为销售额	
	简易计税	非自建	5%	应预缴税款＝（全部价款和价外费用－不动产购置原价或者取得不动产时的作价）÷（1＋5%）×5%	5%	以取得的全部价款和价外费用减去不动产购置原价或者取得不动产时的作价后的余额为销售额	（1）纳税人自行开具；（2）增值税专用发票或普通发票；（3）使用新系统中差额征税开票功能

类型	计税方式	取得方式	预征率	预缴税款计算	正常税率（征收率）	销售额	发票开具
一般纳税人	简易计税	自建	5%	应预缴税款＝全部价款和价外费用÷（1＋5%）×5%	5%	以取得的全部价款和价外费用为销售额	（1）纳税人自行开具；（2）增值税专用发票或普通发票
小规模纳税人（企业）	简易计税	非自建	5%	应预缴税款＝（全部价款和价外费用－不动产购置原价或者取得不动产时的作价）÷（1＋5%）×5%	5%	以取得的全部价款和价外费用减去不动产购置时原价或者取得不动产时的作价后的余额为销售额	（1）自行开具增值税普通发票；（2）申请代开增值税普通发票或增值税专用发票；（3）开具发票时使用增值税发票管理新系统中差额征税开票功能
小规模纳税人（企业）	简易计税	自建	5%	应预缴税款＝全部价款和价外费用÷（1＋5%）×5%	5%	以取得的全部价款和价外费用为销售额	（1）自行开具增值税普通发票；（2）申请代开增值税普通发票或增值税专用发票；（3）开具发票时使用增值税发票管理新系统中差额征税开票功能
个体工商户和其他个人	非自建住房	购买2年以内	无	无	5%	以取得的全部价款和价外费用为销售额	申请代开增值税普通发票或增值税专用发票
个体工商户和其他个人	非自建住房	购买2年以上	无	无	—	免税	申请代开增值税普通发票
个体工商户和其他个人	自建自用住房		无	无	—	免税	申请代开增值税普通发票
其他个人	取得的不动产（不含住房）		无	无	5%	以取得的全部价款和价外费用减去不动产购置时原价或者取得不动产时的作价后的余额为销售额	（1）申请代开增值税普通发票或增值税专用发票；（2）使用新系统中差额征税开票功能开具

5.4.3 预缴税款

1. 预缴税款的对象

纳税人销售不动产，要向不动产所在地地税机关预缴税款，并向机构所在地国税机关纳税申报。预缴税款的机制是除其他个人以外的纳税人需要预缴税款，其他个人，即自然人，不需要预缴，直接在不动产所在地主管地税机关缴纳。

2. 不含税销售额的换算

通常的换算原则是：将销售额换算为不含税价时，需要区分纳税人是一般纳税人还是小规模纳税人，如果是一般纳税人，还需要考虑该纳税人是选择简易计税方法还是一般计税方法计税，针对不同情况，按照适用税率或者征收率来进行换算。即如果纳税人转让不动产，适用一般计税方法，则应该按照销售额 ÷（1 + 9%）换算为不含税价；如果纳税人转让不动产，适用简易计税方法，则应该按照销售额 ÷（1 + 5%）换算为不含税价。

3. 预缴税款及纳税申报

销售额有差额和全额之分，差额是指以取得的全部价款和价外费用扣除购置原价后的余额，全额指销售不动产取得全部价款及价外费用。具体换所及申报情况见表 5-2。

表 5-2　纳税人转让不动产预缴税款及纳税申报情况简表

征税机关		非自建	自建
不动产所在地		差额 5% 预征	全额 5% 预征
机构所在地	简易计税	差额 5% 预征	全额 5% 预征
	一般计税	全额 9% 申报	

4. 预缴税款的结转

单位和个体工商户转让其取得的不动产，向不动产所在地主管地税机关预缴的增值税税款，可以在当期增值税应纳税额中抵减，抵减不完的，结转下期继续抵减。纳税人在不动产所在地地税机关预缴税款后，应取得并妥善保管完税凭证（注明有增值税），以完税凭证作为抵减应纳税额的合法有效凭证。

5. 未按规定预缴税款的罚则

纳税人转让不动产，按照《纳税人转让不动产增值税征收管理暂行办法》规定应向不动产所在地主管地税机关预缴税款而自应当预缴之月起超过 6 个月没有预缴税款的，由机构所在地主管国税机关按照《中华人民共和国税收征收管理法》及相关规定进行处理。

纳税人转让不动产，未按照《纳税人转让不动产增值税征收管理暂行办法》规定缴纳税款的，由主管税务机关按照《中华人民共和国税收征收管理法》及相关规定进行处理。一般遇到这种情形的，都会涉及补缴税款、加处罚款及收取滞纳金。

【例 5-9】甲企业集团在北京市门头沟区注册成立，拥有北京市区多处不动产所有权，并取得产权证书。

（1）2019 年 6 月 30 日，该企业转让其 2013 年购买的位于东城区写字楼一层，取得转让收入 1 000 万元（含税，下同）。纳税人 2013 年购买时的价格为 700 万元，销售不动产统一发票保留完整。

（2）2019 年 7 月 30 日，该企业转让其 2014 年自己建造的位于门头沟城区的办公楼，取得转让收入 2 000 万元，建造办公楼的成本为 1 400 万元。

（3）2019 年 10 月 30 日，该企业转让其 2016 年 6 月购买的位于房山区的写字楼，取得转让收入 2 000 万元。购买时的价格为 777 万元，取得了增值税专用发票显示税额为 77 万元。

问题：分析甲企业是一般纳税人或者小规模纳税人情况下，分别采用一般计税方法和简易计税方法时如何进行税款预缴与纳税申报？

解析：

（1）转让"营改增"之前非自建不动产的情况

根据题意，答案分三种情况，具体见表 5-3。

表 5-3 "营改增"前非自建情况下税款预缴与纳税申报简表

	一般纳税人	小规模纳税人
一般计税方法	（1）东城区税务预缴税款＝（1 000-700）÷（1＋5%）×5%＝14.29（万元） （2）门头沟税务申报税款＝1 000÷（1＋9%）×9%－14.29＝68.28（万元）	不适用
简易计税方法	（1）东城区税务预缴税款＝（1 000-700）÷（1＋5%）×5%＝14.29（万元） （2）门头沟税务申报税款＝（1 000-700）÷（1＋5%）×5%－14.29＝0（万元）	（1）东城税务预缴税款＝（1 000-700）÷（1＋5%）×5%＝14.29（万元） （2）门头沟税务申报税款＝（1 000-700）÷（1＋5%）×5%－14.29＝0（万元）

（2）转让"营改增"之前自建不动产情况下：

根据题意，答案分三种情况，具体见表 5-4。

表 5-4 "营改增"前自建情况下税款预缴与纳税申报简表

	一般纳税人	小规模纳税人
一般计税方法	（1）门头沟税务预缴税款＝2 000÷（1＋5%）×5%＝95.24（元） （2）门头沟税务申报税款＝2 000÷（1＋9%）×9%－95.24＝69.90（万元）	不适用
简易计税方法	（1）门头沟税务预缴税款＝2 000÷（1＋5%）×5%＝95.24（万元） （2）门头沟税务申报税款＝2 000÷（1＋5%）×5%－95.24＝0（万元）	（1）门头沟税务预缴税款＝2 000÷（1＋5%）×5%＝95.24（万元） （2）门头沟税务申报税款＝2 000÷（1＋5%）×5%－95.24＝0（万元）

（3）转让"营改增"之后非自建不动产情况

根据题意，"营改增"后购入不动产可以抵扣，但是在计算预缴金额时不要扣除取得不动产的进项税额。预缴税款中的扣除金额是指购置原价或作价，其中是包括进项税额的。答案仍然分两种情况，具体见表 5-5。

表 5-5　"营改增"后非自建情况下税款预缴与纳税申报简表

	一般纳税人	小规模纳税人
一般计税方法	（1）房山区税务预缴税款＝（2 000 － 777）÷（1 ＋ 5%）×5% ＝ 58.24（元） （2）门头沟税务申报税款＝2 000 ÷（1 ＋ 9%）×9% － 58.24 ＝ 106.90（万元）	不适用
简易计税方法	不适用	（1）房山区税务预缴税款＝（2 000 － 777）÷（1 ＋ 5%）×5% ＝ 58.24（万元） （2）门头沟税务申报税款＝（2 000 － 777）÷（1 ＋ 5%）×5% － 58.24 ＝ 0（万元）

5.5　房地产开发企业销售自行开发项目的增值税处理

本节主要涉及房地产开发企业销售自行开发的房地产项目的增值税处理，通过案例解析，图表归纳等方式，重点剖析房地产行业税额计算、税款预缴及土地价款扣除等实务操作。

5.5.1　新政运用

1．政策适用

关于"房地产开发企业销售自行开发的房地产项目"，"财税〔2016〕36 号"等文件中相关规定的核心要点是：

（1）房地产开发企业中的一般纳税人销售试点前开工的老项目，可选择简易计税，征收率为 5%；销售试点后开工的新项目，或者销售未选择简易计税的老项目，适用一般计税方法，税率为 9%，但可从销售额中扣除上缴政府的土地价款。

（2）房地产开发企业中的小规模纳税人销售自行开发的房地产项目，无论新项目还是老项目，都按照 5% 的征收率计算应纳税额。

（3）房地产开发企业采取预收款方式销售所开发的房地产项目，在收到预收款时按照 3% 的预征率预交增值税，待产权发生转移时，再清算应纳税款，并扣除已预缴的增值税款。房地产开发企业采取预售制度，在收到预收款时，大部分进项税额尚未取得，如果规定收到预收款就要全额按照 9% 计提销项税，可能会发生进项和销项不匹配的"错配"问题，导致房地产开发企业一方面缴纳了大量税款，另一方面大量的留抵税额得不到抵扣。为了解决这个问题，《营业税改征增值税试点实施办法》将销售不动产的纳税义务发生时间后移，收到预收款的当天不再是销售不动产的纳税义务发生时间。同时，为了保证财政收入的均衡入库，又规定了对预收款按照 3% 预征税款的配套政策。

这里所指的"预收款"通常不包括签订房地产销售合同之前所收取的诚意金、认筹金和订金等。

小贴士

房地产开发企业"预收款"何时确认完全纳税义务？

房地产企业在收到预收款时，不确认为纳税义务发生，而只是预缴税款；真正的纳税义务发生时间，应根据"财税〔2016〕36号文"附件1第四十五条的相关规定确定。

注意：在营业税时代，收到预收款时产生纳税义务，是全额缴纳营业税的；而全面"营改增"后，房地产开发企业针对预收款只需要按照3%的预征率预交增值税就可以了，本身对房地产行业就是一个改革的利好。具体到剩余部分收入何时缴纳增值税，应该在开发项目真正实现销售，至少在交房以后，账务上转收入，再统一汇算清缴增值税。

实务中，具有代表性的是湖北省、河北省税务局等，以交房时间作为房地产公司销售不动产纳税义务发生时间，也就是交房后才对预收款部分负有完全的纳税义务。其他企业应该与房地产项目所在地的税务机关做好沟通，防止出现意想不到的税收风险。

在具体交房时间的辨别上，以《商品房买卖合同》上约定的交房时间为准；若实际交房时间早于合同约定时间的，以实际交付时间为准。主要是基于以下几点考虑：

第一，可以解决税款预缴时间与纳税义务发生时间不明确的问题；

第二，可以解决房地产公司销项税额与进项税额发生时间不一致造成的错配问题（如果按收到房屋价款作为纳税义务发生时间，可能形成前期销项税额大、后期进项税额大、长期留抵甚至到企业注销时进项税额仍然没有抵扣完毕的现象）；

第三，可以解决从销售额中扣除的土地价款与实现的收入匹配的问题。

另外，可以看出，以后需要汇算清缴的税种目前除了企业所得税、土地增值税，又增加了一个增值税。

---

2. 重点概念界定

针对该公告应注意以下几点：

第一，"房地产开发企业"。是指这样一类企业："拥有房地产开发经营资质的建设单位"。

第二，"自行开发"。即适用对象是第一次进入流通领域的"一手房"。

房地产开发企业以接盘等形式购入未完工的房地产项目（烂尾楼）继续开发后，以自己的名义立项销售的，属于本办法规定的销售自行开发的房地产项目。

小贴士

房地产企业开发的项目二次销售的如何确认？

如果一个房地产开发企业，开发一批商铺，销售出 90%，剩余有 10 套商铺尚未售出。房地产开发企业办理权属登记，将该 10 套商铺登记在自己企业名下，以自己的名义对外出租。3 年后，该商区房产价格上涨，有买家提出要购买商铺。房地产开发企业决定将该 10 套商铺再出售，此时，该 10 套商铺已经登记在不动产企业名下，其是否属于"取得不动产"规范的范畴？

再次销售时，属于"二手"，不是尚未办理权属登记的、房地产开发项目的房产，因此，该种情形下，应适用国家税务总局 2016 年第 14 号公告《纳税人转让不动产增值税征收管理暂行办法》，而不是国家税务总局 2016 年第 18 号公告《房地产开发企业销售自行开发的房地产项目增值税征收管理暂行办法》。

第三，"房地产项目"。一般是对土地和地上建筑物进行的投资开发建设项目，包括土地一级开发以及二级开发。

3．土地价款的扣除

（1）当期允许扣除的土地价款

按照以下公式计算：

当期允许扣除的土地价款＝（当期销售房地产项目建筑面积 ÷ 房地产项目可供销售建筑面积）× 支付的土地价款

其中，当期销售房地产项目建筑面积，是指当期进行纳税申报的增值税销售额对应的建筑面积。

房地产项目可供销售建筑面积，是指房地产项目可以出售的总建筑面积，不包括销售房地产项目时未单独作价结算的配套公共设施的建筑面积。

支付的土地价款，是指向政府、土地管理部门或受政府委托收取土地价款的单位直接支付的土地价款。

（2）扣除要件

在计算销售额时从全部价款和价外费用中扣除土地价款，应当取得省级以上（含省级）财政部门监（印）制的财政票据。

【例 5-10】某房地产开发企业为一般纳税人，预售 2016 年 6 月开工尚未开发完毕的房地产项目 A，房产预收许可证确认可销售面积为 9 000 平方米，共计支付土地价款 21 000 万元。

已知该企业于 2019 年 8 月预售房地产项目 3 000 平方米，当期取得全部价款和价外费用 11 000 万元，开具增值税专用发票，该项目销售时采用一般计税方法，税率 9%，预征率 3%，不考虑其他因素。则该企业 8 月应该确认的增值税应纳税额是多少？

解析：

8 月该项目的预缴税额 = 11 000 ÷（1 + 9%）× 3% = 302.75（万元）

销售额可抵减的土地价款 = 21 000 ×（3 000 ÷ 9 000）= 7 000（万元）

当期确认的增值税应纳税额 =（11 000 − 7 000）÷（1 + 9%）× 9% − 302.75 = 27.53（万元）

5.5.2　操作指南

根据国家税务总局发布 2016 年第 18 号公告，房地产开发企业"营改增"的核心要点见表 5-6（已变更为最新税率）。

表 5-6　房地产开发企业"营改增"的核心要点简表

纳税人	计税方法	税率或征收率	预缴税率	预缴税款的确认	销售额的确定	进项的抵扣	发票开具
一般纳税人	一般	9%	3%	应预缴税款 = 预收款 ÷（1 + 9%）× 3%	销售额 =（全部价款和价外费用 − 当期允许扣除的土地价款）	1. 可以抵扣进项 2. 不得抵扣的进项税额 = 当期无法划分的全部进项税额 ×（简易计税、免税房地产项目建设规模 ÷ 房地产项目总建设规模）	1. 自行开具增值税发票； 2. 可以是专票也可以是普票
一般纳税人	简易	5%	3%	应预缴税款 = 预收款 ÷（1 + 5%）× 3%	销售额 = 以取得的全部价款 + 价外费用	不得抵扣进项	1. 自行开具增值税发票； 2. 可以是专票也可以是普票
小规模纳税人	简易	5%	3%	应预缴税款 = 预收款 ÷（1 + 5%）× 3%	销售额 = 以取得的全部价款 + 价外费用	不得抵扣进项	1. 自行开具普票； 2. 向税务机关申请开具专用发票； 3. 2016 年 4 月 30 日前收取的预收款，不得申请代开增值税专用发票

5.5.3　预缴税款

1. 程序性规定

房地产开发企业销售自行开发的房地产项目，采取预收款方式销售，在收到预收款时按照规定预缴税款时，应填报增值税预缴税款表。

2. 完税凭证

房地产开发企业以预缴税款抵减应纳税额，应以完税凭证作为合法有效凭证。

《中华人民共和国税收征收管理法》第三十四条规定，税务机关征收税款时，必须给纳税人开具完税凭证。扣缴义务人代扣、代收税款时，纳税人要求扣缴义务人开具代扣、代收税款凭证的，扣缴义务人应当开具。

房地产开发企业在收到预收款并按规定申报预缴后，税务机关应该出具增值税完税凭证，作为下一步递减税款的合法依据。

目前，完税凭证各地方税务机关基本都能做到可以到办税大厅打印，也可以在网站上打印。

3. 预缴税款的结转递减

房地产开发企业销售房地产项目应按照"财税〔2016〕36 号文"附件 1 第四十五条规定的纳税义务发生时间，按照各自适用税率计算当期应纳税额，抵减已预缴税款后，向主管国税机关申报纳税。未抵减完的预缴税款可以结转下期继续抵减。

4. 不预缴税款的罚则

房地产开发企业销售自行开发的房地产项目，未按规定预缴或缴纳税款的，由主管国税机关按照《中华人民共和国税收征收管理法》及相关规定进行处理。

5. 预缴税款的附加税处理

根据全面推开"营改增"试点后增值税政策调整情况，房地产开发项目、建筑工程项目、不动产租赁业务等均存在着异地预交增值税的情况，由此产生的附加税如何处理？

跨地区提供建筑服务、销售和出租不动产的，应在建筑服务发生地、不动产所在地预交增值税时，以预交增值税税额为计税依据，并按预交增值税所在地的城市维护建设税适用税率和教育费附加征收率就地计算缴纳城市维护建设税和教育费附加。

预交增值税的纳税人在其机构所在地申报缴纳增值税时，以其实际缴纳的增值税税额为计税依据，并按机构所在地的城市维护建设税适用税率和教育费附加征收率就地计算缴纳城市维护建设税和教育费附加。

总之，通俗讲，预交增值税的业务，增值税在哪儿交，附加税也在哪儿交。附加税的税率按照增值税纳税地的税率执行。

【例 5-11】磊峰房地产开发集团（一般纳税人）自行开发了一个房地产项目，施工许可证注明的开工日期是 2016 年 4 月 1 日。

（1）2019 年 4 月 1 日，该公司开始预售房地产，至 2019 年 4 月 30 日共取得预收款5 850 万元，已按照申报纳税。

（2）A 房地产企业对上述预收款开具收据，未开具发票。

（3）2019 年 5 月，该企业又收到预收款 5250 万元。

（4）2019 年 6 月，共开具了增值税发票 11 100 万元，其中包括 2019 年 4 月 30 日前取得的未开票预收款 5 850 万元的增值税普通发票，也包括 2019 年 5 月收到的 5 250 万元增值税发票。

（5）开具发票的已经办理房产产权转移手续。

问题 1：磊峰房地产开发集团在 6、7 月申报期分别应申报多少增值税税款？

问题 2：假如磊峰房地产开发集团自愿放弃简易计税方法计算，同时，2019 年 6 月还取得了建筑服务增值税专用发票不含税金额 1 000 万元（其中：注明的增值税税额为 90 万元），那么其在 6、7 月申报期分别应申报多少增值税税款？

问题 3：假如"问题 2"的条件不变，但是磊峰房地产开发集团 2019 年 6 月共开具了增值税发票 8 000 万元，其中包括 2019 年 4 月 30 日前取得的未开票预收款 5 850 万元的增值税普通发票，也包括 2019 年 5 月收到的 2 150 万元增值税发票，且已经开票的办理了过户。那么其在 6、7 月申报期分别应申报多少增值税税款？

解析：

①房地产开发企业预缴税款情况对比（见表 5-7）。

表 5-7　房地产开发企业预缴税款对比简表

需要预缴情况	采用预收款方式销售	销售老项目一般计税
预缴地点	机构所在地	不动产所在地
预缴公式	全部价款和价外费用 ÷（1 ＋ 9%）×3%	
申报公式	（全部价款和价外费用—当期允许扣除的土地价款）÷（1 ＋ 9%）×9% －预缴税额	

②有关预缴和纳税申报的问题解答，见表 5-8。

表 5-8　"预缴或纳税申报"答案解析汇总表

计税方式	预缴或纳税申报	
	6 月	7 月
问题 1（简易计税）	6 月应就 5 月预收款预缴税款（3% 预征率）：应预缴税款 ＝ 5 250 ÷（1 ＋ 5%）×3% ＝ 150（万元）	6 月已经把 5 月的预收开票并交房，即纳税义务实现，7 月应该针对 5 月预收部分按适用征收率 5% 纳税：应纳税款 ＝ 5 250 ÷（1 ＋ 5%）×5%－150 ＝ 250－150 ＝ 100（万元）
问题 2（一般计税）	6 月应就 5 月预收款预缴税款（3% 预征率）：应预缴税款 ＝ 5 250 ÷（1 ＋ 9%）×3% ＝ 144.50（万元）	6 月已经把 5 月的预收开票并交房，即纳税义务实现，7 月应该针对 5 月预收部分按适用税率 9% 纳税：（1）销项税额 ＝ 5 250 ÷（1 ＋ 9%）×9% ＝ 433.49（万元）；（2）进项税额 ＝ 90（万元）；（3）应纳税额 ＝ 433.49－90－144.50 ＝ 198.99（万元）。纳税人应在 7 月申报期申报增值税 198.99（万元）

续上表

计税方式	预缴或纳税申报	
	6 月	7 月
问题 3（一般计税）	6 月应就 5 月预收款预缴税款（3% 预征率）： 应预缴税款 = 5 250 ÷（1 + 9%）× 3% = 144.50（万元）	6 月已经把 5 月的预收部分开票并交房，即纳税义务实现，7 月应该针对 5 月预收且开票的按适用税率 9% 纳税： （1）销项税额 = 2 150 ÷（1 + 9%）× 9% = 177.52（万元）； （2）进项税额 = 90（万元）； （3）应纳税额 = 177.52 − 90 − 144.50 = −56.98（万元）。 纳税人应在 7 月申报期申报增值税 0 万元，不足抵扣的预缴部分 56.98 万元可以结转到下期抵减

5.6　建筑服务项目的增值税处理

本节主要介绍建筑服务涉及的增值税政策内容，以案例分析的形式重点剖析了建筑工程老项目、预缴税款以及跨县（市、区）提供建筑服务等核心问题。

5.6.1　新政运用

1．建筑服务的内容

关于"建筑工程项目"，"财税〔2016〕36 号文"中相关规定的核心要点是：

将建筑服务分为了"工程服务""安装服务""修缮服务""装饰服务""其他建筑服务"。其中，将三网、水电气等收取的安装费、初装费等明确按照安装服务征税。

> **提示**
>
> 疏浚属于其他建筑服务，但航道疏浚服务属于"物流辅助服务——港口码头服务"。

2．建筑服务的简易计税类型判别

一般纳税人以"清包工""甲供工程""老项目""工程总承包"方式提供建筑服务，可以选择简易计税方法。

> **小贴士**
>
> **哪些建筑服务简易计税项目取消了向税务机关备案的要求？**
>
> 为简化办税流程，优化税收环境，根据《国家税务总局关于国内旅客运输服务进项税抵扣等增值税征管问题的公告》（国家税务总局公告 2019 年第 31 号）文件规定：提供建筑服务的一般纳税人按规定适用或选择适用简易计税方法计税的，不再实行备案制。以下证明材料无需向税务机关报送，改为自行留存备查：

> （1）为建筑工程老项目提供的建筑服务，留存建筑工程施工许可证或建筑工程承包合同；
> （2）为甲供工程提供的建筑服务、以清包工方式提供的建筑服务，留存建筑工程承包合同。

（1）"清包工"

以清包工方式提供建筑服务，是指施工方仅收取人工费、管理费或者其他费用，不采购建筑工程所需的材料或只采购辅助材料，建筑工程所需的主要材料或全部材料由建设方或上一环节工程发包方采购。

"清包工"方式可以选用简易计税，主要考虑到施工方既不采购建筑工程所需材料或只采购辅助材料，且其大部分成本为人工成本，施工方可以取得的用以抵扣的进项税额较少，按照一般计税方法计税，可能导致企业税负与原营业税税负相比大幅上升。

（2）"甲供工程"

甲供工程，是指施工方可能采购部分设备、材料、动力，也可能完全不采购设备、材料、动力，工程所需全部或部分设备、材料、动力由工程发包方自行采购。

提示

根据《财政部 税务总局关于建筑服务等营改增试点政策的通知》(财税〔2017〕58号)规定，建筑工程总承包单位为房屋建筑的地基与基础、主体结构提供工程服务，建设单位自行采购全部或部分钢材、混凝土、砌体材料、预制构件的，适用简易计税方法计税。

其实，上述情况也是"甲供"的一种特殊情况。但是，这种特定情况下（符合上述条件）的甲供，不能选择是否适用简易计税，而必须适用简易计税。

"甲供工程"方式可以选择简易计税方法的原因和"清包工"相似。但是，实务中存在建筑商与其下游（房地产企业或者建筑发包方）的博弈，如果建筑提供方比较强势的，"甲供工程"的形式可能出现甲方只提供少量设备、材料、动力等，比如说甲方就提供电力支撑，由于依然符合甲供工程的条件，所以建筑商仍然可以选用简易计税；如果其上游比较强势，上游会提供几乎所有设备、材料、动力等，并且要求建筑商按照一般计税方法，以最大化地获得建筑服务的进项。

当然对建筑企业而言是否选择简易计税方法以及"甲供"在整个工程量中占多大比例，还需要测算，取决于整个工程过程中进项的大小。这是一个可以税收筹划的点。

"甲供工程"销售额的确认与营业税时代有何不同？

在建筑工程中，出于质量控制的考虑，甲方一般会自行采购主要建筑材料，也就是俗称的甲供材。

目前，甲供材主要有两种模式：

第一，甲供材作为工程款的一部分，甲方采购后交给建筑企业使用，并抵减部分工程款（比如，工程款 1 000 万元，甲方实际支付 600 万元，剩余 400 万元用甲供材抵顶工程款）；第二，甲供材与工程款无关，甲方采购后交给建筑企业使用，并另行支付工程款（比如，工程款 600 万元，甲供材 400 万元）。

按照营业税政策规定，不论哪一种模式，建筑企业都要按照 1 000 万元计算缴纳营业税。纳税人为甲供工程提供建筑服务取得的销售额的确定原则，与营业税不同。

《中华人民共和国税收征收管理法营业税暂行条例》第十六条规定："纳税人提供建筑业劳务（不含装饰劳务）的营业额应当包括工程所用原材料、设备及其他物资和动力价款在内，但不包括建设方提供的设备的价款。"

但是"营改增"后，甲供工程中，施工方提供建筑劳务的营业税计税依据既包括发包方支付的工程款，也包括建设方提供的材料价款。

从增值税的角度看，其实甲供材并没有特殊性，甲供材不作为建筑企业增值税税基。对第一种模式，甲方用甲供材抵顶工程款，属于有偿转让货物的所有权，应缴纳增值税；甲方征税后，建筑企业可以获得进项税额正常抵扣。对第二种模式，甲供材与建筑企业无关，建筑企业仅需就实际取得的工程款 600 万元计提销项税额即可。但是，由于甲供材属于现行营业税的税基，前期行业普遍关注"营改增"后甲供材的处理。焦点主要在于第二种模式下，建筑企业无法取得甲供材的进项税，一旦按照工程款和甲供材的全额计提销项税，税负将大幅度提高，因此第二种模式下建筑企业的计税依据中不包括甲供材。

（3）建筑工程"老项目"

对于建筑工程老项目，施工方的采购可能在"营改增"改革试点前已经完成或大部分完成，因此，其在 2016 年 5 月 1 日后没有可以抵扣的进项税额，或可以抵扣的进项税额很少，如果对施工方按照一般计税方法计税，可能导致企业税负较高。

"财税〔2016〕36 号文"附件 2 中规定：

"建筑工程老项目，是指：①《建筑工程施工许可证》注明的合同开工日期在 2016 年 4 月 30 日前的建筑工程项目；②未取得《建筑工程施工许可证》的，建筑工程承包合同注明的开工日期在 2016 年 4 月 30 日前的建筑工程项目"。

简单来说，就是有许可证的，看许可证上的合同开工日期；没有许可证的，看合同注明的开工日期。同时，房地产老项目和建筑业老项目的确认原则相同。

国家税务总局公告 2016 年第 18 号公告（《房地产开发企业销售自行开发的房地产项目增值税征收管理暂行办法》）及 2016 年第 17 号公告（《跨县（市、区）提供建筑服务增值税征收管理暂行办法》）中又进行了补充规定：

《建筑工程施工许可证》未注明合同开工日期，但建筑工程承包合同注明的开工日期在 2016 年 4 月 30 日前的建筑工程项目，属于"财税〔2016〕36 号"文件规定的可以选择简易计税方法计税的老项目。

该规定说明了现实中有取得了"施工许可证"，但是上面没有注明开工日期的情形，该情形下和没有取得"施工许可证"一样，以建筑工程承包合同注明的开工日期作为判定标准。

（4）总包模式下的简易计税

根据《财政部 税务总局关于建筑服务等营改增试点政策的通知》（财税〔2017〕58 号）文件规定，建筑工程总承包单位为房屋建筑的地基与基础、主体结构提供工程服务，建设单位自行采购全部或部分钢材、混凝土、砌体材料、预制构件的，适用简易计税方法计税。

地基与基础、主体结构的范围，按照《建筑工程施工质量验收统一标准》（GB 50300-2013）附录 B《建筑工程的分部工程、分项工程划分》中的"地基与基础""主体结构"分部工程的范围执行。

> **提示**
>
> 根据《财政部 国家税务总局 住房和城乡建设部关于进一步做好建筑行业营改增试点工作的意见》（税总发〔2017〕99 号）文件规定：各地税务部门要深刻领会现行建筑行业各项政策措施出台的意图，盯紧抓牢已出台各项政策措施的落地工作，税收减免、简易计税等各类政策安排必须严格落实到位。特别是《财政部 税务总局关于建筑服务等营改增试点政策的通知》(财税〔2017〕58号)规定的建筑工程总承包单位为房屋建筑的地基与基础、主体结构提供工程服务，在建设单位自行采购全部或部分主要建筑材料的情况下，一律适用简易计税的政策，必须通知到每一个建筑企业和相关建设单位，确保建筑企业"应享尽享"，充分释放政策红利。

（5）总结

根据现行政策汇总，建筑服务可适用简易计税办法的项目汇总见表 5-9。

表 5-9　建筑服务适用简易计税办法汇总表

序号	项目	政策依据	备注
1	甲供工程	财税〔2016〕36 号	选择适用
2	清包工	财税〔2016〕36 号	选择适用

续上表

序号	项目	政策依据	备注
3	老项目	财税〔2016〕36 号 国家税务总局公告 2016 年第 17 号	选择适用
5	销售电梯的同时提供安装服务的，其中的安装服务	国家税务总局公告 2017 年第 11 号	选择适用
6	房屋建筑的地基与基础、主体结构	财税〔2017〕58 号	建筑工程总承包单位一律适用

3. 预收款的纳税义务发生时间的最新规定

"财税〔2016〕36 号文"附件 1 第四十五条对增值税纳税义务发生时间进行了规定，即：纳税人提供建筑服务、租赁服务采取预收款方式的，其纳税义务发生时间为收到预收款的当天。

但是，根据《财政部 税务总局关于建筑服务等营改增试点政策的通知》（财税〔2017〕58 号）文件规定：《营业税改征增值税试点实施办法》（财税〔2016〕36 号印发）第四十五条第（二）项修改为"纳税人提供租赁服务采取预收款方式的，其纳税义务发生时间为收到预收款的当天"。也就是"纳税人提供建筑服务"不再需要在收到预付款时按税率全额交税，而是按照政策规定的预缴税款，对企业而言，可以短期节约大量资金。

> **提示**
>
> 国家税务总局解释说，增值税纳税义务发生时间的基本原则为权责发生制原则，其中有一些特殊规定：如建筑服务，纳税义务发生时间为收到预收款时。由于收到预收款时没有对应成本，税额较重，留抵税款不能退款，在建筑周期内，税负不均衡。
>
> 因此随着政策的变更，建筑业预收款增值税纳税义务发生时间与一般企业增值税纳税义务发生时间基本一致，按照权责发生制的原则处理。"预收款"的收入确认在会计处理、增值税、企业所得税上逐步趋同。（来源于www.chinatax.gov.cn/）

4. 建筑工程项目的增值税销售额如何确定

纳税人提供建筑服务采用一般计税方法的，以取得的全部价款和价外费用为销售额，不得扣除分包款项，分包款项可以通过获得进项税额进行抵扣。

纳税人提供建筑服务采用简易计税方法的，以取得的全部价款和价外费用扣除支付的分包款后的余额为销售额，这是原营业税时代差额征税政策的平移。

5.6.2　跨县（市、区）建筑服务操作指南

1. 政策适用范围

国家税务总局发布 2016 年第 17 号公告《纳税人跨县（市、区）提供建筑服务增值

税征收管理暂行办法》，自 2016 年 5 月 1 日起施行。其中，第二条规定：

跨县（市、区）提供建筑服务，是指单位和个体工商户（以下简称纳税人）在其机构所在地以外的县（市、区）提供建筑服务。

纳税人在同一直辖市、计划单列市范围内跨县（市、区）提供建筑服务的，由直辖市、计划单列市税务局决定是否适用本办法。

其他个人跨县（市、区）提供建筑服务，不适用本办法。

实务中，要注意把握以下几点：

（1）异地的界定

"跨县（市、区）"是指的"异地"，"异地"提供建筑服务属于国家税务总局 2016 年第 17 号公告规范的内容。而机构所在地和建筑服务发生地为同一地的，按照机构所在地纳税的基本原则申报纳税。

（2）个人的界定

纳税人包括单位和个体工商户，而不包括个人。对于个人，财税〔2016〕36 号文件中已经明确了其他个人提供建筑服务，在建筑服务发生地申报纳税。

（3）同一地级市不再适用

根据《国家税务总局关于进一步明确营改增有关征管问题的公告》（国家税务总局公告 2017 年第 11 号）规定：纳税人在同一地级行政区范围内跨县（市、区）提供建筑服务，不适用《纳税人跨县（市、区）提供建筑服务增值税征收管理暂行办法》（国家税务总局公告 2016 年第 17 号印发）。

提示

原文件中的"跨县（市、区）"包括了不同省、同省、同一地级市，但是国家税务总局公告 2017 年第 11 号把"同一地级市"内跨县排除了。

也就是说，除"直辖市、计划单列市税务局决定"自行决定外，只有省内不同地级市间异地经营、跨省异地经营适用"国家税务总局发布 2016 年第 17 号公告"的规定。

（4）自主决定适用

直辖市、计划单列市税务局决定其辖区范围内发生的"同一市、区"的建筑劳务是否适用国家税务总局 2016 年第 17 号公告，实质就是在"同一市、区"的跨区建筑服务是否在发生地预缴的判定。比如北京市门头沟区注册的一家建筑企业，在朝阳区提供了建筑服务，这家企业是直接在机构所在地门头沟区申报纳税，还是需要在朝阳区预缴税款回西城区申报纳税，可由北京市税务局根据自身情况进行确定。

提示

北京市国家局公告2016年第8号规定：北京市纳税人(不含其他个人)在本市范围内跨区提供建筑服务的，应在建筑服务发生地主管税务机关预缴增值税，向机构所在地主管税务机关申报缴纳增值税。

北京市税务局公告2016年第9号规定：北京市以外纳税人(不含其他个人)在本市范围内提供建筑服务应当预缴的增值税税款，统一由北京市西城区主管税务局负责征收入库。其中，增值税小规模纳税人不能自行开具增值税发票的，可向北京市西城区主管税务局按照其取得的全部价款和价外费用申请代开增值税发票。

2．建筑工程项目台账的建立

对跨县（市、区）提供的建筑服务，纳税人应自行建立预缴税款台账，区分不同县（市、区）和项目逐笔登记全部收入、支付的分包款、已扣除的分包款、扣除分包款的发票号码、已预缴税款以及预缴税款的完税凭证号码等相关内容，留存备查。

跨县（市、区）建筑工程项目预缴纳税机制本身以及增值税发票开具的复杂性叠加，分项目台账的建立，就成了摆在纳税人面前的首要任务。一方面方便我们纳税人分别核算、管理甚至是应对税务稽查，一方面也方便税务机关征管。

台账的基本信息应该包括但不限于：收入、取得项目相关增值税专用发票、支付的分包款、已扣除的分包款、已预缴税款、已经扣除的分包款预缴税款、分包款对应的发票号码、预缴税款取得的完税凭证号码、项目负责人、项目与财务部门联络人等。

如果纳税人现有财务核算系统服务无法支持的话，建议企业引入其他软件供应商的纳税决定服务系统，把涉及上述列明的台账信息做成表格，业务部门和财务部门分别填列，厘清核算程序，进一步提高企业税务管理水平。

3．操作指南

根据"财税〔2016〕36号文""国家税务总局2016年第17号公告""国家税务总局2016年23号公告"关于纳税人跨县（市、区）提供建筑服务增值税处理核心内容见表5-10。

表 5-10　建筑服务增值税处理核心内容简表

纳税人	计税方法	税率或征收率	预缴税率	预缴税款的确认	销项税额的确定	进项的抵扣	发票开具
一般纳税人	一般计税	9%	2%	应预缴税款＝（全部价款和价外费用－支付的分包款）÷（1＋9%）×2%	销项税额＝（以取得的全部价款＋价外费用）÷（1＋9%）×9%	可以抵扣进项	1. 自行开具增值税发票；2. 可以是专票也可以是普票；3. 以销售全额开具

续上表

纳税人	计税方法		税率或征收率	预缴税率	预缴税款的确认	销项税额的确定	进项的抵扣	发票开具
一般纳税人	简易计税	甲供工程	3%	3%				1. 自行开具增值税发票； 2. 可以是专票也可以是普票）； 3. 以销售全额开具
		清包工	3%					
		老项目	3%					
小规模纳税人	简易计税		3%	3%	应预缴税款＝（全部价款和价外费用－支付的分包款）÷（1＋3%）×3%	应纳税额＝（以取得的全部价款＋价外费用－分包款后的余额）÷（1＋3%）×3%	不得抵扣进项	1. 可以自行开具增值税普票，按需要向税务机关申请开具专用发票； 2. 向税务机关申请开具增值税专用发票和普通发票； 3. 向劳务发生地国税机关申请开具； 4. 以销售全额开具

5.6.3　预缴税款

1. 一般计税方法的税款预缴

纳税人适用一般计税方法的预征率为 2%，而且是以纳税人取得的全部价款和价外费用扣除支付的分包款后的余额为计算预缴税款的基数。

需要注意：一般计税方法下，税款预缴和正常税率计算的时候不一样，即在建筑服务发生地预缴税款是可以扣除分包款的，而后期机构所在地申报计算的应纳税额公式应该是：

应纳税额＝（以取得的全部价款＋价外费用）÷（1＋9%）×9%－进项税额－预缴税款。

2. 简易计税方法下的税款预缴

简易计税方法下，预缴税款是以取得的全部价款和价外费用扣除支付的分包款后的余额按照 3% 的征收率计算得出。

简易计税方法下的建筑服务在所在地预缴3%税款，而后期在机构所在地也是按照3%计算申报税款，其预缴税额的计算和应纳税额的计算一致。也就是，采用简易计税方法计税的纳税人所有的增值税实际上都是交在建筑服务所在地，在机构所在地实际缴纳税款为零。

当期应纳税额＝（以取得的全部价款＋价外费用－分包款后的余额）÷（1＋3%）×3%－应预缴税款＝0

3. 收到预收款的预缴

根据《财政部 税务总局关于建筑服务等营改增试点政策的通知》（财税〔2017〕58 号）纳税人提供建筑服务取得预收款，应在收到预收款时，以取得的预收款扣除支付的分包款后的余额，均需按规定预缴增值税。需注意是在建筑服务发生地预缴，还是在机构所在地预缴，或者说不管是发生地还是机构注册地，取得预付款都要预缴增值税。

按照现行规定应在建筑服务发生地预缴增值税的项目，纳税人收到预收款时在建筑服务发生地预缴增值税。按照现行规定无需在建筑服务发生地预缴增值税的项目，纳税人收到预收款时在机构所在地预缴增值税。

适用一般计税方法计税的项目预征率为 2%，适用简易计税方法计税的项目预征率为 3%。

4. 分包款扣除问题

"国家税务总局 2016 年第 17 号公告"规定：

纳税人按照上述规定从取得的全部价款和价外费用中扣除支付的分包款，应当取得符合法律、行政法规和国家税务总局规定的合法有效凭证，否则不得扣除。

上述凭证是指：

从分包方取得的 2016 年 5 月 1 日后开具的，备注栏注明建筑服务发生地所在县（市、区）、项目名称的增值税发票。

扣除金额是否为含税金额？税款预缴扣除分包款时候，简易计税方法和一般计税方法取得营业税发票一样，不像增值税发票一样有专用和普通之分。如果是 5 月 1 日后开具的增值税发票，要注意，简易计税方法下取得肯定是增值税普通发票，扣除金额肯定票面含税金额。如果是一般计税方法下取得增值税专用发票，计算扣除的金额仍然是票面含税金额，注意不要觉得是适用一般纳税人，就忽略票面的增值税款。

扣除凭证的"备注栏"要求。从分包方取得的 2016 年 5 月 1 日后开具的增值税发票有具体要求，即需要在增值税发票的备注栏注明建筑服务发生地所在县（市、区）以及项目名称。需要分建筑工程项目分别计算应预缴税款，分别预缴，这样也是为了保证扣除的分包款与项目一一对应。

提示

> 关于货物发票是否可以作为建筑服务增值税分包款差额扣除凭证问题，可以参照如下做法：
> 即试点纳税人提供建筑服务适用简易计税方法的，以取得的全部价款和价外费用扣除支付的分包款后的余额为销售额。上述"支付的分包款"，包括向分包方支付的货物款项。允许总包方从销售额中扣除的分包款，既包括分包方自产，也包括分包方购进后再销售的货物的款项。

货物发票可以差额扣除的条件：

（1）.须在分包合同中，明确约定有关分包方向总包方提供货物的相关条款，注明货物名称、数量及预算金额等基本信息。

（2）.货物发票备注栏注明建筑服务发生地所在县（市、区）、项目名称。

纳税人提供建筑服务，无论是计算销售额，还是计算预缴税款，允许扣除的分包款，均包含向分包方支付的货物的款项。

5．预缴税款提供资料规定

"国家税务总局发布 2016 年第 53 号公告"规定：

纳税人跨县（市、区）提供建筑服务，在向建筑服务发生地主管国税机关预缴税款时，需填报增值税预缴税款表，并出示以下资料：

（一）与发包方签订的建筑合同复印件（加盖纳税人公章）；

（二）与分包方签订的分包合同复印件（加盖纳税人公章）；

（三）从分包方取得的发票复印件（加盖纳税人公章）。

首先，如果纳税人有多个建筑工程项目同时需要预缴，应分项目填写增值税预缴税款表，更具体地说：一个项目一张表。

其次，预缴税款的前提是在跨县（市、区）提供了建筑服务，因此，建筑合同是预缴的基本参考依据，在预缴税款时，纳税人需要提供与发包方签订的建筑合同的原件及复印件。所以要注意相关建筑合同签订的份数，甚至时间。

最后，由于计算预缴税款可以扣除分包款，因此，如果存在分包业务需要扣除分包款的话，纳税人还需要提供与分包方签订的分包合同原件和复印件，以及作为允许扣除凭证的发票，无法提供发票的不允许进行扣除。

小贴士

小规模纳税人跨县（市、区）提供建筑服务如何开具增值税发票？

国家税务总局发布 2016 年第 17 号以及 2016 年第 23 号公告都对小规模纳税人的发票开具问题作出了相关规定。一般纳税人可按照现行规定自行开具增值税发票，而对小规模纳税人来说，分以下两种情况：

第一，小规模纳税人如果可以开具增值税普通发票，那么增值税专用发票一定要向税务机关申请代开。增值税普通发票一定是在机构所在地；增值税专用发票一定是向建筑服务发生地国税机关代开。

第二，小规模纳税人如果不具备开票能力，则涉及的增值税普通发票以及增值税专用发票都要向税务机关代开。两者都是向建筑服务发生地国税机关代开。

无论小规模纳税人自行开具发票还是由税务机关代开发票，其开票金额都是取得的全部价款和价外费用。即全额开票，差额征税。比如小规模纳税人提供建筑服务取得 200 万元收入，发生了分包业务支付了 50 万元的分包款。但在向建筑服务接受方开具发票时，是以 200 万元全额开具发票。在计算税款时，按照一定方法，实际是按照 150 万元计算缴纳增值税。

6. 预缴税款的结转扣除

纳税人跨县（市、区）提供建筑服务，向建筑服务发生地主管国税机关预缴的增值税税款，可以在当期增值税应纳税额中抵减，抵减不完的，结转下期继续抵减。纳税人以预缴税款抵减应纳税额，应以完税凭证作为合法有效凭证。

第一，明确了预缴税款可以结转扣除。由于纳税人在申报当期可能应税收入较少，或者其他项目的进项较多，汇总之后当期纳税申报税额不足以递减后期。

第二，预缴税款要取得税务机关合法的完税证明。取得的预缴税款的完税凭证作为合法有效凭证才能够结转到下期扣减。当然这种情况下，意味着预缴税款的完税凭证需要在结转扣减的当期多次使用，要注意保存原件及复印件。

7. 暂停预缴的情形

"财税〔2016〕36 号"文件规定：一般纳税人跨省（自治区、直辖市或者计划单列市）提供建筑服务，在机构所在地申报纳税时，计算的应纳税额小于已预缴税额，且差额较大的，由国家税务总局通知建筑服务发生地省级税务机关，在一定时期内暂停预交增值税。

这样规定是在平衡建筑劳务发生地与纳税人机构所在地的税源利益。原营业税时代，建筑劳务是在建筑发生地缴税，但是增值税原理要求在机构所在地纳税，再加上又是跨省（自治区、直辖市或者计划单列市）的项目，预缴机制如果出现所谓"差额较大"的情形，必然影响两地的税收收入。

同时，注意以下几点：

（1）暂停预缴必须是一般纳税人才适用，但不一定必须要使用一般计税方法；

（2）一定是跨省（自治区、直辖市或者计划单列市）的项目，不是跨县市区的不执行暂停预缴；

（3）暂停预缴中的"差额较大"目前政策上还没有给出具体标准与范围；

（4）暂停预缴也只是在一定时期内，不是永久。

🔍 小贴士

小规模纳税人跨县（市、区）提供建筑服务如何开具增值税发票？

"国家税务总局发布 2016 年第 17 号"以及"2016 年第 23 号"公告都对小规模纳税人的发票开具问题作出了相关规定。一般纳税人可按照现行规定自行开具增值税发票，而对小规模纳税人来说，分以下两种情况：

第一，小规模纳税人如果可以开具增值税普通发票，那么增值税专用发票一定要向税务机关申请代开。增值税普通发票一定是在机构所在地；增值税专用发票一定是向建筑服务发生地国税机关代开。

第二，小规模纳税人如果不具备开票能力，则涉及的增值税普通发票以及增值税专用发票都要向税务机关代开。两者都是向建筑服务发生地国税机关代开。

无论小规模纳税人自行开具发票还是由税务机关代开发票，其开票金额都是取得的全部价款和价外费用，即全额开票，差额征税。比如小规模纳税人提供建筑服务取得 200 万元收入，发生了分包业务支付了 50 万元的分包款。但在向建筑服务接受方开具发票时，是以 200 万元全额开具发票。在计算税款时，按照一定方法，实际是按照 150 万元计算缴纳增值税。

8. 预缴税款的抵减问题

建筑工程跨区县项目，需要在项目所在地预缴税款，预缴税款可以在机构所在地抵减当期增值税税款。当期不足抵扣的，可以结转到下期抵扣。

实务中，注意以下两点：

第一，如果有多个项目，多个地方，原则上按项目核算抵减，不按照项目地点核算抵减。预缴税款抵减税款，是指抵减同一项目的增值税税款，而不是抵减其他地区其他项目的增值税税款。比如北京市某建设集团在河北，天津分别有 A、B 两个建筑工程项目，均适用一般计税方法，那么 A 项目在河北的预缴款只能抵减 A 项目在北京计算的增值税税款，当 A 项目当期增值税进项税额留抵的时候，也不能抵减 B 项目在北京计算的增值税税额，只能结转到下期抵扣。

第二，如果预缴项目不得抵减简易项目计税的销项税额。比如，甲企业当期发生异地建筑工程 A 项目，预缴税款 3 万元。A 项目在企业机构所在地申报缴纳增值税 2 万元，当月发生其他简易计税项目申报增值税额 5 万元。则 A 项目本期只能抵减 2 万元，而不能抵减其他简易计税项目中的 1 万元，A 项目预缴为抵扣完毕的 1 万元，结转到下期继续从 A 项目增值税税款中抵扣。

9. 未依法预缴法律后果

纳税人跨县（市、区）提供建筑服务，应向建筑服务发生地主管税务机关预缴税款而自应当预缴之月起超过 6 个月没有预缴税款的，由机构所在地主管税务机关按照《中华人民共和国税收征收管理法》及相关规定进行处理。

5.6.4　案例解析

【例 5-12】 北京磊峰建设集团，机构所在地是北京市朝阳区，是增值税一般纳税人。2019 年 7 月发生的相关交易如下：

（1）在河北省某市提供建筑服务，当月分别取得建筑服务收入（含税）1 110 万元，支付分包款 218 万元，取得增值税专用发票上注明的增值税额为 18 万元，该项目采用一般计税方法。

（2）在天津市某区提供另一项目的建筑服务，当月分别取得建筑服务收入（含税）2 030 万元，支付分包款 1 000 万元，取得增值税普通发票。该项目企业自愿采用简易计税方法。

（3）在北京市支付办公用房租金 333 万元，取得增值税专用发票上注明的增值税额为 33 万元。

（4）购入建筑材料 234 万元，取得增值税专用发票上注明的增值税额为 34 万元。

（5）支付劳务派遣公司的建筑工人劳务费用 206 万元，取得增值税专用发票含税金额为 106 万元，增值税普通发票为 100 万元。

问题：该北京磊峰建设集团公司在 8 月纳税申报期如何申报缴纳增值税？

解析：

按照纳税人跨县（市、区）提供建筑服务预缴税款纳税义务时间，8 月应该分别对京磊峰建设集团在河北省和天津市的项目进项预缴税款：

（1）就河北省的建筑服务计算并向河北省某市的主管税务机关预交增值税：

当期预缴税款＝（1 110 － 218）÷（1 ＋ 9%）× 2% ＝ 16.37（万元）

（2）就天津市的建筑服务计算并向天津市某区的主管税务机关预交增值税：

当期预缴税款＝（2 030 － 1 000）÷（1 ＋ 3%）× 3% ＝ 30（万元）

北京磊峰建设集团公司 8 月应该在机构所在地北京市朝阳区申报纳税：

（1）就河北省的建筑服务计算并向北京市朝阳区主管税务机关申报的增值税：

当期应纳税额＝ 1 110 ÷（1 ＋ 9%）× 9% － 18 ＝ 73.65（万元）

（2）就天津市的建筑服务计算并向北京市朝阳区主管税务机关申报的增值税：

当期应纳税额＝（2 030 － 1 000）÷（1 ＋ 3%）× 3% ＝ 30（万元）

（3）其他进项税额合计＝ 33 ＋ 34 ＋ 106 ÷（1 ＋ 6%）× 6% ＝ 73（万元）

（4）应纳税额合计＝跨省项目机构所在地应纳税款－当月进项税额合计－预缴税款合计＝（73.65 ＋ 30）－ 73 －（16.37 ＋ 30）＝ －15.72（万元）

经过计算，8 月当月增值税应纳税款为 －15.72 万元，8 月份北京磊峰建设集团实际在北京市朝阳区缴纳的增值税额为零。同时，存在 15.72 万元的预缴税款没有扣减完毕，按照政策规定，可以结转到 9 月或以后月份继续税前扣除。

另外，也可以看出，就天津市的建筑服务，在天津预缴的税款和机构所在地北京所需要缴纳的增值税应纳税额一致，即所有的增值税款均已在建筑服务发生地实现了。

5.7 不动产经营租赁业务的增值税处理

"不动产经营租赁"是所有企业都可能涉及的业务，也是与"营改增"之前相比基本税率变化较大的。本节从基本政策入手，详解不动产租赁服务业务增值税处理。

5.7.1 新政运用

1. 提供不动产租赁服务的纳税人

单位，是指企业、行政单位、事业单位、军事单位、社会团体及其他单位。单位，也就是企业和非企业性单位之和。

个人，是指个体工商户和其他个人。

其他个人，也就是自然人。

比如，《试点有关事项的规定》规定：个人出租住房，应按照 5% 的征收率减按 1.5% 计算应纳税额。那么自然人出租住房、属于小规模纳税人的个体工商户出租住房、属于一般纳税人的个体工商户出租住房均按照 5% 征收率减按 1.5% 计算应纳税额。

2. 提供不动产租赁服务的标的物

有关不动产出租的标的物，注意表述中的以下层次划分：

不动产范围广泛，不仅包括房屋、商铺、楼堂馆所，还包括路、桥、道、坝等。

房屋，即建筑物，包括住宅、商业用房、办公楼、厂房等。

比如，《纳税人提供不动产经营租赁服务增值税征收管理暂行办法》（国家税务总局公告 2016 年第 16 号）规定：其他个人出租不动产（不含住房），按照 5% 的征收率计算应纳税额；其他个人出租住房，按照 5% 的征收率减按 1.5% 计算应纳税额。

这条规定的含义包括：

（1）其他个人，即自然人出租一个商铺等非住宅，应按照租金和 5% 征收率计算增

值税;

（2）自然人出租住宅，则按照 5% 的征收率减按 1.5% 计算增值税。

只有区分了不同概念的内涵和外延，才会发现这里的不动产和住宅是适用不同计算方法的。

3．房地产开发企业的不动产经营租赁服务

根据《财政部 国家税务总局关于进一步明确全面推开营改增试点有关再保险、不动产租赁和非学历教育等政策的通知》（财税〔2016〕68 号）文件规定：

房地产开发企业中的一般纳税人，出租自行开发的房地产老项目，可以选择适用简易计税方法，按照 5% 的征收率计算应纳税额。纳税人出租自行开发的房地产老项目与其机构所在地不在同一县（市）的，应按照上述计税方法在不动产所在地预缴税款后，向机构所在地主管税务机关进行纳税申报。

房地产开发企业中的一般纳税人，出租其 2016 年 5 月 1 日后自行开发的与机构所在地不在同一县（市）的房地产项目，应按照 3% 预征率在不动产所在地预缴税款后，向机构所在地主管税务机关进行纳税申报。

房地产开发企业中的小规模纳税人，出租自行开发的房地产项目，按照 5% 的征收率计算应纳税额。纳税人出租自行开发的房地产项目与其机构所在地不在同一县（市）的，应按照上述计税方法在不动产所在地预缴税款后，向机构所在地主管税务机关进行纳税申报。

4．纳税地点

（1）基本规定

"财税〔2016〕36 号"、《纳税人提供不动产经营租赁服务增值税征收管理暂行办法》（国家税务总局公告 2016 年 16 号）都明确规定：纳税人提供不动产经营租赁服务，需要在不动产所在地预缴税款，而后回机构所在地申报纳税。

除自然人以外的纳税人，发生出租不动产业务，当不动产与纳税人机构所在地不在同一县（市、区）的，需在不动产所在地预缴税款，而后回机构所在地申报纳税，纳税人在不动产所在地已经预缴的税款，可以在应纳税额中抵减。

纳税人出租不动产，机构所在地与不动产所在地在同一县的，不需要预缴税款。

比如，北京门头沟区某纳税人为增值税一般纳税人，该纳税人 2013 年购买了西城区两层写字楼用于出租。纳税人对出租该不动产业务实行简易计税方法。那么自 2020 年 5 月 1 日起，纳税人出租该写字楼，由于纳税人机构所在地与不动产所在地都在北京门头沟区，不动产所在地与机构所在地在同一县（市、区），因此纳税人不需要预缴税款。纳税人以收取的租金按照 5% 的征收率计算应纳税额，向机构所在地主管税务机关申报纳税即可。

另外，自然人只有居住地，没有机构所在地，自然人出租不动产，只需在不动产所在地缴纳税款，不需要再回居住地申报缴纳，当然也不需要预缴税款。

小贴士

纳税人提供道路通行服务是否需要预缴呢？

"财税〔2016〕36号"文规定，道路通行服务按照不动产经营租赁服务缴纳增值税。但如果纳税人提供道路通行服务，也要实行不动产所在地预缴税款，机构所在地申报缴纳的方法，将给纳税人带来极大的办税难度。因为公路很长，可能跨好几个县（市、区）甚至跨省，纳税人每个县（市、区）都去预缴税款，是不可能实现的。因此，本办法将纳税人提供的道路通行服务排除在外。这样就是说，纳税人提供道路通行服务，在机构所在地直接申报纳税即可，不需要预缴税款。

（2）直辖市和计划单列市的纳税地点

目前，直辖市是中央直接管辖的市，是指北京、天津、上海、重庆。

国家社会与经济发展计划单列市，简称"计划单列市"。计划单列市是指大连、青岛、宁波、厦门、深圳。

《纳税人提供不动产经营租赁服务增值税征收管理暂行办法》（国家税务总局公告2016年第16号）第五条规定：纳税人出租的不动产所在地与其机构所在地在同一直辖市或计划单列市但不在同一县（市、区）的，由直辖市或计划单列市税务局决定是否在不动产所在地预缴税款。这一款规定也算是对个人"直辖市和计划单列市"给出了特别规定。

5.7.2　操作指南

根据现行政策，汇总之后的不动产经营租赁的操作要点见表5-11。

表5-11　纳税人不动产经营租赁操作要点简表

类型	计税方式	预征率	预缴税款计算	销售额	正常税率（征收率）	发票开具
一般纳税人	一般计税	3%	应预缴税款＝含税销售额÷（1＋9%）×3%	以取得的全部价款和价外费用为销售额	9%	（1）纳税人自行开具；（2）增值税专票或普通发票

续上表

类型	计税方式		预征率	预缴税款计算	销售额	正常税率（征收率）	发票开具
一般纳税人	简易计税		5%	应预缴税款＝含税销售额÷（1＋5%）×5%	以取得的全部价款和价外费用为销售额	5%	（1）纳税人自行开具；（2）增值税专用发票或普通发票
	个体工商户		5%减按1.5%	应预缴税款＝含税销售额÷（1＋5%）×1.5%		5%减按1.5%	（1）纳税人自行开具；（2）增值税专用发票或普通发票
小规模纳税人	简易计税	单位出租不动产	5%	应预缴税款＝含税销售额÷（1＋5%）×5%	以取得的全部价款和价外费用为销售额	5%	（1）自行开具增值税普通发票；（2）申请代开增值税普通发票或增值税专用发票
		个体工商户出租住房	5%减按1.5%	应预缴税款＝含税销售额÷（1＋5%）×1.5%		5%减按1.5%	（1）自行开具增值税普通发票；（2）申请代开增值税普通发票或增值税专用发票
	—	自然人出租住房	—	—	以取得的全部价款和价外费用为销售额	5%减按1.5%	申请代开增值税普通发票或增值税专用发票
	—	自然人出租非住房	—	—		5%	申请代开增值税普通发票或增值税专用发票

表 5-11 是纳税人提供不动产经营租赁的计算方法及开票方式汇总，纳税人可以根据企业自身情况查表操作。

另外注意，全面"营改增"政策规定中有两种情况也是按照"不动产经营租赁"来缴纳增值税的：

第一，"车辆通行费"。

"财税〔2016〕36 号文"附件 2 中关于不动产经营租赁服务的规定确定：公路经营企业中的一般纳税人选择一般计税方法，收取试点后开工的高速公路的车辆通行费，按照不动产经营租赁服务缴纳增值税，税率为 9%。公路经营企业中的小规模纳税人，按照 3% 的征收率计算应纳税额。

试点前开工的高速公路，是指相关施工许可证明上注明的合同开工日期在 2016 年 4 月 30 日前的高速公路。

提示

1. "试点前开工的高速公路"不是"试点前已经经营的高速公路"。

2. 减按3%，原税率不是3%，因此换算不含税收入时要用原税率，老项目即5%。

应纳税额＝销售收入÷（1＋5%）×3%

第二，"物业停车费"。

2016 年 5 月 1 日后，车辆停放服务按照不动产经营租赁服务缴纳增值税，一般纳税人适用 9% 的税率，其中出租其 2016 年 4 月 30 日前取得的不动产可以选择适用简易计税方法，征收率为 5%。小规模纳税人适用 5% 的征收率。

5.7.3　案例解析

【例 5-13】甲企业在北京市门头沟区注册成立，拥有北京市区多处不动产所有权，并取得产权证书。

（1）2019 年 6 月 30 日，出租其 2015 年购买的位于河北三河市写字楼，取得租金收入 3 000 万元（含税，下同）。纳税人 2015 年购买时的价格为 800 万元，销售不动产统一发票保留完整。

（2）2019 年 7 月 30 日，出租其 2014 年自己建造的位于门头沟城区的办公楼一层商铺，取得出租收入 4 000 万元，建造办公楼的成本为 1 400 万元。

（3）2019 年 10 月 30 日，出租其 2016 年 6 月购买的位于天津河东区的写字楼，取得转出租收入 2 000 万元，购买时的价格为 777 万元，取得了增值税专用发票显示税额为 77 万元。

（4）2016 年 3 月，投资经营高速公路项目，当年开工建设，2019 年 6 月 1 日开始经营，当月取得收入 5 000 万元。

问题：分析甲企业是一般纳税人或者小规模纳税人情况下，分别采用一般计税方法和简易计税方法时如何进项税款预缴与纳税申报？

解析：

①根据题意，业务（1）答案见表 5-12。

表 5-12　业务（1）答案解析简表

计税方法	一般纳税人	小规模纳税人
一般计税方法	（1）河北三河市税务预缴税款＝3 000÷（1＋9%）×3%＝82.57（万元） （2）门头沟税务申报税款＝3 000÷（1＋9%）×9%－82.57＝165.14（万元）	不适用
简易计税方法	（1）河北三河市税务预缴税款＝3 000÷（1＋5%）×5%＝142.86（万元） （2）门头沟税务申报税款＝3 000÷（1＋5%）×5%－142.86＝0（万元）	（1）河北三河市税务预缴税款＝3 000÷（1＋5%）×5%＝142.86（万元） （2）门头沟税务申报税款＝3 000÷（1＋5%）×5%－142.86＝0（万元）

②根据题意，业务（2）答案见表 5-13。

注意，由于北京市的特殊政策，如果该办公楼不在门头沟区，比如在北京市其他县市区的，答案是一样的。

表 5-13　业务（2）答案解析简表

计税方法	一般纳税人	小规模纳税人
一般计税方法	门头沟税务申报税款 = 4 000 ÷（1 + 9%）× 9% = 330.28（万元）	不适用
简易计税方法	门头沟税务申报税款 = 4 000 ÷（1 + 5%）× 5% = 190.48（万元）	门头沟税务申报税款 = 4 000 ÷（1 + 5%）× 5% = 190.48（万元）

③根据题意，业务（3）答案见表 5-14。

表 5-14　业务（3）答案解析简表

计税方法	一般纳税人	小规模纳税人
一般计税方法	（1）天津河东区税务预缴税款 = 2 000 ÷（1 + 9%）× 3% = 55.05（万元） （2）门头沟税务申报税款 = 2 000 ÷（1 + 9%）× 9% − 55.05 = 110.09（万元）	不适用
简易计税方法	不适用	（1）天津河东区税务预缴税款 = 2 000 ÷（1 + 5%）× 5% = 95.24（万元） （2）门头沟税务申报税款 = 2 000 ÷（1 + 5%）× 5% − 95.24 = 0（万元）

④根据题意，业务（4）答案见表 5-15。

表 5-15　业务（4）答案解析简表

计税方法	一般纳税人	小规模纳税人
一般计税方法	门头沟税务申报税款 = 5 000 ÷（1 + 9%）× 9% = 412.84（万元）	不适用
简易计税方法	门头沟税务申报税款 = 5 000 ÷（1 + 5%）× 3% = 142.86（万元）	门头沟税务申报税款 = 5 000 ÷（1 + 3%）× 3% = 145.63（万元）

5.8　其他增值税疑难问题的处理

本节主要针对实务中增值税处理的疑难问题进行分析，主要是涉及"营改增"重点领域，比如房地产、建筑、金融、现代服务等行业的痛点难点，遵循税收法规，找到问题的解决方案。

5.8.1　纳税人销售使用过的固定资产

固定资产是"财税〔2016〕36 号文"规定的范畴，即是指使用期限超过 12 个月的机器、机械、运输工具以及其他与生产经营有关的设备、工具、器具等有形动产。其他作为固定资产入账的不动产不属于该内容。

固定资产销售业务要把握固定资产或低值易耗品购进时候是否允许抵扣进项税，是否已经抵扣了进项税，一般纳税人依法抵扣过了的适用简易征收，否则都是需要按照适用税率征税的。

按照《国家税务总局关于简并增值税征收率有关问题的公告》（国家税务总局公告2014 年第 36 号）规定，纳税人销售使用过的固定资产计税政策见表 5-16。

表 5-16　纳税人销售使用过的固定资产计税政策

纳税人	情况分类	具体情形	税务处理	计算公式	备注
一般纳税人	销售自己使用过的物品	不得抵扣进项且未抵扣的固定资产	简易征收依 3% 征收率，且减按 2% 征收	增值税＝售价÷（1＋3%）×2%	—
		可以抵扣进项且已经抵扣的固定资产	按照适用税率征收；一般为 13%	增值税＝售价÷（1＋13%）×13%	—
		可以抵扣进项且实际没有抵扣进项税额的固定资产			税法允许抵扣，而由于企业某原因未抵扣
		除固定资产以外的其他物品			比如买废品、其他杂物
	销售旧货	指自己使用过的物品外的旧货	简易征收依 3% 征收率，且减按 2% 征收	增值税＝售价÷（1＋3%）×2%	指进入二次流通的具有部分使用价值的货物（含旧汽车、旧摩托车和旧游艇）
小规模纳税人	销售自己使用过的物品	固定资产	简易征收；依 3% 征收率，且减按 2% 征收	增值税＝售价÷（1＋3%）×2%	—
		除固定资产以外的其他物品	按 3% 的征收率征收增值税	增值税＝售价÷（1＋3%）×3%	比如买废品、其他杂物
	销售旧货	指自己使用过的物品外的旧货	简易征收；依 3% 征收率，且减按 2% 征收	增值税＝售价÷（1＋3%）×2%	指进入二次流通的具有部分使用价值的货物（含旧汽车、旧摩托车和旧游艇）

5.8.2　不动产对外投资的增值税处理

根据《财政部 国家税务总局关于股权转让有关营业税问题的通知》（财税〔2002〕191 号）第一条规定："以无形资产、不动产投资入股，与接受投资方利润分配，共同承担投资风险的行为，不征收营业税。"这曾经是营业税时代非常好的一个税收筹划点：不动产投资入股不征收营业税。但是全面"营改增"后，情况发生了变化，现有的"营改增"政策中没有明确提到是否应该缴纳增值税，但是从总局的各方面解释以及文件原理中可以判断出基本结论。

纳税人以无形资产或不动产作为投资，应按规定缴纳增值税。《营业税改征增值税试点实施办法》第十条规定："销售服务、无形资产或者不动产，是指有偿提供服务、有偿转让无形资产或者不动产。"《营业税改征增值税试点实施办法》第十一条规定："有偿，是指取得货币、货物或者其他经济利益。"以不动产投资，是以不动产为对价换取了被投资企业的股权，取得了"其他经济利益"，应当缴纳增值税。

另一个角度，根据《国家税务总局关于发布〈不动产进项税额分期抵扣暂行办法〉的公告》（国家税务总局公告 2016 年第 15 号）规定，投资入股取得的不动产可以抵扣进项税额，意味着投资方以不动产投资时需要开具发票和负担销项税额，从而间接说明以不动产投资属于后"销售不动产"税目的征税范围。

"不动产投资入股"的增值税税率税目由"不动产投资入股"操作方式决定的。

第一种情况，如果投资方以"不动产投资入股"，并且与被投资企业共担风险，共享收益的，不动产投资行为应该按照"销售不动产"来征税，新项目税率为 9% 或 5%。应税销售额应该是"取得被投资企业的股权价值"与"不动产原始价值"的差额。

考虑到投资方在以"不动产对外进行股权投资"时难以及时取得现金收益，投资当期全额缴纳增值税比较困难，而投资方如果不按照销售不动产缴纳增值税，被投资方也无法抵扣进项税额。所以，未来税务机关或许会综合考量上述问题，给出合理的延迟纳税政策。但是在新政策没有出台前，暂按照开票、交税操作。

第二种情况，如果投资方以"不动产投资入股"，名义上是股权投资，但实际上该投资者并不承担目标公司（被投资者）的营业风险，而是获取固定的收益。根据《国家税务总局关于以不动产或无形资产投资入股收取固定利润征收营业税问题的批复》（国税函〔1997〕490 号）文件精神：以不动产、土地使用权投资入股，收取固定利润的，属于将场地、房屋等转让他人使用的业务，应按"现代服务业"税目中"不动产经营租赁"项目缴纳增值税，新项目税率为 9% 或 5%。

提示

　　实务中操作"不动产投资入股"可以和增值税的一项优惠政策积极结合，合理筹划。即"在资产重组过程中，通过合并、分立、出售、置换等方式，将全部或者部分实物资产以及与其相关联的债权、负债和劳动力一并转让给其他单位和个人，其中涉及的不动产、土地使用权转让行为不征收增值税。"

5.8.3 房地产开发企业土地成本如何扣除

房地产开发包括土地开发和房屋开发。土地开发主要是指房屋建设的前期工作，主要有两种情形：一是土地开发，即把农业或者其他非城市用地改造为适合工商业、居民住宅、商品房以及其他城市用途的城市用地；二是旧城区改造或二次开发，即对已经是城市土地，但因土地用途的改变、城市规划的改变以及其他原因，需要拆除原来的建筑物，并对土地进行重新改造，投入新的劳动。

1. 土地价款的扣除问题

（1）土地价款的内容

房地产开发企业中的一般纳税人销售其开发的房地产项目（选择简易计税方法的房地产老项目除外），以取得的全部价款和价外费用，扣除受让土地时向政府部门支付的土地价款后的余额为销售额。房地产老项目，是指《建筑工程施工许可证》注明的合同开工日期在 2016 年 4 月 30 日前的房地产项目。

根据"财税〔2016〕140 号"文件规定:《营业税改征增值税试点有关事项的规定》（财税〔2016〕36 号）第一条第（三）项第 10 点中"向政府部门支付的土地价款"，包括土地受让人向政府部门支付的征地和拆迁补偿费用、土地前期开发费用和土地出让收益等。

文件明确了土地价款组成，主要包含三个部分：拆迁补偿费用（政府征地和拆迁发生的成本费用）、土地前期开发费用（政府一级开发成本，九通一平、规划、勘察等前期开发费用）、土地出让收益（政府取得的土地出让收益）。从纳税风险角度考虑，文件中"等"字可暂时理解为税务机关认可的其他内容，但是没有明确。同时，土地价款支付对象是按照《土地出让合同》中注明的土地价款直接向政府支付，同时取得省级以上（含省级）财政部门监（印）制的财政票据。

（2）土地价款扣减的合法凭据

试点纳税人按照规定从全部价款和价外费用中扣除的价款，应当取得符合法律、行政法规和国家税务总局规定的有效凭证。否则，不得扣除。

扣除的政府性基金、行政事业性收费或者向政府支付的土地价款，以省级以上（含省级）财政部门监（印）制的财政票据为合法有效凭证。

（3）销售额允许扣除土地价款的计算

房地产开发企业中的一般纳税人销售自行开发的房地产项目，适用一般计税方法计税，按照取得的全部价款和价外费用，扣除当期销售房地产项目对应的土地价款后的余额计算销售额。销售额的计算公式如下：

销售额＝（全部价款和价外费用—当期允许扣除的土地价款）÷（1＋9%）

提示

（1）土地价款并非一次性从销售额中全扣，而是要随着销售额的确认，逐步扣除。简单的说就是，要把土地价款按照销售进度，在不同的纳税期分期扣除，是"卖一套房，扣一笔与之相应的土地出让金"。

（2）允许扣除的土地价款包括新项目和选择一般计税方法的老项目。

对于房地产老项目，土地是在2016年5月1日之前取得的，如果选择适用一般计税方法且有合法的财政票据，其5月1日后确认的增值税销售额，也可以扣除对应的土地出让价款。

适用简易计税方法的房地产开发项目，不允许扣除土地价款。房地产兼有新老项目分别使用一般计税方法和简易计税方法的，需对扣减的土地价款进行划分。

（3）逐步扣除的土地价款公式计算：

当期允许扣除的土地价款＝（当期销售房地产项目建筑面积÷房地产项目可供销售建筑面积）×支付的土地价款当期销售房地产项目建筑面积，是指当期进行纳税申报的增值税销售额对应的建筑面积。

房地产项目可供销售建筑面积，是指房地产项目可以出售的总建筑面积，不包括销售房地产项目时未单独作价结算的配套公共设施的建筑面积。理论上，开发商将所有"可供"销售的面积卖完后，土地出让金应该全部扣除完。

支付的土地价款，是指向政府、土地管理部门或受政府委托收取土地价款的单位直接支付的土地价款。

（4）从政府部门取得的土地出让金返还款，可不从支付的土地价款中扣除。

2. 房地产企业缴纳土地出让金的滞纳金能否扣除

缴纳的土地出让金的滞纳金，属于处罚性质的行政收费，无法取得增值税专用发票或者财政性票据，因此不可抵扣。

3. 配套设施的土地价款扣除范围

房地产开发企业中的一般纳税人，销售其开发的房地产项目（选择适用简易计税方式的除外），单独作价销售的配套设施，例如幼儿园、会所等项目，其销售额可以扣除该配套设施所对应的土地价款。

5.8.4　项目公司实施开发的土地价款扣除

根据"财税〔2016〕140号文件"规定：房地产开发企业（包括多个房地产开发企业组成的联合体）受让土地向政府部门支付土地价款后，设立项目公司对该受让土地进行开发，项目公司按规定扣除房地产开发企业向政府部门支付的土地价款，应同时符合下列条件的：

（1）房地产开发企业、项目公司、政府部门三方签订变更协议或补充合同，将土地受让人变更为项目公司；

（2）政府部门出让土地的用途、规划等条件不变的情况下，签署变更协议或补充合同时，土地价款总额不变；

（3）项目公司的全部股权由受让土地的房地产开发企业持有。

根据《国土资源部招标拍卖挂牌出让国有土地使用权规范（试行）》（国土资发〔2006〕114号）规定："申请人竞得土地后，拟成立新公司进行开发建设的，应在申请书中明确新公司的出资构成、成立时间等内容。出让人可以根据招拍挂出让结果，先与竞得人签订《国有土地使用权出让合同》，在竞得人按约定办理完新公司注册登记后，再与新公司签订《国有土地使用权出让合同变更协议》；也可以直接与新公司签订《国有土地使用权出让合同》。

> **提示**
>
> （1）通过分析发现项目公司扣除土地价款从法理上是行得通的，当然也规定了要签订合法有效的三方协议，规定金额、土地用途、规划不发生改变，且项目公司是全部控股关系，即全资公司。
>
> （2）操作上，建议先由总公司完成签订土地出让合同，再由项目公司完成补充（变更）协议，涉及的土地立项、土地收据、土地登记等手续都变更到项目公司名下。也是考虑到后期企业所得税和土地增值税税前扣除条件。
>
> 另外，提示一下风险：项目公司错误扣除地价款，项目公司按照（财税〔2016〕140号）第八条规定承接了房地产开发企业所支付的土地价款后，若发生股权转让使得项目公司的股权不再全部由房地产开发企业持有，广东税务局这样则认定不符合（财税〔2016〕140号）第八条的规定。因此，房地产开发企业的项目公司在进行纳税申报时，应判断是否同时符合（财税〔2016〕140号）第八条规定的3个条件，以确认是否可从当期销售额中扣除对应的土地价款。

5.8.5 一次购地、分期开发的土地成本扣除

房地产企业分次开发的每一期都是作为单独项目进行核算的，这一操作模式与《房地产开发企业销售自行开发的房地产项目增值税征收管理暂行办法》（国家税务总局公告2016年第18号）中的"项目"口径一致。

对"一次拿地、分次开发"的情形，要分为两步走。第一步，要将一次性支付土地价款，按照土地面积在不同项目中进行划分固化；第二步，对单个房地产项目中所对应的土地价款，要按照该项目中当期销售建筑面积跟与可供销售建筑面积的占比，进行计算扣除。具体如下：

1. 计算出已开发项目所对应的土地出让金

已开发项目所对应的土地出让金＝土地出让金×（已开发项目占地面积÷开发用地总面积）

2. 计算当期允许扣除的土地价款

当期允许扣除的土地价款＝（当期销售房地产项目建筑面积 ÷ 房地产项目可供销售建筑面积）× 已开发项目所对应的土地出让金

当期销售房地产项目建筑面积，是指当期进行纳税申报的增值税销售额对应的建筑面积。

房地产项目可供销售建筑面积，是指房地产项目可以出售的总建筑面积，不包括销售房地产项目时未单独作价结算的配套公共设施的建筑面积。

按上述公式计算出的允许扣除的土地价款要按项目进行清算，且其总额不得超过支付的土地出让金总额。

5.8.6　征地过程中"拆迁补偿费"的扣除

向其他单位或个人支付的拆迁补偿费通常是指拆建单位依照规定标准向被拆迁房屋的所有权人或使用人支付的各种补偿金，主要包括房屋补偿费、周转补偿费和奖励性补偿费三方面。其票据主要是被拆迁房屋的所有权人或使用人出具的发票或者收据。

"财税〔2016〕140 号文"规定，《营业税改征增值税试点有关事项的规定》（财税〔2016〕36 号）规定：房地产开发企业中的一般纳税人销售其开发的房地产项目（选择简易计税方法的房地产老项目除外），在取得土地时向其他单位或个人支付的拆迁补偿费用也允许在计算销售额时扣除。

纳税人按上述规定扣除拆迁补偿费用时，应提供拆迁协议、拆迁双方支付和取得拆迁补偿费用凭证等能够证明拆迁补偿费用真实性的材料。

向其他单位或个人支付的拆迁补偿费用扣除时，应提供拆迁协议、拆迁双方支付和取得拆迁补偿费用凭证等能够证明拆迁补偿费用真实性的材料。

提示

> 拆迁补偿从拆迁协议、补偿标准、支付凭证、其他证明材料等都要准备齐全。

取得土地时缴纳的市政配套费、政府规费、排污费、契税、异地人防建设费等情况和拆迁补偿费处理情况是类似的。

5.8.7　股权收购拿地方式的土地成本扣减

当前，土地公开交易市场中企业之间的竞争日渐残酷，尤其在土地资源日益稀缺的一线城市和部分重点二线城市，僧多粥少的状况更加突出。因此，在传统招拍挂方式拿地的难度和成本越来越高的形势下，有不少开发企业开始将目光转向二级市场，通过股权收购、协议转让的方式"曲线入市"。那么房地产企业通过股权收购拿地方式，取得的土地相关成本能否扣减呢？

比如，甲房地产企业通过现金支付，收购乙公司 100% 股权，其中 A 地块为乙公司所属资产。

股权拿地后，分两种情况。

第一种情况，如果通过股权取得的公司不注销，以项目公司的名义经营开发相关土地。这种情况是回归了正常的房地产公司土地价款抵扣的问题。但是能否抵扣的主体是乙公司，甲企业无所谓抵扣的问题。

如果土地是通过招拍挂取得的，收购方按被收购方原来取得的国土部门出具的行政事业性收据，在确认销项税额时进行扣减；如果被收购方的土地是通过转让所得到的土地，可以抵扣取得增值税专用发票上的进项税额；如果被收购方是通过国家无偿划拨来的，则不能抵扣进项税的。

第二种情况，如果通过股权取得公司股权后，对乙公司进项吸收合并，乙公司注销。A 地块土地权属登记到甲公司，这时候甲公司取得 A 地块土地，但是能否抵扣的主体变为了甲企业。根据全面"营改增"相关政策"在资产重组过程中，通过合并、分立、出售、置换等方式，将全部或者部分实物资产以及与其相关联的债权、负债和劳动力一并转让给其他单位和个人，其中涉及的不动产、土地使用权转让行为不征收增值税"。所以甲公司取得土地，不属于增值税应税范围，不征收增值税。但是无法取得相关票据，不能抵扣任何有关土地的增值税进项税额。

5.8.8 "拆一还一"的增值税处理

1. 业务模式

拆迁人以自己建设的房屋或者外购的房屋补偿给被拆除房屋的所有人，使原所有人继续保持其对房屋的所有权，这就是我们通常所说的"拆一还一"实物补偿形式。

根据《城市房屋拆迁管理条例》的规定，房地产企业的拆迁补偿形式可归纳为两种：一种是实行货币补偿，拆迁人将被拆除房屋的价值，以货币结算方式补偿给被拆除房屋的所有人。

另一种是实行房屋产权调换。房地产开发公司以自己建设的房屋或者外购的房屋补偿给被拆除房屋的所有人，使原所有人继续保持其对房屋的所有权，房地产开发公司获得了相应的经济利益，实际上是以房屋换被拆迁人的土地使用权，即使其中涉及价差补款，属于典型的非货币交易。

根据"国税发〔2006〕187 号"第三条第（一）款规定，房地产开发企业将开发产品用于抵偿债务、换取其他单位和个人的非货币性资产等行为，发生所有权转移时应视同销售房地产。

2. 税务处理

根据实务中"拆一还一"的业务模式，房地产开发公司不管是通过货币补偿，还是产权调换，均应该按照现行政策，均需要缴纳增值税。但是如何缴纳增值税呢？

【例 5-14】 政府出让给磊峰地产集团公司 A 地块，出让协议约定土地出让价款 3 000 万元，磊峰地产集团公司取得拆迁许可证，取得该土地从事开发建设还要进行拆迁及安置补偿，货币拆迁费用 2 000 万元，产权调换补偿方式下建造成本支出 4 000 万元。

问题：从文件精神分析全面"营改增"后该业务如何交税？

解析：按照该文件精神，磊峰地产集团公司在这种模式下取得的土地成本实际为 3 000 + 2 000 + 4 000 = 9 000（万元）

那么，对于货币补偿或产权调换收取的价差收入直接确定收入额，缴纳增值税，如果是新项目税率为 9%。

其采取"产权调换"的"对偿还面积与拆迁建筑面积相等的部分，由当地税务机关按同类住宅房屋的成本价核定计征增值税"。

但是"成本价"如何核定？根据（财税〔2016〕36 号）文附件 1 第四十四条规定：

纳税人发生应税行为价格明显偏低或者偏高且不具有合理商业目的的，或者发生本办法第十四条所列行为而无销售额的，主管税务机关有权按照下列顺序确定销售额：

> （一）按照纳税人最近时期销售同类服务、无形资产或者不动产的平均价格确定。
> （二）按照其他纳税人最近时期销售同类服务、无形资产或者不动产的平均价格确定。
> （三）按照组成计税价格确定。组成计税价格的公式为：
> 组成计税价格＝成本×（1＋成本利润率）

成本利润率目前暂定为 10%。

但是"成本"中是否还包含地价呢？

房地产开发成本主要包含七大类成本，分别是：土地成本、前期费用、基础设施费、主体建筑工程费、主体安装工程费、配套设施费、开发间接费，一般将土地成本以外的各大项费用统称为"建安成本"或"工程成本"。我们可从下列政策中，得到一些启示：

穗地税发〔2000〕79 号："同类住宅房屋成本价"是指该房产开发商建造用于安置被拆迁户的房屋的工程成本价。

珠地税发〔2005〕415 号：考虑到被拆迁房产原占有土地，开发商不需对该土地支付成本，因此，补偿房产的成本价不应再计算土地成本。

《国家税务总局关于纳税人开发回迁安置用房有关营业税问题的公告》（国家税务总局公告 2014 年第 2 号）：纳税人以自己名义立项，在该纳税人不承担土地出让价款的土地上开发回迁安置房，并向原居民无偿转让回迁安置房所有权的行为，按照《中华人民共和国营业税暂行条例实施细则》视同销售不动产征收营业税，其计税营业额按规定予以核定，但不包括回迁安置房所处地块的土地使用权价款。

综上所述，可以看出，如果房地产规划部门批复立项的文件规定该建设项目为拆迁安置或其他政策性项目，原则上就以"建安成本"为组成计税价格依据，房地产开发企业取得土地方式上就可能是无偿划拨或者有出让金返还等形式，比如以政府划拨土地建造，就无所谓扣除土地价款差额缴纳增值税的问题。

如果是商品房项目，又依法取得土地并支付土地价款，还可以抵减增值税销项税额，再用"拆一还一"的模式，在核定征收时，有被税务机关确定为包含低价的风险。

5.8.9 参与政府土地一级开发项目的增值税处理

1. 代理支出拆迁补偿费并进行土地一级开发

房地产开发公司受托进行建筑物拆除、平整土地并代委托方向原土地使用权人支付拆迁补偿费的过程中，其提供建筑物拆除、平整土地劳务取得的收入应按照"建筑业"税目缴纳增值税，一般计税方法下，税率为 9%。

房地产开发公司代委托方向原土地使用权人支付拆迁补偿费的行为属于提供"经纪代理服务"行为，应以提供代理劳务取得的全部收入减去其代委托方支付的拆迁补偿费后的余额为营业额计算缴纳营业税，税率为 6%。

2. 投资政府土地改造项目

房地产开发公司与地方政府合作，投资政府土地改造项目（包括企业搬迁、危房拆除、土地平整等土地整理工作）。后期土地上市后，用取得收益偿还投资方的成本。那么房地产开发企业作为投资方取得收入以后如何缴纳增值税？要看具体情况区分：

第一情况，如果投资方仅是一个财务投资者，不参与项目运作，并且合同等证据必须列明风险共担。且土地拆迁、安置及补偿工作由地方政府指定其他企业进行，房地产开发公司作为投资方负责按计划支付土地整理所需资金。

同时，投资方作为建设方与规划设计单位、施工单位签订合同，协助地方政府完成土地规划设计、场地平整、地块周边绿化等工作，并直接向规划设计单位和施工单位支付设计费和工程款。当该地块符合国家土地出让条件时，地方政府将该地块进行挂牌出让，若成交价低于投资方投入的所有资金，亏损由投资方自行承担；若成交价超过投资方投入的所有资金，则所获收益归投资方。

那么这种行为按照《国家税务总局关于纳税人投资政府土地改造项目有关营业税问题的公告》（国家税务总局公告 2013 年第 15 号）文件精神，就是一种投资行为，产生投资收益的情况下，不在《销售服务、无形资产、不动产注释》中，不是增值税的应税范围。

> **提示**
>
> 这种情况的认定存在几个关键点：一是投资人负责筹集整个土地一级开发整理所需的全部资金；二是投资人作为土地一级开发整理的主体，与规划设计单位、施工单位签订相关合同并直接支付设计费用和工程款项；三是投资人承担土地一级开发整理的投资风险，即盈亏自负，风险自担。

第二情况，如果该投资方在投资政府土地改造项目过程中，只承担了项目全部资金的投入，不参与土地开发整理的具体管理事项，且投资收益采取计算投资资金利息和按一定比例计算投资资金回报的固定方式，不承担项目投资风险。

这种情况下，不管该投资公司在财务上如何核算，全面"营改增"后，应当认定为资金借贷行为，即资金贷与他人使用的行为，对所取得的投资资金利息和按一定比例计算的投资资金回报，应根据取得的固定资金回报金额按照"金融服务"缴纳增值税，税率为 6%。

第三情况，如果该投资方在投资政府土地改造项目过程中，承担了项目全部资金的投入，同时具体实施了土地一级开发（包括企业搬迁、危房拆除、土地平整等土地工作）事项，并且要求政府给予固定比例的利润。

这种情况下，要进行业务分拆和支出项目单独核算。如果在土地以及开发过程中提供了"建筑业"服务，则土地上市后补足建筑服务成本的收入应该按照 9% 缴纳增值税；取得固定比例的利润收入，应该按照"金融服务"缴纳增值税，税率为 6%。

5.8.10　合作建房拿地方式增值税处理

合作建房，是指由一方（以下简称甲方）提供土地使用权，另一方（以下简称乙方）提供资金，合作建房。全面"营改增"后，合作建房增值税的计税原理主要是视同销售即核定征收原则。主要政策依据是"财税〔2016〕36 号文"附件 1 第十四条、第四十四条的规定。

合作建房增值税的缴纳要根据合作模式分类决定：

1."以物易物"式合作建房

纯粹的"以物易物"，即双方以各自拥有的土地使用权和房屋所有权相互交换。具体的交换方式也有以下两种：

（1）土地使用权和房屋所有权相互交换，双方都取得了拥有部分房屋的所有权

比如：

①甲方以转让部分土地使用权为代价，换取部分房屋的所有权，发生了转让土地使用权的行为；对甲方应按"销售无形资产"税目中"转让土地使用权"缴纳增值税，税率为9%，如果是老项目还可以是5%，具体可见《销售服务、无形资产、不动产注释》。

②乙方则以转让部分房屋的所有权为代价，换取部分土地的使用权，发生了销售不动产的行为。对甲方应按"销售不动产"税目缴纳增值税，税率为9%，如果是老项目还可以是5%。

（2）以出租土地使用权为代价换取房屋所有权

例如，甲方将土地使用权出租给乙方若干年，乙方投资在该土地上建造建筑物并使用，租赁期满后，乙方将土地使用权连同所建的建筑物归还甲方。在这一经营过程中，乙方是以建筑物为代价换得若干年的土地使用权，甲方是以出租土地使用权为代价换取建筑物。

①甲方发生了出租土地使用权的行为，对其按"销售服务—现代服务业—租赁服务"缴纳增值税，税率为9%，如果为老项目税率可以为5%。

②乙方发生了销售不动产的行为，对其按"销售不动产"税目缴纳增值税，税率为9%，如果是老项目，税率是5%。

③同样，甲乙双方的增值税需要核定计算。

2．成立合营企业，合作建房

甲方以土地使用权、乙方以货币资金合股，成立合营企业，合作建房。对此种形式的合作建房，则要视具体情况确定如何征税。

（1）房屋建成后如果双方采取风险共担，利润共享的分配方式运营

①对甲方向合营企业提供的土地使用权，视为投资入股，按照取得合营公司的股权价值确定缴纳增值税，对其按"销售不动产"税目缴纳增值税，税率为9%，如果是老项目，税率是5%，同时甲方可以向合营企业开具专用发票用于抵扣。

提示

> 这一点是与营业税时代变化较大的地方，非货币资产投资、共担风险，共享利润的营业税时代是不交营业税的。而全面"营改增"后，非货币资产投资以其取得的股权价值为销售额，缴纳增值税。

②对乙方而言，以货币资金出资，不存在缴纳增值税的问题。

③合营企业后期销售房屋取得的收入按"销售不动产"的规定缴纳增值税、城建税、

教育费附加、土地增值税、企业所得税、印花税等税费。

（2）房屋建成后双方按一定比例分配房屋或收取固定利润

房屋建成后双方（或其中乙方）如果采取按销售收入的一定比例提成的方式参与分配或提取固定利润，则：

甲方将土地使用权用于合营企业，相当于转让，按"转让无形资产—转让自然资源使用权—转让土地使用权"缴纳增值税，税率为9%，如果是老项目，税率是5%，可以向合营企业开具专用发票用于抵扣。

乙方是以货币出资，乙方收取固定利润，相当于收取利息，按"贷款业务"缴纳增值税，税率为6%。利息不能抵扣，只能向合营企业开具普通发票，合营企业不允许抵扣进项税额。

（3）房屋建成后双方按一定比例分配房屋

这种情况下，对甲方向合营企业提供的土地使用权，相当于转让，按"转让无形资产—转让自然资源使用权—转让土地使用权"缴纳增值税，税率为9%，如果是老项目，税率是5%，可以向合营企业开具专用发票用于抵扣。

对乙方而言，以货币资金出资，不存在缴纳增值税的问题。

对合营企业的房屋，在分配给甲乙方后，如果各自销售，则再按"销售不动产"征税，税率为9%，如果是老项目，税率是5%。

5.8.11 园林绿化工程增值税处理

1. 园林绿化工程"营改增"后现状

建筑行业可以分为四大类：房建、基建、装饰、园林。相关数据显示，建筑业整体的产值利润率约为3.5%，其四大细分行业中，房建约为3.2%，基建约为3.7%，建筑装饰和建筑安装业为4.5%～5%，园林业的产值利润率则远高于5%。整体而言，建筑细分行业中，产值利润率越低的行业，"营改增"后受到的影响越小；而行业产值利润率越高的行业，"营改增"后受到的影响就越大。

园林业可以细分为四个行业：基建、装饰、园林、设计。根据"财税〔2016〕36号文"附件1"税目注释"第一条第四款第五项规定：其他建筑服务，是指上列工程作业之外的各种工程作业服务，如钻井（打井）、拆除建筑物或者构筑物、平整土地、园林绿化、疏浚（不包括航道疏浚）、建筑物平移、搭脚手架、爆破、矿山穿孔、表面附着物（包括岩层、土层、沙层等）剥离和清理等工程作业。由此可见，园林绿化工程按照建筑业纳税，一般纳税人最新税率为9%。

2. 房地产企业园林绿化工程的操作建议

园林绿化业划分在建筑服务—其他建筑服务类，费率为9%。对房地产企业而言，应该要求最大化地取得进项税额，尽可能地取得增值税专用发票。由于园林绿化企业有多种经营模式，如果以一般纳税人为例，具体情况见表5-17。

表5-17　园林绿化工程服务供销方税率差异

	经营模式		供应商（销项）	房地产企业（进项）	备注
1	苗木种植	出售 建筑绿化为辅	免征增值税	13%	《增值税暂行条例》第十五条规定，农业生产者销售的自产农产品免征增值税。《增值税暂行条例实施细则》第三十五条明确，条例第十五条所称农业是指种植业、养殖业、林业、牧业、水产业。农业生产者包括从事农业生产的单位和个人。农产品是指初级农产品，具体范围由财政部、国家税务总局确定。苗木自产自销，为免税行为
2		租摆 建筑绿化为辅	9%，13%；兼营分开核算	13%和9%	混合销售参考主业，混合销售是既涉及货物，又涉及服务。本题属于"财税〔2016〕36号文"附件1第三十九条"纳税人兼营销售货物、劳务、服务、无形资产或者不动产，适用不同税率或者征收率的，应当分别核算适用不同税率或者征收率的销售额；未分别核算的，从高适用税率"中规定的兼营行为
3	苗木种植	出售 建筑绿化为主	9%	9%	混合销售行为，参考企业的主营业务确定
4		租摆 建筑绿化为主	9%，13%；兼营分开核算	13%和9%	兼营业务，适用不同税率或者征收率的，应当分别核算适用不同税率或者征收率的销售额；未分别核算的，从高适用税率
5	苗木收购	出售 建筑绿化为辅	13%	13%	混合销售业务，主业为苗木销售，且为外购，因此税率为13%
6		租摆 建筑绿化为辅	9%，13%；兼营分开核算	13%和9%	兼营业务，适用不同税率或者征收率的，应当分别核算适用不同税率或者征收率的销售额；未分别核算的，从高适用税率
7	苗木收购	出售 建筑绿化为主	9%	9%	混合销售行为，参考企业的主营业务确定
8		租摆 建筑绿化为主	9%，13%；兼营分开核算	13%和9%	兼营业务，适用不同税率或者征收率的，应当分别核算适用不同税率或者征收率的销售额；未分别核算的，从高适用税率

通过表5-17看出：

（1）如果房地产企业存在苗木、花圃等租摆的情况

对于园林施工企业而言，属于经营不同税率的服务，是增值税兼营行为，应该分别

签订合同，分别按照"有形动产租赁"的 13% 以及"其他建筑工程"的 9% 核算，为分开核算的，要从高适用税率，即按照 13% 统一核算。

对于房地产企业而言，如果分开签订合同，可以分别得到 9%、13% 的进项发票；如果统一核算签订合同，可以得到 13% 的进项发票。具体如何需要合同双方进一步协商。

（2）如果房地产企业只存在苗木和花圃购入并进行园林绿化工程的情况。

对房地产企业而言，要尽量选择以苗木种植零售为主业的企业，签订统一的合同，取得 13% 的进项发票。

5.8.12　开发后自持项目增值税难点处理

1. 增值税处理

增值税应税范围一般应同时具备以下四个条件：①应税行为是发生在中华人民共和国境内；②应税行为是属于《销售服务、无形资产、不动产注释》范围内的业务活动；③应税服务是为他人提供的；④应税行为是有偿的。而房地产开发企业将自建房屋转为固定资产，不属于销售不动产，不属于为他人提供的应税服务，不属于需要缴纳增值税的经济行为，没有取得经济利益，不需要缴纳增值税。

那是不是视同销售行为呢？

房地产公司自行建造的房屋，自己在会计上作为固定资产核算，不是用于公益事业或者以社会公众为对象，也不是为其他单位或者个人提供服务或无偿转让不动产的行为，也不能做增值税视同销售处理。

综上所述，房地产开发企业自建房产转固定资产环节，更加接近不动产"自建"行为，自建行为本身不缴纳增值税，不做增值税视同销售处理。

2. 开发后自持项目进项税额扣除问题

房地产开发公司一般纳税人针对自己企业开发的房地产项目，"转让固定资产自持"的也是"取得不动产"的一种形式，更靠近"自建"的形式。按照以上政策规定，就应该抵扣开发环节的进项税额，比如建筑材料、建筑服务等相关成本的进项税额。

3. 自持项目对应的土地成本能否抵减？

根据《房地产开发企业销售自行开发的房地产项目增值税征收管理暂行办法》（国家税务总局公告 2016 年第 18 号）规定：

当期允许扣除的土地价款按照以下公式计算：

当期允许扣除的土地价款＝（当期销售房地产项目建筑面积 ÷ 房地产项目可供销售建筑面积）× 支付的土地价款

当期销售房地产项目建筑面积，是指当期进行纳税申报的增值税销售额对应的建筑面积。

房地产项目可供销售建筑面积，是指房地产项目可以出售的总建筑面积，不包括销售房地产项目时未单独作价结算的配套公共设施的建筑面积。

首先，根据上述政策，土地成本的扣除一定是在房地产开发的可销售项目中，显然"自持"项目不符合上述原则。

其次，既然把房地产企业开发后自持的项目视同企业"自建"不动产行为，那么，企业自建不动产行为没有政策显示"土地价款"可以扣除。

最后，实务中，土地成本的扣减是在确认房地产销项税额的时候进行的，即便是不进行"自持"，没有销售出去的房地产同样是不能扣减土地成本的。而且"自持"环节不视同销售，技术上无法进行销项税的确认，也无从抵减土地成本。

4. 开发后自持项目再出租能否简易计税

根据《财政部 国家税务总局关于进一步明确全面推开"营改增"试点有关再保险、不动产租赁和非学历教育等政策的通知》（财税〔2016〕68 号）规定：

房地产开发企业中的一般纳税人，出租自行开发的房地产老项目，可以选择适用简易计税方法，按照 5% 的征收率计算应纳税额。纳税人出租自行开发的房地产老项目与其机构所在地不在同一县（市）的，应按照上述计税方法在不动产所在地预缴税款后，向机构所在地主管税务机关进行纳税申报。

房地产开发企业中的一般纳税人，出租其 2016 年 5 月 1 日后自行开发的与机构所在地不在同一县（市）的房地产项目，应按照 3% 预征率在不动产所在地预缴税款后，向机构所在地主管税务机关进行纳税申报。

房地产开发企业中的小规模纳税人，出租自行开发的房地产项目，按照 5% 的征收率计算应纳税额。纳税人出租自行开发的房地产项目与其机构所在地不在同一县（市）的，应按照上述计税方法在不动产所在地预缴税款后，向机构所在地主管税务机关进行纳税申报。

5.8.13 以房抵顶工程款的增值税处理

实务中，有些房地产企业与建筑企业开始签订建筑安装合同时，就约定了将来以商品房抵顶工程款，有些房地产企业是在预先没有约定，到建设后期资金流转出现问题时被迫以商品房抵顶工程款，实质是以房抵债。那么以房屋抵顶工程款涉及的税务问题有哪些？

1．是否征税问题

以房抵顶工程款涉及的双方，一方无偿让渡房屋，减少了债务；一方无偿取得房屋，减少了债权。单位或个人以房屋抵顶有关债务，不论是经双方（或多方）协商决定的，还是由法院裁定的，其房屋所有权已发生转移，且原房主也取得了经济利益（减少了债务），双方均应视同销售。

因此，单位或个人以房屋或其他不动产抵顶有关债务的行为，房地产企业应按"销售不动产"税目缴纳增值税，税率为 9%。

为房地产企业施工的建筑企业应该按照"建筑服务"缴纳增值税，税率为 9%。

2．如何开具发票问题

房地产企业和建筑安装企业分别给对方开具发票。

房地产企业取得增值税专用发票，可以作为成本抵扣增值税进项税额。

建筑企业取得房地产公司开具的销售不动产增值税专用发票，取得不动产所有权，应该视该不动产用途决定，如果是用于办公或者生产经营则适用分期抵扣政策，如果是专用于集体福利则需要进项税额转出。

3．纳税义务发生时间

实务中，有企业针对如何产生纳税义务发生时间产生疑惑，认为双方应该在房产办理过户之后依法纳税？

"营改增"之前，《国家税务总局关于未办理土地使用权证转让土地有关税收问题的批复》（国税函〔2007〕645 号）规定："土地使用者转让、抵押或置换土地，无论其是否取得了该土地的使用权属证书，无论其在转让、抵押或置换土地过程中是否与对方当事人办理了土地使用权属证书变更登记手续，只要土地使用者享有占有、使用、收益或处分该土地的权利，且有合同等证据表明其实质转让、抵押或置换了土地并取得了相应的经济利益，土地使用者及其对方当事人应当依照税法规定缴纳营业税、土地增值税和契税等相关税收。"

所以根据以上政策精神，决定房地产企业和建筑企业纳税义务发生时间的不在于"是否已经过户"，而是要按照全面"营改增"政策中有关不同类型纳税义务发生的具体情况判断。

5.8.14　金融行业增值税操作政策指南

1．金融服务的增值税纳税人

（1）单位和个人

在中华人民共和国境内提供金融服务的单位和个人，为增值税纳税人。

"单位"是指企业、行政单位、事业单位、军事单位、社会团体及其他单位。"个人"是指个体工商户和其他个人。

"在境内销售提供金融服务"是指金融服务的销售方或者购买方在境内。

提示

企业之间以及企业与个人之间的借贷业务，是按照金融服务业缴纳增值税，企业或个人也是提供金融服务的纳税人。另外，各种资管产品运营过程中发生的增值税应税行为，以资管产品管理人为增值税纳税人。

（2）金融机构

①银行：包括人民银行、商业银行、政策性银行。

②信用合作社。

③证券公司。

④金融租赁公司、证券基金管理公司、财务公司、信托投资公司、证券投资基金。

⑤保险公司。

⑥其他经人民银行、银监会、证监会、保监会批准成立且经营金融保险业务的机构等。

2．金融服务的增值税征税范围

金融服务是指经营金融保险的业务活动，包括直接收费金融服务、贷款服务、金融商品转让和保险服务。

（1）直接收费金融服务

直接收费金融服务，是指为货币资金融通及其他金融业务提供相关服务并且收取费用的业务活动。包括提供货币兑换、账户管理、电子银行、信用卡、信用证、财务担保、资产管理、信托管理、基金管理、金融交易场所（平台）管理、资金结算、资金清算、金融支付等服务。

提示

实务中，企业收到证券公司、商业银行等其他承销机构开具的承销费、发行手续费等增值税专用发票，属于提供的直接收费金融服务。开具发票方应缴纳增值税，并可以开具增值税专用发票，支付方可以从销项税额中抵扣相应的进项税额。

另外，还要把握涉及"贷款服务"与"直接收费金融服务"的综合业务，合理的确定进项税额的抵扣范围。

（2）贷款服务

贷款，是指将资金贷与他人使用而取得利息收入的业务活动。

各种占用、拆借资金取得的收入，包括金融商品持有期间（含到期）利息（保本收益、报酬、资金占用费、补偿金等）收入、信用卡透支利息收入、买入返售金融商品利息收入、融资融券收取的利息收入，以及融资性售后回租、押汇、罚息、票据贴现、转贷等业务取得的利息及利息性质的收入，按照贷款服务缴纳增值税。

提示

根据"财税〔2016〕140号"文件规定："保本收益、报酬、资金占用费、补偿金"，是指合同中明确承诺到期本金可全部收回的投资收益。金融商品持有期间（含到期）取得的非保本的上述收益，不属于利息或利息性质的收入，不征收增值税。

典当行提供的典当服务属于"金融服务"中的"贷款服务"，其收回的赎金超过发放当金的部分属于利息，应就利息部分的收入缴纳增值税。

融资性售后回租，是指承租方以融资为目的，将资产出售给从事融资性售后回租业务的企业后，从事融资性售后回租业务的企业将该资产出租给承租方的业务活动。融资性售后回租服务是融资租赁范围中的特殊情况，属于贷款服务，应按照金融服务缴纳增值税。

提示

根据《国家税务总局关于融资性售后回租业务中承租方出售资产行为有关税收问题的公告》（国家税务总局公告2010年第13号）文件规定，售后回租业务中承租人出售资产的行为，不属于增值税征收范围，不征增值税。

以货币资金投资收取的固定利润或者保底利润，按照贷款服务缴纳增值税。

（3）金融商品转让

金融商品转让，是指转让外汇、有价证券、非货物期货和其他金融商品所有权的业务活动。其他金融商品转让包括基金、信托、理财产品等各类资产管理产品和各种金融衍生品的转让。

提示

"股权转让"不属于"金融商品转让"的范畴。

《关于明确金融房地产开发 教育辅助服务等增值税政策的通知》（财税〔2016〕140号）规定：纳税人购入基金、信托、理财产品等各类资产管理产品持有至到期的行为，也不属于"金融商品转让"的范畴。实务中，一般按照贷款服务缴纳增值税。

（4）保险服务

保险服务，是指投保人根据合同约定，向保险人支付保险费，保险人对于合同约定的可能发生的事故因其发生所造成的财产损失承担赔偿保险金责任，或者当被保险人死亡、伤残、疾病或者达到合同约定的年龄、期限等条件时承担给付保险金责任的商业保险行为，包括人身保险服务和财产保险服务。

人身保险服务，是指以人的寿命和身体为保险标的的保险业务活动。

财产保险服务，是指以财产及其有关利益为保险标的的保险业务活动。

👤 小贴士

汽车保险服务如何进行进项税抵扣？

在实践中，保险赔付支出有不同的形式，其进项税抵扣问题应具体问题具体分析并适用政策。

以车险为例，不同的车险业务，保险公司、投保人和修理厂之间的交易实质和权利义务不一样，适用的抵扣政策也不一样。目前主要存在两种情况：

第一种是行业所称的"实物赔付"。保险合同约定，保险公司的赔付方式是由保险公司将投保车辆修理至恢复原状。在车辆出险后，保险公司以自己的名义向修理厂购买修理服务并支付修理费。这种情况下，由于修理服务的实际购买方为保险公司，因此，保险公司可以凭修理厂向其开具的修理费专用发票行使抵扣权。

第二种是行业所称的"现金赔付"。保险合同约定，在车辆出险后，保险公司向被保险人支付赔偿金，由被保险人自行修理。在实际操作中，保险公司为了提高客户满意度，替被保险人联系修理厂对出险车辆进行维修，并将原应支付给被保险人的赔偿金转付给修理厂。这种情形下，由于修理服务的接受方是被保险人而不是保险公司，即使保险公司代被保险人向修理厂支付了修理费并取得相关发票，也不能将其作为保险公司的进项税额进行抵扣。

根据《国家税务总局关于国内旅客运输服务进项税抵扣等增值税征管问题的公告》《国家税务总局公告 2019 年第 31 号》文件规定：

（1）提供保险服务的纳税人以实物赔付方式承担机动车辆保险责任的，自行向车辆修理劳务提供方购进的车辆修理劳务，其进项税额可以按规定从保险公司销项税额中抵扣。

（2）提供保险服务的纳税人以现金赔付方式承担机动车辆保险责任的，将应付给被保险人的赔偿金直接支付给车辆修理劳务提供方，不属于保险公司购进车辆修理劳务，其进项税额不得从保险公司销项税额中抵扣。

（3）纳税人提供的其他财产保险服务，比照上述规定执行。

3. 金融业增值税税率和征收率

纳税人分为一般纳税人和小规模纳税人。纳税人提供金融服务的年应征增值税销售额超过 500 万元（含本数）的为一般纳税人，未超过规定标准的纳税人为小规模纳税人。

一般纳税人适用税率为 6%；小规模纳税人提供金融服务，以及特定金融机构中的一般纳税人提供的可选择简易计税方法的金融服务，征收率为 3%。

境内的购买方为境外单位和个人扣缴增值税的，按照适用税率扣缴增值税。

4. 金融业增值税销售额的确定

（1）贷款服务

以提供贷款服务取得的全部利息及利息性质的收入为销售额。

（2）直接收费金融服务

以提供直接收费金融服务收取的手续费、佣金、酬金、管理费、服务费、经手费、开户费、过户费、结算费、转托管费等各类费用为销售额。

（3）金融商品转让

按照卖出价扣除买入价后的余额为销售额。

转让金融商品出现的正负差，按盈亏相抵后的余额为销售额。若相抵后出现负差，可结转下一纳税期与下期转让金融商品销售额相抵，但年末时仍出现负差的，不得转入下一个会计年度。

金融商品的买入价，可以选择按照加权平均法或者移动加权平均法进行核算，选择后 36 个月内不得变更。

提示

金融商品转让适用差额征收的计税方法，并且不得开具增值税专用发票。另外，由于同一年度内，每月可以进行销售额正负差互抵，所以一定程度上金融企业可以通过金融转让业务操作，调节每月增值税纳税额。

1.基金类产品转让是否要交增值税？

（1）非持有至到期转让的基金类产品，视同金融产品转让需要缴纳增值税。

（2）持有至到期的基金类产品转让分以下两种情况缴税：非保本的免征增值税；保本的需要缴纳增值税。

2.以下8种情形的金融商品转让收入，免缴增值税。

（1）合格境外投资者（QFII）委托境内公司在我国从事证券买卖业务。

（2）香港市场投资者（包括单位和个人）通过沪港通买卖上海证券交易所上市A股。

（3）对香港市场投资者（包括单位和个人）通过基金互认买卖内地基金份额。

（4）证券投资基金（封闭式证券投资基金，开放式证券投资基金）管理人运用基金买卖股票、债券。

（5）个人从事金融商品转让业务。

（6）全国社会保障基金理事会、全国社会保障基金投资管理人运用全国社会保障基金买卖证券投资基金、股票、债券取得的金融商品转让收入财税〔2016〕39号 。

（7）人民币合格境外机构投资者（RQFII）委托境内公司在我国从事证券买卖业务。

（8）经人民银行认可的境外机构投资银行间本币市场取得的收入。

（4）经纪代理服务

以取得的全部价款和价外费用，扣除向委托方收取并代为支付的政府性基金或者行政事业性收费后的余额为销售额。向委托方收取的政府性基金或者行政事业性收费，不得开具增值税专用发票。

（5）融资性售后回租服务

经人民银行、银监会或者商务部批准从事融资租赁业务的试点纳税人，提供融资性售后回租服务，以取得的全部价款和价外费用（不含本金），扣除对外支付的借款利息（包括外汇借款和人民币借款利息）、发行债券利息后的余额作为销售额。

> **提示**
>
> 　　第一，向"人民银行、银监会或者商务部""商务部授权的省级商务主管部门和国家经济技术开发区"进行备案后从事融资性售后回租服务的企业，也按照金融服务业缴纳增值税；第二，融资性售后回租服务业务的销售额不包括"本金"，"本金"为书面合同约定的当期应当收取的本金，无书面合同或者书面合同没有约定的，为当期实际收取的本金；
>
> 　　第三，试点纳税人提供有形动产融资性售后回租服务，出租人向承租方收取的有形动产价款本金，不得开具增值税专用发票，可以开具普通发票；第四，融资性售后回租服务的增值税税率为6%，对其增值税实际税负超过3%的部分实行增值税即征即退政策。

5．金融业增值税纳税地点的选择

（1）属于固定业户的纳税人提供金融服务应当向其机构所在地或者居住地的主管税务机关申报纳税。

（2）总机构和分支机构不在同一县（市）的，应当分别向各自所在地的主管税务机关申报纳税；经财政部和国家税务总局或者其授权的财政和税务机关批准，可以由总机构汇总向总机构所在地的主管税务机关申报纳税。

> **提示**
>
> 　　总机构申报后，分支机构一般按照总部下发的《汇总纳税企业增值税分配表》到分支机构所在地主管国税机关自行缴纳税款，不用再次申报。

（3）属于固定业户的试点纳税人，总分支机构不在同一县（市），但在同一省（自治区、直辖市、计划单列市）范围内的，经省（自治区、直辖市、计划单列市）财政厅（局）和税务局批准，可以由总机构汇总向总机构所在地的主管税务机关申报缴纳增值税。

（4）扣缴义务人应当向其机构所在地或者居住地主管税务机关申报缴纳扣缴的税款。

> **提示**
>
> 　　采取汇总纳税的金融机构，省、自治区所辖地市以下分支机构可以使用地市级机构统一领取的增值税专用发票；直辖市、计划单列市所辖区县及以下分支机构可以使用直辖市、计划单列市机构统一领取的增值税发票。

6. 纳税义务发生时间

（1）基本规定

纳税人提供金融服务（不含金融商品转让）并收讫销售款项或者取得索取销售款项凭据的当天；先开具发票的，为开具发票的当天。

收讫销售款项，是指纳税人提供金融服务过程中或者完成后收到款项。

取得索取销售款项凭据的当天，是指书面合同确定的付款日期；未签订书面合同或者书面合同未确定付款日期的，为金融服务完成的当天。

（2）特殊规定

①纳税人从事金融商品转让，为金融商品所有权转移的当天。

②单位或者个体工商户向其他单位或者个人无偿提供金融服务的（用于公益事业或者以社会公众为对象的除外），其纳税义务发生时间为金融服务完成的当天。

③增值税扣缴义务发生时间为纳税人增值税纳税义务发生的当天。

④银行、财务公司、信托投资公司、信用社的纳税期限为 1 个季度。

5.8.15　金融企业应收未收利息增值税处理

1. 应收未收利息的处理

金融企业发放贷款后，自结息日起 90 天内发生的应收未收利息按现行规定缴纳增值税，自结息日起 90 天后发生的应收未收利息暂不缴纳增值税，待实际收到利息时按规定缴纳增值税。

上述所称"金融企业"，是指银行（包括国有、集体、股份制、合资、外资银行以及其他所有制形式的银行）、城市信用社、农村信用社、信托投资公司、财务公司。

提示

（1）"发放贷款"业务，是指纳税人提供的贷款服务，是指《销售服务、无形资产、不动产注释》（财税〔2016〕36号文件印发）中"贷款服务"税目注释的范围。一般纳税人"发放贷款"业务税率为6%。

（2）"金融企业"的范围。2016年12月25日，财政部、国家税务总局联合印发了《关于明确金融 房地产开发 教育辅助服务等增值税政策的通知》（财税〔2016〕140号），财税〔2016〕140号扩大了"金融企业"的范围，规定"证券公司、保险公司、金融租赁公司、证券基金管理公司、证券投资基金以及其他经人民银行、银监会、证监会、保监会批准成立且经营金融保险业务的机构"发放贷款后的自结息日起90天内发生的应收未收利息也按照上述要求处理。

2．实务处理的关键点

（1）注意金融企业应收未收贷款利息的增值税纳税义务发生时间。

贷款预期后，90 天内按照增值税纳税义务发生时间（合同约定付息日）计提利息、计提销项税额，纳税。

90 天后仍未收回，先在 90 天的当月冲减原来的收入、做销项税额的红字冲销，等到实际收到逾期利息款时，再计算 90 天后发生的利息和相关税金，计收入、计提销项税额。原 90 天内发生的利息不再计缴税款。

（2）增值税对逾期超过 90 天的应收未收利息实际上是按照"收付实现制"原则确定纳税义务发生时间的，不同于一般增值税"权责发生制"的特点，不能按照一般增值税上下关联，一环套一环的思路去计算。

（3）逾期 90 天后的利息注意还包括原本金延续计算的加息、罚息。

5.8.16　股权转让的增值税处理

实务中，股权转让是否需要像金融商品转让一样差额计交增值税呢？

首先，我们界定"股权转让"是非上市公司的股权转让，区别于上市公司的股票转让。

根据《财政部 国家税务总局关于全面推开营业税改征增值税试点的通知》（财税〔2016〕36 号）规定，金融商品转让，是指转让外汇、有价证券、非货物期货和其他金融商品所有权的业务活动。其中，

"有价证券"是指具有一定价格和代表某种所有权或债权的凭证，包括股票和债券。股票转让按照买入卖出差价（含红利）征收增值税。

"非货物期货"包括股指期货、外汇期货。另外，"货物期货"是在实物交割环节、实物交割的部分缴纳增值税。

"其他金融商品转让"包括基金、信托、理财产品等各类资产管理产品和各种金融衍生品的转让。

通过对上述规定的分析，我们发现"金融商品转让"不包括"股权转让"，转让非上市公司的股权，股权区别于有价证券的股票，包括转让债权，不属于增值税的征收范围，不征收增值税。对于上市公司的股票买卖，个人买卖不缴增值税，企业买卖股票需要缴增值税。对新三板挂牌企业的股票买卖，实务中认为新三板属于非上市公众公司，按照不缴纳增值税处理。有关这一问题，虽然总局层面文件里面没有具体明确，但是在各地方税务机关的"营改增"政策指引中能够得到答案，比如江西国税。

> **提示**
>
> 　　原始股解禁后转让是按照"金融商品转让"缴纳增值税，还是按照"股权转让"不征收增值税？实务中有争议。
>
> 　　一方面有人认为，原始股是公司在上市之前发行的股票，实质上不应该作为金融商品对待，解禁后转让应该按照"股权转让"不征收增值税。
>
> 　　另一方面有人认为，解禁后的股票属于有价证券，当然属于金融商品的组成部分，解禁股票转让应按照卖出价扣除买入价后的余额为销售额计算缴纳增值税。

5.8.17　资管产品的增值税处理

1. 资管产品概念界定

资管产品，是资产管理类产品的简称，包括银行理财产品、资金信托（包括集合资金信托、单一资金信托）、财产权信托、公开募集证券投资基金、特定客户资产管理计划、集合资产管理计划、定向资产管理计划、私募投资基金、债权投资计划、股权投资计划、股债结合型投资计划、资产支持计划、组合类保险资产管理产品、养老保障管理产品。简单说，资产管理的实质就是受人之托，代人理财。各类资管产品中，受投资人委托管理资管产品的基金公司、信托公司、银行等就是资管产品的管理人。

资管产品管理人，包括银行、信托公司、公募基金管理公司及其子公司、证券公司及其子公司、期货公司及其子公司、私募基金管理人、保险资产管理公司、专业保险资产管理机构、养老保险公司。

与资管行业相关业务行为主要有：对资管产品的日常管理维护、运用资管产品资产发放贷款、运用资管产品资产进行投资。在"财税〔2016〕36 号"文中，将金融服务相关的应税行为分为四大类：① 直接收费金融服务；② 贷款服务；③ 金融商品转让；④ 保险服务，资管业务主要涉及前三类，资产行业的三种业务行为也分别对应金融服务三种应税行为。

2. 政策解析

关于资管产品增值税有关问题的税收政策较多，主要集中在"财税〔2016〕140 号、财税〔2017〕2 号、财税〔2017〕56 号、财税〔2017〕90 号"等文件中。

原营业税税制下，对资管类产品如何缴纳营业税问题，《财政部 国家税务总局关于信贷资产证券化有关税收政策问题的通知》（财税〔2006〕5 号）已有明确规定。增值税和营业税一样，均是针对应税行为征收的间接税。

营改增后，资管产品的征税机制并未发生变化。资管产品运营过程中发生的增值税应税行为，以资管产品管理人为增值税纳税人。具体到资管产品管理人，其在以自己名义运营资管产品资产的过程中，可能发生多种增值税应税行为。例如，因管理资管产品而固定收取的管理费（服务费），应按照"直接收费金融服务"缴纳增值税；运用资管产品资产发放贷款取得利息收入，应按照"贷款服务"缴纳增值税；运用资管产品资产进行投资等，则应根据取得收益的性质，判断其是否发生增值税应税行为，并应按现行规定缴纳增值税。

3．资管产品增值税处理

（1）资管产品管理人运营资管产品过程中发生的增值税应税行为，暂适用简易计税方法，按照 3% 的征收率缴纳增值税。

> **提示**
>
> 大多为按照贷款服务和金融商品转让等征税的业务。

（2）管理人接受投资者委托或信托对受托资产提供的管理服务以及管理人发生的除资管产品运营业务以外的其他增值税应税行为，按照现行规定缴纳增值税。

> **提示**
>
> 一般属于金融服务应税行为中的"直接收费金融服务"业务，比如管理费。一般纳税人增值税税率为6%。

（3）管理人应分别核算资管产品运营业务和其他业务的销售额和增值税应纳税额。未分别核算的，资管产品运营业务不得适用简易计税方法。

（4）管理人可选择分别或汇总核算资管产品运营业务销售额和增值税应纳税额。

（5）管理人应按照规定的纳税期限，汇总申报缴纳资管产品运营业务和其他业务增值税。

（6）根据"财税〔2016〕140号"文件规定："保本收益、报酬、资金占用费、补偿金"，是指合同中明确承诺到期本金可全部收回的投资收益。金融商品持有期间（含到期）取得的非保本的上述收益，不属于利息或利息性质的收入，不征收增值税。

4．资管产品提供贷款服务和金融商品转让的销售额确认

根据《财政部 税务总局关于资管产品增值税有关问题的通知》（财税〔2017〕56号）有关规定，自 2018 年 1 月 1 日起，资管产品管理人运营资管产品提供的贷款服务、发生的部分金融商品转让业务，按照以下规定确定销售额：

（1）提供贷款服务，以 2018 年 1 月 1 日起产生的利息及利息性质的收入为销售额。

> **提示**
>
> 纳税人购入基金、信托、理财产品等各类资产管理产品持有至到期，不属于《销售服务、无形资产、不动产注释》（财税〔2016〕36号）第一条第（五）项第4点所称的金融商品转让。总体而言，通过投资而收取的固定利润或保本收益、持有至到期投资（免征情况除外）、委托贷款的都需要按照贷款服务缴纳增值税。

（2）转让 2017 年 12 月 31 日前取得的股票（不包括限售股）、债券、基金、非货物期货，可以选择按照实际买入价计算销售额，或者以 2017 年最后一个交易日的股票收盘价（2017 年最后一个交易日处于停牌期间的股票，为停牌前最后一个交易日收盘价）、债券估值（中债金融估值中心有限公司或中证指数有限公司提供的债券估值）、基金份额净值、非货物期货结算价格作为买入价计算销售额。

5.8.18　物业公司转售水电费的增值税操作

根据《财政部 国家税务总局关于简并增值税征收率政策的通知》（财税〔2014〕57 号）和《财政部 国家税务总局关于部分货物适用增值税低税率和简易办法征收增值税政策的通知》（财税〔2009〕9 号）文件规定：

一般纳税人的自来水公司销售自来水按简易办法依照 3% 征收率征收增值税，不得抵扣其购进自来水取得增值税扣税凭证上注明的增值税税款。

上述政策按照实务执行"自来水公司"才能适用"3% 征收率征收增值税"。

对物业公司而言，自来水公司、电力公司向物业管理公司开具发票的，物业管理公司以自己名义向住户开具发票的，属于转售水、电的行为，应分别按照税率或征收率缴纳增值税，即：

一般纳税人，销售水费税率为 13%，销售电费税率为 17%；小规模纳税人，销售水、电费征收率均为 3%。

也就意味着，物业公司一般纳税人销售水费税率为 13%，可以抵扣从自来水公司获取的征收率 3% 的专票，因此也出现进项和销售的倒挂。另外，代收水电费并向业主开具发票的物业公司，"营改增"后，税负也明显增加。

根据《国家税务总局关于物业管理服务中收取的自来水水费增值税问题的公告》（国家税务总局公告 2016 年第 54 号 ）文件规定，提供物业管理服务的纳税人，向服务接受方收取的自来水水费，以扣除其对外支付的自来水水费后的余额为销售额，按照简易计税方法依 3% 的征收率计算缴纳增值税。

比如，甲物业公司向所管理住宅小区转售水费，9 月份向小区居民收取水费 20 万元，同时支付给所在区自来水供水公司 17 万元水费。若甲公司按照选择简易计税差额纳税则其 9 月份该笔业务的应纳税额计算如下：

应纳税额 ＝（20 － 17）÷（1 ＋ 3%）× 3% ＝ 0.09（万元）。

最后需要注意的是，有些企业不是物业公司，水电销售不属于营业范围，担心能否因为转售水电开具增值税发票的问题？"国家税务总局公告 2016 年第 54 号"文件也是强调"提供物业管理服务的纳税人"，并不是转指物业公司；也有人根据"物业管理"的定义得出其他企业不属于物业管理公司，不能适用简易征收的解释，但是实务中即便是超范围经营了，也可以通过去税务机关进行备案，进行税种登记来开具自行开具发票或代开发票的。

5.8.19 劳务派遣业务的增值税处理

1. 计税政策

全面"营改增"政策发布伊始，劳务派遣业务没有给出差额征收的计税政策，而在原营业税时代，劳务派遣业务基本上是按照差额征收计交营业税。因此，劳务派遣业务的安保公司、劳务外包公司等税负明显上升。

2016 年 4 月 30 日，财政部、国家税务总局发布了《关于进一步明确全面推开"营改增"试点有关劳务派遣服务、收费公路通行费抵扣等政策的通知》（财税〔2016〕47 号），给出了劳务派遣行业一个大红包。具体政策内容如下：

劳务派遣服务，是指劳务派遣公司为了满足用工单位对于各类灵活用工的需求，将员工派遣至用工单位，接受用工单位管理并为其工作的服务。

（1）一般纳税人

一般纳税人提供劳务派遣服务，可以按照《财政部 国家税务总局关于全面推开营业税改征增值税试点的通知》（财税〔2016〕36 号）的有关规定，以取得的全部价款和价外费用为销售额，按照一般计税方法计算缴纳增值税，税率为 6%。

一般纳税人提供劳务派遣服务，也可以选择差额纳税，以取得的全部价款和价外费用，扣除代用工单位支付给劳务派遣员工的工资、福利和为其办理社会保险及住房公积金后的余额为销售额，按照简易计税方法计算缴纳增值税，征收率为 5%。

（2）小规模纳税人

小规模纳税人提供劳务派遣服务，可以按照《财政部 国家税务总局关于全面推开营业税改征增值税试点的通知》（财税〔2016〕36 号）的有关规定，以取得的全部价款和价外费用为销售额，按照简易计税方法计算缴纳增值税，征收率为 3%。

小规模纳税人提供劳务派遣服务，也可以选择差额纳税，以取得的全部价款和价外费用，扣除代用工单位支付给劳务派遣员工的工资、福利和为其办理社会保险及住房公积金后的余额为销售额，按照简易计税方法计算缴纳增值税，征收率为 5%。

2. 发票如何开具

按照现行政策规定适用差额征税办法缴纳增值税，纳税人自行开具或者税务机关代开增值税发票时，通过新系统中差额征税开票功能开具。

（1）一般纳税人提供劳务派遣服务

①一般计税方法。全额开具增值税专用发票，接受服务方按取得的增值税专用发票上注明的增值税额，按照相关规定抵扣进项税额。

②简易计税方法。按照差额办法开具发票，接受方按取得的增值税专用发票上注明的增值税额，按照相关规定抵扣进项税额。

提示

　　选择差额纳税的纳税人，向用工单位收取用于支付给劳务派遣员工工资、福利和为其办理社会保险及住房公积金的费用，不得开具增值税专用发票，可以开具普通发票。

（2）小规模纳税人提供劳务派遣服务

①正常简易计税方法。去税务机关全额代开增值税专用发票，接受服务方按取得代开的增值税专用发票上注明的增值税额，按照相关规定抵扣进项税额。

②特殊简易计税方法依。即按照 5% 差额纳税的，按照差额办法去税务机关代开发票。

5.8.20　电信业积分兑换电信服务的增值税处理

1. 电信业积分兑换其他实物商品

根据《中华人民共和国增值税暂行条例实施细则》第四条："单位或者个体工商户的下列行为，视同销售货物：将自产、委托加工或者购进的货物无偿赠送其他单位或者个人"。

因此，应按照赠送商品的适用税率缴纳增值税，增值税税率一般为 13%。

2. 电信业积分兑换除电信业服务以外的其他应税服务

根据"财税〔2016〕36 号文"附件 1 第十四条规定："下列情形视同销售服务、无形资产或者不动产：①单位或者个体工商户向其他单位或者个人无偿提供服务，但用于公益事业或者以社会公众为对象的除外。②单位或者个人向其他单位或者个人无偿转让无形资产或者不动产，但用于公益事业或者以社会公众为对象的除外。③财政部和国家税务总局规定的其他情形。"

因此，应该按照服务的适用税率缴纳增值税，增值税税率一般为 9%、6% 或者 5% 等。

3. 电信业积分兑换电信服务

该问题和"航空运输积分兑换航空运输服务"是否征收增值税的问题一样。

根据《财政部 国家税务总局关于将电信业纳入营业税改征增值税试点的通知》（财税〔2014〕43 号）第七条规定，以积分兑换形式赠送的电信业服务，不征收增值税。由于文件规定积分兑换形式赠送的电信服务不征收增值税，当然不需要开具发票。但是，

2016 年 5 月 1 日营改增全面实施，"财税〔2016〕36 号文"出台后规定，"财税〔2013〕106 号""财税〔2014〕43 号"除另有规定的条款外，相应废止。因此原来文件中"电信积分兑换电信服务、航空运输积分兑换航空运输服务不征收增值税"的规定，在"财税〔2016〕36 号文"中没有给出新的特别规定，意味着相应废止，应该按照"财税〔2016〕36 号文"附件 1 第十四条的规定缴纳增值税。

实务中，北京税务局和四川税务局对"航空积分换里程"的行为都要求按规定缴纳增值税。根据现有政策看，"积分兑换电信服务"、"航空运输积分兑换航空运输服务"的行为需要按照"财税〔2016〕36 号文"附件 1 第十四条的规定视同销售缴纳增值税。

5.8.21 电力产品增值税处理

2005 年 2 月 1 日开始实施的《电力产品增值税征收管理办法》（国家税务总局令第 10 号）对发、供电企业的电力产品增值税处理做了详细规定。之后该办法又经"国家税务总局令第 44 号"修订，于 2018 年 6 月 15 日公布实施。具体内容如下：

1. 电力产品增值税纳税人及销售额的确定

生产、销售电力产品的单位和个人为电力产品增值税纳税人，并按本办法规定缴纳增值税。

电力产品增值税的计税销售额为纳税人销售电力产品向购买方收取的全部价款和价外费用，但不包括收取的销项税额。价外费用是指纳税人销售电力产品在目录电价或上网电价之外向购买方收取的各种性质的费用。

供电企业收取的电费保证金，凡逾期（超过合同约定时间）未退还的，一律并入价外费用缴纳增值税。

2. 电力产品增值税纳税模式

（1）发电企业（电厂、电站、机组，下同）生产销售的电力产品，按照以下规定计算缴纳增值税：

独立核算的发电企业生产销售电力产品，按照现行增值税有关规定向其机构所在地主管税务机关申报纳税；具有一般纳税人资格或具备一般纳税人核算条件的非独立核算的发电企业生产销售电力产品，按照增值税一般纳税人的计算方法计算增值税，并向其机构所在地主管税务机关申报纳税。

不具有一般纳税人资格且不具有一般纳税人核算条件的非独立核算的发电企业生产销售的电力产品，由发电企业按上网电量，依核定的定额税率计算发电环节的预缴增值税，且不得抵扣进项税额，向发电企业所在地主管税务机关申报纳税。计算公式为：

预征税额＝上网电量 × 核定的定额税率

（2）供电企业销售电力产品，实行在供电环节预征、由独立核算的供电企业统一结算的办法缴纳增值税，具体办法如下：

独立核算的供电企业所属的区县级供电企业，凡能够核算销售额的，依核定的预征率计算供电环节的增值税，不得抵扣进项税额，向其所在地主管税务机关申报纳税；不能核算销售额的，由上一级供电企业预缴供电环节的增值税。计算公式为：

预征税额＝销售额 × 核定的预征率

供电企业随同电力产品销售取得的各种价外费用一律在预征环节依照电力产品适用的增值税税率征收增值税，不得抵扣进项税额。

（3）实行预缴方式缴纳增值税的发、供电企业按照隶属关系由独立核算的发、供电企业结算缴纳增值税，具体办法为：

独立核算的发、供电企业月末依据其全部销售额和进项税额，计算当期增值税应纳税额，并根据发电环节或供电环节预缴的增值税税额，计算应补（退）税额，向其所在地主管税务机关申报纳税。计算公式为：

应纳税额＝销项税额—进项税额

应补（退）税额＝应纳税额—发（供）电环节预缴增值税额

独立核算的发、供电企业当期销项税额小于进项税额不足抵扣，或应纳税额小于发、供电环节预缴增值税税额形成多交增值税时，其不足抵扣部分和多交增值税额可结转下期抵扣或抵减下期应纳税额。

（4）不同投资、核算体制的机组，由于隶属于各自不同的独立核算企业，应按上述规定分别缴纳增值税。

（5）对其他企事业单位销售的电力产品，按现行增值税有关规定缴纳增值税。

（6）实行预缴方式缴纳增值税的发、供电企业，销售电力产品取得的未并入上级独立核算发、供电企业统一核算的销售收入，应单独核算并按增值税的有关规定就地申报缴纳增值税。

（7）实行预缴方式缴纳增值税的发、供电企业生产销售电力产品以外的其他货物和应税劳务，如果能准确核算销售额的，在发、供电企业所在地依适用税率计算缴纳增值税。不能准确核算销售额的，按其隶属关系由独立核算的发、供电企业统一计算缴纳增值税。

3. 发电、供电企业销售电力产品的纳税义务发生时间

（1）发电企业和其他企事业单位销售电力产品的纳税义务发生时间为电力上网并开具确认单据的当天。

（2）供电企业采取直接收取电费结算方式的，销售对象属于企事业单位，为开具发票的当天；属于居民个人，为开具电费缴纳凭证的当天。

（3）供电企业采取预收电费结算方式的，为发行电量的当天。

（4）发电、供电企业将电力产品用于非应税项目、集体福利、个人消费，为发出电量的当天。

（5）发电、供电企业之间互供电力，为双方核对计数量，开具抄表确认单据的当天。

（6）发电、供电企业销售电力产品以外其他货物，其纳税义务发生时间按《中华人民共和国增值税暂行条例》及其实施细则的有关规定执行。

第 6 章

会计处理　突破难点

增值税会计核算主要围绕"应交税费"明细科目进行。增值税一般纳税人应当在"应交税费"科目下设置"应交增值税""未交增值税""预交增值税""待抵扣进项税额""待认证进项税额""待转销项税额""增值税留抵税额""简易计税""转让金融商品应交增值税""代扣代交增值税"等明细科目；小规模纳税人只需在"应交税费"科目下设置"应交增值税"明细科目，不需要设置上述专栏及除"转让金融商品应交增值税""代扣代交增值税"外的明细科目。本章以"应交税费"二级科目为主线，分别讲解如何进行会计处理。本章针对日常不同业务，不同核算方法，给出大量案例，提示会计核算技巧。

6.1　增值税会计科目设置

1．增值税会计科目设置明细

2016 年 12 月 3 日，财政部发布了《财政部关于印发〈增值税会计处理规定〉的通知》（财会〔2016〕22 号）。该文件对企业涉及增值税业务的会计处理进行了规范，适用于所有企业。根据（财会〔2016〕22 号）文件规定，一般纳税人企业增值税相关会计科目设置见表 6-1。

表 6-1　一般企业增值税基本会计科目设置明细表

科目代码	一级科目	二级科目	三级科目
2221	应交税费		
222101	应交税费	应交增值税	
22210101	应交税费	应交增值税	进项税额
22210102	应交税费	应交增值税	已交税金
22210103	应交税费	应交增值税	减免税款
22210104	应交税费	应交增值税	转出未交增值税
22210105	应交税费	应交增值税	销项税额抵减
22210106	应交税费	应交增值税	出口抵减内销产品应纳税额
22210107	应交税费	应交增值税	销项税额
22210108	应交税费	应交增值税	进项税额转出
22210109	应交税费	应交增值税	出口退税
22210110	应交税费	应交增值税	转出多交增值税
222102	应交税费	预交增值税	
222103	应交税费	待抵扣进项税额	
222104	应交税费	待认证进项税额	
222105	应交税费	待转销项税额	
222106	应交税费	简易计税	
222107	应交税费	转让金融商品应缴增值税	
222108	应交税费	代扣代交增值税	
222109	应交税费	未交增值税	
2221010	应交税费	增值税留抵税额	
2221011	应交税费	增值税检查调整	

小规模纳税人只需在"应交税费"科目下设置"应交增值税""转让金融商品应交增值税""代扣代交增值税"明细科目，没有要求必须设置专栏及更多科目。当然为了账务清楚、更好地服务业务，鼓励小规模纳税人设置更多辅助核算科目。

提示

"应交税费"科目代码，除一级科目外，二级、三级代码均可以根据各企业核算特点、核算系统具体情况自行设置。

（1）如果是集团企业或房地产、建筑等法人组织机构众多，纳税申报较为复杂的，可以采取总分机构汇总纳税的方式。汇总纳税的具体科目设置会更加烦琐，在应交税费科目下可能要设立更多符合企业业务需要的二级或三级科目，也可以通过"往来科目"记录总部机构及分支机构的增值税汇缴或清算。（见第6章6.27.3节）

（2）另外，"营业税金及附加"科目名称调整为"税金及附加"科目，该科目核算企业经营活动发生的消费税、城市维护建设税、资源税、教育费附加及房产税、土地使用税、车船使用税、印花税等相关税费；利润表中的"营业税金及附加"项目调整为"税金及附加"项目。

2. 增值税借贷方科目专栏

增值税会计核算有一个典型的特征，就是一些会计科目分专栏核算，借方专栏永远只能在借方，不放到贷方核算；贷方专栏只能在贷方，不能放到借方专栏核算。遇到退货、退回或其他情况，所购货物应冲销调账的，用红字登记。具体借方、贷方专栏见表6-2。

表6-2　增值税科目专栏明细表

	增值税借方科目专栏		增值税贷方科目专栏
1	进项税额	1	销项税额
2	已交税金	2	出口退税
3	减免税款	3	进项税额转出
4	出口抵减内销产品应纳税额	4	转出多交增值税
5	销项税额抵减		
6	转出未交增值税		

6.2　增值税会计科目核算范围

应交税费二级科目见表6-3。

表6-3　应交税费二级科目核算内容与规则

科目编码	科目名称	核算内容与规则
222101	应交税费——应交增值税	1. 反映一般纳税人和小规模纳税人销售货物、服务或者提供劳务活动等本期应缴纳的增值税。 2. 应交增值税＝销项税额－（进项税额－进项税额转出）－出口抵减内销产品应纳税额－减免税款－预交增值税＋出口退税

续上表

科目编码	科目名称	核算内容与规则
222102	应交税费——预交增值税	1. "预交增值税"明细科目，核算一般纳税人转让不动产、提供不动产经营租赁服务、提供建筑服务、采用预收款方式销售自行开发的房地产项目等，以及其他按现行增值税制度规定应预交的增值税额。 2. 企业预交增值税，借记"应交税费——预交增值税"科目，贷记"银行存款"科目。月末，企业应将"预交增值税"明细科目余额转入"未交增值税"明细科目，借记"应交税费——未交增值税"科目，贷记"应交税费——预交增值税"科目
222103	应交税费——待抵扣进项税额	1. 核算一般纳税人已取得增值税扣税凭证并经税务机关认证，按照现行增值税制度规定准予以后期间从销项税额中抵扣的进项税额。包括：一般纳税人自 2016 年 5 月 1 日后取得并按固定资产核算的不动产或者 2016 年 5 月 1 日后取得的不动产在建工程，按现行增值税制度规定准予以后期间从销项税额中抵扣的进项税额；实行纳税辅导期管理的一般纳税人取得的尚未交叉稽核比对的增值税扣税凭证上注明或计算的进项税额。 2. 适用情形包括：（1）辅导期内一般纳税人核算尚未交叉稽核比对的专用发票（国税发〔2010〕40 号）； （2）海关进口增值税专用缴款书实行"先比对后抵扣"办法，纳税人用于核算已申请稽核但尚未取得稽核相符结果的海关缴款书进项税额（国家税务总局 海关总署 2013 年第 31 号公告）； （3）一般纳税人期末已认证相符但未申报抵扣的增值税专用发票； （4）注意：原来在分期抵扣政策下，也用于核算"递延抵扣的 40% 部分进项税额（国家税务总局 2016 年第 15 号公告）"，但是根据最新政策，取消分期抵扣了，该科目相应功能也结束了
222104	待认证进项税额	核算一般纳税人由于未经税务机关认证而不得从当期销项税额中抵扣的进项税额。包括：一般纳税人已取得增值税扣税凭证、按照现行增值税制度规定准予从销项税额中抵扣，但尚未经税务机关认证的进项税额；一般纳税人已申请稽核但尚未取得稽核相符结果的海关缴款书进项税额。 （1）一般纳税人购进货物、加工修理修配劳务、服务、无形资产或不动产，用于简易计税方法计税项目、免征增值税项目、集体福利或个人消费等，其进项税额按照现行增值税制度规定不得从销项税额中抵扣的，取得增值税专用发票时，应借记相关成本费用或资产科目，借记"应交税费——待认证进项税额"科目，贷记"银行存款""应付账款"等科目。 （2）经税务机关认证后，根据有关"进项税额""进项税额转出"专栏及"待认证进项税额"明细科目的核算内容，先转入"进项税额"专栏，借记"应交税费——应交增值税（进项税额）"科目，贷记"应交税费——待认证进项税额"科目；按现行增值税制度规定转出时，记入"进项税额转出"专栏，借记相关成本费用或资产科目，贷记"应交税费——应交增值税（进项税额转出）"科目
222105	待转销项税额	该科目核算一般纳税人销售货物、加工修理修配劳务、服务、无形资产或不动产，已确认相关收入（或利得）但尚未发生增值税纳税义务而需于以后期间确认为销项税额的增值税额。即，应将相关收入的销项税额计入"应交税费——待转销项税额"科目，待实际发生纳税义务时再转入"应交税费——应交增值税（销项税额）"或"应交税费——简易计税"科目。 该科目适用于会计上确认收入但不满足增值税纳税义务发生时间的情况。比如，一般纳税人销售货物，已经发出货物且其他条件均符合收入确认条件，但是尚未开具发票，未收到款项，同时也未达到合同规定的付款时间，此时应在会计上确认收入，但在增值税上不需确认增值税。另外，建安企业延期的质保金、持有至到期投资利息收入等也属于这种情况

科目编码	科目名称	核算内容与规则
222106	简易计税	核算一般纳税人采用简易计税方法发生的增值税计提、扣减、预缴、缴纳等业务。 注意以下几点： 该科目是一般纳税人在发生简易计税方法时适用。 一般纳税人发生销售房地产、建筑服务等老项目时，预缴、扣减、缴纳不再通过"应交税费——预交增值税""应交税费——应交增值税（销项税额抵减）""应交税费——已交税金"等明细科目。 该科目是从"应交税费——未交增值税"职能中分离出来，用于涉及简易计税业务情形的专门科目。
222107	转让金融商品应交增值税	该科目核算增值税纳税人转让金融商品发生的增值税额。 具体按照如下方法核算： （1）实际转让月末，如产生转让收益，则按应纳税额借记"投资收益"等科目，贷记"应交税费——转让金融商品应交增值税"科目；贷方余额时，建议转入"应交税费——应交增值税（销项税额）"，与当月进项税额进行抵减，余额进行纳税申报。 （2）实际转让月末，如产生转让损失，则按可结转下月抵扣税额，借记"应交税费——转让金融商品应交增值税"科目，贷记"投资收益"等科目。 （3）交纳增值税时，应借记"应交税费——转让金融商品应交增值税"科目，贷记"银行存款"科目。 （4）年末，本科目如有借方余额，则借记"投资收益"等科目，贷记"应交税费——转让金融商品应交增值税"科目
222108	代扣代交增值税	核算纳税人购进在境内未设经营机构的境外单位或个人在境内的应税行为代扣代缴的增值税。 境外单位或者个人在境内发生应税行为，在境内未设有经营机构的，以购买方为增值税扣缴义务人，扣缴义务人对于代扣代缴的增值税应该通过此科目核算。 境内一般纳税人购进服务、无形资产或不动产，按应计入相关成本费用或资产的金额，按照如下方法核算： 借记"生产成本""无形资产""固定资产""管理费用"等科目，按可抵扣的增值税额，借记"应交税费——应交增值税（进项税额）"科目。 按应付或实际支付的金额，贷记"应付账款"等科目。 按应代扣代缴的增值税额，贷记"应交税费——代扣代交增值税"科目。 实际缴纳代扣代缴增值税时，按代扣代缴的增值税额，借记"应交税费——代扣代交增值税"科目，贷记"银行存款"科目
222109	应交税费——未交增值税	1. 核算一般纳税人月度终了从"应交增值税"或"预交增值税"明细科目转入当月应交未交、多交或预缴的增值税额，以及当月交纳以前期间未交的增值税额。 2. 月末结账时，当"应交税费——应交增值税"为贷方余额时，为应缴增值税，应将其贷方余额转入该科目的贷方，反映企业未缴的增值税；当"应交税费——应交增值税"为多交增值税时，应将其多缴的增值税转入该科目的借方，反映企业多缴的增值税。 3. 企业用进项留底税额递减增值税欠税时可使用
2221010	应交税费——增值税留抵税额	1. 核算兼有销售服务、无形资产或者不动产的原增值税一般纳税人，截止到纳入营改增试点之日前的增值税期末留抵税额按照现行增值税制度规定不得从销售服务、无形资产或不动产的销项税额中抵扣的增值税留抵税额。 2. 开始试点当月月初的增值税留抵税额，按照"营改增"有关规定，不得从应税服务的销项税额中抵扣的，应在"应交税费"科目下增设"增值税留抵税额"明细科目。 3. 在开始试点当月月初，企业应按不得从应税服务的销项税额中抵扣的增值税留抵税额，借记"应交税费——增值税留抵税额"科目，贷记"应交税费——应交增值税（进项税额转出）"科目；待以后期间允许抵扣时，按允许抵扣的金额，借记"应交税费——应交增值税（进项税额）"科目，贷记"应交税费——增值税留抵税额"科目。 4. "应交税费——增值税留抵税额"科目余额应根据其流动性在资产负债表中的"其他流动资产"项目列示

续上表

科目编码	科目名称	核算内容与规则
2221011	应交税费——增值税检查调整	（1）该科目属于调整类专门账户，主要核算在税务稽查当中涉及的应交税费等有关账户的调整金额。 （2）凡检查后应调减账面进项税额或调增销项税额和进项税额转出的数额，借记有关科目，贷记本科目；凡检查后应调增账面进项税额或调减销项税额和进项税额转出的数额，借记本科目，贷记有关科目；全部调账事宜入账后，应结出本账户的余额，并对该项余额进行处理

应交税费三级科目见表6-4。

表6-4　应交税费三级科目核算内容与规则

科目编码	科目名称	核算内容与规则
22210101	应交税费——应交增值税（进项税额）	（1）记录一般纳税人购进货物、加工修理修配劳务、服务、无形资产或不动产而支付或负担的、准予从当期销项税额中抵扣的增值税额。 （2）企业购入货物或接受应税劳务支付的进项税额，用蓝字登记；退回所购货物应冲销的进项税额，用红字登记
22210102	已交税金	（1）反映企业已缴纳的增值税额。 （2）企业已缴纳的增值税额用蓝字登记；退回多缴的增值税额用红字登记
22210103	应交税费——应交增值税（减免税款）	（1）反映根据税法规定纳税人取得的减、免的增值税额。 （2）对于直接减免的增值税，借记"应交税费——应交增值税（减免税款）"科目，贷记"营业外收入"科目
22210104	转出未交增值税	（1）该科目专门用来核算未缴或多缴增值税的，平时无发生额，月末结账时，当"应交税费——应交增值税"为贷方余额时，为应交增值税，应将其贷方余额转入该科目的贷方，反映企业未交的增值税。 （2）当"应交税费——应交增值税"为多交增值税时，应将其多交的增值税转入该科目的借方，反映企业多交的增值税
22210105	应交税费——应交增值税（销项税额抵减）	（1）一般纳税人在试点期间，"销项税额抵减"专栏，记录一般纳税人按照现行增值税制度规定因扣减销售额而减少的销项税额。 （2）按现行增值税制度规定企业发生相关成本费用允许扣减销售额的，应当按减少的销项税额，借记"应交税费——应交增值税（销项税额抵减）"科目（小规模纳税人应借记"应交税费——应交增值税"科目），按应付或实际支付的金额与上述增值税额的差额，借记"主营业务成本"等科目，按应付或实际支付的金额，贷记"应付账款""应付票据""银行存款"等科目
22210106	应交税费——应交增值税（出口抵减内销产品应纳税额）	（1）记录实行"免、抵、退"办法的一般纳税人按规定计算的出口货物的进项税抵减内销产品的应纳税额。指生产企业出口自产货物所耗用的原材料、零部件、燃料、动力等所含应予退还的进项税额，抵顶内销货物的应纳税额。 （2）企业按照规定的退税率计算的出口货物的进项税抵减内销产品的应纳税额，借记"应交税费——应交增值税（出口抵减内销产品应纳税额）"科目，贷记"应交税费——应交增值税（出口退税）"科目
22210107	应交税费——应交增值税（销项税额）	（1）记录一般纳税人销售货物、加工修理修配劳务、服务、无形资产或不动产应收取的增值税额。 （2）企业销售货物或提供应税劳务应收取的销项税额，用蓝字登记；退回销售货物应冲销的销项税额，用红字登记

科目编码	科目名称	核算内容与规则
22210108	应交税费——应交增值税（进项税额转出）	（1）记录一般纳税人购进货物、加工修理修配劳务、服务、无形资产或不动产等发生非正常损失以及其他原因而不应从销项税额中抵扣、按规定转出的进项税额。 （2）按规定转出的进项税额其抵扣的进项税额应通过"应交税费——应交增值税（进项税额转出）"科目转入有关科目
22210109	应交税费——应交增值税（出口退税）	（1）记录一般纳税人出口货物、加工修理修配劳务、服务、无形资产按规定退回的增值税额。企业出口适用零税率的货物，向海关办理报关出口手续后，凭出口报关单等有关凭证，向税务机关申报办理出口退税而收到的退回的税款。 （2）出口货物退回的增值税额，用蓝字登记；进口货物办理退税后发生退货或者退关而补缴已退的税款，用红字登记
22210110	应交税费——应交增值税（转出多交增值税）	（1）反映企业月度终了转出多交的增值税。 （2）月份终了，企业应将本月多交的增值税自"应交税费——应交增值税"科目转入"未交增值税"明细科目，借记"应交税费——未交增值税"，贷记"应交税费——应交增值税（转出多交增值税）"

6.3　一般纳税人购销业务基本会计处理

本节主要介绍增值税一般纳税人的基本购销业务会计处理，通过实务案例做出分析，并给出发散性提示。

6.3.1　企业销售货物、服务及提供劳务

企业销售货物、服务或提供应税劳务（包括视同销售的情况），按照实现的销售收入和按规定收取的增值税额，借记"应收账款""应收票据""银行存款""应付利润""预收账款"等科目；按照规定收取的增值税额，贷记"应交税费——应交增值税（销项税额）"或"应交税费——简易计税"科目；按实现的销售收入，贷记"主营业务收入""其他业务收入""固定资产清理"等科目。无论是给对方开具增值税专用发票、增值税普通发票，还是不开发票，科目举例如下：

借：银行存款

　　贷：主营业务收入 / 其他业务收入

　　　　应交税费——应交增值税（销项税额）

提 示

　　如果发生销售退回或折让情况的，根据收回的增值税专用发票或开具的红字专用发票则做相反的会计分录，应交税费——应交增值税（销项税额）则用红字登记。

【**例 6-1**】一般纳税人企业甲 2019 年 8 月销售自产商品 100 件，每件含税收入 340 元，成本是 160 元每件；同时，代检测单位收取商品检验费 800 元、包装物租金 1 000 元；甲企业使用自有专用运输工具运输该批商品并取得运费 500 元，未与商品收入分开核算。甲企业 8 月该商品销售业务的会计处理如下：

借：银行存款   36 300

  贷：主营业务收入［（340×100＋500）÷（1＋13%）］ 30 530.97

    其他业务收入［1 000÷（1＋13%）］   884.96

    其他应付款   800

    应交税费——应交增值税（销项税额）   4 084.07

借：主营业务成本   16 000

  贷：库存商品   16 000

【**例 6-2**】一般纳税人企业甲 2019 年 9 月向当地福利院无偿捐赠一批商品，该批商品生产成本为 150 元，商品市场售价为 468 元。则甲企业 9 月份该业务的会计处理为：

借：营业外支出   203.84

  贷：库存商品   150

    应交税费——应交增值税（销项税额）［468÷1.13×13%］ 53.84

提示

  针对本题而言：代收的检测费，不计入收入；包装物租金是价外费用，应计入收入总额，按照销售商品缴纳增值税；销售商品的运输，与销售商品具有从属性质，属于混合销售的情况，又因为甲企业是从事商品生产的企业，按照"财税〔2016〕36号文"规定，则500元的运费应该按照销售商品缴纳增值税。

  本题是以销售商品为例，也可以是提供现代服务业、生活性服务业、销售不动产、无形资产等取得收入的情形。

6.3.2　企业购进货物、服务及提供劳务

  一般纳税人购进货物、加工修理修配劳务、服务、无形资产或不动产，按应计入相关成本费用或资产的金额，借记"在途物资"或"原材料""库存商品""生产成本""无形资产""固定资产""管理费用"等科目，按当月已认证的可抵扣增值税额，借记"应交税费——应交增值税（进项税额）"科目，按当月未认证的可抵扣增值税额，借记"应交税费——待认证进项税额"科目，按应付或实际支付的金额，贷记"应付账款""应付票据""银行存款"等科目。发生退货的，如原增值税专用发票已做认证，应根据税务机关开具的红字增值税专用发票做相反的会计分录；如原增值税专用发票未做认证，应将发

票退回并做相反的会计分录。

进项税额的取得是以取得增值税抵扣凭证或者能够按照规定计算抵扣为前提的，科目举例如下：

借：库存商品等

　　应交税费——应交增值税（进项税额）

　　贷：银行存款

【例 6-3】一般纳税人乙企业 2019 年 9 月购买办公电脑，取得增值税专用发票注明金额为 3 000 元。另外为企业管理人员制作工服，支付 2 000 元制作费，取得增值税普通发票，则乙企业 9 月会计处理为：

借：固定资产　　　　　　　　　　　　　　　　　　　　　3 000

　　管理费用　　　　　　　　　　　　　　　　　　　　　2 000

　　应交税费——应交增值税（进项税额）　　　　　　　　 390

　　贷：银行存款　　　　　　　　　　　　　　　　　　　　　5 390

【例 6-4】2019 年 6 月 1 日，长江公司应收黄河公司账款的账面余额为 1 300 万元，已计提坏账准备 200 万元。由于黄河公司发生财务困难，长江公司与黄河公司达成债务重组协议，同意黄河公司以银行存款 200 万元、B 产品一批抵偿全部债务。长江公司取得 B 产品作为库存商品管理，并取得增值税专用发票。B 产品账面成本为 500 万元，已计提存货跌价准备 100 万元，计税价格为 500 万元；则长江公司的账务处理为：

借：银行存款　　　　　　　　　　　　　　　　　　　　2 000 000

　　库存商品——B 产品　　　　　　　　　　　　　　　5 000 000

　　应交税费——应交增值税（进项税额）　　　　　　　 650 000

　　坏账准备　　　　　　　　　　　　　　　　　　　　2 000 000

　　营业外支出——债务重组损失　　　　　　　　　　　 3 350 000

　　贷：应收账款——黄河公司　　　　　　　　　　　　　13 000 000

提示

　　①针对本题而言：债务重组的抵债行为，牵涉商品、材料、机器设备及其他权益性资产时，税务和会计上均视同销售，进项税额的确认还是要取得增值税专用发票或其他抵扣凭证。

　　②本题是以债务重组为例，也可以是取得现代服务业、生活性服务业、销售不动产、无形资产等"财税〔2016〕36 号文"规定可以抵扣进项税额的情形。

　　③如果发生退货，则作相反的会计分录，应交税费——应交增值税（进项税额）则用红字登记。比如，将原购进的不含税价为 3 000 元、增值税额为 390 元的原材料退回销售方。则会计处理为：

　　借：银行存款　　　　　　　　　　　　　　　3 390

　　　应交税费——应交增值税（进项税额）　　（390）

　　　贷：原材料　　　　　　　　　　　　　　　3 000

6.4 货物等已验收入库但尚未取得增值税扣税凭证

一般纳税人购进的货物等已到达并验收入库，但尚未收到增值税扣税凭证并未付款的，应在月末按货物清单或相关合同协议上的价格暂估入账，已验收入库但尚未取得增值税扣税凭证的货物等暂估入账时，暂估入账的金额不包含增值税进项税额。一般纳税人购进劳务、服务等但尚未取得增值税扣税凭证的，比照处理。

待取得相关增值税扣税凭证，用红字冲销原暂估入账金额，并经认证后，按应计入相关成本费用或资产的金额，借记"原材料""库存商品""固定资产""无形资产"等科目，按可抵扣的增值税额，借记"应交税费——应交增值税（进项税额）"科目，按应付金额，贷记"应付账款"等科目。会计分录如下：

①验收入库时。

借：原材料 / 库存商品 / 固定资产 / 无形资产——暂估入库

　　贷：应付账款

②取得相关增值税扣税凭证当月，用红字冲销原暂估入账金额。

借：原材料 / 库存商品 / 固定资产 / 无形资产——暂估入库（红字）

　　贷：应付账款（红字金额）

③经认证后。

借：原材料 / 库存商品 / 固定资产 / 无形资产

　　应交税费—应交增值税（进项税额）

　　贷：应付账款

【例 6-5】2020 年 6 月 25 日，甲公司购进原材料一批已验收入库，但尚未收到增值税扣税凭证，款项也未支付。随货同行的材料清单列明的原材料销售价格为 300 000 元，估计未来可抵扣的增值税额为 39 000 元。

该企业应编制如下会计分录。

借：原材料　　　　　　　　　　　　　　　　　　　　　　300 000

　　贷：应付账款　　　　　　　　　　　　　　　　　　　　　300 000

下月初，取得相关增值税专用发票上注明的价款为 300 000 元，增值税税额为 39 000 元，之后认证增值税专用发票。全部款项以银行存款支付。甲公司应编制如下会计分录：

借：应付账款　　　　　　　　　　　　　　　　　　　　　300 000

　　贷：原材料　　　　　　　　　　　　　　　　　　　　　　300 000

借：原材料　　　　　　　　　　　　　　　　　　　　　　300 000

　　应交税费——应交增值税（进项税额）　　　　　　　　　　39 000

　　贷：银行存款　　　　　　　　　　　　　　　　　　　　　　　339 000

6.5　进项留抵税额抵减增值税欠税会计处理

　　根据《国家税务总局关于增值税一般纳税人用进项留抵税额抵减增值税欠税问题的通知》（国税发〔2004〕112 号）规定，为及时追缴增值税欠税，解决增值税一般纳税人既欠缴增值税，又有增值税留抵税额的问题，对纳税人因销项税额小于进项税额而产生期末留抵税额的，应以期末留抵税额抵减增值税欠税。

　　另外，《国家税务总局关于增值税进项留抵税额抵减增值税欠税有关处理事项的通知》（国税函〔2004〕1197 号）、《国家税务总局关于增值税一般纳税人将增值税进项留抵税额抵减查补税款欠税问题的批复》（国税函〔2005〕169 号）以及有关省级税局作了补充规定。更加明确了用增值税留抵税额可以抵减欠缴的增值税及其相应的滞纳金，即应缴未缴滞纳金金额加欠税金额为欠缴总额。

　　具体操作方面：若欠缴总额大于期末留抵税额，实际抵减金额应等于期末留抵税额，并按配比方法计算抵减的欠税和滞纳金；若欠缴总额小于期末留抵税额，实际抵减金额应等于欠缴总额。

　　基本程序和滞纳金计算方面：抵减欠缴税款时，应按欠税发生时间逐笔抵扣，先发生的先抵。抵缴的欠税包含呆账税金及欠税滞纳金。确定实际抵减金额时，按由县（含）以上税务机关填开的《增值税进项留抵税额抵减增值税欠税通知书》的日期作为截止期，计算欠缴税款的应缴未缴滞纳金金额。

　　会计核算方面：按增值税欠税税额与期末留抵税额中较小的数字，红字借记"应交税费——应交增值税（进项税额）"科目，贷记"应交税费——未交增值税"科目。

　　【例 6-6】某企业 2020 年 2 月在税务稽查中应补增值税 15 万元欠税未补，若 2020年 2 月期末留抵税额 10 万元，3 月末留抵税额 8 万元，则 2 月和 3 月末用留抵税额抵减欠税的账务处理如下。

　　① 2 月账务处理。

　　借：应交税费——应交增值税（进项税额）　　　　　　　　　100 000
　　　　贷：应交税费—未交增值税　　　　　　　　　　　　　　　　100 000

　　② 3 月账务处理。

　　借：应交税费——应交增值税（进项税额）（150 000 − 100 000）　50 000
　　　　贷：应交税费——未交增值税　　　　　　　　　　　　　　　　50 000

提示

根据《国家税务总局关于增值税一般纳税人将增值税进项留抵税额抵减查补税款欠税问题的批复》（国税函〔2005〕169号），税总对广西壮族自治区税务局的请示批复：增值税一般纳税人拖欠纳税检查应补缴的增值税税款，如果纳税人有进项留抵税额，可按照《国家税务总局关于增值税一般纳税人用进项留抵税额抵减增值税欠税问题的通知》（国税发〔2004〕112号）的规定，用增值税留抵税额抵减查补税款欠税。但是这是对个案的批复，根据该文件精神，部分省级税务局也作了相应的规定，可参照执行。

6.6　购买方作为扣缴义务人的账务处理

按照现行增值税制度规定，境外单位或个人在境内发生应税行为，在境内未设有经营机构的，以购买方为增值税扣缴义务人。境内一般纳税人购进服务、无形资产或不动产，按应计入相关成本费用或资产的金额，借记"生产成本""无形资产""固定资产""管理费用"等科目，按可抵扣的增值税额，借记"应交税费——进项税额"科目（小规模纳税人应借记相关成本费用或资产科目），按应付或实际支付的金额，贷记"应付账款"等科目，按应代扣代缴的增值税额，贷记"应交税费——代扣代交增值税"科目。实际缴纳代扣代缴增值税时，按代扣代缴的增值税额，借记"应交税费——代扣代交增值税"科目，贷记"银行存款"科目。

【例6-7】境内A公司自由产权酒店交由美国一家国际化酒店管理公司B托管经营，B公司仅派驻管理人员数名。已知2019年10月A向B公司实际支付托管服务费含增值税10.6万元，酒店因使用B公司旗下知名酒店品牌冠名，实际支付冠名费含增值税21.2万元，如果不考虑A公司其他涉税事项，相关支付材料齐全，则A公司如何进行会计处理？

通过题意可以判断A公司负有代扣代缴增值税义务，无论A公司是一般纳税人或者小规模纳税人，一律按照境外单位或者个人发生应税行为的适用税率予以计算应代扣代缴税额。

（1）10月份向B公司支付款项时。

借：管理费用——托管费　　　　　　　　　　　　　　　　　　106 000

　　　　　　——特许权使用费　　　　　　　　　　　　　　　200 000

　　应交税费——进项税额〔（106 000＋212 000）÷1.06×6%〕　18 000

　　贷：应交税费——代扣代交增值税　　　　　　　　　　　　　　18 000

　　　　银行存款　　　　　　　　　　　　　　　　　　　　　　32 800

（2）次月向税务局缴纳时。

借：应交税费——代扣代交增值税　　　　　　　　　　　　　　　　18 000

　　贷：银行存款　　　　　　　　　　　　　　　　　　　　　　　　　　18 000

6.7　增值税缴纳当月、以前期间的会计处理

1. 应交税费——应交增值税（已交税金）

（1）当月缴纳当月增值税时

在新的准则体系下，在缴纳时也不再区分是本期还是上期的增值税，都可以在"应交税费——应交增值税（已交税金）"科目中核算。企业上缴增值税时，借记"应交税费——应交增值税（已交税金）"，贷记"银行存款"科目。

企业收到退回多缴的增值税，作相反的会计分录。

实务中，一般纳税人大多采用"应交税费——未交增值税"方法处理，企业可以根据自己企业规模、业务性质、增值税核算体系以及申报纳税期限要求等具体情况来决定是否适用该种核算方式。会计处理举例如下：

借：应交税费——应交增值税（已交税金）

　　贷：银行存款

（2）多交的增值税递交当月增值税时

增值税会计实务中，如果出现当期因代开增值税专用发票或其他原因预交增值税或者多交的增值税退回并抵交以后月份应交增值税等情况时，一般使用该科目。

借：应交税费——应交增值税（已交税金）

　　贷：应交税费——未交增值税

【例 6-8】丙企业 12 月 15 日缴纳 12 月 1 ~ 10 日应该缴纳的增值税 10 万元，企业的会计处理为：

借：应交税费——应交增值税（已交税金）　　　　　　　　　　　　100 000

　　贷：银行存款　　　　　　　　　　　　　　　　　　　　　　　　100 000

2. 应交税费 —— 未交增值税

月度终了，企业应当将当月应交未交或多交的增值税自"应交增值税"明细科目转入"未交增值税"明细科目。对于当月应交未交的增值税，借记"应交税费——应交增值税（转出未交增值税）"科目，贷记"应交税费——未交增值税"科目；对于当月多交的增值税，借记"应交税费——未交增值税"科目，贷记"应交税费——应交增值税（转

出多交增值税）"科目。

目前的增值税会计实务中，根据增值税纳税申报期限要求，当月计算，次月入库的账务处理大多采用这种核算方法：

增值税分为两部分，一部分为应交增值税；另一部分为未交增值税。月末要将未交或多交的增值税转入未交增值税中。

（1）若当月应交税费——应交增值税贷方余额时。

①本月末结转计提的税金。

借：应交税费——应交增值税（转出未交增值税）

　　贷：应交税费——未交增值税

②次月在征期内缴纳增值税。

借：应交税费——未交增值税

　　贷：银行存款

（2）若当月因为多交增值税出现应交税费——应交增值税贷方余额时。

借：应交税费——未交增值税

　　贷：应交税费——应交增值税（转出多交增值税）

【例6-9】甲公司为增值税一般纳税企业，适用的增值税税率为13%，材料采用实际成本进行日常核算。该公司2019年8月31日"应交税费——应交增值税"科目借方余额为6万元，该借方余额均可用下月的销项税额抵扣。9月份发生如下涉及增值税的经济业务：

（1）购买原材料一批，增值税专用发票上注明价款为100万元，增值税额为13万元，以银行存款支付，该原材料已验收入库。

（2）用原材料对外投资，该批原材料的成本为40万元，双方协议作价为60万元。

（3）销售产品一批，销售价格为100万元（不含增值税额），实际成本为80万元，提货单和增值税专用发票已交购货方，货款尚未收到。

（4）购进经营性租赁设备（增值税税率为13%）满足返利条件，从销售方取得返利30万元。

（5）签订设备经营性租赁合同，合同规定设备租赁期为一年，租赁费为226万元，租赁费分三次收取，即合同签订当月预收10%，设备交付并安装调试完成当月收取40%，余款于设备交付后第六个月收取。当月开具收据收取设备租赁费22.6万元。

（6）用银行存款缴纳本月增值税5万元。

（7）月末将本月应交未交增值税转入未交增值税明细科目。

解析：

（1）购入原材料

借：库存商品		1 000 000
应交税费——应交增值税（进项税额）		130 000
贷：银行存款		1 130 000

（2）以原材料投资入股

借：长期股权投资		678 000
贷：其他业务收入		600 000
应交税费——应交增值税（销项税额）（600 000×13%）		78 000
借：其他业务成本		400 000
贷：库存商品		400 000

（3）销售商品

借：应收账款		1 130 000
贷：主营业务收入		1 000 000
应交税费——应交增值税（销项税额）		130 000
借：主营业务成本		800 000
贷：库存商品		800 000

（4）销售返利的处理

借：银行存款		300 000
贷：固定资产		265 486.73
应交税费——应交增值税（进项税额转出）		34 513.27

注：从销售方获得销售返利，应作为进项税额的扣减处理：300 000÷（1＋13%）×13%＝34 513.27（元）。

（5）租赁预收款

借：银行存款		226 000
贷：预收账款		200 000
应交税费——应交增值税（销项税额）		26 000

（6）当月预缴本月增值税税款

借：应交税费——应交增值税（已交税金）		50 000
贷：银行存款		50 000

（7）月末转出未交增值税

借：应交税费——应交增值税（转出未交增值税）		28 213.27
贷：应交税费——未交增值税		28 213.27

计算销项税额、应交增值税额和应交未交的增值税额：

9 月份发生的销项税额 ＝ 78 000 ＋ 130 000 ＋ 26 000 ＝ 234 000（元）

9 月份应交增值税额 ＝ 销项税额 ＋ 进项税额转出 － 进项税额 － 上期留抵税额 ＝ 234 000 ＋ 34 513.27 － 130 000 － 60 000 ＝ 78 513.27（元）

9 月份应交未交的增值税额 ＝ 78 513.27 － 50 000 ＝ 28 513.27（元）

甲公司 10 月缴纳 9 月增值税：

借：应交税费——未交增值税　　　　　　　　　　　　　　　　　28 513.27

　　贷：银行存款　　　　　　　　　　　　　　　　　　　　　　　28 513.27

6.8　期末留抵税额退税的会计处理

1. 增值税期末留抵税额的处理

纳入"营改增"试点当月月初，原增值税一般纳税人应按不得从销售服务、无形资产或不动产的销项税额中抵扣的增值税留抵税额，借记"应交税费——增值税留抵税额"科目，贷记"应交税费——应交增值税（进项税额转出）"科目。待以后期间允许抵扣时，按允许抵扣的金额，借记"应交税费——应交增值税（进项税额）"科目，贷记"应交税费——增值税留抵税额"科目。

> **提示**
>
> 随着全面"营改增"的深入推进，上述"应交税费——增值税留抵税额"科目的作用也逐步弱化了。

2. 留抵税额退税新政

根据《财政部 国家税务总局 海关总署关于深化增值税改革有关政策的公告》（财政部 税务总局 海关总署公告 2019 年第 39 号）、《国家税务总局关于办理增值税期末留抵税额退税有关事项的公告》（国家税务总局公告 2019 年第 20 号）文件规定，符合条件的纳税人，可以向主管税务机关申请退还增量留抵税额。

【例 6-10】假定甲企业 2019 年 3 月底留抵税额 10 万元，4 月、5 月、6 月、7 月、8 月、9 月留抵税额分别为 20 万元、30 万元、30 万元、40 万元、45 万元、65 万元，同时符合留抵退税要求的其他四项条件。

2019 年 4 ～ 9 月已抵扣进项税金为 95 万元，其中专用发票、海关进口增值税专用缴款书和完税凭证三种票对应进项税额为 90 万元，农产品收购发票对应进项税额为 5 万元。

根据本书前面章节的详细解读判断，甲企业符合留抵退税的相关条件，10 月纳税申报期内可以向主管税务机关申请退还增量留抵税额。

（1）申请退还留抵税额计算

增量留抵税额＝ 65 － 10 ＝ 55（万元）

进项构成比例＝ 90 ÷ 95 × 100% ＝ 94.73%（农产品收购发票对应进项税额为 5 万元不计算在内）

允许退还的增量留抵税额＝增量留抵税额×进项构成比例×60% ＝ 55×94.73%×60% ＝ 31.2609（万元）

（2）会计处理

10 月份甲企业按程序申报，并收到申请的留抵退税额之后：

借：银行存款   312 609

    贷：应交税费——应交增值税（进项税额转出） 312 609

6.9 纳税义务发生时点与确认收入不一致的处理

1. 确认收入或利得的时点早于增值税纳税义务发生时点的

按照国家统一的会计制度确认收入或利得的时点早于按照增值税制度确认增值税纳税义务发生时点的，应将相关销项税额计入"应交税费——待转销项税额"科目，待实际发生纳税义务时再转入"应交税费——应交增值税（销项税额）"或"应交税费——简易计税"科目。

【例 6-11】磊峰建设集团某项目，2019 年 5 月开工，按照一般计税方法计税。2020 年 5 月工程项目完工后与办理工程价款结算，工程概算不含税价款为 1 000 万元，增值税 90 万元。业主同时支付了 97% 的工程款，其余作为质保金于一年后支付。根据上述业务，该公司应该作如下账务处理：

（1）办理工程价款结算，收到部分工程款时。

借：银行存款   10 573 000

    应收账款   327 000

    贷：工程结算   10 000 000

        应交税费——应交增值税（销项税额） 873 000

        应交税费——待转销项税额（900 000×3%） 27 000

（2）第二年收到质保金时产生纳税义务，结转待转销项税额。

借：银行存款   327 000

  贷：应收账款   327 000

  借：应交税费——待转销项税额   27 000

    贷：应交税费——应交增值税（销项税额）   27 000

2．增值税纳税义务发生时点早于确认收入或利得时点的

  按照增值税制度确认增值税纳税义务发生时点早于按照国家统一的会计制度确认收入或利得的时点的，应将应纳增值税额，借记"应收账款"科目，贷记"应交税费——应交增值税（销项税额）"或"应交税费——简易计税"科目，按照国家统一的会计制度确认收入或利得时，应按扣除增值税销项税额后的金额确认收入。

  【例 6-12】2019 年 7 月 1 日，北京磊峰地产开发公司新建商业大厦开始招租。甲贸易公司准备租用该大厦三层，合同约定：租期 3 年，年租金 109 000 元，签约之后 20 天内承租方预付一年租金，甲公司在 7 月 15 日支付一年租金，则北京磊峰地产公司应做如下账务处理：

  根据《财政部、国家税务总局关于全面推开营业税改征增值税试点的通知》（财税〔2016〕36 号）附件 1 第四十五条规定，纳税人提供租赁服务采取预收款方式的，其纳税义务发生时间为收到预收款的当天。所以：

  借：银行存款   109 000

    贷：预收账款   109 000

  借：应收账款〔109 000÷（1＋9%）×9%〕   9 000

    贷：应交税费——应交增值税（销项税额）   9 000

> **提示**
>
>   根据财政部关于《增值税会计处理规定》（财会〔2016〕22 号）有关问题的解读，增值税纳税义务发生时点早于按照国家统一的会计制度确认收入或利得的时点的应借记"银行存款"等科目，贷记"预收账款"和"应交税费——应交增值税（销项税额）"等科目。该案例也可以这么做账：
>
>   借：银行存款   109 000
>   贷：预收账款   100 000
>   应交税费——应交增值税（销项税额）   9 000

  【例 6-13】甲管理咨询公司与乙公司签订合同，约定甲公司为乙公司提供为期一年（2019 年 10 月开始）的管理咨询服务。已知 2019 年 10 月初甲公司先给乙公司提供增值税专用发票申请预付款，价税合计 10.6 万元。

  甲公司 10 月份先开具发票，产生增值税纳税义务。

  借：应收账款   6 000

贷：应交税费——应交增值税（销项税额）[106 000 ÷（1 + 6%）×6%] 6 000

甲公司收到款项时。

借：银行存款　　　　　　　　　　　　　　　　　　　　　　　106 000

　　贷：预收账款　　　　　　　　　　　　　　　　　　　　　100 000

　　　　应收账款　　　　　　　　　　　　　　　　　　　　　　6 000

6.10　一般纳税人辅导期内进项税额的处理

辅导期一般纳税人应当在"应交税费"科目下增设"待抵扣进项税额"明细科目，核算尚未交叉稽核比对的专用发票抵扣联、海关进口增值税专用缴款书以及运输费用结算单据（以下简称增值税抵扣凭证）注明或者计算的进项税额。

（1）取得增值税抵扣凭证时，将支付或计算提取的增值税进项税额计入"应交税费——待抵扣进项税额"明细科目借方。

借：原材料等

　　应交税费——待抵扣进项税额

　　贷：银行存款等

（2）如果交叉稽核比对无误后。

借：应交税费——应交增值税（进项税额）

　　贷：应交税费——待抵扣进项税额

（3）如果经交叉稽核比对不符的增值税抵扣凭证，用红字冲销。

借：应交税费——待抵扣进项税额

　　贷：相关资产或成本费用科目当期发生额

【例 6-14】某企业是商品零售企业，2019 年 7 月，该企业营业收入指标已经符合一般纳税人认定标准，经税务局批准，进入一般纳税人辅导期。当月采购商品收到 9 张增值税专用发票，不含税金额为 200 万元，进项税额为 26 万元，会计人员将已通过认证但未反馈回来比对信息的所有增值税专用发票全部登记入了账，会计人员账务处理如下：

借：库存商品　　　　　　　　　　　　　　　　　　　　　　2 000 000

　　应交税费——应交增值税（进项税额）　　　　　　　　　　260 000

　　贷：银行存款　　　　　　　　　　　　　　　　　　　　2 260 000

8 月份增值税纳税申报时，会计人员申报抵扣了销项税额，致使 7 月份该企业增值税留抵进项税额 10 万元。

问题：该企业处于辅导期的增值税进项税额如何进行调整？

解析：

（1）取得增值税抵扣凭证时，将支付或计算提取的增值税进项税额计入"应交税费——待抵扣进项税额"明细科目借方。

借：库存商品	2 000 000
应交税费——待抵扣进项税额	260 000
贷：银行存款	2 260 000

①如果交叉稽核比对无误后。

借：应交税费——应交增值税（进项税额）	260 000
贷：应交税费——待抵扣进项税额	260 000

②如果经交叉稽核比对不符的增值税抵扣凭证（实务中要红字冲销）。

借：应交税费——待抵扣进项税额	260 000
贷：库存商品	260 000

（2）该企业 8 月份该企业的调整分录为：

①调整多抵扣的进项税额。

借：应交税费——待抵扣进项税额	260 000
贷：应交税费——应交增值税（进项税额转出）	260 000

②把应交未交的增值税税额转入未交增值税。

借：应交税费——应交增值税（转出未交增值税）	160 000
贷：应交税费——未交增值税	160 000

提示

　　如果税务机关要求企业补交增值税滞纳金，也是由于企业的原因导致的延迟缴纳，应该补交滞纳金。但是一般金额较小，性质不大，与税务机关充分沟通，可在实务中解决。

6.11　增值税检查调整的会计处理

　　增值税检查后的账务调整，应设立"应交税费——增值税检查调整"专门账户。凡检查后应调减账面进项税额或调增销项税额和进项税额转出的数额，借记有关科目，贷记本科目；凡检查后应调增账面进项税额或调减销项税额和进项税额转出的数额，借记本科目，贷记有关科目；全部调账事项入账后，应结出本账户的余额，并对该余额进行处理：

　　（1）若余额在借方，全部视同留抵进项税额，按借方余额数，借记"应交税费——

应交增值税（进项税额）"科目，贷记本科目。

（2）若余额在贷方，且"应交税费——应交增值税"账户无余额，按贷方余额数，借记本科目，贷记"应交税费——未交增值税"科目。

（3）若本账户余额在贷方，"应交税费——应交增值税"账户有借方余额且等于或大于这个贷方余额，按贷方余额数，借记本科目，贷记"应交税费——应交增值税"科目。

（4）若本账户余额在贷方，"应交税费——应交增值税"账户有借方余额但小于这个贷方余额，应将这两个账户的余额冲出，其差额贷记"应交税费——未交增值税"科目。

上述账务调整应按纳税期逐期进行。

【例 6-15】某企业为一般纳税人，2019 年 6 月接受税务机关检查，在检查中发现企业其他应付款科目有一笔挂账两年的应付款项，金额为 1 130 万元。经检查，确认此为隐瞒收入，税务机关要求该企业在本月调账，并于 7 月 31 日前补缴税款入库（不考虑其他因素）。

问题：企业对此应如何做会计处理？

解析：

借：其他应付款　　　　　　　　　　　　　　　　　　　　11 300 000

　　贷：以前年度损益调整　　　　　　　　　　　　　　　　　10 000 000

　　　　应交税费——增值税检查调整　　　　　　　　　　　　1 300 000

借：应交税费——增值税检查调整　　　　　　　　　　　　　1 300 000

　　贷：应交税费——未交增值税　　　　　　　　　　　　　　1 300 000

补缴税款时。

借：应交税费——未交增值税　　　　　　　　　　　　　　　1 300 000

　　贷：银行存款　　　　　　　　　　　　　　　　　　　　　1 300 000

6.12　增值税减免税款的会计处理

《财政部关于印发〈增值税会计处理规定〉的通知》（财会〔2016〕22 号）规定，对于当期直接减免的增值税，应借记"应交税费——应交增值税（减免税款）"科目，贷记损益类相关科目。

《财政部 国家税务总局关于财政性资金 行政事业性收费 政府性基金有关企业所得税政策问题的通知》（财税〔2008〕151 号）规定，企业取得的各类财政性资金，除属于国家投资和资金使用后要求归还本金的以外，均应计入企业当年收入总额。财政性资金，是指企业取得的来源于政府及其有关部门的财政补助、补贴、贷款贴息，以及其他各类财政专项资金，包括直接减免的增值税和即征即退、先征后退、先征后返的各种税收，但不包括企业按规定取得的出口退税。

2017 年 6 月 12 日开始施行的修订后新的《企业会计准则第 16 号——政府补助》仍旧将增值税即征即退作为政府补助的一部分看待。修订后的政府补助准则第十一条规定：与企业日常活动相关的政府补助，应当按照经济业务实质，计入其他收益或冲减相关成本费用。与企业日常活动无关的政府补助，应当计入营业外收支。

企业按照现行增值税政策规定，取得或者应取得的上述即征即退收入，在满足确认条件时，编制如下的会计分录：

借：其他应收款或银行存款

　　贷：其他收益

【例 6-16】格律动漫软件公司为增值税一般纳税人，2019 年 9 月销售自行开发的动漫软件，取得不含税销售额 1 000 万元，增值税税率为 13%。另外，本月取得可抵扣进项额为 80 万元。则减免税款相关账务处理如下：

发生了销售服务时，账务处理。

借：银行存款　　　　　　　　　　　　　　　　　　　　　　　11 300 000

　　贷：主营业务收入　　　　　　　　　　　　　　　　　　　10 000 000

　　　　应交税费——应交增值税（销项税额）　　　　　　　　 1 300 000

则该企业应纳增值税额为 50（130-80）万元，实际税负为 50÷1 000=5% ＞ 3%，可享受即征即退的增值税税额为 50-1 000×3%=20（万元）。

退税时，账务处理如下。

借：银行存款　　　　　　　　　　　　　　　　　　　　　　　　200 000

　　贷：其他收益　　　　　　　　　　　　　　　　　　　　　　200 000

提示

　　根据《财政部 税务总局关于延续动漫产业增值税政策的通知》（财税〔2018〕38 号）第二条规定、"财政部 税务总局公告2021年第6号"："自2018年5月1日至2023年12月31日，对动漫企业增值税一般纳税人销售其自主开发生产的动漫软件，按照13%的税率征收增值税后，对其增值税实际税负超过3%的部分，实行即征即退政策。

【例 6-17】银都信用社 2019 年 9 月取得个体工商户小额贷款利息收入 106 万元。则账务处理如下：

借：银行存款　　　　　　　　　　　　　　　　　　　　　　　1 060 000

　　贷：主营业务收入　　　　　　　　　　　　　　　　　　　1 000 000

　　　　应交税费——应交增值税（销项税额）　　　　　　　　　 60 000

借：应交税费——应交增值税（减免税款）　　　　　　　　　　　　60 000

　　贷：其他收益　　　　　　　　　　　　　　　　　　　　　　　　　　60 000

> **提示**
>
> 　　（1）根据《财政部 税务总局关于延长部分税收优惠政策执行期限的公告》（财政部 税务总局公告2021年第6号）规定，财税〔2018〕91号、"财政部 税务总局公告2021年第6号"文件执行期限延长至2023年12月31日。对金融机构向小型企业、微型企业和个体工商户发放小额贷款取得的利息收入，免征增值税。
>
> 　　（2）实务中：如果本身是免税的项目则不需要进行增值税账务处理，直接借"银行存款"核算收到的利息，贷"主营业务收入"核算收入，不涉及增值税相关科目。
>
> 　　例题中核算方法是根据"财会〔2016〕22号"文件规定，体现了减免税款的核算，有利于对企业减免税的管理及后期企业所得税汇缴中的收入确认。

6.13　购买税控设备及服务费的会计处理

1. 增值税一般纳税人的会计处理

按《关于增值税税控系统专用设备和技术维护费用抵扣增值税税额有关政策的通知》（财税〔2012〕15号）有关规定，企业初次购买增值税税控系统专用设备支付的费用以及缴纳的技术维护费允许在增值税应纳税额中全额抵减的，按规定抵减的增值税应纳税额，借记"应交税费——应交增值税（减免税款）"科目（小规模纳税人应借记"应交税费——应交增值税"科目），贷记"管理费用"等科目。会计处理举例如下：

（1）购入时

借：固定资产

　　贷：银行存款/应付账款

（2）按规定抵减的增值税应纳税额

借：应交税费——应交增值税（减免税款）

　　贷：递延收益

（3）按期计提专用设备折旧

借：管理费用

　　贷：累计折旧

同时：

借：递延收益

　　贷：管理费用

（4）企业发生技术维护费

借：管理费用

贷：银行存款

（5）按规定抵减的增值税应纳税额

借：应交税费——应交增值税（减免税款）

贷：管理费用（借方红字）

提示

（1）全额抵减的专用设备包括：金税卡、IC卡、读卡器或金税盘和报税盘，不包括电脑、打印机等。全额递减的，不得再抵扣设备发票的进项税额，认证的要做进项税额转出处理。

（2）增值税纳税人非初次购买增值税税控系统专用设备支付的费用，由其自行负担，不得在增值税应纳税额中抵减。也就是非初次购买的，按照进项税额管理方式处理，认证专用发票且抵扣票面进项税额即可。

（3）如果企业不想入固定资产，打算一次性计入费用，则可以按照非初次购买的方法处理，实务中也有按照发生技术维护费的方式处理的。

（4）企业发生技术维护费以后年度都可以全额抵减。

【**例 6-18**】甲企业是增值税一般纳税人，2019 年 6 月份缴纳 2019 ～ 2020 年度税控机技术维护费 370 元，账务处理如下：

（1）缴纳时

借：管理费用　　　　　　　　　　　　　　　　　　　　　370

　　贷：银行存款　　　　　　　　　　　　　　　　　　　　370

（2）按规定抵减的增值税应纳税额

借：应交税费——应交增值税（减免税款）　　　　　　　　370

　　贷：管理费用　　　　　　　　　　　　　　　　　　　　370

（3）小规模纳税人的会计处理

按税法有关规定，小规模纳税人初次购买增值税税控系统，专用设备支付的费用以及缴纳的技术维护费允许在增值税应纳税额中全额抵减的，按规定抵减的增值税应纳税额应直接冲减"应交税费——应交增值税"科目。

小规模纳税人有关购买增值税税控系统和维护费的会计处理相似，只是把一般纳税人会计处理中的"应交税费——应交增值税（减免税款）"换成"应交税费——应交增值税"即可。

期末，"应交税费——应交增值税"科目期末如为借方余额，应根据其流动性在资产负债表中的"其他流动资产"项目或"其他非流动资产"项目列示；如为贷方余额，应在资产负债表中的"应交税费"项目列示。

6.14　小微企业免征增值税的会计处理规定

《财政部关于印发〈增值税会计处理规定〉的通知》（财会〔2016〕22号）规定，小微企业在取得销售收入时，应当按照税法的规定计算应交增值税，并确认为应交税费，在达到增值税制度规定的免征增值税条件时，将有关应交增值税转入当期损益。按照《财政部 税务总局关于实施小微企业普惠性税收减免政策的通知》（财税〔2019〕13号）的规定，我们国家现在对于月销售额不超过10万元，季度销售额不超过30万元的小微企业是可以免交增值税的。

【例6-19】家家惠生活超市属于小规模纳税人，符合小微企业认定标准。已知超市2019年8月15日销售商品5.15万元，并开具发票。则：

收到销售货款时：

借：银行存款　　　　　　　　　　　　　　　　　　　　　　　51 500
　　贷：主营业务收入［51500÷（1+3%）］　　　　　　　　　　50 000
　　　　应交税费——应交增值税　　　　　　　　　　　　　　　 1 500

到月末，如果没有其他收入，达到小微企业税收优惠规定，则应冲减应交税费的金额，转入到当期损益。

借：应交税费——应交增值税　　　　　　　　　　　　　　　　 1 500
　　贷：其他收益　　　　　　　　　　　　　　　　　　　　　　 1 500

6.15　农产品业务增值税会计处理

企业购进免税农业产品，按购入农业产品的买价和规定的扣除率计算的进项税额，借记"应交税费——应交增值税（进项税额）"科目；按买价扣除按规定计算的进项税额后的数额，借记"材料采购""原材料"等科目；按应付或实际支付的价款，贷记"应付账款""银行存款"等科目。科目举例如下：

借：原材料
　　应交税费——应交增值税（进项税额）
　　贷：银行存款

【例6-20】黄河面粉厂（增值税一般纳税人）从农民手中收购一批免税农产品（小麦）作原材料，收购凭证上注明的收购价格为10 000元。货物已验收入库，款项已支付。该企业原材料成本的核算采用实际成本法。其会计分录为：

借：原材料	9 100
应交税费——应交增值税（进项税额）	900
贷：银行存款	10 000

提示

由于农产品免缴增值税，纳税人在不能取得增值税专用发票的情况下，可按收购凭证上注明的收购价格依9%的抵扣率计算进项税额，即进项税额＝10 000×9%＝900（元）。

【例6-21】长江糕点厂外购一批面粉用于生产销售宴会糕点，取得农产品收购发票，上面注明价款20 000元，

（1）将账面价值7 200元的面粉用于交际应酬。

（2）将本厂用面粉生产的糕点用于交际应酬，已知该批糕点不含税售价10 000元，成本5 000元。

则以上两种情形账务处理如下（为便于计算，题中数字取整数）：

①该企业将外购的账面价值7 200元的面粉用于交际应酬

应转出的进项税额=7 200÷（1-9%）×9%=712（元）

借：管理费用——业务招待费	7 912
贷：原材料	7 200
应交税费——应交增值税（进项税额转出）	712

②将本企业生产的糕点用于交际应酬

借：管理费用——业务招待费	5 650
贷：库存商品	5 000
应交税费——应交增值税（销项税额）（5 000×13%）	650

6.16 进项税额不予抵扣情况下的会计处理

一般纳税人购进货物、加工修理修配劳务、服务、无形资产或不动产，用于简易计税方法计税项目、免征增值税项目、集体福利或个人消费等，其进项税额按照现行增值税制度规定不得从销项税额中抵扣的。本节主要介绍进项税额不予抵扣情况下的会计处理。

6.16.1 购入时即能认定进项税额不得抵扣的

购入时即能判定不得从销项税额中抵扣的，取得增值税专用发票时，应借记相关成

本费用或资产科目，借记"应交税费——待认证进项税额"科目，贷记"银行存款""应付账款"等科目，经税务机关认证后，根据有关"进项税额""进项税额转出"专栏及"待认证进项税额"明细科目的核算内容，先转入"进项税额"专栏，借记"应交税费——应交增值税（进项税额）"科目，贷记"应交税费——待认证进项税额"科目；按现行增值税制度规定转出时，记入"进项税额转出"专栏，借记相关成本费用或资产科目，贷记"应交税费——应交增值税（进项税额转出）"科目。

【例 6–22】某一般纳税人企业 2019 年 12 月购入一台超大型号制冷空调，该空调作为固定资产管理，专用于职工食堂。取得增值税专用发票，发票不含税金额为 6.5 万元，增值税 0.845 万元。不考虑其他涉税因素，则：

（1）取得专用发票时

借：固定资产 　　　　　　　　　　　　　　　　　　　　　　　65 000

　　应交税费——待认证进项税额 　　　　　　　　　　　　　　 8 450

　　　贷：银行存款 　　　　　　　　　　　　　　　　　　　　　　　73 450

（2）发票认证通过后

借：应交税费——应交增值税（进项税额） 　　　　　　　　　　 8 450

　　　贷：应交税费——待认证进项税额 　　　　　　　　　　　　　　 8 450

（3）月末做进项税额转出处理

借：固定资产 　　　　　　　　　　　　　　　　　　　　　　　 8 450

　　　贷：应交税费——应交增值税（进项税额转出） 　　　　　　　　 8 450

6.16.2　发生非正常损失情况的

因发生非正常损失或改变用途等，原已计入进项税额、待抵扣进项税额或待认证进项税额，但按现行增值税制度规定不得从销项税额中抵扣的，借记"待处理财产损溢""应付职工薪酬""固定资产""无形资产"等科目，贷记"应交税费——应交增值税（进项税额转出）"科目。

原不得抵扣且未抵扣进项税额的固定资产、无形资产等，因改变用途等用于允许抵扣进项税额的应税项目的，应按允许抵扣的进项税额，借记"应交税费——应交增值税（进项税额）"科目，贷记"固定资产""无形资产"等科目。固定资产、无形资产等经上述调整后，应按调整后的账面价值在剩余尚可使用寿命内计提折旧或摊销。会计处理举例如下：

借：在建工程

　　应付职工薪酬

待处理财产损溢

存货跌价准备

贷：库存商品（按账面成本结转）或原材料等

应交税费——应交增值税（进项税额转出）

【例 6-23】甲企业（增值税一般纳税人）9 月份购入生产用货物一批，进项税额已经抵扣，10 月，经营性租赁设备安装过程中领用 6 000 元，职工福利部门领用 20 000 元，另外，因管理不善发生被盗 15 000 元，则甲企业 10 月份的会计处理如下：

进项税额转出 =20 000×13%+15 000×13%=4550（元）

借：固定资产 6 000

待处理财产损溢——待处理流动资产损失［15 000×（1+13%）］16 950

应付职工薪酬——应付职工福利费［20 000×（1+13%）］ 22 600

贷：库存商品 41 000

应交税费——应交增值税（进项税额转出） 4 550

提示

> 已经抵扣进项税额的购进货物，用于职工福利的，要做转出处理。无法确定进项税额的，按照当期实际成本计算应扣减的进项税额，因此应当转出的进项税额为 35 000×13%＝4 550（元）。

6.16.3 兼营进项税额无法划分的

如果购进货物、加工修理修配劳务、服务既用于简易计税，也用于一般计税项目，无法划分清楚，比如企业既有一般计税项目，又有简易计税项目，购进办公用品无法划分不能抵扣的进项税，则按照下列公式计算不得抵扣的进项税额：

不得抵扣的进项税额＝当期无法划分的全部进项税额 ×（当期简易计税方法计税项目销售额＋免征增值税项目销售额）÷ 当期全部销售额

主管税务机关可以按照上述公式依据年度数据对不得抵扣的进项税额进行清算。

【例 6-24】某企业为一般纳税人，提供货物运输服务和机械包装服务，其中货物运输服务适用一般计税方法，机械包装服务选择适用简易计税方法。该纳税人 2019 年 7 月缴纳当月电费 11.3 万元，取得增值税专用发票并于当月认证抵扣，且该进项税额无法在货物运输服务和机械包装服务间划分。该纳税人当月取得货物运输收入 6 万元，机械包装服务 4 万元。

纳税人因兼营简易计税项目而无法划分所取得进项税额的，按照下列公式计算应转出的进项税额：

应转出的进项税额 $= 113\,000 \div (1 + 13\%) \times 13\% \times 40\,000 \div (40\,000 + 60\,000)$

$= 5\,200$（元）

会计处理如下：

借：管理费用　　　　　　　　　　　　　　　　　　　　　　　　 5 200

　贷：应交税费——应交增值税（进项税额转出）　　　　　　　 5 200

6.16.4　超期无法认证抵扣的进项税额

纳税人因故未按照规定取得并保存增值税扣税凭证，其进项税额不得从销项税额中抵扣，按价税合计金额入账。

【例 6-25】甲企业 2019 年 8 月份从外地购入原材料一批，价款 100 000 元，税金 13 000 元，款项已付，取得一张专用发票，超过规定期限，未办理认证手续。

会计处理为：

借：原材料　　　　　　　　　　　　　　　　　　　　　　　　 113 000

　贷：银行存款　　　　　　　　　　　　　　　　　　　　　　 113 000

6.17　简易计税的会计处理

根据"财会〔2016〕22 号"最新规定，一般纳税人采用简易计税方法发生的增值税计提、扣减、预缴、缴纳等业务的核算使用"应交税费——简易计税"，比如不动产转让的老项目、"甲供工程""清包工"以及不动产租赁老项目等。具体核算如下：

（1）计提、预缴等时

借：银行存款/应收账款

　贷：收入、固定资产清理等科目

　　　应交税费——简易计税

（2）缴纳时

借：应交税费——简易计税

　贷：银行存款

实务中，结合目前的税款核算与纳税申报表的填报，一般纳税人简易征收产生的税额不进入企业正常进项税额、销项税额的核算体系，即便是当月出现进项税留抵，简易征收产生的税额还是要交的。

【例 6-26】2019 年 11 月，北京市某企业（增值税一般纳税人）转让一台 2008 年 12

月 31 日以前购进（当时按照规定不得抵扣且未抵扣过进项税额）的机床，该固定资产原值为 80 000 元，已提折旧 7 000 元，支付清理费用 2 000 元，取得转让收入，同时开具增值税普通发票票面含税金额 72 100 元。会计分录：

（1）核销资产

借：固定资产清理 　　　　　　　　　　　　　　　　　　　　　73 000

　　累计折旧 　　　　　　　　　　　　　　　　　　　　　　　　7 000

　　贷：固定资产 　　　　　　　　　　　　　　　　　　　　　　　　80 000

（2）支付清理费用

借：固定资产清理 　　　　　　　　　　　　　　　　　　　　　　2 000

　　贷：银行存款 　　　　　　　　　　　　　　　　　　　　　　　　2 000

（3）收到转让款

借：银行存款 　　　　　　　　　　　　　　　　　　　　　　　72 100

　　贷：固定资产清理 　　　　　　　　　　　　　　　　　　　　　　70 000

　　　　应交税费——简易计税［72 100÷（1＋3%）×3%］　　　　2 100

（4）计算减征金额并进行账务处理

借：应交税费——简易计税［72 100÷（1＋3%）×（3%-2%）］　　700

　　贷：其他收益 　　　　　　　　　　　　　　　　　　　　　　　　700

后续分录略。

【例 6-27】2019 年 6 月，北京市某房地产开发企业（增值税一般纳税人）销售其开发的楼盘碧水苑项目，该项目经税务局备案，采取简易计税方法计算缴纳增值税。当月实际预收房款 12 000 万元，统一开具收据，则 6 月份该企业针对该项目的会计处理（不考虑附加税）如下：

（1）6 月预收款计提增值税预缴金额

预收增值税款＝12 000÷（1＋5%）×3%＝342.86（万元）

借：银行存款 　　　　　　　　　　　　　　　　　　　　　120 000 000

　　贷：预收账款 　　　　　　　　　　　　　　　　　　　　116 571 400

　　　　应交税费——简易计税 　　　　　　　　　　　　　　　3 428 600

（2）7 月填报"增值税预缴税款表"并缴税

借：应交税费——简易计税 　　　　　　　　　　　　　　　　3 428 600

　　贷：银行存款 　　　　　　　　　　　　　　　　　　　　　3 428 600

假如，2019 年 12 月完成销售，该企业把碧水苑项目完成交房，转收入，收取剩余房款 356 000 万元，并全额开具发票。则 12 月份该项目会计处理如下：

转收入，开票之后要计提增值税，碧水苑项目应交增值税 = 356 000 ÷（1 + 5%）

× 5% + 11 657.14 × 5% − 342.86

= 16 952.38 − 342.86 = 16 609.52（万元）

借：预收账款　　　　　　　　　　　　　　　　116 571 400
　　银行存款　　　　　　　　　　　　　　　3 560 000 000
　　贷：主营业务收入　　　　　　　　　　　3 510 476 200
　　　　应交税费——简易计税　　　　　　　　166 095 200

提示

2020年1月申报12月份税款时，该项目按照不含税收入350 476.19［368 000÷（1＋5%）］万元申报，销项税额按照17 535.24（17 192.38＋342.86）万元申报，同时填报《增值税纳税申报表附列资料（四）》（税额抵减情况表），抵减8月份计提的预缴税款部分。

6.18　差额征税的会计处理

差额扣除政策可以说是"营改增"过程中变化最大最频繁的政策，增值税的抵扣制度在很大程度上可以代替营业税的差额扣除政策，我们要对此有足够的重视。与旧的行业差额政策相比，变化主要有两项：

一是取消某些差额扣除政策。在原来的文件中，提供国际货物运输代理服务既可以选择适用免税政策，放弃免税的则可以适用差额扣除政策。而全面"营改增"政策（财税〔2016〕36号）文件中保留了国际货物运输代理服务的免税政策，取消了其差额扣除政策。所以，如果提供国际货物运输代理的纳税人放弃免税，只能以其取得的全部价款和价外费用全额征收增值税。另外，某些行业原来在营业税时代，虽然没有政策规定，实际上也是在走不规范的差额征税。比如航空客票代理企业代售客票收入、保理公司保理业务的利息收入等在全面"营改增"后会面临税负增加的风险。

二是缩小某些差额扣除政策下的可扣除项目。财税〔2016〕36号附件1《营业税改征增值税试点有关事项的规定》规定："经人民银行、银监会或者商务部批准从事融资租赁业务的试点纳税人，提供融资租赁服务，以取得的全部价款或价外费用，扣除支付的借款利息（包括外汇借款和人民币借款利息）、发行债券利息和车辆购置税后的余额为销售额。"根据财税〔2013〕106号，提供除融资性售后回租以外的有形动产融资租赁服务适用差额扣除的，扣除的范围还包括保险费和安装费，在新文件中保险费和安装费被剔除在可扣除的项目之外，因为保险费和安装费可以取得进项抵扣。

企业发生相关成本费用允许扣减销售额的账务处理，按现行增值税制度规定企业发生相关成本费用允许扣减销售额的，发生成本费用时，按应付或实际支付的金额，借记"主营业务成本""存货""工程施工"等科目，贷记"应付账款""应付票据""银行存款"等科目。待取得合规增值税扣税凭证且纳税义务发生时，按照允许抵扣的税额，借记"应交税费——应交增值税（销项税额抵减）"或"应交税费——简易计税"科目（小规模纳税人应借记"应交税费——应交增值税"科目），贷记"主营业务成本""存货""合同履约成本"等科目。

【**例 6-28**】甲劳务公司是一般纳税人，选择适用差额征税计税。已知 2019 年 5 月向乙贸易公司提供劳务派遣服务取得含税销售额 20 万元，其中含收取用于支付给劳务派遣员工工资、福利和为其办理社会保险及住房公积金的费用 15 万元。则账务处理如下：

（1）确认收入时

借：银行存款 200 000

　　贷：主营业务收入［200 000÷（1+5%）］ 190 476.19

　　　　应交税费——应交增值税（简易计税） 9 523.81

（2）差额计算时

借：应交税费——应交增值税（简易计税） 7 142.86

　　主营业务成本［150 000÷（1+5%）］ 142 857.14

　　贷：银行存款 150 000

提示

　　一般纳税人提供劳务派遣服务，可以选择差额纳税，以取得的全部价款和价外费用，扣除代用工单位支付给劳务派遣员工的工资、福利和为其办理社会保险及住房公积金后的余额为销售额，按照简易计税方法依5%的征收率计算缴纳增值税。

【**例 6-29**】乙公司是从事旅游服务的一般纳税人，选择差额征税。2019 年 8 月共取得旅游收入 50 万元，其中包含向其他单位支付的住宿费 10 万元、餐饮费 4 万元、交通费 3 万元、门票费 7 万元。假设当月该公司取得可以抵扣的增值税进项税额 1.2 万元。账务处理如下：

借：银行存款 500 000

　　贷：主营业务收入 471 698.11

　　　　应交税费——应交增值税（销项税额） 28 301.89

销项税额抵减额＝（100 000＋40 000＋30 000＋70 000）÷（1＋6%）×6%=13 584.91（元）

借：主营业务成本 226 415.09

　　应交税费——应交增值税（销项税额抵减）　　　　　　13 584.91

　　　贷：银行存款（10 000 ＋ 40 000 ＋ 30 000 ＋ 70 000）　240 000

　　月末，乙公司可以确认的销项税额 =（500 000 － 100 000 － 40 000 － 30 000 －
70 000）÷（1 ＋ 6%）×6%=14 716.98（元），当月应纳增值税税额 =14 716.98 －
12 000=2 716.98（元），具体分录略。

> **提示**
>
> 　　纳税人（一般纳税人/小规模纳税人）提供旅游服务，以取得的全部价款和价外费用，扣除向旅游服务购买方收取并支付给其他单位或者个人的住宿费、餐饮费、交通费、签证费、门票费和支付给其他地接旅游企业的旅游费用后的余额为销售额。
>
> 　　旅游服务的差额征税只是在计算销售额时扣除了部分费用，仍然适用一般计税方法，除了扣除的差额部分不得抵扣进项税，其他的进项税额仍然可以抵扣。

6.19　加计扣减的会计处理

　　根据《财政部 税务总局 海关总署关于深化增值税改革有关政策的公告》（财政部 税务总局 海关总署公告 2019 年第 39 号）文件规定，自 2019 年 4 月 1 日至 2021 年 12 月 31 日，允许生产、生活性服务业纳税人按照当期可抵扣进项税额加计 10%，抵减应纳税额。

　　生产、生活性服务业纳税人取得资产或接受劳务时，应当按照《增值税会计处理规定》的相关规定对增值税相关业务进行会计处理；实际缴纳增值税时，按应纳税额借记"应交税费——未交增值税"等科目，按实际纳税金额贷记"银行存款"科目，按加计抵减的金额贷记"其他收益"科目。

　　根据企业会计准则第 14 号及 16 号要求，抵减应纳税额属于与企业经营相关，但不属于企业与客户之间交易对价的补价，故不能作为企业收入进行核算，应当适用政府补助准则予以规范。同时，根据政府补助准则：对于同时包含与资产相关部分和与收益相关部分的政府补助，应当区分不同部分分别进行会计处理；难以区分的，应当整体归类为与收益相关的政府补助。第十一条与企业日常活动相关的政府补助，应当按照经济业务实质，计入其他收益或冲减相关成本费用。

　　【例 6-30】某服务业一般纳税人，适用加计抵减政策。2019 年 7 月，一般计税项目取得营业收入 2 000 万元，销项税额为 120 万元；进项税额 100 万元（包含购买办公楼的进项税额 90 万元、购置办公用品进项税额 10 万元），上期留抵税额 10 万元，上期结转的加计抵减额余额 5 万元；简易计税项目销售额 100 万元（不含税价），征收率 3%。如果为简化计算，单位均为元，且不考虑留抵税额退税等其他涉税事项，则该企业当月增值税处理为：

1. 计算应纳税额

（1）一般计税项目

抵减前的应纳税额 =120 － 100 － 10=10（万元）

当期可抵减加计抵减额 =100×10% ＋ 5=15（万元）

当期抵减后的实际应纳税额 =10 － 10=0（万元）

加计抵减额余额 = 当期可抵减加计抵减额－抵减前的应纳税额 =15 － 10=5（万元）

（2）简易计税项目：应纳税额 =100×3%=3（万元）

（3）应纳税额合计

一般计税项目应纳税额＋简易计税项目应纳税额 =0 ＋ 3=3（万元）

2. 会计核算

（1）销项税额核算

借：银行存款 21 200 000

　　贷：主营业务收入 20 000 000

　　　　应交税费——应交增值税（销项税额） 1 200 000

借：银行存款 1 030 000

　　贷：主营业务收入 1 000 000

　　　　应交税费——简易计税 30 000

（2）进项税额核算

借：固定资产——办公楼（不动产一次性抵扣，税率为 9%，原值即 90÷9%）10 000 000

　　应交税费——应交增值税（进项税额） 900 000

　　贷：银行存款 10 900 000

为简便计算，购置办公用品进项税额取整数。

借：管理费用 769 230.77

　　应交税费——应交增值税（进项税额） 100 000

　　贷：银行存款 869 230.77

（3）正常结转抵减前的应纳税额

借：应交税费——应交增值税（转出未交增值税） 100 000

　　贷：应交税费—未交增值税 10 000

（4）加计抵减处理

借：应交税费——未交增值税 100 000

　　贷：其他收益 100 000

提示

当期结转的应纳增值税额为10万元，当期加计抵减10万元，当期实际缴纳一般计税方法下的增值税额为0元。假如例题条件变化，当期实际缴纳一般计税方法下的增值税额不为零，则按应纳税额借记"应交税费——未交增值税"，按实际纳税金额贷记"银行存款"科目，按加计抵减的全额贷记"其他收益"科目。

期末，加计抵减额仍剩余5万元，转入下期继续抵减。建议财务人员做好台账，针对加计抵减的计提金额、抵扣金额、期末余额进行统计，避免遗漏。

（5）缴纳简易计税项目增值税

借：应交税费——简易计税　　　　　　　　　　　　　　　　　　　30 000

　　贷：银行存款　　　　　　　　　　　　　　　　　　　　　　　30 000

6.20　视同销售的会计处理

企业发生税法上视同销售的行为，应当按照企业会计准则制度相关规定进行相应的会计处理，并按照现行增值税制度规定计算的销项税额（或采用简易计税方法计算的应纳增值税额），借记"应付职工薪酬""利润分配"等科目，贷记"应交税费——应交增值税（销项税额）"或"应交税费——简易计税"科目（小规模纳税人应计入"应交税费——应交增值税"科目）。

按税法规定要进行视同销售的上述行为，在进行会计处理时，有些不需要确认收入，也有相当一部分行为，按企业会计准则，也需要进行收入确认。

1. 将货物交付其他单位或者个人代销（手续费式代销）

（1）委托方账务处理

①发出代销商品。

借：发出商品（或委托代销商品）

　　贷：库存商品

②收到代销清单时。

借：应收账款

　　贷：主营业务收入

　　　　应交税费——应交增值税（销项税额）

③同时结转成本。

借：主营业务成本

　　贷：发出商品（或委托代销商品）

④收到手续费结算发票时。

借：销售费用

    应交税费——应交增值税（进项税额）

    贷：应收账款

⑤收到代销货款。

借：银行存款

    贷：应收账款

      销售代销商品——受托方

销售代销商品按实际售价计算销项税额，取得委托方增值税专用发票，可以抵扣进项税额；受托方收取的代销手续费，应按"现代服务"税目 6% 的税率征收增值税。

（2）受托方账务处理

①售出代销商品时。

借：银行存款

    贷：应付账款

      应交税费——应交增值税（销项税额）

②结转应收手续费收入。

借：应付账款

    贷：其他业务收入（或主营业务收入）

      应交税费——应交增值税（销项税额）

③收到委托方的增值税专用发票并支付剩余货款。

借：应付账款

    应交税费——应交增值税（进项税额）

    贷：银行存款

2. 两个以上机构并实行统一核算的移货行为

设有两个以上机构并实行统一核算的纳税人，将货物从一个机构移送其他机构用于销售，但相关机构设在同一县（市）的除外。

（1）移送货物的一方

借：其他应收款——内部应收款

    贷：库存商品（或主营业务收入）等

      应交税费——应交增值税（销项税额）

（2）接受货物的一方

借：库存商品

    应交税费——应交增值税（进项税额）

    贷：其他应付款——内部应付款

3．将自产、委托加工的货物用于集体福利或者个人消费

（1）用于集体福利和交际应酬时

借：应付职工薪酬、管理费用——业务招待费

    贷：库存商品（按成本计算）

        应交税费——应交增值税（销项税额）（按售价或按组价计算）

（2）发给职工个人消费

借：应付职工薪酬——非货币性福利等

    贷：主营业务收入（按售价计算）

        应交税费——应交增值税（销项税额）（按售价或按组价计算）

4．将自产、委托加工或者购进的货物作为投资

会计分录如下：

借：长期股权投资

    贷：主营业务收入或其他业务收入（具有商业实质）

        库存商品或原材料（不具有商业实质）

        应交税费——应交增值税（销项税额）

5．将自产、委托加工或者购进的货物分配给股东或者投资者

会计分录如下：

借：利润分配、应付股利等

    贷：主营业务收入（或其他业务收入）

        应交税费——应交增值税（销项税额）

6．将自产、委托加工或者购进的货物无偿赠送其他单位或者个人

会计分录如下：

借：销售费用、营业外支出等

    贷：库存商品（或原材料等）

        应交税费——应交增值税（销项税额）

【例6-31】甲公司为一家电器生产企业，共有职工300名。2019年10月，公司决定以其主营产品液晶电视及外购电暖片作为特别福利发放给公司生产一线员工，已知液晶电视的生产成本为1 090元，每台不含税售价为2 000元；电暖片于2019年7月外购，价格为每台不含税价格1 000元，取得增值税专用发票并已经认证入账抵扣。假定每人发放一台液晶电视和一台电暖片设备，则甲企业账务处理如下：

（1）将自产液晶电视作为集体福利发放，应视同销售计算销项税额，且因生产液晶电视的原材料进项税额可以抵扣，不需要转出处理。

决定发放时：

借：生产成本（2 000 × 300 × 1.13）　　　　　　　　　　　　　　678 000

　　贷：应付职工薪酬——非货币性福利　　　　　　　　　　　　　678 000

实际发放时：

借：应付职工薪酬——非货币性福利　　　　　　　　　　　　　　678 000

　　贷：主营业务收入　　　　　　　　　　　　　　　　　　　　600 000

　　　　应交税费——应交增值税（销项税额）（2 000 × 300 × 0.13）　78 000

借：主营业务成本　　　　　　　　　　　　　　　　　　　　　　327 000

　　贷：库存商品　　　　　　　　　　　　　　　　　　　　　　327 000

（2）将外购电暖片发放用于集体福利，则购买电暖片时进项税额做转出处理。

借：生产成本（1 000 × 300 × 1.13）　　　　　　　　　　　　　　339 000

　　贷：应付职工薪酬——非货币性福利　　　　　　　　　　　　　339 000

借：应付职工薪酬——非货币性福利　　　　　　　　　　　　　　339 000

　　贷：库存商品　　　　　　　　　　　　　　　　　　　　　　300 000

　　　　应交税费——应交增值税（进项税额转出）（1 000 × 300 × 0.13）　39 000

6.21　出口货物的会计处理

进出口商品越来越多进入了我们的生活，很多企业都有进出口业务，出口货物的账务处理也着实让人头疼。出口货物退（免）税是对报关出口货物退还在国内各生产环节和流通环节按税法规定已缴纳的增值税和消费税或免征。"免抵退税"主要适用于生产企业自营或委托外贸企业代理出口自产货物，"免退税"适用于外贸企业自营出口的退税。本章主要围绕出口货物"免抵退"业务，通过案例展开会计处理介绍。

6.21.1　实行"免抵退"办法的

实行"免、抵、退"办法的一般纳税人出口货物，在货物出口销售后结转产品销售成本时，按规定计算的退税额低于购进时取得的增值税专用发票上的增值税额的差额，借记"主营业务成本"科目，贷记"应交税费——应交增值税（进项税额转出）"科目；按规定计算的当期出口货物的进项税抵减内销产品的应纳税额，借记"应交税费——应交增值税（出口抵减内销产品应纳税额）"科目，贷记"应交税费——应交增值税（出口退税）"科目。在规定期限内，内销产品的应纳税额不足以抵减出口货物的进项税额，不足部分按有关税法规定给予退税的，应在实际收到退税款时，借记"银行存款"科目，贷记"应交税费——应交增值税（出口退税）"科目。

1. "免、抵、退"税的计算

目前，我国对生产企业出口自产货物的增值税一律实行"免、抵、退"税管理办法。结合出口纳税申报税务，这一块的计算比较复杂。一般而言，对"免、抵、退"税的计算分四步：

第一，计算当期应纳税额：

当期应纳税额＝当期内销售货物销项税额－（当期进项税额－当期免抵退不得免征和抵扣的税额）－当期留抵税额

第二，计算免抵退税额：

免抵退税额＝出口货物离岸价 × 外汇人民币牌价 × 出口货物退税率；其中：免抵退税额抵减额＝免税购进原材料价格 × 出口货物退税率

第三，当期应退税额和免抵税额的计算：

（1）如当期应纳税额的计算结果为负数，且绝对值≤当期免抵退税额，则：

当期应退税额＝|当期应纳税额|

当期免抵税额＝当期免抵退税额 － 当期应退税额

（2）如当期应纳税额的计算结果为负数，且其绝对值＞当期免抵退税额，则：

当期应退税额＝当期免抵退税额

当期免抵税额＝0

第四，计算免抵退税不得免征和抵扣税额：

免抵退税不得免征和抵扣税额＝出口货物离岸价 × 外汇人民币牌价 ×（出口货物征税率 － 出口货物退税率）－ 免抵退税不得免征和抵扣税额抵减额

免抵退税不得免征和抵扣税额抵减额＝免税购进原材料价格 ×（出口货物征税率 － 出口货物退税率）

2. "免、抵、退"税的账务处理

（1）按规定计算的当期出口商品不予免征、抵扣和退税的税额，计入出口商品成本
借：主营业务成本
　　贷：应交税费——应交增值税（进项税额转出）

（2）按规定计算的当期免抵税额
借：应交税费——应交增值税（出口抵减内销产品应纳税额）
　　贷：应交税费——应交增值税（出口退税）

（3）按规定应予以退回的税款以及收到时

借：其他应收款——应收出口退税

　　贷：应交税费——应交增值税（出口退税）

借：银行存款

　　贷：其他应收款——应收出口退税

【例 6-32】 某企业为生产型出口企业，是一般纳税人企业，实行"免、抵、退"退税方式，该产品的征税率为 13%，退税率为 10%。2019 年 10 月份有关资料如下：

（1）以银行存款购进原材料一批，取得增值税专用发票上注明不含税价款 300 万元，已入库。

（2）国内销售一批商品，不含税销售额为 399.24 万元。款项已收到。

（3）出口一批产品，报关离岸价格为 20 万美元（假设汇率为 1:6），款项收到。

计算该月应退税额，同时作出相应的会计处理（金额单位均为人民币万元）。

①购进原材料时：

借：原材料	3 000 000
应交税费——应交增值税（进项税额）	390 000
贷：银行存款	3 390 000

②国内销售商品：

借：银行存款	4 511 412
贷：主营业务收入	3 992 400
应交税费——应交增值税（销项税额）	519 012

③出口商品的收入：

借：应收账款（200 000×6）	1 200 000
贷：主营业务收入——出口	1 200 000

④转出出口产品不得递减进项税额

当期不得抵扣的进项税额＝120×（13%－10%）＝3.6（万元）

借：主营业务成本	36 000
贷：应交税费——应交增值税（进项税额转出）	36 000

⑤计算免抵退税额：

当期应纳税额＝51.9－（39－3.6）＝16.5（万元）

免抵退税额＝20×6×10%＝12（万元）

⑥计算应退税额和应免抵税额：

当期应纳税额为正数，且其绝对值 16.5 万元＞当期免抵退税额 12（万元）。

则：

当期应退税额 = 0

当期免抵税额 = 当期免抵退税额 − 当期应退税额 = 12 − 0 = 12（万元）

6.21.2　未使用"免抵退"办法的

未实行"免、抵、退"办法的一般纳税人出口货物按规定退税的，按规定计算的应收出口退税额，借记"应收出口退税款"科目，贷记"应交税费——应交增值税（出口退税）"科目，收到出口退税时，借记"银行存款"科目，贷记"应收出口退税款"科目；退税额低于购进时取得的增值税专用发票上的增值税额的差额，借记"主营业务成本"科目，贷记"应交税费——应交增值税（进项税额转出）"科目。

（1）收回应退退回的税款

借：其他应收款（应收出口退税）

　　主营业务成本（不予退回的税金）

　　贷：主营业务收入

　　　　应交税费——应交增值税（销项税额）

（2）收到时

借：银行存款

　　贷：其他应收款（应收出口退税款）

【例 6-33】某有进出口经营权的外贸企业收购一批货物报关出口，收购货物取得的增值税专用发票上注明的购货金额为 100 000 元，增值税税额为 13 000 元，款项以银行存款支付。该货物的出口退税率为 10%，出口销售价格为 15 000 美元（汇率 1 : 6.5）。其会计分录为：

（1）采购货物时

借：库存商品　　　　　　　　　　　　　　　　　　　　　100 000

　　应交税费——应交增值税（进项税额）　　　　　　　　 13 000

　　贷：银行存款　　　　　　　　　　　　　　　　　　　　113 000

（2）出口销售免税，货款折合成人民币为：15 000 × 6.5 = 97 500（元）

借：银行存款　　　　　　　　　　　　　　　　　　　　　 97 500

　　贷：主营业务收入　　　　　　　　　　　　　　　　　　 97 500

（3）结转商品销售成本

借：主营业务成本　　　　　　　　　　　　　　　　　　　100 000

　　贷：库存商品　　　　　　　　　　　　　　　　　　　　100 000

（4）计算不予退还的进项税额：100 000×（13% － 10%）＝ 3 000（元）

借：主营业务成本   3 000

    贷：应交税费——应交增值税（进项税额转出）   3 000

（5）计算应收出口退税

借：其他应收款——出口退税（100 000×10%）   10 000

    贷：应交税费——应交增值税（出口退税）   10 000

（6）收到退税款

借：银行存款   10 000

    贷：其他应收款——出口退税   10 000

6.22　不动产进项税抵扣的会计处理

自 2019 年 4 月 1 日起，《营业税改征增值税试点有关事项的规定》（财税〔2016〕36 号印发）第一条第（四）项第 1 点、第二条第（一）项第 1 点停止执行，纳税人取得不动产或者不动产在建工程的进项税额不再分 2 年抵扣。此前按照上述规定尚未抵扣完毕的待抵扣进项税额，可自 2019 年 4 月税款所属期起从销项税额中抵扣。

（1）购入资产一次性抵扣

取得增值税专用发票认证当月会计分录如下：

借：固定资产（在建工程）——××

    应交税费——应交增值税（进项税额）

    贷：银行存款（或应付账款）——××

（2）购进时已全额抵扣进项税额的货物和服务，转用于不动产在建工程的

借：在建工程——××项目

    贷：原材料（或库存商品）——××

（3）自 2019 年 4 月 1 日起，已抵扣进项税额的不动产，发生非正常损失，或者改变用途

已抵扣进项税额的不动产，发生非正常损失，或者改变用途，专用于简易计税方法计税项目、免征增值税项目、集体福利或者个人消费的，按照下列公式计算不得抵扣的进项税额，并从当期进项税额中扣减：

不得抵扣的进项税额＝已抵扣进项税额 × 不动产净值率

不动产净值率＝（不动产净值 ÷ 不动产原值）×100%

会计处理如下：

①发生非正常损失当月会计分录如下

借：固定资产清理——××

　　累计折旧——××

　　贷：固定资产——××

②同时做进项税额转出（小于或等于已抵扣进项税额数）

借：固定资产清理——××

　　贷：应交税费——应交增值税（进项税额转出）（按实际计算的不得抵扣数额）

（4）自 2019 年 4 月 1 日起，前期不能抵扣，发生用途改变，专用或混用于允许抵扣进项税额项目的

按照规定不得抵扣进项税额的不动产，发生用途改变，用于允许抵扣进项税额项目的，按照下列公式在改变用途的次月计算可抵扣进项税额。

可抵扣进项税额＝增值税扣税凭证注明或计算的进项税额 × 不动产净值率

借：应交税费——应交增值税（进项税额）

　　贷：固定资产——×× 项目

（5）不动产在建工程发生非正常损失的

会计处理如下：

借：待处理财产损溢——待处理 ××

　　贷：在建工程——×× 项目

　　　　应交税费——应交增值税（进项税额转出）

注：实务中根据实际情况，有直接计入营业外收支的。

（6）不动产进项抵扣实务操作案例分析

【例 6-34】2019 年 7 月 1 日，甲企业（一般纳税人）以银行存款购进建筑物，该大楼拟用于公司办公经营，按固定资产管理，并于次月开始计提折旧。7 月 20 日，该纳税人取得该大楼增值税专用发票并认证相符，专用发票注明不含税金额 10 000 万元。

为简化会计分录数字，单位均假设为元，且不考虑其他涉税事项，则会计处理如下：

注：本题属于购进不动产情况，购进不动产在建工程账务处理类似。

借：固定资产　　　　　　　　　　　　　　　　　　　　　100 000 000

　　应交税费——应交增值税（进项税额）　　　　　　　　　9 000 000

　　贷：银行存款　　　　　　　　　　　　　　　　　　　109 000 000

小贴士

购进不动产，作为"投资性房地产"入账的如何处理？

接【例6-34】，如果甲企业购入该办公大楼后，直接用于出租，会计上以"投资性房地产"计量，其他事项不变，则会计分录仍然不变。

借：固定资产   100 000 000

    应交税费——应交增值税（进项税额）   9 000 000

    贷：银行存款   109 000 000

【例6-35】接【例6-34】，假如2020年4月1日，由于经营需要，甲企业决定改变该建筑物用途，即由办公楼改为专用于员工食堂，该食堂采用直线法折旧，预计使用年限为5年，不考虑其他因素，这有关增值税的会计处理如下：

注意：本题属于不动产转变用途，由生产经营用转为集体福利专用的情况。

截至2020年4月，该办公楼共计折旧8个月，折旧金额为1 333.33万元，房产净值为8 666.67万元。

不动产净值率＝（不动产净值÷不动产原值）×100%＝8 666.67÷10 000×100%＝86.67%。

不得抵扣的进项税额＝已抵扣进项税额×不动产净值率＝900×86.67%＝780.03（万元）

相关增值税会计分录为：

借：固定资产   7 800 300

    贷：应交税费——应交增值税（进项税额转出）   7 800 300

【例6-36】接【例6-35】，假如2022年7月1日，由于经营需要，甲企业决定再次改变该建筑物用途，即由专用于员工食堂改为办公楼使用，该食堂采用直线法折旧，预计使用年限为5年，不考虑其他因素，这有关增值税的会计处理如下：

截至2022年7月1日，该办公楼共计折旧36个月，折旧金额为6 056.68万元，房产净值为4 723.35万元（10 000－1 333.33＋780.03－4 723.35）。

不动产净值率＝（不动产净值÷不动产原值）×100%＝4 723.35÷10 780.03＝43.82%

可抵扣的进项税额＝该项目计算的抵扣额×不动产净值率＝780.03×43.82%＝341.81（万元）

相关增值税会计分录为：

借：应交税费——应交增值税（进项税额）   3 418 100

    贷：固定资产   3 418 100

注意：

（1）本题属于不动产转变用途，由集体福利专用转为生产经营用的情况。

（2）分析过程如下：

该建筑物在 2019 年 7 月取得时，可抵扣进项为 900 万元；

在 2020 年 4 月 1 日时，转为专用于员工餐厅的时候，该建筑物实际抵扣了 119.97 万元，剩余 780.03 万元作为不得抵扣的增值税进项税额进行了转出处理；

在 2022 年 7 月 1 日，再度转为办公用时，该建筑物时间从 2020 年 4 月 1 日至 2022 年 7 月 1 日，实际消耗了不得抵扣的进项税 438.22（780.03-341.81）万元，剩余 341.81 万元可以继续抵扣；

因此在 2022 年 7 月份把进项税额 341.81 万元从"固定资产"成本科目中转出到"应交税费——应交增值税（进项税额）"科目中。

（3）"财税〔2016〕36 号文"附件 1 第十三条规定，纳税人应建立不动产和不动产在建工程台账，分别记录并归集不动产和不动产在建工程的成本、费用、扣税凭证及进项税额抵扣情况，留存备查。用于简易计税方法计税项目、免征增值税项目、集体福利或者个人消费的不动产和不动产在建工程，也应在纳税人建立的台账中记录。

这样做的目的是，不动产一般的存续期间都较长，在存续期内，不动产的进项税额可能在"允许抵扣"和"不得抵扣"之间多次转换，因此通过台账对各不动产项目的具体情况分别记载，是非常必要的。

（4）纳税人自建不动产原来不允许抵扣且未抵扣的所耗用的购进货物、设计服务和建筑服务等进项税额，发生不动产改变用途用于允许抵扣项目情况的，应按照上述购进不动产改变用途情况处理。

【例 6-37】 接【例 6-36】，（1）2022 年 7 月，由于生产经营需要，甲企业决定对该办公楼进行改扩建，转为在建工程，开始改扩建工程。

（2）工程开始，支付建筑工程招投标咨询费用，取得增值税专用发票，票面不含税金额为 400 万元。

（3）2022 年 8 月，使用 2020 年 7 月购入生产经营用原材料及工程物资（购入当期已经认证并全部抵扣增值税进项税额）不含税金额共计 6 200 万元，并计入在建工程成本；

（4）工程期间，领用购入的灯具、锁具等低值易耗品（已经认证）不含税金额 200 万元，进行费用化处理。

（5）工程期间，纳税人购进其他设计服务不含税金额 300 万元、建筑服务不含税 3 000 万元，以上款项均按照合同以银行存款支付，并取得相应增值税专用发票。

（6）2023 年 2 月，由于管理不善，造成在建工程整体损失 400 万元。

（7）2023 年 5 月，工程完工，达到预定可使用状态，预计可使用年限为 5 年，不考虑其他因素，转入固定资产。

（8）2023 年 6 月，甲企业由于公司经营需要，决定整体出售该建筑物，取得不含税对价 30 000 万元，收取款项并开具增值税专用发票。

问题：相关的账务处理如何处理？

解析：

（1）把固定资产转到在建工程时，已提折旧 6 056.68 万元

借：在建工程	43 815 400
累计折旧（13 333 300＋47 233 500）	60 566 800
贷：固定资产（100 000 000＋7 800 300－3 418 100）	104 382 200

（2）支付招标咨询费用

借：管理费用	4 000 000
应交税费——应交增值税（进项税额）	240 000
贷：银行存款	4 240 000

（3）工程领用前期购入生产经营用已抵扣增值税的原材料及物资时

借：在建工程	62 000 000
贷：原材料（工程物资）	62 000 000

（4）购入的灯具、锁具等低值易耗品，该项购进货物进项税额可于当期全部抵扣

借：管理费用	2 000 000
应交税费——应交增值税（进项税额）	260 000
贷：银行存款	2 260 000

（5）支付首批设计费、建筑工程服务款项时，可以一次性抵扣相关进项税额 288（300×6%＋3 000×9%）万元

借：在建工程	33 000 000
应交税费——应交增值税（进项税额）	2 880 000
贷：银行存款	35 880 000

（6）在建工程非正常损失，则在建工程过程中消耗的相应比例的进项税额以及待抵扣进项税额要转出

非正常损失占在建工程比例＝400÷（4 381.54＋6 200＋3 300）＝2.88%

转出的进项税额＝（24＋26＋288）×2.88%＝9.734 4（万元）

借：营业外支出	4 097 344
贷：在建工程	4 000 000

应交税费——应交增值税（进项税额转出）	97 344

（7）在建工程完成

借：固定资产　　　　　　　　　　　　　　　　　　　134 815 400

　　贷：在建工程　　　　　　　　　　　　　　　　　　134 815 400

（8）出售固定资产转入清理（实际折旧1个月）

借：固定资产清理　　　　　　　　　　　　　　　　　132 568 476.67

　　累计折旧（134 815 400 ÷ 60 × 1）　　　　　　　2 246 923.33

　　贷：固定资产　　　　　　　　　　　　　　　　　　134 815 400

借：银行存款　　　　　　　　　　　　　　　　　　　327 000 000

　　贷：应交税费——应交增值税（销项税额）　　　　　27 000 000

　　　　固定资产清理　　　　　　　　　　　　　　　　300 000 000

借：固定资产清理（300 000 000 − 132 568 476.67）　167 431 523.33

　　贷：资产处置损益　　　　　　　　　　　　　　　　167 431 523.33

6.23　退货、销售折让、平销返利的会计处理

　　企业购进后尚未入账就发生退回或折让的，无论货物是否入库，必须将取得的扣税凭证主动退还给销售方注销或重新开具。无须做任何会计处理。

　　企业购进后已作会计处理，发生退回或索取折让时，若专用发票的发票联和抵扣联无法退还，企业必须按国家税务总局的规定要求由销售方开具红字专用发票。企业收到销售方开具来的红字专用发票时，按价税合计数，借记"应付账款""银行存款"等科目，按发票上注明的增值税额，贷记"应交税费——应交增值税（进项税额）"等科目，按发票上注明的价款，贷记"原材料"等科目。

　　对商业企业向购货方收取的与商品销售量、销售额挂钩的各种返还收入，应按平销返利行为的有关规定冲减当期增值税进项税额。

　　当期应冲减的进项税额 = 当期取得的返还资金 ÷（1 + 所购货物的适用税率）× 所购货物的适用税率

　　【例 6-38】甲商业企业从生产厂家购进货物不含税价为 20 000 元，增值税税额为 2 600 元。双方约定，以 40 000 元不含税价格销售，货物全部售出后生产厂家返还资金的 2 260 元。则甲公司应如何进行会计处理？

　　（1）购进货物时

　　借：库存商品　　　　　　　　　　　　　　　　　　20 000

应交税费——应交增值税（进项税额）	2 600
贷：银行存款	22 600

（2）销售商品时

借：银行存款	45 200
贷：主营业务收入	40 000
应交税费——应交增值税（销项税额）（40 000×13%）	5 200
借：主营业务成本	20 000
贷：库存商品	20 000

（3）收到返还资金时

借：银行存款	2 260
应交税费——应交增值税（进项税额）	−260
贷：主营业务成本	2 000

6.24　消费税应税产品的增值税会计处理

增值税的应税范围大于消费税，消费税应税范围是从增值税当中选取的再加征一道消费税的特殊商品或服务。缴纳增值税的不都缴纳消费税，缴纳消费税的消费品都应缴纳增值税。两者还有很多区别，本书主要提醒大家消费税是价内税，增值税时价外税，消费税税基是不含增值税的，具体增值税的处理和一般非消费税做法一致。

【例6-39】甲公司（增值税一般纳税人）当月销售摩托车10辆，每辆售价1.5万元（不含增值税）。货款尚未收到，摩托车每辆成本0.5万元。适用消费税税率为10%。根据这项经济业务，公司应作如下会计分录：

应向购买方收取的增值税税额=15 000×10×13%=19 500（元）

应交消费税=15 000×10×10%=15 000（元）

借：应收账款	169 500
贷：主营业务收入	150 000
应交税费——应交增值税（销项税额）	19 500
借：税金及附加	15 000
贷：应交税费——应交消费税	15 000
借：主营业务成本	50 000
贷：库存商品	50 000

【例6-40】某汽车制造企业（增值税一般纳税人）将自产的一辆汽车用于在建工程，

同类汽车销售价格为 20 万元，该汽车成本为 14 万元，适用消费税税率为 5%，增值税税率为 13%。企业应作如下会计分录：

应交消费税 =200 000×5%=10 000（元）

应交增值税 =200 000×13%=26 000（元）

借：在建工程 176 000

　　贷：库存商品 140 000

　　　　应交税费——应交消费税 10 000

　　　　应交税费——应交增值税（销项税额） 26 000

6.25 不动产经营租赁业务的会计处理

不动产经营租赁模式多样，本节主要从异地租赁、免租期、后付租金等模式展开介绍。

6.25.1 异地租赁方式

纳税人提供不动产经营租赁服务，需要在不动产所在地预缴税款，而后回机构所在地申报纳税。机构所在地与不动产所在地在同一县的，不需要预缴税款。

除自然人以外的纳税人，发生出租不动产业务，当不动产与纳税人机构所在地不在同一县（市、区）的，需在不动产所在地预缴税款（具体预缴比例参考本书第五章有关内容），而后回机构所在地申报纳税，纳税人在不动产所在地已经预缴的税款，可以在应纳税额中抵减。

另外，根据《国家税务总局关于优化〈外出经营活动税收管理证明〉相关制度和办理程序的意见》（税总发〔2016〕106 号）第四项规定："异地不动产转让和租赁业务不适用外出经营活动税收管理相关制度规定。"

【例 6-41】北京磊峰酒店管理有限公司为增值税一般纳税人，2019 年 9 月对外出租办 2016 年 2 月份购入的办公楼一套，该办公楼位于上海，月租金 109 万元（含税）。

因为该公司对外出租的不动产是 2016 年 4 月 30 日之前购入的，该公司作为出租方，既可以选择采用一般计税方法，也可以采用简易计税方法。

（1）若选择采用一般计税方法，则 2019 年 9 月会计处理为：

借：银行存款（应收账款） 1 090 000

　　贷：其他业务收入 1 000 000

　　　　应交税费——应交增值税（销项税额） 90 000

借：应交税费——预交增值税（1 000 000×3%） 30 000

贷：银行存款	30 000

　　由于是跨地区出租，所以 A 公司应向不动产所在地上海预缴税款 3 万元，并向机构所在地北京申报补缴税款 6 万元。

　　（2）若选择采用简易计税方法，则 2019 年 9 月会计处理为：

借：银行存款（应收账款）	1 090 000
贷：其他业务收入	1 038 095.24
应交税费——简易计税	51 904.76
借：应交税费——预交增值税（1 090 000÷1.05×5%）	51 904.76
贷：银行存款	51 904.76

　　由于是跨地区出租，所以 A 公司应向不动产所在地上海预缴税款 51 904.76 元，并向机构所在地北京申报抵减已交税款 51 904.76 元。

6.25.2　存在预收租金及免租期

1．预收租金

　　根据《财政部关于印发〈增值税会计处理规定〉的通知》（财会〔2016〕22 号）文件规定，按照增值税制度确认增值税纳税义务发生时点早于按照国家统一的会计制度确认收入或利得的时点的，应将应纳增值税额，借记"应收账款"科目，贷记"应交税费——应交增值税（销项税额）"或"应交税费——简易计税"科目，按照国家统一的会计制度确认收入或利得时，应按扣除增值税销项税额后的金额确认收入。

　　根据《财政部 国家税务总局关于全面推开营业税改征增值税试点的通知》（财税〔2016〕36 号）附件一《营业税改征增值税试点实施办法》第四十五条第（二）规定纳税人提供租赁服务采取预收款方式的，其纳税义务发生时间为收到预收款的当天。

　　因此，企业在不动产经营租赁时预收租金的，增值税纳税义务发生时点早于按照国家统一的会计制度确认收入时点，应该在收到的当期产生增值税纳税义务，计提销项税额。

2．免租期

　　《国家税务总局关于土地价款扣除时间等增值税征管问题的公告》（国家税务总局公告 2016 年第 86 号）第七条规定："纳税人出租不动产，租赁合同中约定免租期的，不属于《营业税改征增值税试点实施办法》（财税〔2016〕36 号文）第十四条规定的视同销售服务。"

　　因此，出租房屋合同中约定的免租期不属于视同销售服务，不需要缴纳增值税。

　　【例 6-42】2020 年 1 月 1 日，甲公司向乙公司租出公司新建成投用的办公用房一套，租期为 4 年。该房屋原账面价值为 1 800 万元，预计使用年限是 30 年，预计净残值为 30

万元。租赁合同规定，租赁开始日，乙公司向甲公司一次性预付租金 100 万元（不含税），第一年年末支付租金 40 万元（不含税），第二年年末支付租金 50 万元（不含税），第三年年末支付租金 60 万元（不含税），第四年免租。租赁期满后预付租金不退回，甲公司收回办公用房的使用权。

解析：该项租赁不符合融资租赁的标准，应作为经营租赁处理，并可指定为采用成本模式计量的投资性房地产。甲公司在确认租金收入时，按照最新收入准则，不能按照每次实际收到的租金确定，而是应该采用直线法平均分配确认各期的租金收入。

各期租金收入合计 250（100 ＋ 40 ＋ 50 ＋ 60）万元，按照直线法计算，每年应确认的租金收入为 625 000 元，则适用增值税税率为 9%，甲公司会计处理如下：

（1）2020 年 1 月 1 日

借：银行存款　　　　　　　　　　　　　　　　　　　　　　1 090 000

　　贷：合同负债　　　　　　　　　　　　　　　　　　　　1 000 000

　　　　应交税费——应交增值税（销项税额）　　　　　　　　90 000

（2）2020 年 12 月 31 日

借：银行存款　　　　　　　　　　　　　　　　　　　　　　436 000

　　合同负债　　　　　　　　　　　　　　　　　　　　　　225 000

　　贷：其他业务收入——经营租赁收入　　　　　　　　　　625 000

　　　　应交税费——应交增值税（销项税额）（400 000×9%）　36 000

（3）2021 年 12 月 31 日

借：银行存款　　　　　　　　　　　　　　　　　　　　　　545 000

　　合同负债　　　　　　　　　　　　　　　　　　　　　　125 000

　　贷：其他业务收入——经营租赁收入　　　　　　　　　　625 000

　　　　应交税费——应交增值税（销项税额）（500 000×9%）　45 000

（4）2022 年 12 月 31 日

借：银行存款　　　　　　　　　　　　　　　　　　　　　　654 000

　　合同负债　　　　　　　　　　　　　　　　　　　　　　25 000

　　贷：其他业务收入——经营租赁收入　　　　　　　　　　625 000

　　　　应交税费——应交增值税（销项税额）（600 000×9%）　54 000

（5）2023 年 12 月 31 日

借：合同负债　　　　　　　　　　　　　　　　　　　　　　625 000

　　贷：其他业务收入——经营租赁收入　　　　　　　　　　625 000

> **提示**
>
> （1）会计处理中，"合同负债"科目核算企业已收或者应收客户对价而应向客户转让商品的义务，应该按合同进行明细核算。本题也可以用"预收账款"科目。
>
> （2）免租期并不属于"无偿"，是为了更好地满足一定租赁期限为前提，相当于整个租赁期的优惠，因此免租期内不需要视同销售缴纳增值税。
>
> （3）公司在收到租金的时候一并收取承租方的物品损坏赔偿金，属于因发生应税行为取得的款项，应作为价外费用缴纳增值税。
>
> （4）对出租房产，租赁双方签订的租赁合同约定有免收租金期限的，免收租金期间由产权所有人按照房产原值缴纳房产税。
>
> （5）出租人（甲公司）应按同类固定资产折旧方法计提折旧，作为出租固定资产的成本，记入"其他业务成本"科目。

6.25.3 后付租金方式

后付租金支付方式是在租期内，承租企业按多长间隔时间（如按月、按季、按半年、按年等）支付一次租金时，是采用期末后付的方式。这种方式下，一般纳税人增值税业务主要涉及"应交税费——待转销项税额"科目的使用。

【例 6-43】甲企业（增值税一般纳税人）自有厂房对外出租，合同约定租赁期半年，自 2019 年 7 月 1 日开始，租金每月 1.09 万元，于每季度末支付（后付租金方式），出租业务甲企业选择一般计税方法核算，税率为 9%。

按照权责发生制要求，甲企业每月应该确认租赁收入，但是增值税的纳税义务发生时间为书面合同确定的付款日期，即确认收入的时点早于增值税纳税义务发生时点。

（1）2019 年 7 ～ 9 月

借：应收账款　　　　　　　　　　　　　　　　　　　　　10 900

　　贷：其他业务收入　　　　　　　　　　　　　　　　　　10 000

　　　　应交税费——待转销项税额［10 900÷（1＋9%）×9%］　　900

（2）9 月 30 日收到款项时

借：应交税费——待转销项税额　　　　　　　　　　　　　2 700

　　贷：应交税费——应交增值税（销项税额）　　　　　　　2 700

> **提示**
>
> 如果甲企业符合且选择简易计税方法，则相应计算金额需要调整，"应交税费——应交增值税（销项税额）"科目也应改为"应交税费——简易计税"。

6.26 房地产企业销售自行开发项目的会计处理

房地产开发企业在日常经营过程中遇到一般业务增值税处理和其他企业一样，全面"营改增"之后，房地产企业的会计处理需要重点关注的点有：一般计税方法下土地出让金的账务处理、房地产老项目增值税业务核算、房地产行业预缴税款的核算等。下面将以实务案例进行分析。

6.26.1 一般计税方法下土地出让金返还的账务处理

根据《房地产开发企业销售自行开发的房地产项目增值税征收管理暂行办法》（国家税务总局公告 2016 年第 18 号）第四条规定，房地产开发企业中的一般纳税人销售自行开发的房地产项目，适用一般计税方法计税，按照取得的全部价款和价外费用，扣除当期销售房地产项目对应的土地价款后的余额计算销售额。

依据《增值税会计处理规定》（财会〔2016〕22 号）规定，企业发生相关成本费用允许扣减销售额的账务处理，取得合规增值税扣税凭证且纳税义务发生时，按照允许抵扣的税额，借记"应交税费——应交增值税（销项税额抵减）"，贷记"主营业务成本"科目。

但是注意，可以看到，土地价款的扣除是在确认销售额的时候，也就是纳税义务发生产生的时候，并不是一定要在支付土地价款的时候同时进行相关增值税的处理。因此实务中也可以采用以下方法进行账务处理：

（1）收到土地价款时

借：开发成本——A 项目

　　贷：银行存款

（2）当把预收款转为收入时候，或者完全确认收入时

①第一步，结转收入。

借：预收账款

　　贷：应交税费——应交增值税（销项税额）

　　　主营业务收入

②第二步，抵减土地价款的销项税额。

借：应交税费——应交增值税（销项税额抵减）

　　贷：主营业务成本——A 项目〔借方红字〕

提示

实务中常见，土地出让金返还用于建设安置回迁房的，其实质主要是指房地产企业开发的回迁房销售给政府，政府通过土地出让金返还的形式支付给房地产企业销售回迁房的销售款，然后政府无偿把回迁房移交给拆迁户，这种情况可以抵减土地价款，作为销项税额抵减。

但现实工作中一些开发商先期介入拆迁或生地招拍挂，由开发商代为拆迁。在开发商交纳土地出让金后，政府部门对开发商进行部分返还，用于拆迁或安置补偿。这种情况下，开发商取得土地出让金返还款就应该作为收入而计提销项税额。

6.26.2 房地产行业预缴税款的核算

根据（财税〔2016〕36号）文以及国家税务总局2016年18号公告，从纳税义务发生时间的角度，房地产企业在全面"营改增"时有一个重大利好：收到预收款时候，不确认纳税义务。但是，一般纳税人应在取得预收款的次月纳税申报期向主管国税机关预缴3%的税款。企业预缴增值税时，借记"应交税费——预交增值税"科目，贷记"银行存款"科目。月末，企业应将"预交增值税"明细科目余额转入"未交增值税"明细科目，借记"应交税费——未交增值税"科目，贷记"应交税费——预交增值税"科目。房地产开发企业等在预缴增值税后，应直至纳税义务发生时方可从"应交税费——预交增值税"科目结转至"应交税费——未交增值税"科目。会计上可以这么处理：

（1）收到预收款时

借：银行存款

应交税费——预交增值税

贷：预收账款

（2）次月预缴预收款增值税时

借：应交税费——未交增值税——A项目

贷：银行存款

借：应交税费——未交增值税——A项目

贷：应交税费——预交增值税

小贴士

一般纳税人的简易计税方法，在确认预缴、计提、缴纳等环节涉及增值税时，要采用"应交税费——简易计税——某项目"科目核算，不使用"应交税费——预交增值税"科目核算。

【例6-44】磊峰建筑集团是一家主营房地产开发经营的企业（一般纳税人），机构所在地朝阳区，开发的 A 房地产项目在门头沟区，企业对 A 房地产项目选择了一般计税方法计税。

（1）2019 年 5 月该公司为开发 A 项目，取得土地 150 000 平方米，支付土地出让金金额 218 000 万元，并取得相应财政票据；A 项目可供销售建筑面积 80 000 平方米。

（2）2019 年 10 月份，总计支付工程款 2 950 万元（不含税价），均取得增值税专用发票。其中地质勘察费 50 万元，规划设计、施工图设计及其他设计 500 万元，其他工程费用 2 400 万元。

（3）2019 年 12 月份，总计发生建安工程费 3 000 万元（不含税价），并取得增值税专用发票。其中主体承包工程 2 000 万元，水暖工程 100 万元，工程监理费 100 万元，其他工程 800 万元。

（4）2020 年 1 月，磊峰建设集团除 A 房地产项目外，在同一地块，同时配建政府公租房 B 项目，建筑面积为 30 000 平方米。当月共计发生人力资源外包支付不含税金额 3 600 万元，劳务派遣公司开具增值税专用发票不含税金额 1 200 万元，增值税普通发票不含税金额 2 400 万元。该笔人工费用 A、B 项目无法合理划分。

（5）2020 年 7 月，该 A 房地产项目主体封顶，并取得预售许可证。当月取得预收房款 327 000 万元，并开具统一收据。

（6）2021 年 10 月，该 A 房地产项目预售部分开始交房，并结转预收收入 327 000 万元。已知交房面积为 70 000 平方米，开具预收款发票。

（7）2022 年 12 月，实现剩余现房销售 436 000 万元（含税价），给业主开具全额房款发票。

问题：不考虑其他因素，上述事项涉及增值税如何进行账务处理（分录金额单位为元）？

①支付土地价款。

借：主营业务成本——A 项目土地出让金　　　　　　　　　　　2 180 000 000

　　贷：银行存款　　　　　　　　　　　　　　　　　　　　　　2 180 000 000

②支付前期工程款。

进项税额 =（50 + 500）× 6% + 2 400 × 9% = 33 + 216 = 249（万元）

借：开发成本——A 项目勘察设计费　　　　　　　　　　　　　　500 000

　　　　　　　——A 项目规划设计费　　　　　　　　　　　　5 000 000

　　　　　　　——A 项目其他工程费　　　　　　　　　　　　24 000 000

　　应交税费——应交增值税（进项税额）　　　　　　　　　　2 490 000

　　贷：银行存款　　　　　　　　　　　　　　　　　　　　　31 990 000

③支付建安工程款。

进项税额＝100×6%＋（2 000＋100＋800）×9%＝6＋261＝267（万元）

借：开发成本——A项目建安工程费	30 000 000
应交税费——应交增值税（进项税额）	2 670 000
贷：银行存款	32 670 000

④支付外包人力成本。

由于公租房为免征增值税项目，A、B项目无法划分进项税额；同时劳务派遣公司采取差额纳税计算方法，因此，劳务派遣适用差额征税，则：

进项税额＝1 200×5%＝60（万元）

不得抵扣的进项税额＝当期无法划分的全部进项税额×（简易计税、免税房地产项目建设规模÷房地产项目总建设规模）＝1 200×5%×30 000÷（30 000＋80 000）＝16.36（万元）。

可以抵扣的进项税额＝60－16.36＝43.64（万元）

借：主营业务成本——人力成本	35 563 600
应交税费——应交增值税（进项税额）	436 400
贷：银行存款	36 000 000

⑤2020年7月预收房款。

预收款预缴税金＝327 000÷（1＋9%）×3%＝9 000（万元）

借：银行存款	3 270 000 000
贷：预收账款	3 270 000 000
借：应交税费——预交增值税	90 000 000
贷：银行存款	90 000 000

月末结转到"应交税费——未交增值税"。

借：应交税费——未交增值税——A项目	90 000 000
贷：应交税费——预交增值税	90 000 000

⑥2021年结转预收款收入。

土地价款抵减的销项税额＝支付的土地价款不含税金额×9%×（当期销售房地产项目建筑面积÷房地产项目可供销售建筑面积）＝218 000÷（1＋9%）×9%×（70 000÷80 000）＝15 750（万元）

预收款实现的销项税额＝327 000÷（1＋9%）×9%＝27 000（万元）。

冲减开发成本：

借：应交税费——应交增值税（销项税额抵减）	157 500 000

　　贷：主营业务成本——A 项目土地出让金　　　　　　　　　　　157 500 000

　　预收款合计确认的销项税额＝ 27 000 － 15 750 ＝ 11 250（万元）

借：预收账款　　　　　　　　　　　　　　　　　　　　　3 270 000 000

　　贷：应交税费——应交增值税（销项税额）　　　　　　　　112 500 000

　　　　主营业务收入　　　　　　　　　　　　　　　　　　3 157 500 000

> **提示**
>
> 　　该种账务处理方法，在次月的纳税申报过程中，在《增值税纳税申报表附列资料（一）》（本期销售情况明细）以及《增值税纳税申报表附列资料（三）》（服务、不动产和无形资产扣除项目明细）中注意填报相关行列。

　　⑦现房销售时，直接确认收入实现。

　　土地价款抵减的销项税额＝ 218 000 ÷（1 ＋ 9%）× 9% ×（10 000 ÷ 80 000）＝ 2 250（万元）

　　现房款合计确认的销项税额＝ 436 000 ÷（1 ＋ 9%）× 9% ＝ 36 000（万元）

　　冲减开发成本：

借：应交税费——应交增值税（销项税额抵减）　　　　　　　　22 500 000

　　贷：主营业务成本——A 项目土地出让金　　　　　　　　　　22 500 000

借：银行存款　　　　　　　　　　　　　　　　　　　　　4 360 000 000

　　贷：应交税费——应交增值税（销项税额）　　　　　　　　360 000 000

　　　　主营业务收入　　　　　　　　　　　　　　　　　　4 000 000 000

6.27　建筑服务业务的会计处理

　　建筑服务多采用事业部及所属项目部的形式，并且涉及总包、分包的业务处理，本身在营业税时代，税务会计核算就比较复杂。全面"营改增"之后，建筑工程服务不仅要按照《企业会计准则第 15 号——建造合同》进行会计处理，还要按照增值税税务会计相关规定核算。

6.27.1　异地提供建筑服务

　　一般纳税人建筑工程服务业税务会计的重点难点在于：跨区经营项目预交增值税核算、支付的分包款项的扣减核算、项目部与总部之间增值税税款往来核算以及简易计税方法的会计处理等。另外，在科目设置上，各企业可以根据实际情况设置明细科目。

1. 跨县（市）区预交增值税的核算

一般纳税人跨县（市）提供建筑服务，适用一般计税方法计税的，应以取得的全部价款和价外费用为销售额计算应纳税额。纳税人应以取得的全部价款和价外费用扣除支付的分包款后的余额，按照2%的预征率在建筑服务发生地预缴税款后，向机构所在地主管税务机关进行纳税申报。

验工计价是指对施工建设过程中已完合格工程数量或工作进行验收、计量核对验收、计量的工程数量或工作进行计价活动的总称。建筑企业取得的经业主批复的验工计价单，实际上即为企业向业主索取销售款项的凭据。"营改增"后，建筑企业的纳税义务发生时间按照行业会计处理实务，以收款、业主批复验工计价、发票开具时间孰早来确认，当然，业主验工计价并不立即支付工程款给建筑施工企业的情况不影响纳税义务时间的确定。

（1）预收款及其预缴

一般纳税人一般计税方法下会计处理可以参照"房地产开发与销售行业"具体方式。

根据《财政部 国家税务总局关于建筑服务等营改增试点政策的通知》（财税〔2017〕58号）文件规定，建筑服务收到预付款项时不产生增值税纳税义务。

提示

建筑业预收款纳税义务发生时间的确认，具体文件没有明确。笔者建议以合同约定工程进度款开始扣回预收款的时间点来逐步确认，合同没有约定的，可以按照建筑服务开始后第一次进度款支付的时间确认。实务中，笔者经历的工程，预付款是从支付第一笔进度款开始逐步扣回，直到进度款支付至合同产值50%时，预付款全部扣回。

纳税人提供建筑服务取得预收款，应在收到预收款时，以取得的预收款扣除支付的分包款后的余额，适用一般计税方法计税的项目预征率为2%，适用简易计税方法计税的项目预征率为3%。按照现行规定应在建筑服务发生地预缴增值税的项目，纳税人收到预收款时在建筑服务发生地预缴增值税。按照现行规定不在建筑服务发生地预缴增值税的项目，纳税人收到预收款时在机构所在地预缴增值税。

借：银行存款

　　贷：预收账款

借：应交税费——预交增值税

　　贷：银行存款

（2）收入额的预缴税款

跨县（市）提供建筑服务要在项目所在地进行预缴，并取得完税凭证，作为机构所在地抵扣税款依据。其他个人提供建筑服务，无论是否异地，均可以直接到建筑服务发生地主管税务机关申报缴纳税款，并按规定申请代开增值税发票。

预缴税金＝（全部价款和价外费用—支付并取得发票的分包款）÷（1＋9%）×2%

收到预收款当月产生纳税义务，当月预交增值税分录：

借：应交税费——预交增值税

　　贷：银行存款

（3）简易计税方法下分包款的扣除

简易计税项目按照总包扣除分包后的差额作为销售额时，按照应抵减的增值税可以走"销项税额抵减"处理，当然也可以直接在计提增值税税金时直接抵减：

借：应交税费——应交增值税（销项税额抵减）

　　贷：主营业务成本

简易计税项目应预缴税款＝（全部价款和价外费用—支付的分包款）÷（1＋3%）×3%

（4）验工计价

验工计价本身不会触发纳税义务的发生。甲方计量时，根据会计制度的规定，在确定损益时需要进行价税分离，对应的税额计入"应交税费——待转销项税额"（不区分计税方法），待现实纳税义务发生以后，再转入应交税费科目。

借：应收账款

　　贷：工程结算等

　　　　应交税费——待转销项税额

纳税义务发生时：

借：应交税费——待转销项税额

　　贷：应交税费——应交增值税（销项税额）

　　　　　　　　——简易计税——计提

【例 6–45】甲建筑企业属于一般纳税人，有两个建筑项目均采用一般计税方法，统一核算，2019 年 8 月甲企业发生以下业务：

注册地 A 项目：与工程发包方办理验工计价 538.75 万元，合同约定实际付款为结算金额的 80%，应收款 431 万元，已开具发票，未收款。接受小规模纳税人乙公司提供的清运服务 103 万元，款项已支付，取得税务机关代开的增值税专用发票。

异地 B 项目：按照施工合同，进场时收业主开工预付款不含税 500 万元，未开具发票；预付专业分包丙企业款含税金额 218 万元，未取得增值税专用发票；预付专业分包丁企业款含税金额 109 万元，取得增值税专用发票。

问题：不考虑其他因素，甲企业如何进行账务处理（会计分录单位为万元）？

1. 所属 A 项目 8 月份账务处理

（1）验工计价，确认工程结算

由于 A 项目不属于跨区项目，且已经开具发票，因此直接计提销项税额：

借：应收账款   4 310 000

  贷：工程结算［4 310 000÷（1+9%）］   3 954 128.44

    应交税费——应交增值税（销项税额）〔A 项目〕 355 871.56

（2）外购服务

借：工程施工   1 000 000

  应交税费——应交增值税（进项税额）   30 000

  贷：银行存款   1 030 000

2. 所属 B 项目 8 月份账务处理

（1）收到预付款时

建筑服务收到预付款，不需要计提增值税销项税额；预付款需要预缴，预缴扣除的分包款必须取得合法凭证，因此 218 万元分包款不能再预缴时扣除。

借：银行存款   5 450 000

  贷：预收账款   5 450 000

借：应交税费——预交增值税［（5 450 000 − 1 090 000）÷（1 + 9%）×2%］

                  80 000

  贷：银行存款［（5 450 000 − 1 090 000）÷（1 + 9%）×2%］ 80 000

（2）支付专业分包款

由于 109 万元预付款已经取得增值税专用发票，则该笔款项要计提进项税额：

借：预付账款——丙企业   2 180 000

  预付账款——丙企业   1 090 000

  贷：银行存款   3 270 000

借：工程施工——合同成本（专业分包成本）   1 000 000

  应交税费——应交增值税（进项税额）   90 000

  贷：预付账款   1 090 000

提示

（1）扣除的分包款应当取得分包方开具给总包方的增值税发票（普通发票或专用发票）。

（2）纳税人取得的全部价款和价外费用扣除支付的分包款后的余额为负数的，可结转下次预缴税款时继续扣除。

（3）纳税人应按照工程项目分别计算应预缴税款，分别预缴。

（4）纳税人预缴的税款可以在当期增值税应纳税额中抵减，抵减不完的，结转下期继续抵扣。以预缴税款抵减应纳税额，应以完税凭证作为合法有效凭证。

3. 甲企业 9 月份汇总应纳税额

销项税额＝ 355 871.56（元）

进项税额＝ 30 000 ＋ 90 000 ＝ 120 000（元）

已交税金＝ 80 000（元）

当月应纳税增值税额＝销项税额－进项税额－预缴税金＝ 355 871.56 － 120 000 － 80 000 ＝ 155 871.56（元）

借：应交税费——应交增值税（转出未交增值税）　　　　　　155 871.56

　　贷：应交税费——未交增值税　　　　　　　　　　　　　　155 871.56

【例 6-46】甲企业为一般纳税人，承包 C 建筑工程项目，采用简易计税方法核算。2019 年 5 月按建筑承包合同约定的日期收到预收工程款 36 000 元，接受采用简易征收方式计税的 D 公司提供的建筑服务，价值 12 000 元，款项已支付，取得普通发票。

问题：当月甲企业如何进行会计处理？

解析：

（1）收到预付款

借：银行存款　　　　　　　　　　　　　　　　　　　　　　36 000

　　贷：预收账款　　　　　　　　　　　　　　　　　　　　　36 000

借：应交税费——预交增值税［（36 000 － 12 000）÷（1 ＋ 3%）× 3%］　699.03

　　贷：银行存款　　　　　　　　　　　　　　　　　　　　　699.03

（2）支付分包款

借：工程施工　　　　　　　　　　　　　　　　　　　　　　12 000

　　贷：银行存款　　　　　　　　　　　　　　　　　　　　　12 000

（3）冲减分包业务的增值税额

借：应交税费——简易计税［12 000 ÷（1 ＋ 3%）× 3%］　　349.51

　　贷：工程施工　　　　　　　　　　　　　　　　　　　　　349.51

提示

　　按照建筑业"营改增"要求，一般纳税人采用简易计税方法的，要按照全部价款及价外费用减去分包款后的余额作为销售额，即：

　　简易计税增值税额＝（以取得的全部价款＋价外费用－分包款后的余额）÷（1＋3%）×3%

　　另外，对于增值税小规模纳税人提供建筑服务，由于"应交税费——应交增值税"下不设专栏，按规定扣减销售额而减少的应交增值税应直接冲减"应交税费——应交增值税"科目，其他处理与一般纳税人的简易计税项目基本相同。

2. 计提预交增值税款的附加税

根据《财政部 国家税务总局关于纳税人异地预缴增值税有关城市维护建设税和教育费附加政策问题的通知》（财税〔2016〕74号）规定：

> 一、纳税人跨地区提供建筑服务、销售和出租不动产的，应在建筑服务发生地、不动产所在地预缴增值税时，以预缴增值税税额为计税依据，并按预缴增值税所在地的城市维护建设税适用税率和教育费附加征收率就地计算缴纳城市维护建设税和教育费附加。
>
> 二、预缴增值税的纳税人在其机构所在地申报缴纳增值税时，以其实际缴纳的增值税税额为计税依据，并按机构所在地的城市维护建设税适用税率和教育费附加征收率就地计算缴纳城市维护建设税和教育费附加。

提示

> 预缴增值税不是实际缴纳增值税，因此，机构所在地预缴增值税要统一汇总到当月企业所有业务计算缴纳的增值税里面，如果是负数，也有可能不交纳附加税。当然，不排除实务中地方税务机关有要求预缴增值税需要同时缴纳城市维护建设税和教育费附加。

跨地区预交增值税款的附加税发生在计提预交增值税分录之后，每月按照计提的增值税同时计提附加税，可以设置明细科目，与正常增值税金的附加税分开：

借：税金及附加

　　贷：应交税费——应交城市维护建设税

　　　　　　　　——应交教育费附加

　　　　　　　　——应交地方教育附加

【例6-47】河北省保定市某建筑企业（一般纳税人）2019年9月在江西省宜春市袁州区提供建筑服务，适用一般计税方法，当月取得建筑服务收入（含税）2 180万元，支付购入建筑材料款价税合计为904万元（取得增值税专用发票上注明的增值税额为104万元），支付办公用品购置款11.3万元，取得增值税专用发票显示不含税金额10万元。宜春市袁州区所在地城建税税率为5%，教育费附加征收率为3%，地方教育费附加征收率为2%；保定市所在地城建税税率为7%，教育费附加征收率为3%，地方教育费附加征收率为2%。假定不考虑其他涉税因素，则附加税计算情况如下：

（1）在宜春市袁州区

预缴增值税＝2 180÷（1＋9%）×2%=40（万元）

缴纳城建税、教育费附加和地方教育费附加=40×（5%＋3%＋2%）=4（万元）

借：银行存款　　　　　　　　　　　　　　　　　　　21 800 000

　　贷：合同结算　　　　　　　　　　　　　　　　　　21 800 000

借：应交税费——预交增值税　　　　　　　　　　　　　400 000

贷：银行存款	400 000
借：税金及附加	40 000
贷：应交税费——应交城市维护建设税	20 000
——应交教育费附加	12 000
——应交地方教育附加	8 000

（2）在保定市

实际申报缴纳增值税 =2 180÷（1＋9%）×9%-40-104-1.3=34.7（万元）

缴纳城建税、教育费附加和地方教育费附加 =34.7×（7%＋3%＋2%)=4.164（万元）

借：合同结算［2 180÷（1＋9%）×9%］	1 800 000
贷：应交税费——应交增值税（销项税额）	1 800 000
借：合同履约成本（9 040 000－1 040 000）	8 000 000
管理费用［11.3÷（1＋13%）］	100 000
应交税费——应交增值税（进项税额）（1 040 000+13 000）	1 053 000
贷：银行存款	9 153 000
借：应交税费——应交增值税（转出未交增值税）(1 800 000－1 053 000)	747 000
贷：应交税费——未交增值税	747 000
借：应交税费——未交增值税	400 000
贷：应交税费——预交增值税	400 000
借：税金及附加	41 640
贷：应交税费——应交城市维护建设税（347 000×7%）	24 290
——应交教育费附加（347 000×3%）	10 410
——应交地方教育附加（347 000×2%）	6 940

6.27.2　项目部汇总纳税的账务处理

1. 明细科目设置

汇总纳税方式下，会计科目"应交税费——应交增值税"应增设明细科目"结转进项税额""结转销项税额""结转进项税转出""预缴税款"等，在"内部往来"或"其他应收款"科目增设"增值税专项"等。

2. 项目部月末往来账的处理

项目部、事业部月末把本期发生的可抵扣进项税额、销项税额、预缴的增值税额、进项税额转出额应结转到总机构增值税专项、结转时项目部会计分录相应为：

借：内部往来——总机构增值税专项

　　贷：应交税费——应交增值税（进项税额）

　借：应交税费——应交增值税（销项税额）

　　贷：内部往来——总机构增值税专项

　借：内部往来——总机构增值税专项

　　贷：应交税费——应交增值税（已交税金）

　借：应交税费——应交增值税（进项税额转出）

　　贷：内部往来——总机构增值税专项

3．总机构账务处理

对与项目部的往来账处理。月末，项目部把本期的应交税费相关科目发生额结转到总机构时，总机构做相反的分录。

汇总缴纳增值税。总机构当期应纳税额＝总机构汇总的当期销项税额－总机构汇总的当期进项税额－总机构汇总的当期已交税额（含预征税额）－总机构本部上期留抵进项税额。

第一种情况，当期应纳税额大于零，则：

　借：应交税费——应交增值税（转出未交增值税）

　　贷：应交税费——未交增值税

同时，计提税金及附加。月末应按各项目部当月汇总应补纳的增值税税额计算各自应分配的税金及附加，并结转到每个项目。

　借：税金及附加（红字）

　　贷：内部往来——××项目部

次月交上月增值税时，借记"应交税费——未交增值税"，贷记"银行存款"科目。

第二种情况，当汇总计算当期应纳税额小于零，当期应纳增值税为零，则：

月底，将本月发生的多交增值税税额额自"应交税费——应交增值税"科目转入"应交税费——未交增值税"明细科目。

　借：应交税费——未交增值税

　　贷：应交税费——应交增值税（转出多交增值税）

第三种情况，当汇总计算当月销项税额小于当月进项税额和上期进项留抵额之和，则：

当月应纳增值税为零。如当月没有已交税额（含预征税额），不需要进行账务处理。

6.27.3　暂未收到结算款

企业提供建筑服务，在向业主办理工程价款结算时，借记"应收账款"等科目，贷记"合同结算"科目，贷记"应交税费——应交增值税（销项税额）"等科目，企业向业主办理工程价款结算的时点早于增值税纳税义务发生的时点的，应贷记"应交税费——待转销项税额"等科目，待增值税纳税义务发生时再转入"应交税费——应交增值税（销项税额）"等科目。"应交税费——待转销项税额"明细科目只用于一般计税方法计税项目，而且只用于会计先于税法的情形，即按照会计准则规定，收入或利得已经达到确认的条件，按照税法的规定，纳税人现实纳税义务尚未发生，这部分对应的未来纳税义务，通过"应交税费——待转销项税额"明细科目核算。

【例 6-48】磊峰建筑公司所属甲工程项目，适用一般计税方法计税，2019 年 10 月业主对其 9 月已完工程量计量金额 1 090 万元，款项尚未支付，合同约定的付款日期也未到达，A 公司未对业主开具发票。10 月末，A 公司甲项目部应做会计处理如下。

借：应收账款　　　　　　　　　　　　　　　　　　　　　　　10 900 000
　　贷：工程结算　　　　　　　　　　　　　　　　　　　　　　10 000 000
　　　　应交税费——待转销项税额　　　　　　　　　　　　　　　900 000

若 2019 年 12 月 16 日，自甲方收取工程款 981 万元，同日向甲方开具增值税专用发票，金额 900 万元，税额 81 万元，纳税义务发生，则：

借：银行存款　　　　　　　　　　　　　　　　　　　　　　　　9 810 000
　　贷：应收账款　　　　　　　　　　　　　　　　　　　　　　　9 810 000
借：应交税费——待转销项税额　　　　　　　　　　　　　　　　　810 000
　　贷：应交税费——应交增值税（销项税额）　　　　　　　　　　　810 000

6.27.4　质保金、押金的处理

质保金是"工程质量保证金"的简称，为了确保建筑工程质量，避免因质量问题保修费用无着落，建设单位在与施工单位结算支付工程款时，一般会预留工程总额的 5% 作为质保金，用以保证承包人在缺陷责任期内对建设工程出现的缺陷进行维修的资金。缺陷责任期一般为 6 个月、一年或者更长，具体可由发、承包双方在合同中约定。

根据《国家税务总局关于在境外提供建筑服务等有关问题的公告》（国家税务总局 2016 年第 69 号公告）文件规定，纳税人提供建筑服务，被工程发包方从应支付的工程款中扣押的质押金、保证金，未开具发票的，以纳税人实际收到质押金、保证金的当天为纳税义务发生时间。实务中，业务流程新比较复杂，开票、收款不能完全匹配，存在属于"会计上已经确认收入而未达到增值税纳税义务发生时间"的情况。按照最新的增值税会计处理规定，可以使用"应交税费——待转销项税额"科目进行核算，具体以案例展示如下：

【例 6-49】甲公司承建乙企业办公大楼装修工程，2019 年 7 月开工，按照一般计税方法计税。2019 年 10 月 10 日工程项目完工后与甲公司办理工程结算，不含税工程价款为 1 000 万元。甲公司支付了 95% 的工程价款，其余部分作为质保金 6 个月后于 2020 年 4 月 10 日支付。

问题：甲企业对此应如何做增值税会计处理？若其他条件不变，2020 年 1 月 10 日，乙企业通知甲方，由于装修工程出现缺陷，决定扣除质保金 32.7 万元并自行维修，4 月 10 日支付剩余质保金 21.8 万元。则甲企业对此又该如何做增值税会计处理？

解析：

（1）2019 年 10 月 10 日办理工程价款结算，税款为 900 000 元（10 000 000×9%）。收到部分工程款时

借：银行存款［（10 000 000+900 000）×95%］　　　　　　10 355 000

　　应收账款［（10 000 000+900 000）×5%］　　　　　　　　545 000

　　　贷：合同结算　　　　　　　　　　　　　　　　　　　10 000 000

　　　　　应交税费——应交增值税（销项税额）（900 000×95%）　855 000

　　　　　应交税费——待转销项税额（900 000×5%）　　　　　45 000

（2）若 2020 年 4 月 10 日甲公司收到全额质保金时，结转待转销项税额

借：银行存款　　　　　　　　　　　　　　　　　　　　　　545 000

　　应交税费——待转销项税额　　　　　　　　　　　　　　　45 000

　　　贷：应收账款　　　　　　　　　　　　　　　　　　　　545 000

　　　　　应交税费——应交增值税（销项税额）　　　　　　　　45 000

（3）如果 2020 年 1 月 10 日，扣除质保金 32.7 万元并自行维修

借：营业外支出　　　　　　　　　　　　　　　　　　　　　327 000

　　应交税费——待转销项税额　　　　　　　　　　　　　　　27 000

　　　贷：应收账款　　　　　　　　　　　　　　　　　　　　327 000

　　　　　应交税费——应交增值税（销项税额）　　　　　　　　27 000

（4）2020 年 4 月 10 日，甲公司收到剩余质保金时

借：银行存款　　　　　　　　　　　　　　　　　　　　　　218 000

　　应交税费——待转销项税额　　　　　　　　　　　　　　　18 000

　　　贷：应收账款　　　　　　　　　　　　　　　　　　　　218 000

　　　　　应交税费——应交增值税（销项税额）　　　　　　　　18 000

　　如果甲企业通过"甲供材""清包工"等方式采用简易计税方法，则核算时需要把"应交税费——应交增值税（销项税额）"科目换为"应交税费——简易计税"。

6.28　金融商品转让的会计处理

　　金融商品转让按规定差额计税的方式，以盈亏相抵后的余额作为销售额的账务处理。

　　增值税差额征税是将原有营业税政策进行了延续转让金融商品出现的正负差，按盈亏相抵后的余额为销售额。若相抵后出现负差，可结转下一纳税期与下期转让金融商品销售额相抵，但年末时仍出现负差的，不得转入下一个会计年度。金融商品的买入价，可以选择按照加权平均法或者移动加权平均法进行核算，选择后 36 个月内不得变更。金融商品转让，不得开具增值税专用发票。

　　股票投资类金融商品转让的卖出价中不扣除印花税、佣金、手续费等。

　　金融商品转让设置"应交税费——转让金融商品应交增值税"科目，核算增值税纳税人转让金融商品发生的增值税应纳税额。对于金融商品转让，先将含税金额一并计入"投资收益"科目，平时不做价税分离。会计处理规则如下：

　　（1）金融商品实际转让月末，如产生转让收益，则按应纳税额借记"投资收益"等科目，贷记"应交税费——转让金融商品应交增值税"科目；

　　（2）月末如产生转让损失，则按可结转下月抵扣税额，借记"应交税费——转让金融商品应交增值税"科目，贷记"投资收益"等科目；

　　（3）交纳增值税时，应借记"应交税费——转让金融商品应交增值税"科目，贷记"银行存款"科目；

　　（4）年末，本科目如有借方余额，则借记"投资收益"等科目，贷记"应交税费——转让金融商品应交增值税"科目。

　　【例 6-50】甲公司为一般纳税人企业，2019 年 7 月 1 日以含税价 10 元 / 股的价格购入 A 公司普通股股票 20 000 股。甲公司除该股票外，未购入其他金融商品，不考虑相关费用及股票的公允价值变动损益。

　　（1）2019 年 8 月 15 日，以 9 元 / 股的价格转让 5 000 股，则不考虑其他涉税因素。

　　（2）2019 年 9 月 10 日，以 11.50 元 / 股的价格转让 8 000 股。假如甲公司 9 月发生其他非金融商品转让业务销售，产生销项税额 800 元，进项税额 650 元，不考虑其他涉税因素。

（3）2019 年 10 月 20 日，以 12.00 元 / 股的价格转让 4 000 股。假如甲公司 10 月发生其他非金融商品转让业务销售，产生销项税额 600 元，进项税额 900 元，不考虑其他涉税因素。

（4）2019 年 11 月 20 日，以 13.00 元 / 股的价格转让 2 000 股。假如甲公司 10 月发生其他非金融商品转让业务销售，产生销项税额 300 元，进项税额 700 元，不考虑其他涉税因素。

（5）2019 年 12 月 20 日，以 8.00 元 / 股的价格转让 1 000 股。

上述的增值税业务处理为：

1. 2019 年 7 月 1 日购入 A 公司股票

借：交易性金融资产（10×20 000） 　　　　　　　　　　　　200 000

　　贷：银行存款 　　　　　　　　　　　　　　　　　　　　　　200 000

2. 2019 年 8 月 15 日转让股票 5 000 股

（1）5 000 股股票价格 =5 000×9=45 000（元）

借：银行存款 　　　　　　　　　　　　　　　　　　　　　　45 000

　　投资收益 　　　　　　　　　　　　　　　　　　5 000

　　贷：交易性金融资产 　　　　　　　　　　　　　　　　　　50 000

（2）月末将产生的转让损失所对应的增值税结转下月抵扣

（45 000 − 50 000）÷1.06×6% = − 283.02（元）

借：应交税费——转让金融商品应交增值税 　　　　　　　　　283.02

　　贷：投资收益 　　　　　　　　　　　　　　　　　　　　　283.02

3. 2019 年 9 月 10 日转让股票 8 000 股

（1）8 000 股股票价格 =8 000×11.50 = 92 000（元）

借：银行存款 　　　　　　　　　　　　　　　　　　　　　　92 000

　　贷：交易性金融资产 　　　　　　　　　　　　　　　　　　80 000

　　　　投资收益 　　　　　　　　　　　　　　　　　　　　　12 000

（2）月末结转

月末将产生的转让收益计提增值税 =（92 000 − 80 000）÷1.06×6% = 679.25（元）

借：投资收益 　　　　　　　　　　　　　　　　　　679.25

　　贷：应交税费——转让金融商品应交增值税 　　　　　　　　679.25

（3）次月征期内实际缴纳增值税 =（679.25 − 283.02）+（800 − 650）

= 396.23 + 150=546.23（元）

其他分录略。次月实际缴纳时：

借：应交税费——转让金融商品应交增值税	396.23
——未交增值税	150
贷：银行存款	546.23

4．2019 年 10 月 20 日转让股票 4 000 股

（1）转让股票价格 =4 000×12=48 000（元）

借：银行存款	48 000
贷：交易性金融资产	40 000
投资收益	8 000

（2）月末结转

月末结转产生的转让收益所对应的增值税 =（48 000−40 000）÷1.06×6%=452.83（元）

借：投资收益	452.83
贷：应交税费——转让金融商品应交增值税	452.83

次月征期内实际缴纳增值税：452.83 +（600 − 900）=152.83（元）

（3）由于当月一般业务的增值税留底税额 300 元，即"应交税费——未交增值税"科目有借方余额 300 元，此时可以把"应交税费——转让金融商品应交增值税"科目与留抵税额等金额转入"应交税费——未交增值税"科目，即：

借：应交税费——转让金融商品应交增值税	300
贷：应交税费——未交增值税	300

月末，"应交税费——未交增值税"科目余额为零。

（4）次月实际缴纳时

借：应交税费——转让金融商品应交增值税	152.83
贷：银行存款	152.83

5．2019 年 11 月 20 日转让股票 2 000 股

（1）转让股票价款 =2 000×13=26 000（元）

借：银行存款	26 000
贷：交易性金融资产	20 000
投资收益	6 000

（2）月末结转

月末结转产生的转让收益所对应的增值税 =（26 000 − 20 000）÷1.06×6%=339.62（元）

借：投资收益	339.62
贷：应交税费——转让金融商品应交增值税	339.62

次月征期内实际缴纳增值税：339.62 ＋（300 － 700）=-60.38（元）

由于当月一般业务的增值税留底税额 500 元，大于金融商品转让业务应交增值税额，则将留抵税额 500 元先用于抵扣金融商品转让应交增值税额（销项税额）339.62 元，剩余金额 60.38 元继续结转下期留抵。

借：应交税费——转让金融商品应交增值税　　　　　　　　　　339.62

　　贷：应交税费——未交增值税　　　　　　　　　　　　　　339.62

月末，"应交税费——未交增值税"科目借方余额为 60.38 元，实际缴纳增值 0。

6. 2019 年 12 月 20 日，转让股票价款 =1 000×8=8 000（元）

借：银行存款　　　　　　　　　　　　　　　　　　　　　　8 000

　　投资收益　　　　　　　　　　　　　　　　　　　　　　2 000

　　贷：交易性金融资产　　　　　　　　　　　　　　　　　10 000

（1）月末结转

月末计算产生的转让损失，且年底不允许结转到下一年度：

（8 000 － 10 000）÷1.06×6%= － 113.21（元）

借：应交税费——转让金融商品应交增值税　　　　　　　　　　113.21

　　贷：投资收益　　　　　　　　　　　　　　　　　　　　113.21

（2）年末，若不考虑其他涉税因素，将"应交税费——转让金融商品应交增值税"科目借方余额转销

借：投资收益　　　　　　　　　　　　　　　　　　　　　　113.21

　　贷：应交税费——转让金融商品应交增值税　　　　　　　113.21

若 12 月还有其他一般业务产生应纳增值税额，应该与 113.21 元合并，当"其他一般业务产生应纳增值税额"大于 113.21 元时，则"应交税费——转让金融商品应交增值税"转入"应交税费——未交增值税"科目，不用单独转销。

6.29　小规模纳税人增值税会计处理

小规模纳税人增值税会计处理自成体系，相对简单。本节主要从基本业务和免税业务方面介绍其会计处理。

6.29.1　普通业务会计处理

小规模纳税人销售货物或者提供应税劳务和应税服务适用简易计税方法计税。按照销售额和增值税征收率计算的增值税额，不得抵扣进项税额。小规模纳税人按应收或实

际收到的价税合计，借记"应收账款""应收票据""银行存款"等账户；按照规定征收率收取的增值税额，贷记"应交税费——应交增值税"账户；按实现的销售收入，贷记"主营业务收入""其他业务收入"等账户。

小规模纳税人"应交税费——应交增值税"科目的借方发生额，反映已缴的增值税税额，贷方发生额反映应交增值税税额；期末借方余额，反映多缴的增值税税额；期末贷方余额反映尚未缴纳的增值税税额。

【例 6-51】某建筑施工企业系增值税小规模纳税人，2016 年 10 月取得施工收入 300 万元，其中 100 万元开具了增值税普通发票，103 万元按照对方企业要求，去税务机关代开增值税专用发票，代开发票的同时缴纳增值税 3 万元，剩余收入未开具发票。

（1）代开发票缴纳增值税

借：应交税费——应交增值税　　　　　　　　　　　　30 000

　　贷：银行存款　　　　　　　　　　　　　　　　　　30 000

（2）10 月份该企业应纳增值税额 = 300÷（1 + 3%）×3% = 8.74（万元）。

借：银行存款　　　　　　　　　　　　　　　　　　3 000 000

　　贷：主营业务收入　　　　　　　　　　　　　　　2 912 600

　　　　应交税费——应交增值税　　　　　　　　　　　87 400

【例 6-52】甲公司被核定为小规模纳税人，本期购入原材料，按照增值税专用发票上记载的原材料成本为 100 万元，支付的增值税税额为 13 万元，甲公司开出商业承兑汇票，材料尚未到达；甲公司本期销售产品，含税价格为 90 万元，货款尚未收到。根据上述经济业务，甲公司应作如下会计分录：

（1）购进货物

借：材料采购　　　　　　　　　　　　　　　　　　1 130 000

　　贷：应付票据　　　　　　　　　　　　　　　　　1 130 000

（2）销售货物

不含税价格 =90÷（1 + 3%）=87.38（万元）

应交增值税 =87.38×3%=2.62（万元）

借：应收账款　　　　　　　　　　　　　　　　　　900 000

　　贷：主营业务收入　　　　　　　　　　　　　　　873 800

　　　　应交税费——应交增值税　　　　　　　　　　26 200

（3）上缴本月应纳增值税 2.62 万元时

借：应交税费——应交增值税　　　　　　　　　　　26 200

　　贷：银行存款　　　　　　　　　　　　　　　　　26 200

6.29.2 增值税免税的会计处理

小微企业在取得销售收入时，应当按照税法的规定计算应交增值税，并确认为应交税费，在达到增值税制度规定的免征增值税条件时，将有关应交增值税转入当期损益。增值税小规模纳税人在取得销售收入时，应当按照税法的规定计算应交增值税，并确认为应交税费，在达到本通知规定的免征增值税条件时，将有关应交增值税转入当期营业外收入则会计处理如下：

①当月取得收入时

借：银行存款

  贷：主营业务收入

    应交税费——应交增值税

②月底确认是否适用免征增值税

借：应交税费——应交增值税

  贷：营业外收入——补贴收入

【例 6–53】某婚介公司（增值税小规模纳税人）2020 年 8 月 10 日取得设计收入 8 000 元，26 日取得设计收入 12 000 元，均含税，税率 1%。本月无其他收入，则会计处理如下：

（1）8 月 10 日取得收入时：

借：银行存款   8 000

  贷：主营业务收入   7 920.79

    应交税费——应交增值税   79.21

（2）8 月 26 日取得收入时：

借：银行存款   12 000

  贷：主营业务收入   11 881.18

    应交税费——应交增值税   118.82

（3）月底确认免征增值税收入时：

借：应交税费——应交增值税   198.03

  贷：营业外收入——补贴收入   198.03

提示

  2020 年 4 月 30 日，财政部和税务总局联合发布《关于延长小规模纳税人减免增值税政策执行期限的公告》（财政部 税务总局公告 2020 年第 24 号）规定，小规模纳税人增值税减免政策实行到 2020 年 12 月 31 日。

第 7 章

税收优惠　全面掌控

　　全面"营改增"后，一部分原有的营业税时代税收优惠政策得到了延续，另一部分却随着全面"营改增"的深入（抵扣链条的打通）自然取消了。税收优惠具有时效性，也为税收筹划提供了广阔的天地，大有可为，因此我们有理由把税收优惠政策重视起来，合理合规地做廉价、高效的税收筹划。本章从纳税筹划的角度，梳理了截至 2020 年 2 月底之前所有的增值税税收优惠，包括免税、减税、退税以及不征税等税收政策，重点介绍全面"营改增"后最新增值税税收优惠，为广大纳税人提供了很好的参考和决策依据。

7.1 增值税免税优惠及应用技巧

增值税免税优惠是所有优惠政策中体量最大的，免税项目应该得到足够重视。免税项目由独特的要求：有的免税项目需要备案，有的不需要备案；用于免征增值税项目购进货物、劳务、服务、无形资产和不动产，不能抵扣进项税；纳税人可以要求放弃免税权，应当以书面形式提交放弃免税权声明报主管税务机关备案，但不得选择某一免税项目放弃免税权，也不得根据不同的销售对象选择部分货物或劳务放弃免税权；免征增值税的项目不能开具增值税专用发票。本节介绍了不同行业的免税规定及其应用技巧。

7.1.1 保育服务

托儿所、幼儿园，是指经县级以上教育部门审批成立、取得办园许可证的实施 0 ～ 6 岁学前教育的机构，包括公办和民办的托儿所、幼儿园、学前班、幼儿班、保育院、幼儿园。

公办托儿所、幼儿园免征增值税的收入是指，在省级财政部门和价格主管部门审核报省级人民政府批准的收费标准以内收取的教育费、保育费。

民办托儿所、幼儿园免征增值税的收入是指，在报经当地有关部门备案并公示的收费标准范围内收取的教育费、保育费。

超过规定收费标准的收费，以开办实验班、特色班和兴趣班等为由另外收取的费用以及与幼儿入园挂钩的赞助费、支教费等超过规定范围的收入，不属于免征增值税的收入。

> **提示**
>
> （1）该优惠延续了下列原营业税优惠政策及执行口径的相关规定，基本没有变化。原来有《中华人民共和国营业税暂行条例》（以下简称《营业税暂行条例》）第八条第（一）款、《财政部 国家税务总局关于加强教育劳务营业税征收管理有关问题的通知》（财税〔2006〕3 号）第二条规定。
>
> （2）判断托儿、幼儿服务是否免增值税时，关键是要判断发生的限定条件，比如"县级以上教育部门审批成立、取得办园许可证的""在省级财政部门和价格主管部门审核报省级人民政府批准的收费标准以内收取的""在报经当地有关部门备案并公示的收费标准范围内收取""超过规定收费标准"以及"另外收取的"等。这些条件往往是判定是否免税的关键，不可以笼统地说从事托儿所、幼儿园的所有收入免税，从业或举办该行业的企业要注意把握。

7.1.2　养老服务

养老机构，是指依照民政部《养老机构设立许可办法》（民政部令第 48 号）设立并依法办理登记的为老年人提供集中居住和照料服务的各类养老机构；养老服务，是指上述养老机构按照民政部《养老机构管理办法》（民政部令第 49 号）的规定，为收住的老年人提供的生活照料、康复护理、精神慰藉、文化娱乐等服务。

养老机构，包括依照《中华人民共和国老年人权益保障法》依法办理登记，并向民政部门备案的为老年人提供集中居住和照料服务的各类养老机构。

提示

养老院收入能否免税，关键是看"依照民政部《养老机构设立许可办法》（民政部令第 48 号）设立并依法办理登记的"。有一些单位自行设立的，以房养老，自己定价的，保险性质的养老院不属于免税范围之列。

7.1.3　殡葬服务

殡葬服务，是指收费标准由各地价格主管部门会同有关部门核定，或者实行政府指导价管理的遗体接运（含抬尸、消毒）、遗体整容、遗体防腐、存放（含冷藏）、火化、骨灰寄存、吊唁设施设备租赁、墓穴租赁及管理等服务。

提示

（1）全面"营改增"对殡葬服务免税本身是一个延续，《营业税暂行条例》第八条第（一）款的规定。同时又对殡葬服务的范围做解释与列举，这是和原来相比拓展的地方，当然都没有对提供殡葬服务的主体做出限定和说明。

（2）"豪华葬"与"经济适用葬"的不同。

追求奢华之风的群体需求下，偏离合理收费标准的增值服务并不鲜见。国家税务总局解释中指出，要根据《国家发展改革委 民政部关于进一步加强殡葬服务收费管理有关问题的指导意见》（发改价格〔2012〕673 号）文件中的相关规定来判断可享受增值税免税政策的所谓"合理定价"，也就是符合政策的经过合理定价的"经济适用葬"才可以免税，没有合理定价的"豪华葬"不免税。那么"豪华葬"如何纳税？具体可以结合不同情况分析：

如：土地有产权，是国有建设用地，按"销售不动产"适用税率计算。

土地无产权，是集体经营用地，按"不动产租赁"适用税率计算。

管理费，按"居民日常服务——殡葬"适用税率计算。

雕刻墓费，按"建筑服务"适用税率计算。

7.1.4 学历教育服务

1. 学历教育的形式

学历教育，是指受教育者经过国家教育考试或者国家规定的其他入学方式，进入国家有关部门批准的学校或者其他教育机构学习，获得国家承认的学历证书的教育形式。具体包括：

（1）初等教育：普通小学、成人小学。

（2）初级中等教育：普通初中、职业初中、成人初中。

（3）高级中等教育：普通高中、成人高中和中等职业学校（包括普通中专、成人中专、职业高中、技工学校）。

（4）高等教育：普通本专科、成人本专科、网络本专科、研究生（博士、硕士）、高等教育自学考试、高等教育学历文凭考试。

2. 从事学历教育的学校

（1）普通学校。

（2）经地（市）级以上人民政府或者同级政府的教育行政部门批准成立、国家承认其学员学历的各类学校。

（3）经省级及以上人力资源社会保障行政部门批准成立的技工学校、高级技工学校。

（4）经省级人民政府批准成立的技师学院。

上述学校均包括符合规定的从事学历教育的民办学校，但不包括职业培训机构等国家不承认学历的教育机构。

3. 免税收入的确定

提供教育服务免征增值税的收入，是指对列入规定招生计划的在籍学生提供学历教育服务取得的收入，具体包括：经有关部门审核批准并按规定标准收取的学费、住宿费、课本费、作业本费、考试报名费收入，以及学校食堂提供餐饮服务取得的伙食费收入。除此之外的收入，包括学校以各种名义收取的赞助费、择校费等，不属于免征增值税的范围。

其中，学校食堂是指依照《学校食堂与学生集体用餐卫生管理规定》（教育部令第 14 号）管理的学校食堂。

根据《财政部 国家税务总局关于继续执行高校学生公寓和食堂有关税收政策的通知》（财税〔2016〕82 号）文件规定：对按照国家规定的收费标准向学生收取的高校学生公寓住宿费收入在"营改增"试点期间免征增值税。对高校学生食堂为高校师生提供餐饮服务取得的收入，在"营改增"试点期间免征增值税 ①。

> **提示**
>
> （1）该条优惠基本是之前营业税有关"学历教育"营业税优惠政策的平移。主要涉及《营业税暂行条例》第八条第（四）款、《财政部 国家税务总局关于加强教育劳务营业税征收管理有关问题的通知》（财税〔2006〕3 号）、《财政部 国家税务总局关于支持文化服务出口等营业税政策的通知》（财税〔2014〕118 号）第三条、《财政部 国家税务总局关于职业教育等营业税若干政策问题的通知》（财税〔2013〕62 号）等文件。
>
> （2）判断免税注意把握"从事的教育是学历教育"和"学校是经批准的合格学校"这两点。
>
> （3）政府举办的从事学历教育的高等、中等和初等学校（不含下属单位），举办进修班、培训班取得的全部归该学校所有的收入免税。
>
> 全部归该学校所有，是指举办进修班、培训班取得的全部收入进入该学校统一账户，并纳入预算全额上缴财政专户管理，同时由该学校对有关票据进行统一管理和开具。
>
> （4）校办企业部分服务免税。
>
> 政府举办的职业学校设立的主要为在校学生提供实习场所、并由学校出资自办、由学校负责经营管理、经营收入归学校所有的企业，从事《销售服务、无形资产或者不动产注释》中"现代服务"（不含融资租赁服务、广告服务和其他现代服务）、"生活服务"（不含文化体育服务、其他生活服务和桑拿、氧吧）业务活动取得的收入。
>
> （5）特别注意其中的不免税项目：
>
> 职业培训机构等国家不承认学历的教育机构从事的教育活动。
>
> 学校以各种名义收取的赞助费、择校费等。
>
> 不符合《学校食堂与学生集体用餐卫生管理规定》（教育部令第 14 号）的学校食堂收入，比如学校食堂里面的小卖铺收入。
>
> 政府举办的从事学历教育的高等、中等和初等学校（不含下属单位）举办进修班、培训班取得的收入进入该学校下属部门自行开设账户的，不予免征增值税。
>
> 政府举办的职业学校校办企业从事融资租赁服务、广告服务、其他现代服务文化体育服务、其他生活服务和桑拿、氧吧。

4. 中外合作办学

根据《国家税务总局关于明确中外合作办学等若干增值税征管问题的公告》（国家税务总局公告 2018 年第 42 号）文件规定：

境外教育机构与境内从事学历教育的学校开展中外合作办学，提供学历教育服务取得的收入免征增值税。

中外合作办学，是指中外教育机构按照《中华人民共和国中外合作办学条例》（国务院令第 372 号）的有关规定，合作举办的以中国公民为主要招生对象的教育教学活动。

---

① "营改增"试点制定的政策会延续至增值税立法后一段时间。

上述"学历教育""从事学历教育的学校""提供学历教育服务取得的收入"的范围，按照《营业税改征增值税试点过渡政策的规定》（财税〔2016〕36号）文件附件3第一条第（八）项的有关规定执行。

> **提示**
>
> 按照《中华人民共和国中外合作办学条例》规定："中外合作办学者、中外合作办学机构的合法权益，受中国法律保护。中外合作办学机构依法享受国家规定的优惠政策，依法自主开展教育教学活动。"因此，中外合作办学，同样可以享受增值税免税政策。

7.1.5　纪念馆、美术、宗教、展览、科普门票收入

（1）纪念馆、博物馆、文化馆、文物保护单位管理机构、美术馆、展览馆、书画院、图书馆在自己的场所提供文化体育服务取得的第一道门票收入免税。

（2）寺院、宫观、清真寺和教堂举办文化、宗教活动的门票收入免税。

> **提示**
>
> （1）买票收入一定是第一道门票收入，有些园、馆、宫、所等是有二道买票收入的，显然这是不免税的。
>
> （2）第二条指提供文化体育服务、活动的收入免税，与此无关的其他活动不免税。比如企业在寺庙里搞的销售或变相销售活动不免税。

根据《财政部 国家税务总局关于延续宣传文化增值税优惠政策的公告》（财政部 税务总局公告2021年第10号）文件规定，自2021年1月1日起至2023年12月31日，对科普单位的门票收入，以及县级及以上党政部门和科协开展科普活动的门票收入免征增值税。

"科普单位"，是指科技馆、自然博物馆，对公众开放的天文馆（站、台）、气象台（站）、地震台（站），以及高等院校、科研机构对公众开放的科普基地。

"科普活动"，是指利用各种传媒以浅显的、让公众易于理解、接受和参与的方式，向普通大众介绍自然科学和社会科学知识，推广科学技术的应用，倡导科学方法，传播科学思想，弘扬科学精神的活动。

> **提示**
>
> 有关科普基地、科普活动等的具体认定工作，请参照科技部、财政部、国家税务总局、海关总署、新闻出版总署印发的《科普税收优惠政策实施办法》（国科发政字〔2003〕416号）施行。

7.1.6　经营公租房所取得的租金收入

根据《财政部 国家税务总局关于公共租赁住房税收优惠政策的公告》（财政部 国家

税务总局公告 2019 年第 61 号）文件规定：

对经营公租房所取得的租金收入，免征增值税。公租房经营管理单位应单独核算公租房租金收入，未单独核算的，不得享受免征增值税、房产税优惠政策。

享受上述税收优惠政策的公租房是指纳入省、自治区、直辖市、计划单列市人民政府及新疆生产建设兵团批准的公租房发展规划和年度计划，或者市、县人民政府批准建设（筹集），并按照《关于加快发展公共租赁住房的指导意见》（建保〔2010〕87 号）和市、县人民政府制定的具体管理办法进行管理的公租房。

纳税人享受本公告规定的优惠政策，应按规定进行免税申报，并将不动产权属证明、载有房产原值的相关材料、纳入公租房及用地管理的相关材料、配套建设管理公租房相关材料、购买住房作为公租房相关材料、公租房租赁协议等留存备查。

优惠政策的执行期限为 2019 年 1 月 1 日至 2020 年 12 月 31 日。

提示

公共租赁住房其他税种的税收优惠政策有哪些？

根据（财政部 国家税务总局公告2019年第61号）文件规定，2019年1月1日至2020年12月31日期间，公共租赁住房涉及的税收优惠如下：

（1）对公租房建设期间用地及公租房建成后占地，免征城镇土地使用税。在其他住房项目中配套建设公租房，按公租房建筑面积占总建筑面积的比例免征建设、管理公租房涉及的城镇土地使用税。

（2）对公租房经营管理单位免征建设、管理公租房涉及的印花税。在其他住房项目中配套建设公租房，按公租房建筑面积占总建筑面积的比例免征建设、管理公租房涉及的印花税。

（3）对公租房经营管理单位购买住房作为公租房，免征契税、印花税；对公租房租赁双方免征签订租赁协议涉及的印花税。

（4）对企事业单位、社会团体以及其他组织转让旧房作为公租房房源，且增值额未超过扣除项目金额20%的，免征土地增值税。

（5）企事业单位、社会团体以及其他组织捐赠住房作为公租房，符合税收法律法规规定的，对其公益性捐赠支出在年度利润总额12%以内的部分，准予在计算应纳税所得额时扣除，超过年度利润12%的部分，准予结转以后三年内在计算应纳税所得额时扣除。

个人捐赠住房作为公租房，符合税收法律法规规定的，对其公益性捐赠支出未超过其申报的应纳税所得额30%的部分，准予从其应纳税所得额中扣除。

（6）对符合地方政府规定条件的城镇住房保障家庭从地方政府领取的住房租赁补贴，免征个人所得税。

（7）对公租房免征房产税。公租房经营管理单位应单独核算公租房租金收入，未单独核算的，不得享受免征增值税、房产税优惠政策。

（8）对公租房有限定：是指纳入公共租赁住房发展规划和年度计划的，并按照《关于加快发展公共租赁住房的指导意见》（建保〔2010〕87号）和市、县人民政府制定的具体管理办法进行管理的公共租赁住房。比如，一些国有企业还有公房性质的单位福利房，以较低租金租给员工，如何确定这种情况是否免税？主要把握以下几点：

①企业有没有按照北京市公租房管理办法制定的企业自己的管理办法。

②租金有没有按照北京市公租房管理办法规定的标准去收取。

③成本费用有没有单独核算。

7.1.7　直接或者间接国际货物运输代理服务

纳税人提供直接或者间接国际货物运输代理服务，向委托方收取的全部国际货物运输代理服务收入，以及向国际运输承运人支付的国际运输费用，必须通过金融机构进行结算。

纳税人为大陆与香港、澳门、台湾地区之间的货物运输提供的货物运输代理服务参照国际货物运输代理服务有关规定执行。

委托方索取发票的，纳税人应当就国际货物运输代理服务收入向委托方全额开具增值税普通发票。

提 示

货物运输代理服务按照经纪代理税目交税，本身适用差额征税计算方法的，不会全额开具增值税专用发票。有关直接或者间接国际货物运输代理服务如果免税的话，肯定开具不了增值税专用发票。

7.1.8　统借统还利息收入

统借统还（或统借统贷）业务中，企业集团或企业集团中的核心企业以及集团所属财务公司按不高于支付给金融机构的借款利率水平或者支付的债券票面利率水平，向企业集团或者集团内下属单位收取的利息免征增值税。

统借方向资金使用单位收取的利息，高于支付给金融机构借款利率水平或者支付的债券票面利率水平的，应全额缴纳增值税。

统借统还业务，是指：

（1）企业集团或者企业集团中的核心企业向金融机构借款或对外发行债券取得资金后，将所借资金分拨给下属单位（包括独立核算单位和非独立核算单位，下同），并向下属单位收取用于归还金融机构或债券购买方本息的业务。

（2）企业集团向金融机构借款或对外发行债券取得资金后，由集团所属财务公司与企业集团或者集团内下属单位签订统借统还贷款合同并分拨资金，并向企业集团或者集团内下属单位收取本息，再转付企业集团，由企业集团统一归还金融机构或债券购买方的业务。

提示

（1）本优惠基本是营业税免税政策的延续。主要有《财政部 国家税务总局关于非金融机构统借统还业务征收营业税问题的通知》（财税字〔2000〕7号）、《国家税务总局关于贷款业务征收营业税问题的通知》（国税发〔2002〕13号）、国家税务总局关于明确若干营业税问题的公告》（国家税务总局公告2015年第92号）等文件。

（2）实务中，企业集团借入资金以后，在资金池里面不会立刻分拨给下属单位，并且时间期限上都可能有错配。比如集团从银行借入一年的时间，而下属单位实际只需要用半年时间，并且金额也可能是多家下属单位分享，不可能做到期限与资金规模量的完全匹配。因此如何操作统借统贷业务，防控税务风险，笔者认为应注意以下几点：①2018年7月28日国务院取消企业集团核准登记，2018年8月17日，《市场监管总局关于做好取消企业集团核准登记等4项行政许可等事项衔接工作的通知》（国市监企注〔2018〕139号）进行了细化，对企业集团成员企业的注册资本和数量不做审查，规定进行公示。企业集团用于统借统贷的资金借入时，借款合同最好注明"此借款主要用于统借统贷"，与企业自有资金借贷有所区分。②企业集团向下属单位分拨贷款时，要签订"统借统贷"合同或协议，并同时制定贷款利息分配表，便于梳理错配的借贷，排除高于借入利率水平的风险。③统借统还增值税优惠的核心是资金成本的"平来平走"，利率水平保持一致。企业集团资金池里的沉淀成本，不可以加到向下属单位放贷的资金成本中，避免弄巧成拙，全额缴纳增值税。④由于向下属单位"统借统贷"的复杂性，不可能做到每一笔利率水平完全一致，可以考虑以时间和利率为权重的加权平均利率成本，实务中有企业采用，并经税务机关认可。⑤企业要做好合同管理、台账管理，向税务机关做好"统借统贷"项目备案。

（3）企业集团对外发行债券取得资金，通常是指发行企业债、公司债，不含中期票据和短期融资券。

7.1.9　企业集团内单位之间资金的无偿借贷

根据《财政部 税务总局关于明确养老机构免征增值税等政策的通知》（财税〔2019〕20号）、"财政部 税务总局公告2021年第6号"规定，自2019年2月1日至2023年12月31日，对企业集团内单位（含企业集团）之间的资金无偿借贷行为，免征增值税。

提示

（1）企业集团内单位之间的资金无偿借贷行为免税。范围包括但不限于：集团母公司借给下属公司、下属公司借给集团母公司、下属公司间相互借贷（下属公司包括分、子公司）。

（2）企业集团内单位（含企业集团）之间的资金无偿借贷资金不适用统借统还相关规定，是两项优惠政策，不存在替代关系。各自有不同的要求和操作方法，要注意区分。

（3）享受增值税免税税收优惠政策与企业所得税税收优惠政策不同，免征增值税需要备案，而享受企业所得税税收优惠政策自2017年度已不需要备案。

（4）视同销售免税规定：根据财税〔2016〕36号规定，单位或者个体工商户向其他单位或者个人无偿提供服务，需要视同销售，交纳增值税，但用于公益事业或者以社会公众为对象的除外。

对于企业集团内单位之间资金的无偿借贷本也属于"视同销售"的范围，但是财政部、国家税务总局做出免税规定，文件前后矛盾显而易见。可是，在营业税时代：关联企业之间无息借款，如果贷款方未收取任何货币、货物或者其他经济利益形式的利息，不征营业税。如果从这个角度分析，也就能理解企业集团内单位之间资金的无偿借贷免征增值税的政策了。

（5）执行期限为2019年2月1日至2023年12月31日，且2019年2月1日之前的不允许追溯。

7.1.10　一年期以上人身保险产品取得的保费收入

1．一年期以上人身保险的范围

一年期以上人身保险，是指保险期间为一年期及以上返还本利的人寿保险、养老年金保险，以及保险期间为一年期及以上的健康保险。

（1）人寿保险，是指以人的寿命为保险标的的人身保险。

（2）养老年金保险，是指以养老保障为目的，以被保险人生存为给付保险金条件，并按约定的时间间隔分期给付生存保险金的人身保险。养老年金保险应当同时符合下列条件：①保险合同约定给付被保险人生存保险金的年龄不得小于国家规定的退休年龄；②相邻两次给付的时间间隔不得超过一年。

（3）健康保险，是指以因健康原因导致损失为给付保险金条件的人身保险。

2．返还性保费收入的免税条件

保险公司开办一年期以上返还性人身保险产品，在保险监管部门出具备案回执或批复文件前依法取得的保费收入，属于《财政部 国家税务总局关于一年期以上返还性人身保险产品营业税免税政策的通知》（财税〔2015〕86号）第一条、《营业税改征增值税试点过渡政策的规定》（财税〔2016〕36号印发）第一条第（二十一）项规定的保费收入。

3．政策链接

根据《财政部 税务总局关于明确养老机构免征增值税等政策的通知》（财税〔2019〕20号）文件规定：

保险公司符合"财税〔2015〕86号"第一条、第二条规定免税条件，且未列入财政部、税务总局发布的免征营业税名单的，可向主管税务机关办理备案手续。

保险公司开办一年期以上返还性人身保险产品，在列入财政部和税务总局发布的免征营业税名单或办理免税备案手续后，此前已缴纳营业税中尚未抵减或退还的部分，可抵减以后月份应缴纳的增值税。

同时，根据《财政部 税务总局关于明确国有农用地出租等增值税政策的公告》（财政部 国家税务总局公告2020年第2号）文件规定：保险公司按照《财政部 税务总局关于明确养老机构免征增值税等政策的通知》（财税〔2019〕20号）第四条第（三）项规定抵减以后月份应缴纳增值税，截至 2023 年 12 月 31 日抵减不完的，可以向主管税务机关申请一次性办理退税。

提示

《国家税务总局关于一年期以上返还性人身保险产品免征营业税审批事项取消后有关管理问题的公告》（国家税务总局公告 2015 年第 65 号）具体规定如下：

一、保险公司开办符合"财税〔2015〕86 号"文件规定免税条件的一年期以上返还性人身保险产品，按以下规定向主管税务机关办理免税备案手续：

（一）保险公司应在保险产品享受税收优惠政策的首个纳税申报期内，将备案资料送主管税务机关备案；

（二）在符合减免税条件期间，若保险产品的备案资料内容未发生变化，保险公司不需要再行备案；

（三）保险公司提交的备案资料内容发生变化，如仍符合减免税规定，应在发生变化的次月纳税申报期内，向主管税务机关进行变更备案；如不再符合减免税规定，应当停止享受免税，按照规定进行纳税申报。

二、保险公司提交的备案资料包括：

（一）保监会对保险产品的备案回执或批复文件（复印件）；

（二）保险产品的保险条款；

（三）保险产品费率表；

（四）主管税务机关要求提供的其他相关资料。

三、保险公司对备案资料的真实性和合法性承担责任。主管税务机关对保险公司提供的备案资料的完整性进行审核，不改变保险公司真实申报的责任。

四、在本公告施行前，保险公司开办的一年期以上返还性人身保险产品，已列入财政部、国家税务总局发布的免征营业税名单的，不再办理备案手续。在本公告施行后，上述保险产品的内容发生改变，改变后仍符合免税条件的，应按本公告规定，向主管税务机关办理免税备案手续；改变后不再符合免税条件的，应及时向税务机关报告，并自发生改变之月起停止享受免税优惠，按照规定进行纳税申报。

一年期以上返还性人身保险产品免税的其他有关备案管理事项，按照《国家税务总局关于发布〈税收减免管理办法〉的公告》（国家税务总局公告 2015 年第 43 号）规定执行。

7.1.11　金融同业往来利息收入

1. 金融同业往来利息收入的一般范围

金融同业往来利息收入确定为免税收入。主要包括在以下几点：

（1）金融机构与人民银行所发生的资金往来业务。包括人民银行对一般金融机构贷款，以及人民银行对商业银行的再贴现等。

（2）银行联行往来业务。同一银行系统内部不同行、处之间所发生的资金账务往来业务。

（3）金融机构间的资金往来业务。是指经人民银行批准，进入全国银行间同业拆借市场的金融机构之间通过全国统一的同业拆借网络进行的短期（一年以下含一年）无担保资金融通行为。

（4）金融机构之间开展的转贴现业务。金融机构是指：①银行：包括人民银行、商业银行、政策性银行；②信用合作社；③证券公司；④金融租赁公司、证券基金管理公司、财务公司、信托投资公司、证券投资基金；⑤保险公司；⑥其他经人民银行、银监会、证监会、保监会批准成立且经营金融保险业务的机构等。

提示

> 自2018年1月1日起，金融机构开展贴现、转贴现业务，如何缴纳增值税？
>
> 根据《财政部 税务总局关于建筑服务等营改增试点政策的通知》(财税〔2017〕58号)第五条规定，自2018年1月1日起，金融机构开展贴现、转贴现业务，以其实际持有票据期间取得的利息收入作为贷款服务销售额计算缴纳增值税。
>
> 此前贴现机构已就贴现利息收入全额缴纳增值税的票据，转贴现机构转贴现利息收入继续免征增值税。

（5）质押式买入返售金融商品。质押式买入返售金融商品，是指交易双方进行的以债券等金融商品为权利质押的一种短期资金融通业务。

（6）持有政策性金融债券。政策性金融债券，指开发性、政策性金融机构发行的债券。

2. 金融同业往来利息收入的细化

根据《财政部 国家税务总局关于金融机构同业往来等增值税政策的补充通知》（财税〔2016〕70号）的规定，金融机构开展下列业务取得的利息收入，属于《营业税改征增值税试点过渡政策的规定》（财税〔2016〕36号）第一条第（二十三）项所称的金融同业往来利息收入：

（1）同业存款

同业存款，是指金融机构之间开展的同业资金存入与存出业务，其中资金存入方仅为具有吸收存款资格的金融机构。

（2）同业借款

同业借款，是指法律法规赋予此项业务范围的金融机构开展的同业资金借出和借入业务。此条款所称"法律法规赋予此项业务范围的金融机构"主要是指农村信用社之间以及在金融机构营业执照列示的业务范围中有反映为"向金融机构借款"业务的金融机构。

（3）同业代付

同业代付，是指商业银行（受托方）接受金融机构（委托方）的委托向企业客户付款，委托方在约定还款日偿还代付款项本息的资金融通行为。

（4）买断式买入返售金融商品

买断式买入返售金融商品，是指金融商品持有人（正回购方）将债券等金融商品卖给债券购买方（逆回购方）的同时，交易双方约定在未来某一日期，正回购方再以约定价格从逆回购方买回相等数量同种债券等金融商品的交易行为。

（5）持有金融债券

金融债券，是指依法在中华人民共和国境内设立的金融机构法人在全国银行间和交易所债券市场发行的、按约定还本付息的有价证券。

（6）同业存单

同业存单，是指银行业存款类金融机构法人在全国银行间市场上发行的记账式定期存款凭证。"

3. 容易混淆的情形

（1）商业银行购买央行票据、与央行开展货币掉期和货币互存等业务属于《营改增过渡政策的规定》第一条第（二十三）款第1项所称的金融机构与人民银行所发生的资金往来业务。

（2）境内银行与其境外的总机构、母公司之间，以及境内银行与其境外的分支机构、全资子公司之间的资金往来业务属于《营改增过渡政策的规定》第一条第（二十三）款第2项所称的银行联行往来业务。

（3）人民币合格境外机构投资者（RQFII）委托境内公司在我国从事证券买卖业务，以及经人民银行认可的境外机构投资银行间本币市场取得的收入属于《营改增过渡政策的规定》第一条第（二十二）款所称的金融商品转让收入。

银行间本币市场包括货币市场、债券市场以及衍生品市场。

> **提示**
> （1）该项免税政策主要限定在"金融业"，如银行、保险、金融机构。
> （2）针对"金融机构间的资金往来业务"免税政策，做了进一步限定，即："进入全国银行间同业拆借市场的金融机构之间"的；"通过全国统一的同业拆借网络进行"的；"短期（一年以下含一年）"的；"无担保"的。

7.1.12　为中小微企业融资担保或再担保业务

根据《财政部 国家税务总局关于租入固定资产进项税额抵扣等增值税政策的通知》（财税〔2017〕90号）文件规定，自2018年1月1日至2019年12月31日，纳税人为农户、小型企业、微型企业及个体工商户借款、发行债券提供融资担保取得的担保费收入，以及为上述融资担保（以下称"原担保"）提供再担保取得的再担保费收入，免征增值税。

再担保合同对应多个原担保合同的，原担保合同应全部适用免征增值税政策。否则，再担保合同应按规定缴纳增值税。

纳税人应将相关免税证明材料留存备查，单独核算符合免税条件的融资担保费和再担保费收入，按现行规定向主管税务机关办理纳税申报；未单独核算的，不得免征增值税。

农户，是指长期（一年以上）居住在乡镇（不包括城关镇）行政管理区域内的住户，还包括长期居住在城关镇所辖行政村范围内的住户和户口不在本地而在本地居住一年以上的住户，国有农场的职工。位于乡镇（不包括城关镇）行政管理区域内和在城关镇所辖行政村范围内的国有经济的机关、团体、学校、企事业单位的集体户；有本地户口，但举家外出谋生一年以上的住户，无论是否保留承包耕地均不属于农户。农户以户为统计单位，既可以从事农业生产经营，也可以从事非农业生产经营。农户担保、再担保的判定应以原担保生效时的被担保人是否属于农户为准。

小型企业、微型企业，是指符合《中小企业划型标准规定》（工信部联企业〔2011〕300号）的小型企业和微型企业。其中，资产总额和从业人员指标均以原担保生效时的实际状态确定；营业收入指标以原担保生效前12个自然月的累计数确定，不满12个自然月的，按照以下公式计算：

营业收入（年）＝企业实际存续期间营业收入 ÷ 企业实际存续月数 ×12

《财政部 税务总局关于全面推开营业税改征增值税试点的通知》（财税〔2016〕36号）附件3《营业税改征增值税试点过渡政策的规定》第一条第（二十四）款规定的中小企业信用担保增值税免税政策自2018年1月1日起停止执行。纳税人享受中小企业信用担保增值税免税政策在2017年12月31日前未满3年的，可以继续享受至3年期满为止。

提示

> 纳税人享受中小企业信用担保增值税免税政策假如是2016年6月开始享受，可以延期到2019年6月；2017年11月开始享受，可以延期到2020年11月。

7.1.13 金融机构特定小额贷款利息收入

根据《财政部 税务总局关于延长部分税收优惠政策执行期限的公告》（财政部 税务总局公告2021年第6号）规定，对对金融机构向小型企业、微型企业和个体工商户发放小额贷款取得的利息收入，免征增值税，执行期限延长至2023年12月31日。

1. 免税方法的确定

金融机构可以选择以下两种方法之一适用免税：

（1）对金融机构向小型企业、微型企业和个体工商户发放的，利率水平不高于人民银行同期贷款基准利率 150%（含本数）的单笔小额贷款取得的利息收入，免征增值税；高于人民银行同期贷款基准利率 150% 的单笔小额贷款取得的利息收入，按照现行政策规定缴纳增值税。

（2）对金融机构向小型企业、微型企业和个体工商户发放单笔小额贷款取得的利息收入中，不高于该笔贷款按照人民银行同期贷款基准利率 150%（含本数）计算的利息收入部分，免征增值税；超过部分按照现行政策规定缴纳增值税。金融机构可按会计年度在以上两种方法之间选定其一作为该年的免税适用方法，一经选定，该会计年度内不得变更。

> **提示**
>
> 　　自 2019 年 8 月 20 日起，金融机构向小型企业、微型企业和个体工商户发放 1 年期以上（不含 1 年）至 5 年期以下（不含 5 年）小额贷款取得的利息收入，可选择中国人民银行授权全国银行间同业拆借中心公布的 1 年期贷款市场报价利率或 5 年期以上贷款市场报价利率，适用《财政部 税务总局关于金融机构小微企业贷款利息收入免征增值税政策的通知》（财税〔2018〕91 号）规定的免征增值税政策（财政部 税务总局公告 2020 年第 40 号）。

2．金融机构的界定

金融机构，是指经人民银行、银保监会批准成立的已通过监管部门上一年度"两增两控"考核的机构（2018 年通过考核的机构名单以 2018 年上半年实现"两增两控"目标为准），以及经人民银行、银保监会、证监会批准成立的开发银行及政策性银行、外资银行和非银行业金融机构。"两增两控"是指单户授信总额 1 000 万元以下（含）小微企业贷款同比增速不低于各项贷款同比增速，有贷款余额的户数不低于上年同期水平，合理控制小微企业贷款资产质量水平和贷款综合成本（包括利率和贷款相关的银行服务收费）水平。金融机构完成"两增两控"情况，以银保监会及其派出机构考核结果为准。

3．小型企业、微型企业的界定

小型企业、微型企业是指符合《中小企业划型标准规定》（工信部联企业〔2011〕300 号）的小型企业和微型企业。其中，资产总额和从业人员指标均以贷款发放时的实际状态确定；营业收入指标以贷款发放前 12 个自然月的累计数确定，不满 12 个自然月的，按照以下公式计算：

营业收入（年）＝企业实际存续期间营业收入 ÷ 企业实际存续月数 ×12

4．小额贷款的界定

小额贷款是指单户授信小于 1 000 万元（含本数）的小型企业、微型企业或个体工商户贷款；没有授信额度的，是指单户贷款合同金额且贷款余额在 1 000 万元（含本数）以下的贷款。

5．贷后管理

金融机构应将相关免税证明材料留存备查，单独核算符合免税条件的小额贷款利息收入，按现行规定向主管税务机构办理纳税申报；未单独核算的，不得免征增值税。金融机构应依法依规享受增值税优惠政策，一经发现存在虚报或造假骗取本项税收优惠情形的，停止享受本通知有关增值税优惠政策。金融机构应持续跟踪贷款投向，确保贷款资金真正流向小型企业、微型企业和个体工商户，贷款的实际使用主体与申请主体一致。

银保监会按年组织开展免税政策执行情况督察，并将督察结果及时通报财税主管部门。鼓励金融机构发放小微企业信用贷款，减少抵押担保的中间环节，切实有效降低小微企业综合融资成本。各地税务部门要加强免税政策执行情况后续管理，对金融机构开展小微金融免税政策专项检查，发现问题的，按照现行税收法律法规进行处理，并将有关情况逐级上报国家税务总局（货物和劳务税司）。财政部驻各地财政监察专员办要组织开展免税政策执行情况专项检查。

6．特殊免税情形

金融机构向小型企业、微型企业及个体工商户发放单户授信小于100万元（含本数），或者没有授信额度，单户贷款合同金额且贷款余额在100万元（含本数）以下的贷款取得的利息收入，可继续按照《财政部税务总局关于支持小微企业融资有关税收政策的通知》（财税〔2017〕77号）的规定免征增值税。

7.1.14 其他金融业务免税情形

1．再保险服务

根据《财政部 国家税务总局关于进一步明确全面推开营改增试点有关再保险、不动产租赁和非学历教育等政策的通知》（财税〔2016〕68号）文件规定：

境内保险公司向境外保险公司提供的完全在境外消费的再保险服务，免征增值税。

试点纳税人提供再保险服务（境内保险公司向境外保险公司提供的再保险服务除外），实行与原保险服务一致的增值税政策。再保险合同对应多个原保险合同的，所有原保险合同均适用免征增值税政策时，该再保险合同适用免征增值税政策。否则，该再保险合同应按规定缴纳增值税。

原保险服务，是指保险分出方与投保人之间直接签订保险合同而建立保险关系的业务活动。

2．利息收入

利息收入种类如下：

（1）国家助学贷款；

（2）国债、地方政府债；

（3）人民银行对金融机构的贷款；

（4）住房公积金管理中心用住房公积金在指定的委托银行发放的个人住房贷款；

（5）外汇管理部门在从事国家外汇储备经营过程中，委托金融机构发放的外汇贷款。

3．金融商品转让收入

金融商品转让收入如下：

（1）合格境外投资者（QFII）委托境内公司在我国从事证券买卖业务；

（2）香港市场投资者（包括单位和个人）通过沪港通、深港通买卖上海、深圳证券交易所上市 A 股；

（3）对香港市场投资者（包括单位和个人）通过基金互认买卖内地基金份额；

（4）证券投资基金（封闭式证券投资基金，开放式证券投资基金）管理人运用基金买卖股票、债券；

（5）个人从事金融商品转让业务。

4．哪些国际航运保险业务免征增值税

对下列国际航运保险业务免征增值税：

（1）注册在上海、天津的保险企业从事国际航运保险业务；

（2）注册在深圳市的保险企业向注册在前海深港现代服务业合作区的企业提供国际航运保险业务；

（3）注册在平潭的保险企业向注册在平潭的企业提供国际航运保险业务。

7.1.15　技术转让、开发和与之相关的技术咨询、服务

纳税人提供技术转让、技术开发和与之相关的技术咨询、技术服务取得收入免税。

1．免税范围界定

技术转让、技术开发，是指《销售服务、无形资产、不动产注释》中"转让技术""研发服务"范围内的业务活动。

技术咨询，是指就特定技术项目提供可行性论证、技术预测、专题技术调查、分析评价报告等业务活动。

与技术转让、技术开发相关的技术咨询、技术服务，是指转让方（或者受托方）根据技术转让或者开发合同的规定，为帮助受让方（或者委托方）掌握所转让（或者委托开发）的技术，而提供的技术咨询、技术服务业务，且这部分技术咨询、技术服务的价款与技术转让或者技术开发的价款应当在同一张发票上开具。

2．备案程序

试点纳税人申请免征增值税时，须持技术转让、开发的书面合同，到纳税人所在地省级科技主管部门进行认定，并持有关的书面合同和科技主管部门审核意见证明文件报主管税务机关备查。

提示

（1）"技术转让"在《销售服务、无形资产、不动产注释》中"销售无形资产"项下，包括专利技术和非专利技术。"研发服务"在《销售服务、无形资产、不动产注释》中"现代服务业–研发和技术服务"项下，包括就新技术、新产品、新工艺或者新材料及其系统进行研究与试验开发的业务活动。

（2）注意发票开具时，"技术咨询与服务"要和"技术转让与开发"的价款，开在一张票上。

（3）免税备案的关键点。企业要到机构所在地、省级、科技主管部门进行认定，一般是××省（市）科技工贸和信息化委员会，并取得有关科技主管部门审核意见证明文件。之后拿着"转让或服务合同"与"审核证明文件"去税务机关备案。

7.1.16 按房改成本价、标准价出售住房取得的收入

为了配合国家住房制度改革，企业、行政事业单位按房改成本价、标准价出售住房取得的收入免征增值税。

提示

（1）该项优惠是对《财政部 国家税务总局关于职业教育等营业税若干政策问题的通知》（财税〔2013〕62号）有关营业税政策的延续。当然，延续的还有该条款的相关解释性规定。

（2）实务中企业、行政事业单位按房改成本价、标准价出售住房享受免税应向税务机关报送包括不限于下列材料：①《纳税人减免税备案登记表》2份；②房改批文等有关证明材料原件及复印件；③出售住房合同及收入证明材料原件及复印件。

（3）对出售住房的限定。

并不是企业取得所有住房按房改成本价、标准价出售都适用该条免税规定。"对企业、行政事业单位按房改成本价、标准价出售的住房"的规定，仅适用于根据国家住房制度改革政策配售，并按房改成本价、标准价确定价格的公有住房，详见《国家税务总局关于按房改成本价标准价出售住房营业税问题的批复》（税总函〔2016〕124号）。因为该文件属于政策解释性的文件，范围可以广泛适用。

（4）个人买房免税政策：①个人销售自建自用住房免征增值税；②个人将购买2年以上（含2年）的住房对外销售免征增值税。

7.1.17 土地使用权出让和将土地使用权归还给土地所有者

土地所有者出让土地使用权和土地使用者将土地使用权归还给土地所有者的行为免

税，即拆迁补偿中涉及区位补偿部分免增值税。

特别注意，根据《财政部 税务总局关于明确无偿转让股票等增值税政策的公告》（财政部 税务总局公告 2020 年第 40 号）文件规定：土地所有者依法征收土地，并向土地使用者支付土地及其相关有形动产、不动产补偿费的行为，属于《营业税改征增值税试点过渡政策的规定》（财税〔2016〕36 号印发）第一条第（三十七）项规定的土地使用者将土地使用权归还给土地所有者的情形。根据"财政部 税务总局公告 2020 年第 40 号"文件规定，以后拆迁补偿涉及的区位补偿和机器设备、地上物补偿都可以享受免税规定，开具免税增值税普通发票。

> **提示**
>
> 1.该优惠事项是之前营业税优惠政策的延续，主要是涉及政府拆迁补偿免税规定。
>
> 2.注意与营业税时代的不同。
>
> 而全面"营改增"后，表述为"土地所有者出让土地使用权和土地使用者将土地使用权归还给土地所有者的行为免征增值税"，意思是属于增值税的应税范围，满足征收增值税的各个征税要素，只是考虑到上述土地转让行为的特殊性，给予了增值税免税政策。

7.1.18　转让自然资源使用权

转让自然资源使用权免税，即县级以上地方人民政府或自然资源行政主管部门出让、转让或收回自然资源使用权（不含土地使用权）的行为免税。

> **提示**
>
> "县级以上地方人民政府或自然资源行政主管部门出让、转让或收回自然资源使用权（不含土地使用权）"的行为与"土地所有者出让土地使用权和土地使用者将土地使用权归还给土地所有者"所述情形相同与免税原理相同，相关处理方式可以参考适用。
>
> 该免税政策主要适用于利用自然资源使用权的企业，如煤炭、石油、矿产开采权、森林、山岭、草原、荒地、滩涂、水面等自然资源的使用权等。尤其是煤炭企业在目前企业退出、化解产能过程中，企业资金紧张，困难较大，可以考虑把剩余年限的"煤炭资源采矿权"让"县级以上人民政府或者自然资源行政主管部门"收回，获得免增值税的收入，争取转型脱困资金；如果符合相应的条件，企业所得税上也可以作为不征税收入处理。

7.1.19　小微企业暂免征收增值税

小微企业普惠性税收减免意义重大，最新政策主要体现在《财政部 国家税务总局关于明确小规模纳税人免征增值税政策的公告》（财政部 国家税务总局公告 2021 年第 5 号）文件中。

1. 免税标准

自 2021 年 4 月 1 日至 2022 年 12 月 31 日，对月销售额 15 万元以下（含本数）的增

值税小规模纳税人，免征增值税

小规模纳税人发生增值税应税销售行为，合计月销售额未超过 15 万元（以 1 个季度为 1 个纳税期的，季度销售额未超过 45 万元，下同）的，免征增值税。

小规模纳税人发生增值税应税销售行为，合计月销售额超过 15 万元，但扣除本期发生的销售不动产的销售额后未超过 15 万元的，其销售货物、劳务、服务、无形资产取得的销售额免征增值税。

> **提示**
>
> 根据《国家税务总局关于国内旅客运输服务进项税抵扣等增值税征管问题的公告》《国家税务总局公告2019年第31号》文件规定：
>
> 关于经营期不足一个纳税期的小规模纳税人，自2019年1月1日起，以1个季度为纳税期限的增值税小规模纳税人，因在季度中间成立或注销而导致当期实际经营期不足1个季度，当期销售额未超过45万元的，免征增值税。
>
> 比如，某小规模纳税人2019年2月成立，实行按季纳税，2至3月累计销售额为25万元，未超过季销售额45万元的免税标准，则该小规模纳税人当期可以按规定享受相关免税政策。

2．销售额计算

（1）以所有增值税应税销售行为（包括销售货物、劳务、服务、无形资产和不动产）合并计算销售额，判断是否达到免税标准。

（2）《中华人民共和国增值税暂行条例实施细则》第九条所称的其他个人，采取一次性收取租金形式出租不动产取得的租金收入，可在对应的租赁期内平均分摊，分摊后的月租金收入未超过 10 万元的，免征增值税。

（3）适用增值税差额征税政策的小规模纳税人，以差额后的销售额确定是否可以享受免征增值税。

（4）销售不动产的销售额

纳税人以所有增值税应税销售行为（包括销售货物、劳务、服务、无形资产和不动产）合并计算销售额，判断是否达到免税标准。

3．纳税期限

按固定期限纳税的小规模纳税人可以选择以 1 个月或 1 个季度为纳税期限，一经选择，一个会计年度内不得变更。

4．其他个人出租不动产

《中华人民共和国增值税暂行条例实施细则》第九条所称的其他个人，采取一次性收取租金形式出租不动产取得的租金收入，可在对应的租赁期内平均分摊，分摊后的月租金收入未超过 10 万元的，免征增值税。

5．一般纳税人转登记

转登记日前连续 12 个月（以 1 个月为 1 个纳税期）或者连续 4 个季度（以 1 个季度为 1 个纳税期）累计销售额未超过 500 万元的一般纳税人，在 2019 年 12 月 31 日前，可选择转登记为小规模纳税人。

曾在 2018 年选择过转登记的纳税人，在 2019 年仍可选择转登记；但是，2019 年选择转登记的，再次登记为一般纳税人后，不得再转登记为小规模纳税人。

6．创业投资企业和天使投资有关条件的放松

《财政部 税务总局关于创业投资企业和天使投资个人有关税收政策的通知》（财税〔2018〕55 号）第二条第（一）项关于初创科技型企业条件中的"从业人数不超过 200 人"调整为"从业人数不超过 300 人"，"资产总额和年销售收入均不超过 3 000 万元"调整为"资产总额和年销售收入均不超过 5 000 万元"。

2019 年 1 月 1 日至 2021 年 12 月 31 日期间发生的投资，投资满 2 年且符合本通知规定和（财税〔2018〕55 号）文件规定的其他条件的，可以适用（财税〔2018〕55 号）文件规定的税收政策。

2019 年 1 月 1 日前 2 年内发生的投资，自 2019 年 1 月 1 日起投资满 2 年且符合本通知规定和（财税〔2018〕55 号）文件规定的其他条件的，可以适用（财税〔2018〕55 号）文件规定的税收政策。

7．预缴税款

按照现行规定应当预缴增值税税款的小规模纳税人，凡在预缴地实现的月销售额未超过 10 万元的，当期无须预缴税款。本公告下发前已预缴税款的，可以向预缴地主管税务机关申请退还。

小规模纳税人中的单位和个体工商户销售不动产，应按其纳税期、本公告第六条以及其他现行政策规定确定是否预缴增值税；其他个人销售不动产，继续按照现行规定免征增值税。

8．发票使用

小规模纳税人月销售额未超过 10 万元的，当期因开具增值税专用发票已经缴纳的税款，在增值税专用发票全部联次追回或者按规定开具红字专用发票后，可以向主管税务机关申请退还。

小规模纳税人月销售额超过 10 万元的，使用增值税发票管理系统开具增值税普通发票、机动车销售统一发票、增值税电子普通发票。

已经使用增值税发票管理系统的小规模纳税人，月销售额未超过 10 万元的，可以继续使用现有税控设备开具发票；已经自行开具增值税专用发票的，可以继续自行开具增值税专用发票，并就开具增值税专用发票的销售额计算缴纳增值税。

　　免征增值税的项目不能开具增值税专用发票。开具普通发票的时候，要注意普通发票税率栏显示【＊＊＊】、【免税】、【0】，且税额显示【＊＊＊】。但需要特别注意的是，这种免税形式的普通发票，不包括小微企业销售额月10万元以下，季度销售额30万元以下免税政策。因为小微免税针对的不是经营业务的范围，而是销售额，在发生销售业务的时候，并不能确定是否可以享受免税，不能直接开具免税发票。

9. 地方税种和相关附加减征

　　缴纳资源税、城市维护建设税、房产税、城镇土地使用税、印花税、耕地占用税、教育费附加和地方教育附加的增值税一般纳税人按规定转登记为小规模纳税人的，自成为小规模纳税人的当月起适用减征优惠。增值税小规模纳税人按规定登记为一般纳税人的，自一般纳税人生效之日起不再适用减征优惠；增值税年应税销售额超过小规模纳税人标准应当登记为一般纳税人而未登记，经税务机关通知，逾期仍不办理登记的，自逾期次月起不再适用减征优惠。

7.1.20　销售自产农产品及农业服务

1. 基础农业服务

　　根据《营业税改征增值税过渡政策的规定》（财税〔2016〕36号）附件三规定，农业机耕、排灌、病虫害防治、植物保护、农牧保险以及相关技术培训业务，家禽、牲畜、水生动物的配种和疾病防治，免征增值税。

提示

　　动物诊疗机构提供的动物疾病预防、诊断、治疗和动物绝育手术等动物诊疗服务，属于《营业税改征增值税试点过渡政策的规定》（财税〔2016〕36号附件3）第一条第十项所称"家禽、牲畜、水生动物的配种和疾病防治"。

　　动物诊疗机构销售动物食品和用品，提供动物清洁、美容、代理看护等服务，应按照现行规定缴纳增值税。

　　动物诊疗机构，是指依照《动物诊疗机构管理办法》（农业部令2008年第19号公布，农业部令2016年第3号、2017年第8号修改）规定，取得动物诊疗许可证，并在规定的诊疗活动范围内开展动物诊疗活动的机构。

2. 单位或个人自产自销的初级农产品

　　根据《中华人民共和国增值税暂行条例》第十五条及其实施细则第三十五条规定，单位或个人自产自销的初级农产品免征增值税。这里的单位包括个人独资企业、合伙企业、公司制企业，个人包括个体工商户和自然人。

提示

人工合成牛胚胎属于《农业产品征税范围注释》（财税字〔1995〕52号）第二条第（五）款规定的动物类"其他动物组织"，人工合成牛胚胎的生产过程属于农业生产，纳税人销售自产人工合成牛胚胎应免征增值税（国税函〔2010〕97号）。

3."公司＋农户"经营模式销售自产农产品

根据《国家税务总局关于纳税人采取"公司＋农户"经营模式销售畜禽有关增值税问题的公告》（国家税务总局公告2013年第8号）规定，纳税人采取"公司＋农户"经营模式销售畜禽产品，视同农业生产者销售自产农产品，免征增值税。

"公司＋农户"经营模式从事牲畜、家禽的饲养，即公司与农户签订委托养殖合同，向农户提供畜禽苗、饲料、兽药及疫苗等（所有权仍属于公司），农户将畜禽养大成为成品后交付公司回收。鉴于采取"公司＋农户"经营模式的企业，虽不直接从事畜禽的养殖，但系委托农户饲养，并承担诸如市场、管理、采购、销售等经营职责及绝大部分经营管理风险，公司和农户是劳务外包关系。该模式与企业自产农产品无本质区别，因此，比照农业生产者销售自产农产品，免征增值税。需要说明的是，以"公司＋农户"经营模式增值税政策的适用范围应扩大到所有种植业、养殖业、林业、牧业、水产业，但需财政部、国家税务总局做一步明确。

4.农业产品蔬菜流通环节

（1）蔬菜类

《财政部 国家税务总局关于免征蔬菜流通环节增值税有关问题的通知》（财税〔2011〕137号）规定，自2012年1月1日起，对从事蔬菜批发、零售的纳税人销售的蔬菜免征增值税。蔬菜是指可作副食的草本、木本植物，包括各种蔬菜、菌类植物和少数可作副食的木本植物。蔬菜的主要品种参照《蔬菜主要品种目录》执行。经挑选、清洗、切分、晾晒、包装、脱水、冷藏、冷冻等工序加工的蔬菜，属于本通知所述蔬菜的范围。

各种蔬菜罐头不属于本通知所述蔬菜的范围。蔬菜罐头是指蔬菜经处理、装罐、密封、杀菌或无菌包装而制成的食品。

纳税人既销售蔬菜又销售其他增值税应税货物的，应分别核算蔬菜和其他增值税应税货物的销售额；未分别核算的，不得享受蔬菜增值税免税政策。

（2）鲜活肉蛋产品

《财政部 国家税务总局关于免征部分鲜活肉蛋产品流通环节增值税政策的通知》（财税〔2012〕75号）自2012年10月1日起，对从事农产品批发、零售的纳税人销售的部分鲜活肉蛋产品免征增值税。免征增值税的鲜活肉产品，是指猪、牛、羊、鸡、鸭、鹅及其整块或者分割的鲜肉、冷藏或者冷冻肉，内脏、头、尾、骨、蹄、翅、爪等组织。免征增值税的鲜活蛋产品，是指鸡蛋、鸭蛋、鹅蛋，包括鲜蛋、冷藏蛋以及对其进行破壳分离的蛋液、蛋黄和蛋壳。

上述产品中不包括《中华人民共和国野生动物保护法》所规定的国家珍贵、濒危野生动物及其鲜活肉类、蛋类产品。

从事农产品批发、零售的纳税人既销售规定的部分鲜活肉蛋产品又销售其他增值税应税货物的，应分别核算上述鲜活肉蛋产品和其他增值税应税货物的销售额；未分别核算的，不得享受部分鲜活肉蛋产品增值税免税政策。

5. 农业专业合作社农业产品销售及服务

根据《财政部 国家税务总局关于农民专业合作社有关税收政策的通知》（财税〔2008〕81号）规定，依照《中华人民共和国农民专业合作社法》规定设立和登记的农民专业合作社，向本社成员销售的农膜、种子、种苗、农药、农机，免征增值税；农民专业合作社销售本社成员生产的农业产品，视同农业生产者销售自产初级农产品免征增值税。

农民专业合作社，是在农村家庭承包经营基础上，同类农产品的生产经营者或者同类农业生产经营服务的提供者、利用者，自愿联合、民主管理的互助性法人经济组织。农民专业合作社以其成员为主要服务对象，提供农业生产资料的购买，农产品的销售、加工、运输、贮藏以及与农业生产经营有关的技术、信息等服务。农民专业合作社从事的非增值税免税范围的其他业务，必须按规定征收增值税。

6. 制种行业增值税

根据《国家税务总局关于制种行业增值税有关问题的公告》（国家税务总局公告2010年第17号）规定：

制种企业在下列生产经营模式下生产销售种子，属于农业生产者销售自产农业产品，应根据《中华人民共和国增值税暂行条例》有关规定免征增值税。

（1）制种企业利用自有土地或承租土地，雇佣农户或雇工进行种子繁育，再经烘干、脱粒、风筛等深加工后销售种子。

（2）制种企业提供亲本种子委托农户繁育并从农户手中收回，再经烘干、脱粒、风筛等深加工后销售种子。

7.1.21　销售农业饲料、有机肥等生产资料

1. 免税饲料

根据《财政部 国家税务总局关于饲料产品免征增值税问题的通知》（财税〔2001〕121号）规定，免税饲料产品范围包括：

（1）单一大宗饲料。指以一种动物、植物、微生物或矿物质为来源的产品或其副产品。其范围仅限于糠麸、酒糟、鱼粉、草饲料、饲料级磷酸氢钙及除豆粕以外的菜籽粕、棉籽粕、向日葵粕、花生粕等粕类产品。

（2）混合饲料。指由两种以上单一大宗饲料、粮食、粮食副产品及饲料添加剂按照一定比例配置，其中单一大宗饲料、粮食及粮食副产品的掺兑比例不低于95%的饲料。

（3）配合饲料。指根据不同的饲养对象，饲养对象的不同生长发育阶段的营养需要，将多种饲料原料按饲料配方经工业生产后，形成的能满足饲养动物全部营养需要（除水分外）的饲料。

提示

根据《国家税务总局关于精料补充料免征增值税问题的公告》（国家税务总局公告2013年第46号）文件规定，精料补充料属于文件中"配合饲料"范畴，可按照该通知及相关规定免征增值税。

精料补充料是指为补充草食动物的营养，将多种饲料和饲料添加剂按照一定比例配制的饲料。配合饲料和精料补充料的主要成分和生产工艺一致，均为饲料原料和饲料添加剂经工业化加工配制而成，其目的是满足养殖动物全面营养需要，只是使用对象和使用方法不同。精料补充料是一种为反刍动物提供营养的配合饲料，属于免税饲料产品范围。

（4）复合预混料。指能够按照国家有关饲料产品的标准要求量，全面提供动物饲养相应阶段所需微量元素（4种或以上）、维生素（8种或以上），由微量元素、维生素、氨基酸和非营养性添加剂中任何两类或两类以上的组分与载体或稀释剂按一定比例配置的均匀混合物。

（5）浓缩饲料。指由蛋白质、复合预混料及矿物质等按一定比例配制的均匀混合物。

原有的饲料生产企业及新办的饲料生产企业，应凭省级税务机关认可的饲料质量检测机构出具的饲料产品合格证明，向所在地主管税务机关提出免税申请，经省级税务局审核批准后，由企业所在地主管税务机关办理免征增值税手续。

提示

有关饲料的产品，后续有关政策：

（1）鉴于茶籽粕主要用途是与化学农药复配用于消毒、杀虫，且国家未颁布其饲料质量检测标准，有关部门无法出具质量检测证明，因此，茶籽粕不属于现行增值税政策规定的免税饲料范围（国税函〔2002〕285号）。

（2）饲用鱼油是鱼粉生产过程中的副产品，主要用于水产养殖和肉鸡饲养，属于单一大宗饲料。经研究，自2003年1月1日起，对饲用鱼油产品按照现行"单一大宗饲料"的增值税政策规定，免予征收增值税（国税函〔2003〕1395号）。

（3）矿物质微量元素舔砖①，是以四种以上微量元素、非营养性添加剂和载体为原料，经高压浓缩制成的块状预混物，可供牛、羊等牲畜直接食用，应按照"饲料"免征增值税（国税函〔2005〕1127号）。

（4）豆粕属于征收增值税的饲料产品，除豆粕以外的其他粕类饲料产品，均免征增值税（国税函〔2010〕75号）。

2. 有机肥产品

根据《财政部 国家税务总局关于有机肥产品免征增值税的通知（财税〔2008〕56号）文件规定：

（1）自2008年6月1日起，纳税人生产销售和批发、零售有机肥产品免征增值税。

（2）享受上述免税政策的有机肥产品是指有机肥料、有机－无机复混肥料和生物有机肥。

①有机肥料，指来源于植物和（或）动物，施于土壤以提供植物营养为主要功能的含碳物料；②有机－无机复混肥料，指由有机和无机肥料混合和（或）化合制成的含有一定量有机肥料的复混肥料；③生物有机肥，指特定功能微生物与主要以动植物残体（如禽畜粪便、农作物秸秆等）为来源并经无害化处理、腐熟的有机物料复合而成的一类兼具微生物肥料和有机肥效应的肥料。

（3）有机肥执行标准

《财政部 国家税务总局关于有机肥产品免征增值税的通知》（财税〔2008〕56号）规定享受增值税免税政策的有机肥产品中，有机肥料按《有机肥料》（NY 525—2012）标准执行，有机－无机复混肥料按《有机－无机复混肥料》（GB 18877—2009）标准执行，生物有机肥按《生物有机肥》（NY 884—2012）标准执行。不符合上述标准的有机肥产品，不得享受（财税〔2008〕56号）文件规定的增值税免税政策。上述有机肥产品的国家标准、行业标准，如在执行过程中有更新、替换，统一按最新的国家标准、行业标准执行。

7.1.22 种子种源进口增值税免税

根据《财政部 海关总署 国家税务总局关于"十三五"期间进口种子种源税收政策管理办法的通知》（财关税〔2021〕29号）文件规定：

自2021年1月1日至2025年12月31日，对符合《进口种子种源免征增值税商品清单》的进口种子种源免征进口环节增值税。

第一批印发的《进口种子种源免征增值税商品清单》自2021年1月1日起实施，至该清单印发之日后30日内已征应免税款，准予退还。

1．免税品种范围

（1）与农林业生产密切相关，并直接用于或服务于农林业生产的下列种子（苗）、种畜（禽）和鱼种（苗）（以下简称种子种苗）：①用于种植和培育各种农作物和林木的种子（苗）；②用于饲养以获得各种畜禽产品的种畜（禽）；③用于培育和养殖的水产种（苗）；④用于农林业科学研究与试验的种子（苗）、种畜（禽）和水产种（苗）。

（2）野生动植物种源。

（3）警用工作犬及其精液和胚胎。

2．免税申请条件

（1）种子种苗进口免税应同时符合以下条件：

①在免税货品清单内，即属于财关税〔2016〕64号文附件1第一至第三部分所列货品。

②直接用于或服务于农林业生产。免税进口的种子种苗不得用于度假村、俱乐部、高尔夫球场、足球场等消费场所或运动场所的建设和服务。

（2）野生动植物种源进口免税应同时符合以下条件：

①在免税货品清单内，即属于（财关税〔2016〕64号）文附件1第四部分所列货品。

②用于科研，或育种，或繁殖。进口单位应是具备研究和培育繁殖条件的动植物科研院所、动物园、专业动植物保护单位、养殖场和种植园。

（3）免税进口工作犬相关货品应为军队、武警、公安、安全部门（含缉私警察）进口的警用工作犬，以及繁育用的工作犬精液和胚胎。

7.1.23　向农村居民提供生活用水

《财政部　国家税务总局关于继续实行农村饮水安全工程税收优惠政策的公告》（财政部　税务总局公告2019年第67号）、"财政部　税务总局公告2021年第6号"规定：自2019年1月1日至2023年12月31日，对饮水工程运营管理单位向农村居民提供生活用水取得的自来水销售收入，免征增值税。

饮水工程，是指为农村居民提供生活用水而建设的供水工程设施。本公告所称饮水工程运营管理单位，是指负责饮水工程运营管理的自来水公司、供水公司、供水（总）站（厂、中心）、村集体、农民用水合作组织等单位。

对于既向城镇居民供水，又向农村居民供水的饮水工程运营管理单位，依据向农村居民供水收入占总供水收入的比例免征增值税；依据向农村居民供水量占总供水量的比例免征契税、印花税、房产税和城镇土地使用税。无法提供具体比例或所提供数据不实的，不得享受上述税收优惠政策。

上述条件的饮水工程运营管理单位自行申报享受减免税优惠，相关材料留存备查。

7.1.24　农村电网维护费增值税问题

根据《财政部 国家税务总局关于免征农村电网维护费增值税问题的通知》（财税字〔1998〕47 号）规定，从 1998 年 1 月 1 日起，对农村电管站在收取电价时一并向用户收取的农村电网维护费（包括低压线路损耗和维护费以及电工经费）给予免征增值税的照顾。

《国家税务总局关于供电企业收取的免税农村电网维护费有关增值税问题的通知》（国税函〔2005〕778 号）规定：对供电企业收取的免征增值税的农村电网维护费，不应分摊转出外购电力产品所支付的进项税额。

部分地区的农村电管站改制后，农村电网维护费原由农村电管站收取改为由电网公司或者农电公司等其他单位收取（以下称其他单位）。《国家税务总局关于农村电网维护费征免增值税问题的通知》（国税函〔2009〕591 号）规定：鉴于部分地区农村电网维护费改由其他单位收取后，只是收费的主体发生了变化，收取方法、对象以及使用用途均未发生变化，为保持政策的一致性，对其他单位收取的农村电网维护费免征增值税，不得开具增值税专用发票。

7.1.25　滴灌带和滴灌管等农业生产产品

1. 滴灌带和滴灌管产品

《财政部 国家税务总局关于免征滴灌带和滴灌管产品增值税的通知》（财税〔2007〕第 083 号）文件规定：

（1）自 2007 年 7 月 1 日起，纳税人生产销售和批发、零售滴灌带和滴灌管产品免征增值税。

滴灌带和滴灌管产品是指农业节水滴灌系统专用的、具有制造过程中加工的孔口或其他出流装置、能够以滴状或连续流状出水的水带和水管产品。滴灌带和滴灌管产品按照国家有关质量技术标准要求进行生产，并与 PVC 管（主管）、PE 管（辅管）、承插管件、过滤器等部件组成为滴灌系统。

（2）享受免税政策的纳税人应按照《中华人民共和国增值税暂行条例》及其实施细则等规定，单独核算滴灌带和滴灌管产品的销售额。未单独核算销售额的，不得免税。

（3）纳税人销售免税的滴灌带和滴灌管产品，应一律开具普通发票，不得开具增值税专用发票。

（4）生产滴灌带和滴灌管产品的纳税人申请办理免征增值税时，应向主管税务机关报送由产品质量检验机构出具的质量技术检测合格报告，出具报告的产品质量检验机构须通过省以上质量技术监督部门的相关资质认定。批发和零售滴灌带和滴灌管产品的纳税人申请办理免征增值税时，应向主管税务机关报送由生产企业提供的质量技术检测合格报告原件或复印件。未取得质量技术检测合格报告的，不得免税。

（5）税务机关应加强对享受免税政策纳税人的后续管理，不定期对企业经营情况进行核实，凡经核实产品质量不符合有关质量技术标准要求的，应停止其继续享受免税政策的资格，依法恢复征税。

2．农膜、种子等

根据《财政部 国家税务总局关于若干农业生产资料征免增值税政策的通知》（财税〔2001〕113 号）规定：农膜、批发和零售的种子、种苗、农药、农机免征增值税。

3．特殊农机

根据《财政部 国家税务总局关于不带动力的手扶拖拉机和三轮农用运输车增值税政策的通知》（财税〔2002〕89 号）规定：不带动力的手扶拖拉机（也称"手扶拖拉机底盘"）和三轮农用运输车（指以单缸柴油机为动力装置的三个车轮的农用运输车辆）属于"农机"，应按有关"农机"的增值税政策规定征免增值税。

7.1.26　国有粮食购销企业免税政策

根据《财政部 国家税务总局关于粮食企业增值税征免问题的通知》（财税〔1999〕198 号）文件规定：国有粮食购销企业必须按顺价原则销售粮食。对承担粮食收储任务的国有粮食购销企业销售的粮食免征增值税。

《财政部 国家税务总局关于粮食企业增值税征免问题的通知》（财税字〔1999〕198 号）第一条规定的增值税免税政策适用范围由粮食扩大到粮食和大豆，并可对免税业务开具增值税专用发票（财税〔2014〕38 号）。

（1）审批享受免税优惠的国有粮食购销企业时，税务机关应按规定缴销其《增值税专用发票领购簿》，并收缴其库存未用的增值税专用发票予以注销；兼营其他应税货物的，须重新核定其增值税专用发票用量。

（2）对其他粮食企业经营粮食，除下列项目免征增值税外，一律征收增值税。

①军队用粮：指凭军用粮票和军粮供应证按军供价供应中国人民解放军和中国人民武装警察部队的粮食。

②救灾救济粮：指经县（含）以上人民政府批准，凭救灾救济粮食（证）按规定的销售价格向需救助的灾民供应的粮食。

③水库移民口粮：指经县（含）以上人民政府批准，凭水库移民口粮票（证）按规定的销售价格供应给水库移民的粮食。

（3）对销售食用植物油业务，除政府储备食用植物油的销售继续免征增值税外，一律照章征收增值税。

（4）对粮油加工业务，一律照章征收增值税。

粮食部门应向同级税务局提供军队用粮、救灾救济粮、水库移民口粮的单位、供应数量等有关资料。

（5）属于增值税一般纳税人的生产、经营单位从国有粮食购销企业购进的免税粮食，可依据购销企业开具的销售发票注明的销售额按 10%（或 9%）的扣除率计算抵扣进项税额；购进的免税食用植物油，不得计算抵扣进项税额。

7.1.27　医疗卫生行业增值税免税政策

1. 医疗机构和医疗服务范围

《财政部 国家税务总局关于全面推开营业税改征增值税试点的通知》（财税〔2016〕36 号）附件三第一条规定："下列项目免征增值税：（七）医疗机构提供的医疗服务。"医疗机构，是指依据国务院《医疗机构管理条例》（国务院令第 149 号①）及卫生部《医疗机构管理条例实施细则》（卫生部令第 35 号）②的规定，经登记取得《医疗机构执业许可证》的机构，以及军队、武警部队各级各类医疗机构。具体包括：各级各类医院、门诊部（所）、社区卫生服务中心（站）、急救中心（站）、城乡卫生院、护理院（所）、疗养院、临床检验中心，各级政府及有关部门举办的卫生防疫站（疾病控制中心）、各种专科疾病防治站（所），各级政府举办的妇幼保健所（站）、母婴保健机构、儿童保健机构，各级政府举办的血站（血液中心）等医疗机构。

提示

个体诊所属于医疗机构吗？

按照我国《医疗机构管理条例》的规定，医疗机构主要是指从事疾病诊断、治疗活动的医院、卫生院、疗养院、门诊部、诊所、卫生所（室）以及急救站等。《通知》对医疗机构的范围界定为各级各类医院、门诊部（所）、社区卫生服务中心（站）、急救中心（站）、城乡卫生院、护理院（所）、疗养院、临床检验中心等。据此，只要是经县级以上地方人民政府卫生行政部门审查批准，依法设置的个体（私营）医院、诊所，都属于医疗机构。

另据《城镇医疗机构分类管理的实施意见》（以下简称《实施意见》)规定，我国各类城镇医疗机构划分非营利性医疗机构和营利性医疗机构。非营利性医疗机构在医疗服务体系中占主导地位，执行政府规定的医疗服务指导价格，享受相应的税收优惠政策，一般包括各类政府医院、

① 此条例由国务院1994年2月26日发布，自1994年9月1日起施行。2016年2月6日国务院令第666号修改施行。

② 此细则由国家卫生计生委于2017年修订，并于2017年4月1日起施行。

企业医院和其他非营利性医疗机构；营利性医疗机构实行医疗服务价格放开，依法自主经营，照章纳税，主要包括中外合资合作医院、国内私立医院、股份制医院和其他营利性医院。按照《实施意见》的规定，城镇个体诊所一般定为营利性医疗机构。

医疗服务，是指医疗机构按照不高于地（市）级以上价格主管部门会同同级卫生主管部门及其他相关部门制定的医疗服务指导价格（包括政府指导价和按照规定由供需双方协商确定的价格等）为就医者提供《全国医疗服务价格项目规范》所列的各项服务，以及医疗机构向社会提供卫生防疫、卫生检疫的服务。

提示

（1）《全国医疗服务价格项目规范》所列的各项医疗服务，分为综合医疗服务、实验室诊断、病理学诊断、影像学诊断、临床诊断、临床物理治疗、临床非手术治疗、临床手术治疗、临床辅助操作、中医和民族医疗服务。

（2）《财政部 国家税务总局关于全面推开营业税改征增值税试点的通知》（财税〔2016〕36号）附件1第一条"销售服务"第（七）"生活服务：医疗服务，是指提供医学检查、诊断、治疗、康复、预防、接生、计划生育、防疫服务等方面的服务，以及与这些服务有关的提供药品、医用材料器具、救护车、病房住宿和伙食服务。"

（3）根据《财政部 国家税务总局关于医疗卫生机构有关税收政策的通知》（财税〔2000〕42号）规定，医疗服务是指医疗服务机构对患者进行检查、诊断、治疗、康复和提供预防保健、接生、计划生育方面的服务，以及与这些服务有关的提供药品、医用材料器具、救护车、病房住宿和伙食的业务。

2. 非营利性医疗机构

根据《财政部 国家税务总局关于医疗卫生机构有关税收政策的通知》（财税〔2000〕42号）规定，对非营利性医疗机构按照国家规定的价格取得的医疗服务收入，免征各项税收。不按照国家规定价格取得的医疗服务收入不得享受这项政策。

（1）对非营利性医疗机构从事非医疗服务取得的收入，如租赁收入、财产转让收入、培训收入、对外投资收入等应按规定征收各项税收。

（2）对非营利性医疗机构自产自用的制剂，免征增值税。

（3）非营利性医疗机构的药房分离为独立的药品零售企业，应按规定征收各项税收。

（4）对非营利性医疗机构自用的房产、土地，免征房产税、城镇土地使用税。

提示

关于药品和制剂的区别？

从字面上讲，药品是各种药物和化学试剂的总称，而制剂是根据处方并按一定操作规程将药物加工成一定剂型的药剂，比如说维生素C片和注射液分别是维生素C的两种制剂。按照《中华人民共和国药品管理法》的规定，生产药品的须是经所在省、自治区、直辖市卫生行政部门审查批准，获得《药品生产企业许可证》的药品生产企业；而配制制剂的须是经所在省、自治区、直辖市卫生行政部门审查批准，获得《制剂许可证》的医疗单位。另外，医疗单位配制的制剂是有使用范围限制的，即只限于本单位的临床和科研需要而市场上无供应或供应不足的药物制剂，以自用为原则，除经所在地卫生行政部门批准支持急救外，不得在市场上销售或变相销售。

3．营利性医疗机构

对营利性医疗机构取得的收入，按规定征收各项税收。但为了支持营利性医疗机构的发展，对营利性医疗机构取得的收入，直接用于改善医疗卫生条件的，自其取得执业登记之日起，3 年内给予下列优惠：

（1）对其自产自用的制剂免征增值税；

（2）对营利性医疗机构自用的房产、土地，免征房产税、城镇土地使用税；

（3）以上税种 3 年免税期满后恢复征税。

对营利性医疗机构的药房分离为独立的药品零售企业，应按规定征收各项税收。

4．疾病控制机构和妇幼保健机构等卫生机构

（1）对疾病控制机构和妇幼保健机构等卫生机构按照国家规定的价格取得的卫生服务收入（含疫苗接种和调拨、销售收入），免征各项税收。不按照国家规定的价格取得的卫生服务收入不得享受这项政策。

（2）对疾病控制机构和妇幼保健机构等卫生机构自用的房产、土地，免征房产税、城镇土地使用税。

医疗机构需要书面向卫生行政主管部门申明其性质，按《医疗机构管理条例》进行设置审批和登记注册，并由接受其登记注册的卫生行政部门核定，在执业登记中注明"非营利性医疗机构"和"营利性医疗机构"。

5．血站

根据《财政部 国家税务总局关于血站有关税收问题的通知》（财税字〔1999〕264 号）文件规定：本通知所称血站，是指根据《中华人民共和国献血法》的规定，由国务院或省级人民政府卫生行政部门批准的，从事采集、提供临床用血，不以营利为目的的公益性组织。

鉴于血站是采集和提供临床用血，不以营利为目的的公益性组织，又属于财政拨补事业费的单位，因此，对血站自用的房产和土地免征房产税和城镇土地使用税。

对血站供应给医疗机构的临床用血免征增值税。

> **提示**
>
> （1）血站向医疗机构供应临床用血，应按规定将相关资料报税务机关备案，享受免征增值税优惠。
>
> （2）根据《国家税务总局关于供应非临床用血增值税政策问题的批复》（国税函〔2009〕456号）规定，供应非临床用人体血液的纳税人，即指单采血浆站，其经审批设立后可以采集非临床用的原料血浆并供应血液制品生产单位用于生产血液制品，有关增值税政策如下：
>
> 一、人体血液的增值税适用税率为13%。
>
> 二、属于增值税一般纳税人的单采血浆站销售非临床用人体血液，可以按照简易办法依照3%征收率计算应纳税额，但不得对外开具增值税专用发票；也可以按照销项税额抵扣进项税额的办法依照增值税适用税率计算应纳税额。
>
> 纳税人选择计算缴纳增值税的办法后，36个月内不得变更。

6. 避孕药品和用具

根据《中华人民共和国增值税暂行条例》（国务院令第691号）及《中华人民共和国增值税暂行条例实施细则》（财政部 国家税务总局令第50号）规定，避孕药品和用具免征增值税。

7. 抗艾滋病病毒药品

根据《财政部 国家税务总局关于延续免征国产抗艾滋病病毒药品增值税政策的公告》（财政部 税务总局公告2019年第73号）、"财政部 税务总局公告2021年第6号"规定，国产抗艾滋病病毒药品免征生产环节和流通环节增值税。

自2019年1月1日至2023年12月31日，继续对国产抗艾滋病病毒药品免征生产环节和流通环节增值税（国产抗艾滋病病毒药物品种清单）。

> **提示**
>
> （1）国产抗艾滋病病毒药物品种清单药物品种包括：齐多夫定、拉米夫定、奈韦拉平、依非韦伦、替诺福韦、洛匹那韦、利托那韦、阿巴卡韦。
>
> 国产抗艾滋病病毒药物，包括以上8种药物及其制剂，以及由两种或三种药物组成的复合制剂。
>
> （2）享受上述免征增值税政策的国产抗艾滋病病毒药品，须为各省(自治区、直辖市)艾滋病药品管理部门按照政府采购有关规定采购的，并向艾滋病病毒感染者和病人免费提供的抗艾滋病病毒药品。药品生产企业和流通企业应将药品供货合同留存，以备税务机关查验。
>
> （3）抗艾滋病病毒药品的生产企业和流通企业应分别核算免税药品和其他货物的销售额；未分别核算的，不得享受增值税免税政策。

7.1.28　跨境应税行为增值税免税

2016 年，国家税务总局制定并发布了新的《营业税改征增值税跨境应税行为增值税免税管理办法（试行）》（国家税务总局公告 2016 年第 29 号），自 2016 年 5 月 1 日起施行。政策对跨境免税增值税应税行为、免税办理条件及程序等做了明确的规定。

《国家税务总局关于在境外提供建筑服务等有关问题的公告》（国家税务总局公告 2016 年第 69 号）文件对境内的单位和个人为施工地点在境外的工程项目提供建筑服务、旅游服务办理免税备案手续的相关内容做了补充规定。

提示

未在规定期限内申报出口退（免）税的企业如何处理？

根据《财政部 税务总局关于明确国有农用地出租等增值税政策的公告》（财政部 国家税务总局公告2020年第2号）文件规定：

纳税人出口货物劳务、发生跨境应税行为，未在规定期限内申报出口退（免）税或者开具《代理出口货物证明》的，在收齐退（免）税凭证及相关电子信息后，即可申报办理出口退（免）税；未在规定期限内收汇或者办理不能收汇手续的，在收汇或者办理不能收汇手续后，即可申报办理退（免）税。

《财政部 国家税务总局关于出口货物劳务增值税和消费税政策的通知》（财税〔2012〕39号）第六条第（一）项第3点、第七条第（一）项第6点"出口企业或其他单位未在国家税务总局规定期限内申报免税核销"及第九条第（二）项第2点的规定相应停止执行。

跨境应税行为免征增值税类别如下：

（1）工程项目在境外的建筑服务

工程总承包方和工程分包方为施工地点在境外的工程项目提供的建筑服务，均属于工程项目在境外的建筑服务。

（2）工程项目在境外的工程监理服务

（3）工程、矿产资源在境外的工程勘察勘探服务

（4）会议展览地点在境外的会议展览服务

为客户参加在境外举办的会议、展览而提供的组织安排服务，属于会议展览地点在境外的会议展览服务。

（5）存储地点在境外的仓储服务

（6）标的物在境外使用的有形动产租赁服务

（7）在境外提供的广播影视节目(作品)的播映服务

在境外提供的广播影视节目（作品）播映服务，是指在境外的影院、剧院、录像厅及其他场所播映广播影视节目（作品）。

通过境内的电台、电视台、卫星通信、互联网、有线电视等无线或者有线装置向境外播映广播影视节目（作品），不属于在境外提供的广播影视节目（作品）播映服务。

（8）在境外提供的文化体育服务、教育医疗服务、旅游服务

在境外提供的文化体育服务和教育医疗服务，是指纳税人在境外现场提供的文化体育服务和教育医疗服务。

为参加在境外举办的科技活动、文化活动、文化演出、文化比赛、体育比赛、体育表演、体育活动而提供的组织安排服务，属于在境外提供的文化体育服务。

通过境内的电台、电视台、卫星通信、互联网、有线电视等媒体向境外单位或个人提供的文化体育服务或教育医疗服务，不属于在境外提供的文化体育服务、教育医疗服务。

（9）为出口货物提供的邮政服务、收派服务、保险服务

①为出口货物提供的邮政服务，是指：寄递函件、包裹等邮件出境；向境外发行邮票；出口邮册等邮品。

②为出口货物提供的收派服务，是指为出境的函件、包裹提供的收件、分拣、派送服务。

纳税人为出口货物提供收派服务，免税销售额为其向寄件人收取的全部价款和价外费用。

③为出口货物提供的保险服务，包括出口货物保险和出口信用保险。

（10）向境外单位销售的完全在境外消费的电信服务

纳税人向境外单位或者个人提供的电信服务，通过境外电信单位结算费用的，服务接受方为境外电信单位，属于完全在境外消费的电信服务。

（11）向境外单位销售的完全在境外消费的知识产权服务

服务实际接受方为境内单位或者个人的知识产权服务，不属于完全在境外消费的知识产权服务。

（12）向境外单位销售的完全在境外消费的物流辅助服务（仓储服务、收派服务除外）

境外单位从事国际运输和港澳台运输业务经停我国机场、码头、车站、领空、内河、海域时，纳税人向其提供的航空地面服务、港口码头服务、货运客运站场服务、打捞救助服务、装卸搬运服务，属于完全在境外消费的物流辅助服务。

（13）向境外单位销售的完全在境外消费的鉴证咨询服务

下列情形不属于完全在境外消费的鉴证咨询服务：

①服务的实际接受方为境内单位或者个人；

②对境内的货物或不动产进行的认证服务、鉴证服务和咨询服务。

（14）向境外单位销售的完全在境外消费的专业技术服务

下列情形不属于完全在境外消费的专业技术服务：①服务的实际接受方为境内单位或者个人；②对境内的天气情况、地震情况、海洋情况、环境和生态情况进行的气象服务、地震服务、海洋服务、环境和生态监测服务；③为境内的地形地貌、地质构造、水文、矿藏等进行的测绘服务；④为境内的城、乡、镇提供的城市规划服务。

（15）向境外单位销售的完全在境外消费的商务辅助服务

①纳税人向境外单位提供的代理报关服务和货物运输代理服务，属于完全在境外消费的代理报关服务和货物运输代理服务。

②纳税人向境外单位提供的外派海员服务，属于完全在境外消费的人力资源服务。外派海员服务，是指境内单位派出属于本单位员工的海员，为境外单位在境外提供的船舶驾驶和船舶管理等服务。

③纳税人以对外劳务合作方式，向境外单位提供的完全在境外发生的人力资源服务，属于完全在境外消费的人力资源服务。对外劳务合作，是指境内单位与境外单位签订劳务合作合同，按照合同约定组织和协助中国公民赴境外工作的活动。

④下列情形不属于完全在境外消费的商务辅助服务：服务的实际接受方为境内单位或者个人；对境内不动产的投资与资产管理服务、物业管理服务、房地产中介服务；拍卖境内货物或不动产过程中提供的经纪代理服务；为境内货物或不动产的物权纠纷提供的法律代理服务；为境内货物或不动产提供的安全保护服务。

（16）向境外单位销售的广告投放地在境外的广告服务

广告投放地在境外的广告服务，是指为在境外发布的广告提供的广告服务。

（17）向境外单位销售的完全在境外消费的无形资产（技术除外）

下列情形不属于向境外单位销售的完全在境外消费的无形资产：①无形资产未完全在境外使用；②所转让的自然资源使用权与境内自然资源相关。③所转让的基础设施资产经营权、公共事业特许权与境内货物或不动产相关。④向境外单位转让在境内销售货物、应税劳务、服务、无形资产或不动产的配额、经营权、经销权、分销权、代理权。

（18）为境外单位之间的货币资金融通及其他金融业务提供的直接收费金融服务，且该服务与境内的货物、无形资产和不动产无关

为境外单位之间、境外单位和个人之间的外币、人民币资金往来提供的资金清算、资金结算、金融支付、账户管理服务，属于为境外单位之间的货币资金融通及其他金融业务提供的直接收费金融服务。

（19）属于以下情形的国际运输服务

①以无运输工具承运方式提供的国际运输服务；②以水路运输方式提供国际运输服务但未取得《国际船舶运输经营许可证》的；③以公路运输方式提供国际运输服务但未取得《道路运输经营许可证》或者《国际汽车运输行车许可证》，或者《道路运输经营许可证》的经营范围未包括"国际运输"的；④以航空运输方式提供国际运输服务但未取得《公共航空运输企业经营许可证》，或者其经营范围未包括"国际航空客货邮运输业务"的；⑤以航空运输方式提供国际运输服务但未持有《通用航空经营许可证》，或者其经营范围未包括"公务飞行"的。

（20）符合零税率政策但适用简易计税方法或声明放弃适用零税率选择免税的下列应税行为

①国际运输服务；②航天运输服务；③向境外单位提供的完全在境外消费的下列服务：研发服务；合同能源管理服务；设计服务；广播影视节目（作品）的制作和发行服务；软件服务；电路设计及测试服务；信息系统服务；业务流程管理服务；离岸服务外包业务。④向境外单位转让完全在境外消费的技术。

提示

跨境应税行为不予免征增值税的情形？

（1）纳税人向国内海关特殊监管区域内的单位或者个人销售服务、无形资产，不属于跨境应税行为，应照章征收增值税。

（2）2016年4月30日前签订的合同，符合《财政部 国家税务总局关于将铁路运输和邮政业纳入营业税改征增值税试点的通知》（财税〔2013〕106号）附件4和《财政部 国家税务总局关于影视等出口服务适用增值税零税率政策的通知》（财税〔2015〕118号）规定的免税政策条件的，在合同到期前可以继续享受免税政策。

（3）纳税人发生本办法第二条所列跨境应税行为，除"国家税务总局公告2016年第29号"文件第（九）项、第（二十）项外，必须签订跨境销售服务或无形资产书面合同；否则，不予免征增值税。

纳税人向外国航空运输企业提供空中飞行管理服务，以中国民用航空局下发的航班计划或者中国民用航空局清算中心临时来华飞行记录，为跨境销售服务书面合同。

纳税人向外国航空运输企业提供物流辅助服务（除空中飞行管理服务外），与经中国民用航空局批准设立的外国航空运输企业常驻代表机构签订的书面合同，属于与服务接受方签订跨境销售服务书面合同。外国航空运输企业临时来华飞行，未签订跨境服务书面合同的，以中国民用航空局清算中心临时来华飞行记录为跨境销售服务书面合同。

施工地点在境外的工程项目，工程分包方应提供工程项目在境外的证明、与发包方签订的建筑合同原件及复印件等资料，作为跨境销售服务书面合同。

（4）纳税人向境外单位销售服务或无形资产，按本办法规定免征增值税的，该项销售服务或无形资产的全部收入应从境外取得，否则，不予免征增值税。

下列情形视同从境外取得收入：

①纳税人向外国航空运输企业提供物流辅助服务，从中国民用航空局清算中心、中国航空结算有限责任公司或者经中国民用航空局批准设立的外国航空运输企业常驻代表机构取得的收入。

②纳税人与境外关联单位发生跨境应税行为，从境内第三方结算公司取得的收入。上述所称第三方结算公司，是指承担跨国企业集团内部成员单位资金集中运营管理职能的资金结算公司，包括财务公司、资金池、资金结算中心等。

③纳税人向外国船舶运输企业提供物流辅助服务，通过外国船舶运输企业指定的境内代理公司结算取得的收入。

④国家税务总局规定的其他情形。

（5）纳税人发生跨境应税行为免征增值税的，应单独核算跨境应税行为的销售额，准确计算不得抵扣的进项税额，其免税收入不得开具增值税专用发票。

纳税人为出口货物提供收派服务，按照下列公式计算不得抵扣的进项税额：

不得抵扣的进项税额＝当期无法划分的全部进项税额×（当期简易计税方法计税项目销售额＋免征增值税项目销售额－为出口货物提供收派服务支付给境外合作方的费用）÷当期全部销售额

7.1.29　新型冠状病毒感染肺炎疫情防控有关免税政策

根据《财政部 国家税务总局关于支持新型冠状病毒感染的肺炎疫情防控有关税收政策的公告》（财政部 税务总局公告2020年第8号）文件规定：

对纳税人运输疫情防控重点保障物资取得的收入，免征增值税。疫情防控重点保障物资的具体范围，由国家发展改革委、工业和信息化部确定。

对纳税人提供公共交通运输服务、生活服务，以及为居民提供必需生活物资快递收派服务取得的收入，免征增值税。公共交通运输服务的具体范围，按照《营业税改征增值税试点有关事项的规定》（财税〔2016〕36号印发）执行；生活服务、快递收派服务的具体范围，按照《销售服务、无形资产、不动产注释》（财税〔2016〕36号印发）执行。

提示

根据《财政部 税务总局关于延续实施应对疫情部分税费优惠政策的公告》（财政部 税务总局公告2021年第7号）文件规定：

（1）《财政部 税务总局关于支持个体工商户复工复业增值税政策的公告》（财政部 税务总局公告2020年第13号）规定的税收优惠政策，执行期限延长至2021年12月31日。

（2）《财政部 税务总局关于支持新型冠状病毒感染的肺炎疫情防控有关个人所得税政策的公告》（财政部 税务总局公告2020年第10号）、《财政部 税务总局关于电影等行业税费支持政策的公告》（财政部 税务总局公告2020年第25号）规定的税费优惠政策凡已经到期的，执行期限延长至2021年12月31日。

（3）《财政部 税务总局关于支持新型冠状病毒感染的肺炎疫情防控有关税收政策的公告》（财政部 税务总局公告2020年第8号）、《财政部 税务总局关于支持新型冠状病毒感染的肺炎疫情防控有关捐赠税收政策的公告》（财政部 税务总局公告2020年第9号）规定的税收优惠政策凡已经到期的，执行期限延长至2021年3月31日。

（4）2021年1月1日至本公告发布之日前，已征的按照本公告规定应予减免的税费，可抵减纳税人或缴费人以后应缴纳的税费或予以退还。

7.1.30　特殊企业的免税政策

根据《财政部 国家税务总局关于营业税改征增值税试点若干政策的通知》（财税〔2016〕39号）文件规定：

（1）中国移动通信集团公司、中国联合网络通信集团有限公司、中国电信集团公司及其成员单位通过手机短信公益特服号为公益性机构接受捐款，以其取得的全部价款和价外费用，扣除支付给公益性机构捐款后的余额为销售额。其接受的捐款，不得开具增值税专用发票。

（2）中国证券登记结算公司的销售额，不包括以下资金项目：按规定提取的证券结算风险基金；代收代付的证券公司资金交收违约垫付资金利息；结算过程中代收代付的资金交收违约罚息。

（3）中国农业发展银行总行及其各分支机构提供涉农贷款（具体涉农贷款业务清单见附件2）取得的利息收入，可以选择适用简易计税方法按照3%的征收率计算缴纳增值税。

（4）中国海洋石油总公司及所属单位海上自营油田开采的原油、天然气，停止按实物征收增值税，改为按照《中华人民共和国增值税暂行条例》及其实施细则缴纳增值税。

（5）美国ABS船级社在非营利宗旨不变、中国船级社在美国享受同等免税待遇的前提下，在中国境内提供的船检服务免征增值税。

（6）青藏铁路公司提供的铁路运输服务免征增值税。

（7）中国邮政集团公司及其所属邮政企业提供的邮政普遍服务和邮政特殊服务，免征增值税。

（8）对下列国际航运保险业务免征增值税：

①注册在上海、天津的保险企业从事国际航运保险业务。

②注册在深圳市的保险企业向注册在前海深港现代服务业合作区的企业提供国际航运保险业务。

③注册在平潭的保险企业向注册在平潭的企业提供国际航运保险业务。

（9）中国信达资产管理股份有限公司、中国华融资产管理股份有限公司、中国长城资产管理公司和中国东方资产管理公司及各自经批准分设于各地的分支机构（以下称资产公司），在收购、承接和处置剩余政策性剥离不良资产和改制银行剥离不良资产过程中开展的以下业务，免征增值税：

①接受相关国有银行的不良债权，借款方以货物、不动产、无形资产、有价证券和票据等抵充贷款本息的，资产公司销售、转让该货物、不动产、无形资产、有价证券、票据以及利用该货物、不动产从事的融资租赁业务。

②接受相关国有银行的不良债权取得的利息。

③资产公司所属的投资咨询类公司，为本公司收购、承接、处置不良资产而提供的资产、项目评估和审计服务。

中国长城资产管理公司和中国东方资产管理公司如经国务院批准改制后，继承其权利、义务的主体及其分支机构处置剩余政策性剥离不良资产和改制银行剥离不良资产，比照上述政策执行。

上述政策性剥离不良资产，是指资产公司按照国务院规定的范围和额度，以账面价值进行收购的相关国有银行的不良资产。

上述改制银行剥离不良资产，是指资产公司按照《中国银行和中国建设银行改制过程中可疑类贷款处置管理办法》（财金〔2004〕53号）、《中国工商银行改制过程中可疑类贷款处置管理办法》（银发〔2005〕148号）规定及中国交通银行股份制改造时国务院确定的不良资产的范围和额度收购的不良资产。

上述处置不良资产，是指资产公司按照有关法律、行政法规，为使不良资产的价值得到实现而采取的债权转移的措施，具体包括运用出售、置换、资产重组、债转股、证券化等方法对贷款及其抵押品进行处置。

资产公司（含中国长城资产管理公司和中国东方资产管理公司如经国务院批准改制后继承其权利、义务的主体）除收购、承接、处置本通知规定的政策性剥离不良资产和改制银行剥离不良资产业务外，从事其他经营业务应一律依法纳税。

除另有规定者外，资产公司所属、附属企业，不得享受资产公司免征增值税的政策。

（10）全国社会保障基金理事会、全国社会保障基金投资管理人运用全国社会保障基金买卖证券投资基金、股票、债券取得的金融商品转让收入，免征增值税。

7.1.31　其他免税政策

1. 政府及主管部门收取的污水处理费

《财政部 国家税务总局关于污水处理费有关增值税政策的通知》（财税〔2001〕97号）

文件规定，对各级政府及主管部门委托自来水厂（公司）随水费收取的污水处理费，免征增值税。

根据"财税〔2016〕36号"文件规定，经纪代理服务，以取得的全部价款和价外费用，扣除向委托方收取并代为支付的政府性基金或者行政事业性收费后的余额为销售额。向委托方收取的政府性基金或者行政事业性收费，不得开具增值税专用发票。

2. 图书的批发和零售环节

《财政部 国家税务总局关于延续宣传文化增值税优惠政策的通知》（财税〔2021〕10号）文件规定，自 2021 年 1 月 1 日起至 2023 年 12 月 31 日，免征图书批发、零售环节增值税。

图书是指由国家新闻出版署批准的出版单位出版，采用国际标准书号编序的书籍以及图片。

3. 承包地流转给农业生产者用于农业生产

《财政部 税务总局关于建筑服务等营改增试点政策的通知》（财税〔2017〕58号）文件规定，自 2017 年 7 月 1 日起，执行纳税人采取转包、出租、互换、转让、入股等方式将承包地流转给农业生产者用于农业生产，免征增值税。

纳税人将国有农用地出租给农业生产者用于农业生产，免征增值税（财政部 国家税务总局公告 2020 年第 2 号）。

4. 国产支线飞机

《财政部 国家税务总局关于国产支线飞机免征增值税的通知》（财税字〔2000〕51号）文件规定：自 2000 年 4 月 1 日起，对生产销售的支线飞机（包括运十二、运七系列、运八、运五飞机）免征增值税。

农五系列飞机免征国内销售环节增值税，其生产所需进口尚不能国产化的零部件免征进口环节增值税（财税〔2002〕97号）。

5. 残疾人相关产品及服务

（1）供残疾人专用的假肢、轮椅、矫形器（包括上肢矫形器、下肢矫形器、脊椎侧弯矫形器），免征增值税（财税字〔1994〕60号）。

（2）残疾人个人提供的加工、修理修配劳务，免征增值税（财税〔2016〕52号）。

（3）残疾人福利机构提供的育养服务（财税〔2016〕36号）。

（4）残疾人员本人为社会提供的服务（财税〔2016〕36号）。

6. 铁路货车修理免征增值税

根据《财政部 国家税务总局关于铁路货车修理免征增值税的通知》（财税字〔2001〕54号）文件规定：

为支持我国铁路建设，经国务院批准，从2001年1月1日起对铁路系统内部单位为本系统修理货车的业务免征增值税。

7.《中华人民共和国增值税暂行条例》规定的其他免税行为

（1）古旧图书：向社会收购的古书和旧书。

（2）直接用于科学研究、科学试验和教学的进口仪器、设备。

（3）外国政府、国际组织无偿援助的进口物资和设备。

（4）由残疾人的组织直接进口供残疾人专用的物品。

（5）销售的自己使用过的物品。自己使用过的物品，是指其他个人自己使用过的物品。

8."营改增"规定的其他免税政策如下

（1）学生勤工俭学提供的服务。

（2）行政单位之外的其他单位收取的符合条件的政府性基金和行政事业性收费。

（3）个人转让著作权。

（4）个人销售自建自用住房。

（5）纳税人提供的直接或者间接国际货物运输代理服务。

（6）军队空余房产租赁收入。

（7）涉及家庭财产分割的个人无偿转让不动产、土地使用权。

家庭财产分割，包括下列情形：离婚财产分割；无偿赠予配偶、父母、子女、祖父母、外祖父母、孙子女、外孙子女、兄弟姐妹；无偿赠予对其承担直接抚养或者赡养义务的抚养人或者赡养人；房屋产权所有人死亡，法定继承人、遗嘱继承人或者受遗赠人依法取得房屋产权。

（8）家政服务企业由员工制家政服务员提供家政服务取得的收入。

（9）符合条件的合同能源管理服务。

节能服务公司实施合同能源管理项目相关技术，应当符合《合同能源管理技术通则》（GB/T24915—2010）规定的技术要求。节能服务公司与用能企业签订节能效益分享型合同，符合《中华人民共和国合同法》和《合同能源管理技术通则》（GB/T24915—2010）等规定。

9. 随军家属就业

（1）为安置随军家属就业而新开办的企业，自领取税务登记证之日起，其提供的应税服务3年内免征增值税。

享受税收优惠政策的企业，随军家属必须占企业总人数的 60%（含）以上，并有军（含）以上政治和后勤机关出具的证明。

（2）从事个体经营的随军家属，自办理税务登记事项之日起，其提供的应税服务 3 年内免征增值税。

随军家属必须有师以上政治机关出具的可以表明其身份的证明。

按照上述规定，每一名随军家属可以享受一次免税政策。

10. 军队转业干部就业

（1）从事个体经营的军队转业干部，自领取税务登记证之日起，其提供的应税服务 3 年内免征增值税。

（2）为安置自主择业的军队转业干部就业而新开办的企业，凡安置自主择业的军队转业干部占企业总人数 60%（含）以上的，自领取税务登记证之日起，其提供的应税服务 3 年内免征增值税。

享受上述优惠政策的自主择业的军队转业干部必须持有师以上部队颁发的转业证件。

7.2　增值税各种退税优惠

增值税各种退税优惠有即征即退、先征后退等不同类型。本节将介绍所有的特殊行业的退税政策。

7.2.1　资源综合利用和提供相关劳务

资源综合利用主要是指在矿产资源开采过程中对共生、伴生矿进行综合开发与合理利用；对生产过程中产生的废渣、废水（液）、废气、余热余压等进行回收和合理利用；对社会生产和消费过程中产生的各种废物进行回收和再生利用。

纳税人销售自产的资源综合利用产品和提供资源综合利用劳务（以下称销售综合利用产品和劳务），可享受增值税即征即退政策。即征即退，是指对按税法规定缴纳的税款，由税务机关在征税时部分或全部退还纳税人的一种税收优惠。其实质是一种特殊方式的免税和减税。采取即征即退政策，与先征后返相比，具有税款返还及时、操作程序简单易行的优点。与免征增值税比较，收入对应成本中耗用进项税额不需转出，纳税人可实实在在享受税收优惠利好，具有实质性降低税负。

具体综合利用的资源名称、综合利用产品和劳务名称、技术标准和相关条件、退税比例等按照"财税〔2015〕78 号"文件所附《资源综合利用产品和劳务增值税优惠目录》

的相关规定执行。

（1）纳税人从事《目录》所列的资源综合利用项目，其申请享受本通知规定的增值税即征即退政策时，应同时符合下列条件：

①属于增值税一般纳税人。

②销售综合利用产品和劳务，不属于国家发展改革委《产业结构调整指导目录》中的禁止类、限制类项目。

③销售综合利用产品和劳务，不属于环境保护部 [①]《环境保护综合名录》中的"高污染、高环境风险"产品或者重污染工艺。

④综合利用的资源，属于环境保护部《国家危险废物名录》列明的危险废物的，应当取得省级及以上环境保护部门颁发的《危险废物经营许可证》，且许可经营范围包括该危险废物的利用。

⑤纳税信用等级不属于税务机关评定的 C 级或 D 级。

纳税人在办理退税事宜时，应向主管税务机关提供其符合本条规定的上述条件以及《目录》规定的技术标准和相关条件的书面声明材料，未提供书面声明材料或者出具虚假材料的，税务机关不得给予退税。

（2）已享受本通知规定的增值税即征即退政策的纳税人，自不符合本通知第二条规定的条件以及《目录》规定的技术标准和相关条件的次月起，不再享受本通知规定的增值税即征即退政策。

（3）已享受本通知规定的增值税即征即退政策的纳税人，因违反税收、环境保护的法律法规受到处罚（警告或单次 1 万元以下罚款除外）的，自处罚决定下达的次月起 36 个月内，不得享受本通知规定的增值税即征即退政策。

（4）纳税人应当单独核算适用增值税即征即退政策的综合利用产品和劳务的销售额和应纳税额。未单独核算的，不得享受本通知规定的增值税即征即退政策。

（5）各省、自治区、直辖市、计划单列市税务机关应于每年 2 月底之前在其网站上，将本地区上一年度所有享受本通知规定的增值税即征即退政策的纳税人，按下列项目予以公示：纳税人名称、纳税人识别号，综合利用的资源名称、数量，综合利用产品和劳务名称。

（6）综合利用的资源占生产原料或者燃料的比重，以重量比例计算。其中，水泥、水泥熟料原料中掺兑废渣的比重，按以下方法计算：

①对经生料烧制和熟料研磨阶段生产的水泥，其掺兑废渣比例计算公式为：

[①] 2018 年 3 月，根据第十三届全国人民代表大会第一次会议批准的国务院机构改革方案，组建中华人民共和国生态环境部。

掺兑废渣比例＝（生料烧制阶段掺兑废渣数量＋熟料研磨阶段掺兑废渣数量）÷（除废渣以外的生料数量＋生料烧制和熟料研磨阶段掺兑废渣数量＋其他材料数量）×100%；

②对外购水泥熟料采用研磨工艺生产的水泥，其掺兑废渣比例计算公式为：

掺兑废渣比例＝熟料研磨阶段掺兑废渣数量÷（熟料数量＋熟料研磨阶段掺兑废渣数量＋其他材料数量）×100%；

③对生料烧制的水泥熟料，其掺兑废渣比例计算公式为：

掺兑废渣比例＝生料烧制阶段掺兑废渣数量÷（除废渣以外的生料数量＋生料烧制阶段掺兑废渣数量＋其他材料数量）×100%。

（7）综合利用的资源为余热、余压的，按其占生产电力、热力消耗的能源比例计算。

7.2.2 出版物在出版环节增值税

《财政部 国家税务总局关于延续宣传文化增值税优惠政策的通知》（财税〔2021〕10号）文件规定，自2021年1月1日起至2023年12月31日，执行下列增值税先征后退政策：

1. 对下列出版物在出版环节执行增值税 100% 先征后退的政策

（1）中国共产党和各民主党派的各级组织的机关报纸和机关期刊，各级人大、政协、政府、工会、共青团、妇联、残联、科协的机关报纸和机关期刊，新华社的机关报纸和机关期刊，军事部门的机关报纸和机关期刊。

上述各级组织不含其所属部门。机关报纸和机关期刊增值税先征后退范围掌握在一个单位一份报纸和一份期刊以内。

（2）专为少年儿童出版发行的报纸和期刊，中小学的学生课本。

（3）专为老年人出版发行的报纸和期刊。

（4）少数民族文字出版物。

（5）盲文图书和盲文期刊。

（6）经批准在内蒙古、广西、西藏、宁夏、新疆五个自治区内注册的出版单位出版的出版物。

（7）列入（财税〔2018〕53号）文件附件1的图书、报纸和期刊。

2. 对下列出版物在出版环节执行增值税先征后退 50% 的政策

（1）各类图书、期刊、音像制品、电子出版物，但本通知第一条第（一）项规定执行增值税100%先征后退的出版物除外。

（2）列入（财税〔2018〕53号）文件附件2的报纸。

3. 对下列印刷、制作业务执行增值税 100% 先征后退的政策

（1）对少数民族文字出版物的印刷或制作业务。

（2）列入（财税〔2018〕53 号）文件附件 3 的新疆维吾尔自治区印刷企业的印刷业务（附件 3 略）。

附件 1

适用增值税 100% 先征后退政策的特定图书、报纸和期刊名单。

（1）《半月谈》(CN11-1271/D) 和《半月谈内部版》(CN11-1599/D)

（2）新华通讯社的刊号为 CN11-1363/D、CN11-4165/D、CN11-4166/D、CN11-4164/D、CN11-4139/D 和 CN11-4140/D 的期刊

（3）《法制日报》(CN11-0080)

（4）《检察日报》(CN11-0187)

（5）《人民法院报》(CN11-0194)

（6）《中国日报》(CN11-0091)

（7）《中国纪检监察报》(CN11-0176)

（8）《光明日报》(CN11-0026)

（9）《经济日报》(CN11-0014)

（10）《农民日报》(CN11-0055)

（11）《人民公安报》(CNl1-0090)

（12）《中国妇女》[CN11-1245/C，CN11-1704/C（英文）]

（13）《长安》(CN11-3295/D)

（14）《中国火炬》(CN11-3316/C)

（15）《中国纪检监察》(CN10-1269/D)

（16）《环球时报》[CN11-0215，CN11-0272(英文版)]

（17）《中共中央办公厅通讯》[CN11-4129/D]

（18）《科技日报》[CN11-0078]

（19）国务院侨办组织编写的背面印有"本书国务院侨办推展海外华文教育免费赠送"字样的华文教材（含多媒体教材）。

附件 2，见表 7-1。

表 7-1　　　　　　　　适用增值税 50% 先征后退政策的报纸名单

类别	享受政策的报纸	代码
一、综合类报纸	1. 国际时政类报纸	133
	2. 外宣类报纸	134
	3. 其他类报纸	135

类别	享受政策的报纸	代码
二、行业专业类报纸	1. 经济类报纸	201
	2. 工业产业类报纸	202
	3. 农业类报纸	203
	4. 文化艺术类报纸	206
	5. 法制公安类报纸	207
	6. 科技类报纸	208
	7. 教育类报纸	209
	8. 新闻出版类报纸	214
	9. 信息技术类报纸	215
	10. 其他类报纸	216

7.2.3　新型墙体材料增值税政策

根据《财政部 国家税务总局关于新型墙体材料增值税政策的通知》（财税〔2015〕73号）文件规定，2015 年 7 月 1 日起，对纳税人销售自产的列入本通知所附《享受增值税即征即退政策的新型墙体材料目录》（以下简称《目录》）的新型墙体材料，实行增值税即征即退 50% 的政策。具体内容如下：

纳税人销售自产的《目录》所列新型墙体材料，其申请享受本通知规定的增值税优惠政策时，应同时符合下列条件：

（1）销售自产的新型墙体材料，不属于国家发展和改革委员会《产业结构调整指导目录》中的禁止类、限制类项目。

（2）销售自产的新型墙体材料，不属于环境保护部《环境保护综合名录》中的"高污染、高环境风险"产品或者重污染工艺。

（3）纳税信用等级不属于税务机关评定的 C 级或 D 级。

纳税人在办理退税事宜时，应向主管税务机关提供其符合上述条件的书面声明材料，未提供书面声明材料或者出具虚假材料的，税务机关不得给予退税。

（4）已享受本通知规定的增值税即征即退政策的纳税人，自不符合本通知第二条规定条件的次月起，不再享受本通知规定的增值税即征即退政策。

（5）纳税人应当单独核算享受本通知规定的增值税即征即退政策的新型墙体材料的销售额和应纳税额。未按规定单独核算的，不得享受本通知规定的增值税即征即退政策。

（6）各省、自治区、直辖市、计划单列市税务机关应于每年 2 月底之前在其网站上，将享受本通知规定的增值税即征即退政策的纳税人按下列项目予以公示：纳税人名称、纳税人识别号、新型墙体材料的名称。

（7）已享受本通知规定的增值税即征即退政策的纳税人，因违反税收、环境保护的法律法规受到处罚（警告或单次 1 万元以下罚款除外），自处罚决定下达的次月起 36 个月内，不得享受本通知规定的增值税即征即退政策。

（8）《目录》所列新型墙体材料适用的国家标准、行业标准，如在执行过程中有更新、替换，统一按新的国家标准、行业标准执行。

7.2.4　风力发电产品增值税政策

根据《财政部、国家税务总局关于风力发电增值税政策的通知》（财税〔2015〕74 号）文件规定：

自 2015 年 7 月 1 日起，对纳税人销售自产的利用风力生产的电力产品，实行增值税即征即退 50% 的政策。

7.2.5　超税负后享受即征即退政策

超税负即征即退，一般是指对符合条件的纳税人生产销售符合条件的应税项目按照适用税率征收增值税后，其增值税实际税负率超过规定标准的部分，给予退还增值税的税收优惠方式。主要包括：

1. 软件产品增值税即征即退

根据《财政部、国家税务总局关于软件产品增值税政策的通知》（财税〔2011〕100 号）文件规定：

（1）软件产品增值税政策

①增值税一般纳税人销售其自行开发生产的软件产品，按 17% 税率征收增值税后，对其增值税实际税负超过 3% 的部分实行即征即退政策。

②增值税一般纳税人将进口软件产品进行本地化改造后对外销售，其销售的软件产品可享受本条第一款规定的增值税即征即退政策。

本地化改造是指对进口软件产品进行重新设计、改进、转换等，单纯对进口软件产品进行汉字化处理不包括在内。

③纳税人受托开发软件产品，著作权属于受托方的征收增值税，著作权属于委托方或属于双方共同拥有的不征收增值税；对经过国家版权局注册登记，纳税人在销售时一并转让著作权、所有权的，不征收增值税。

（2）软件产品增值税即征即退税额的计算方法

即征即退税额＝当期软件产品增值税应纳税额－当期软件产品销售额 ×3%

当期软件产品增值税应纳税额＝当期软件产品销项税额－当期软件产品可抵扣进项税额

当期软件产品销项税额＝当期软件产品销售额 ×13%

（3）嵌入式软件产品增值税即征即退税额的计算：

①嵌入式软件产品增值税即征即退税额的计算方法

即征即退税额＝当期嵌入式软件产品增值税应纳税额－当期嵌入式软件产品销售额×3%

当期嵌入式软件产品增值税应纳税额＝当期嵌入式软件产品销项税额－当期嵌入式软件产品可抵扣进项税额

当期嵌入式软件产品销项税额＝当期嵌入式软件产品销售额 ×13%

②当期嵌入式软件产品销售额的计算公式

当期嵌入式软件产品销售额＝当期嵌入式软件产品与计算机硬件、机器设备销售额合计－当期计算机硬件、机器设备销售额

（4）计算机硬件、机器设备销售额按照下列顺序确定：

①按纳税人最近同期同类货物的平均销售价格计算确定；

②按其他纳税人最近同期同类货物的平均销售价格计算确定；

③按计算机硬件、机器设备组成计税价格计算确定。

计算机硬件、机器设备组成计税价格＝计算机硬件、机器设备成本 ×（1 ＋ 10%）。

按照上述办法计算，即征即退税额大于零时，税务机关应按规定，及时办理退税手续。

（5）即征退税程序及时间要求

即征即退，是指对按税法规定缴纳的税款，由税务机关在征税时部分或全部退还纳税人的一种税收优惠。与出口退税先征后退、投资退税一并属于退税的范畴，其实质是一种特殊方式的免税和减税。纳税人按月申报缴纳增值税后，在税款入库的当月按规定向主管国税机关申请退还。申请时应填写有关表格和书面申请、税收缴款书（复印件）以及主管国税机关要求报送的其他资料。主管国税分局根据上述资料，复核无误后，签注意见，加盖公章后连同有关资料一并报县级国税机关核准批复，开具"收入退还书"，经属地国库部门审核无误，于税款入库后次月内将已征税款退还给企业。

（6）分摊进项

增值税一般纳税人在销售软件产品的同时销售其他货物或者应税劳务的，对于无法划分的进项税额，应按照实际成本或销售收入比例确定软件产品应分摊的进项税额；对专用于软件产品开发生产设备及工具的进项税额，不得进行分摊。纳税人应将选定的分摊

方式报主管税务机关备案，并自备案之日起一年内不得变更。

专用于软件产品开发生产的设备及工具，包括但不限于用于软件设计的计算机设备、读写打印器具设备、工具软件、软件平台和测试设备。

（7）分开核算

增值税一般纳税人随同计算机硬件、机器设备一并销售嵌入式软件产品，如果适用本通知规定按照组成计税价格计算确定计算机硬件、机器设备销售额的，应当分别核算嵌入式软件产品与计算机硬件、机器设备部分的成本。凡未分别核算或者核算不清的，不得享受本通知规定的增值税政策。

（8）税务管理

要求各省、自治区、直辖市、计划单列市税务机关根据本通知规定，制定软件产品增值税即征即退的管理办法。主管税务机关可对享受本通知规定增值税政策的纳税人进行定期或不定期检查。纳税人凡弄虚作假骗取享受本通知规定增值税政策的，税务机关除根据现行规定进行处罚外，自发生上述违法违规行为年度起，取消其享受本通知规定增值税政策的资格，纳税人三年内不得再次申请。

2．管道运输服务增值税即征即退

根据《财政部 国家税务总局关于软件产品增值税政策的通知》（财税〔2016〕36号）文件规定：一般纳税人提供管道运输服务，对其增值税实际税负超过3%的部分实行增值税即征即退政策。

3．飞机维修劳务增值税即征即退

根据《财政部 国家税务总局关于飞机维修增值税问题的通知》（财税〔2000〕102号）文件规定：为支持飞机维修行业的发展，决定自2000年1月1日起对飞机维修劳务增值税实际税负超过6%的部分实行由税务机关即征即退的政策。

4．有形动产融资租赁服务增值税即征即退

根据《财政部 国家税务总局关于软件产品增值税政策的通知》（财税〔2016〕36号）文件规定：提供有形动产融资租赁服务和有形动产融资性售后回租服务，对其增值税实际税负超过3%的部分实行增值税即征即退政策。

商务部授权的省级商务主管部门和国家经济技术开发区批准的从事融资租赁业务和融资性售后回租业务的试点纳税人中的一般纳税人，2016年5月1日后实收资本达到1.7亿元的，从达到标准的当月起按照上述规定执行。

5．动漫企业增值税即征即退

《财政部 国家税务总局关于延续动漫产业增值税政策的通知》（财税〔2018〕38号）

文件规定，自 2018 年 5 月 1 日至 2020 年 12 月 31 日，对动漫企业增值税一般纳税人销售其自主开发生产的动漫软件，按照 13% 税率征收增值税后，对其增值税实际税负超过 3% 的部分，实行即征即退政策，现行规定有效期至 2020 年 12 月 31 日。

动漫软件出口免征增值税。

提示

> 根据《财政部 税务总局关于明确国有农用地出租等增值税政策的公告》（财政部 国家税务总局公告2020年第2号）文件规定：
>
> 纳税人按照《财政部 税务总局海关总署关于深化增值税改革有关政策的公告》（财政部 税务总局海关总署公告2019年第39号）、《财政部 税务总局关于明确部分先进制造业增值税期末留抵退税政策的公告》（财政部 税务总局公告2019年第84号）规定取得增值税留抵退税款的，不得再申请享受增值税即征即退、先征后返（退）政策。
>
> 2020年1月20日前，纳税人已按照上述规定取得增值税留抵退税款的，在2020年6月30日前将已退还的增值税留抵退税款全部缴回，可以按规定享受增值税即征即退、先征后返（退）政策；否则，不得享受增值税即征即退、先征后返（退）政策。

7.2.6　特殊退税政策

1. 黄金交易增值税即征即退

根据《国家税务总局关于印发〈黄金交易增值税征收管理办法〉的通知》（国税发明电〔2008〕47 号）规定：

黄金交易会员单位通过黄金交易所销售标准黄金（持有黄金交易所开具的《黄金交易结算凭证》），发生实物交割的，由税务机关按照实际成交价格代开增值税专用发票，给予增值税即征即退，同时免征城市建设维护税、教育费附加。

2. 黄金期货交易增值税即征即退

根据《财政部 国家税务总局关于黄金期货交易有关税收政策的通知》（财税〔2008〕5 号）规定：

上海期货交易所会员和客户通过上海期货交易所销售标准黄金（持上海期货交易所开具的《黄金结算专用发票》），发生实物交割但未出库的，免征增值税。

发生实物交割并已出库的，由税务机关按照实际交割价格代开增值税专用发票，并实行增值税即征即退的政策，同时免征城市维护建设税和教育费附加。

3. 铂金销售及进口增值税即征即退

根据《财政部 国家税务总局关于铂金及其制品税收政策的通知》（财税〔2003〕86 号）规定：

国内铂金生产企业自产自销的铂金，以及对中博世金科贸有限责任公司通过上海黄金交易所销售的进口铂金，给予增值税即征即退。

对铂金制品加工企业和流通企业销售的铂金及其制品仍按现行规定征收增值税。

4. 煤层气抽采增值税先征后退

根据《财政部 国家税务总局关于加快煤层气抽采有关税收政策问题的通知》（财税〔2007〕16号）规定：

对煤层气抽采企业的增值税一般纳税人抽采销售煤层气实行增值税先征后退政策。先征后退税款由企业专项用于煤层气技术的研究和扩大再生产，不征收企业所得税。

煤层气是指赋存于煤层及其围岩中与煤炭资源伴生的非常规天然气，也称煤矿瓦斯。

煤层气抽采企业应将享受增值税先征后退政策的业务和其他业务分别核算，不能分别准确核算的，不得享受增值税先征后退政策。

5. 利用石脑油和燃料油生产乙烯芳烃类产品

根据《财政部 国家税务总局关于利用石脑油和燃料油生产乙烯芳烃类产品有关增值税政策的通知》（财税〔2014〕17号）规定：

自2014年3月1日起，对外购用于生产乙烯、芳烃类化工产品（以下称特定化工产品）的石脑油、燃料油（以下称2类油品），且使用2类油品生产特定化工产品的产量占本企业用石脑油、燃料油生产各类产品总量的50%（含）以上的企业，其外购2类油品的价格中消费税部分对应的增值税额，予以退还。

予以退还的增值税额＝已缴纳消费税两类油品数量×两类油品消费税单位税额×13%

提示

企业的纳税信用级别发生变化的，如何办理即征即退？

纳税人享受增值税即征即退政策，有纳税信用级别条件要求的，以纳税人申请退税税款所属期的纳税信用级别确定。申请退税税款所属期内纳税信用级别发生变化的，以变化后的纳税信用级别确定。

例如，某公司主要利用废玻璃生产玻璃熟料，自成立起，公司纳税信用级别一直为A级。后因公司违反税收规定，2019年4月纳税信用级别被判为C级。在公司的积极改正下，2019年7月纳税信用级别修复为B级。2019年9月，公司向税务机关提出退还2019年1至8月所属期税款的申请（此前税款已按规定退还），则该公司可以就哪段时间享受增值税即征即退政策？

解析：45号公告第二条明确规定，纳税人享受增值税即征即退政策，有纳税信用级别条件要求的，以纳税人申请退税税款所属期的纳税信用级别确定。申请退税税款所属期内纳税信用级别发生变化的，以变化后的纳税信用级别确定。

该公司 2019 年 1 至 3 月所属期纳税信用级别为 A 级，4 至 6 月所属期纳税信用级别为 C 级，2019 年 7 月纳税信用级别修复后，7 至 8 月纳税信用级别为 B 级。按照规定，该公司符合即征即退政策的其他条件，可以申请退还 2019 年 1 ~ 3 月和 7 ~ 8 月所属期资源综合利用项目的应退税款。

7.3 其他特殊的增值税优惠政策

本节介绍一些特殊的增值税税收优惠，本节的"税收优惠"概念有所扩大，包括零税率、减征、分期纳税、留抵退税等内容。

7.3.1 跨境应税行为零税率优惠

根据（财税〔2016〕36 号）文政策规定，在中华人民共和国境内的单位和个人，销售服务和无形资产适用增值税零税率的情形汇总见表 7-2。

表 7-2 销售服务和无形资产适用增值税零税率的情形

大类	小类	明细类	备注
境内单位和个人（销售服务和无形资产）适用增值税零税率的情形	国际运输服务	在境内载运旅客或者货物出境	下列行为不属于增值税零税率应税服务适用范围：（1）从境内载运旅客或货物至国内海关特殊监管区域及场所；（2）从国内海关特殊监管区域及场所载运旅客或货物至国内其他地区或者国内海关特殊监管区域及场所
		在境外载运旅客或者货物入境	
		在境外载运旅客或者货物	
	航天运输服务		提供航天运输服务的资质要求：（1）应提供经营范围包括"商业卫星发射服务"的《企业法人营业执照》；（2）其他具有提供商业卫星发射服务资质的证明材料
	向境外单位提供的完全在境外消费的服务	研发服务	其中，离岸服务外包业务包括：（1）信息技术外包服务（ITO）；（2）技术性业务流程外包服务（BPO）；（3）技术性知识流程外包服务（KPO）其所涉及的具体业务活动，按照《销售服务、无形资产、不动产注释》相对应的业务活动执行
		合同能源管理服务	
		设计服务	
		广播影视节目（作品）的制作和发行服务	
		软件服务	
		电路设计及测试服务	
		信息系统服务	
		业务流程管理服务	
		离岸服务外包业务	
		转让技术	

大类	小类	明细类	备注
境内的单位和个人销售的下列服务和无形资产免征增值税，但财政部和国家税务总局规定适用增值税零税率的除外	向境外单位提供的完全在境外消费的服务	工程项目在境外的工程监理服务	1. 按照国家有关规定应取得相关资质的国际运输服务项目，纳税人取得相关资质的，适用增值税零税率政策，未取得的，适用增值税免税政策。 境内的单位或个人提供程租服务，如果租赁的交通工具用于国际运输服务和港澳台运输服务，由出租方按规定申请适用增值税零税率。 境内的单位和个人向境内单位或个人提供期租、湿租服务，如果承租方利用租赁的交通工具向其他单位或个人提供国际运输服务和港澳台运输服务，由承租方适用增值税零税率。境内的单位或个人向境外单位或个人提供期租、湿租服务，由出租方适用增值税零税率 境内单位和个人以无运输工具承运方式提供的国际运输服务，由境内实际承运人适用增值税零税率；无运输工具承运业务的经营者适用增值税免税政策。 2. 境内的单位和个人提供适用增值税零税率的服务或者无形资产，如果属于适用简易计税方法的，实行免征增值税办法。如果属于适用增值税一般计税方法的，生产企业实行免抵退税办法，外贸企业外购服务或者无形资产出口实行免退税办法，外贸企业直接将服务或自行研发的无形资产出口，视同生产企业连同其出口货物统一实行免抵退税办法。 服务和无形资产的退税率为其按照（财税〔2016〕36号）文《营改增试点实施办法》第十五条第（一）至（三）项规定适用的增值税税率。实行退（免）税办法的服务和无形资产，如果主管税务机关认定出口价格偏高的，有权按照核定的出口价格计算退（免）税，核定的出口价格低于外贸企业购进价格的，低于部分对应的进项税额不予退税，转入成本 3. 境内的单位和个人销售适用增值税零税率的服务或无形资产的，可以放弃适用增值税零税率，选择免税或按规定缴纳增值税。放弃适用增值税零税率后，36个月内不得再申请适用增值税零税率。 境内的单位和个人销售适用增值税零税率的服务或无形资产，按月向主管退税的税务机关申报办理增值税退（免）税手续。具体管理办法由国家税务总局商财政部另行制定 4. 所称完全在境外消费，是指： （1）服务的实际接受方在境外，且与境内的货物和不动产无关。 （2）无形资产完全在境外使用，且与境内的货物和不动产无关。
		工程、矿产资源在境外的工程勘察勘探服务	
		会议展览地点在境外的会议展览服务	
		存储地点在境外的仓储服务	
		标的物在境外使用的有形动产租赁服务	
		在境外提供的广播影视节目（作品）的播映服务	
		在境外提供的文化体育服务、教育医疗服务、旅游服务	
	为出口货物提供的邮政服务、收派服务、保险服务	为出口货物提供的保险服务，包括出口货物保险和出口信用保险	
	向境外单位提供的完全在境外消费的下列服务和无形资产	电信服务	
		知识产权服务	
		物流辅助服务（仓储服务、收派服务除外）	
		鉴证咨询服务	
		专业技术服务	
		商务辅助服务	
		广告投放地在境外的广告服务	
		无形资产	
	以无运输工具承运方式提供的国际运输服务		
	为境外单位之间的货币资金融通及其他金融业务提供的直接收费金融服务，且该服务与境内的货物、无形资产和不动产无关		

大类	小类	明细类	备注
境内的单位和个人销售的下列服务和无形资产免征增值税，但财政部和国家税务总局规定适用增值税零税率的除外	为境外单位之间的货币资金融通及其他金融业务提供的直接收费金融服务，且该服务与境内的货物、无形资产和不动产无关		（3）财政部和国家税务总局规定的其他情形 5. 境内单位和个人发生的与香港、澳门、台湾有关的应税行为，除本文另有规定外，参照上述规定执行
	财政部和国家税务总局规定的其他服务		6.2016 年 4 月 30 日前签订的合同，符合《财政部 国家税务总局关于将铁路运输和邮政业纳入营业税改征增值税试点的通知》（财税〔2013〕106 号）附件 4 和《财政部 国家税务总局关于影视等出口服务适用增值税零税率政策的通知》（财税〔2015〕118号）规定的零税率或者免税政策条件的，在合同到期前可以继续享受零税率或者免税政策

提示

零税率和免税的区别？

（1）区别

零税率是增值税税率的一种，主要适用于纳税人出口货物和跨境应税行为。零税率在计算缴纳增值税时，销项税额按照0%的税率计算，进税额允许抵扣。纳税人销售零税率货物或者服务和无形资产，税法规定具有纳税的义务，但由于规定税率为零，纳税人无税可纳。

与免税相比，增值税零税率使享受这一待遇的纳税人不负有任何税收，已支付的进项税款可由退税获得补偿，使零税率商品和劳务价格中不含有任何增值税。

增值税免税是指纳税人销售货物或者服务和无形资产，税法规定具有纳税的义务，但国家根据政策的需要，免除纳税人缴纳税款的义务。

（2）选择

纳税人发生应税行为同时适用免税和零税率规定的，纳税人可以选择适用免税或者零税率。纳税人适用零税率的应税服务，应按月向主管退税的税务机关申报办理增值税免抵退税或免税手续。

免征增值税属于税收优惠，应按照税收优惠管理的相关要求，报经主管税务机关审批或备案。增值税不征税项目和零税率不属于增值税优惠，无须审批或备案。

（3）开票

增值税纳税人销售免税货物，不得开具增值税专用发票，只能开具增值税普通发票。纳税人销售免税货物和服务开具发票，在设置商品编码、选择税率时，应勾选左下角"享受优惠政策"，选择"是"，并进一步选择"免税"，发票税率栏显示为"免税"。特殊情形：国有粮食购销企业销售粮食和大豆免税，可对免税业务开具增值税专用发票（财税〔2014〕38号）。

7.3.2 新型显示器件进口设备分期纳税

根据《财政部 海关总署 税务总局关于 2021 — 2030 年支持新型显示产业发展进口税收政策的通知》（财关税〔2021〕19 号）规定：

自 2021 年 1 月 1 日至 2030 年 12 月 31 日，对新型显示器件（即薄膜晶体管液晶显示器件、有源矩阵有机发光二极管显示器件、Micro-LED 显示器件，下同）生产企业进口国内不能生产或性能不能满足需求的自用生产性（含研发用，下同）原材料、消耗品和净化室配套系统、生产设备）（包括进口设备和国产设备）零配件，对新型显示产业的关键原材料、零配件（即靶材、光刻胶、掩模版、偏光片、彩色滤光膜）生产企业进口国内不能生产或性能不能满足需求的自用生产性原材料、消耗品，免征进口关税。

承建新型显示器件重大项目的企业自 2021 年 1 月 1 日至 2030 年 12 月 31 日期间进口新设备，除《国内投资项目不予免税的进口商品目录》《外商投资项目不予免税的进口商品目录》《进口不予免税的重大技术装备和产品目录》所列商品外，对未缴纳的税款提供海关认可的税款担保，准予在首台设备进口之后的 6 年（连续 72 个月）期限内分期缴纳进口环节增值税，6 年内每年（连续 12 个月）依次缴纳进口环节增值税总额的 0%、20%、20%、20%、20%、20%，自首台设备进口之日起已经缴纳的税款不予退还。在分期纳税期间，海关对准予分期缴纳的税款不予征收滞纳金。

7.3.3 租赁企业进口飞机减征

根据《财政部 海关总署 国家税务总局关于租赁企业进口飞机有关税收政策的通知》（财关税〔2014〕16 号）规定：

经国务院批准，自 2014 年 1 月 1 日起，租赁企业一般贸易项下进口飞机并租给国内航空公司使用的，享受与国内航空公司进口飞机同等税收优惠政策，即进口空载重量在 25 吨以上的飞机减按 5% 征收进口环节增值税。

自 2014 年 1 月 1 日以来，对已按 17% 税率征收进口环节增值税的上述飞机，超出 5% 税率的已征税款，尚未申报增值税进项税额抵扣的，可以退还。

租赁企业申请退税时，应附送主管税务机关出具的进口飞机所缴纳增值税未抵扣证明。

海关特殊监管区域内租赁企业从境外购买并租给国内航空公司使用的、空载重量在 25 吨以上、不能实际入区的飞机，不实施进口保税政策，减按 5% 征收进口环节增值税。

7.3.4 集成电路企业采购设备增值税留抵税额退税

根据《财政部 国家税务总局关于退还集成电路企业采购设备增值税期末留抵税额的通知》（财税〔2011〕107 号）规定：

（1）对国家批准的集成电路重大项目企业（具体名单见附件）因购进设备形成的增值税期末留抵税额（以下称购进设备留抵税额）准予退还。购进的设备应属于《中华人民共和国增值税暂行条例实施细则》第二十一条第二款规定的固定资产范围。

（2）准予退还的购进设备留抵税额的计算。

企业当期购进设备进项税额大于当期增值税纳税申报表"期末留抵税额"的，当期准予退还的购进设备留抵税额为期末留抵税额；企业当期购进设备进项税额小于当期增值税纳税申报表"期末留抵税额"的，当期准于退还的购进设备留抵税额为当期购进设备进项税额。

当期购进设备进项税额，是指企业取得的按照现行规定允许在当期抵扣的增值税专用发票或海关进口增值税专用缴款书（限于 2009 年 1 月 1 日及以后开具的）上注明的增值税额。

（3）退还购进设备留抵税额的申请和审批

①企业应于每月申报期结束后 10 个工作日内向主管税务机关申请退还购进设备留抵税额。

主管税务机关接到企业申请后，应审核企业提供的增值税专用发票或海关进口增值税专用缴款书是否符合现行政策规定，其注明的设备名称与企业实际购进的设备是否一致，申请退还的购进设备留抵税额是否正确。审核无误后，由县（区、市）级主管税务机关审批。

②企业收到退税款项的当月，应将退税额从增值税进项税额中转出。未转出的，按照《中华人民共和国税收征收管理法》有关规定承担相应法律责任。

③企业首次申请退还购进设备留抵税额时，可将 2009 年以来形成的购进设备留抵税额，按照上述规定一次性申请退还。

（4）退还的购进设备留抵税额由中央和地方按照现行增值税分享比例共同负担。

另外，根据《财政部 国家税务总局关于集成电路企业增值税期末留抵退税有关城市维护建设税 教育费附加和地方教育附加政策的通知》（财税〔2017〕17 号）规定：

享受增值税期末留抵退税政策的集成电路企业，其退还的增值税期末留抵税额，应在城市维护建设税、教育费附加和地方教育附加的计税（征）依据中予以扣除。

7.4　增值税不征税情形

不征增值税项目指不属于增值税的征税范围的项目，实践中不多，都是正列举的，有税收法律法规明确规定的。笔者归纳了截至目前现行有效的"不征税增值税"的特殊规定，具体如下：

（1）供应或开采未经加工的天然水（如水库供应农业灌溉用水，工厂自采地下水用于生产），不征收增值税（国税发〔1993〕154号）。

（2）基本建设单位和从事建筑安装业务的企业附设的工厂、车间在建筑现场制造的预制构件，凡直接用于本单位或本企业建筑工程的，不征收增值税（国税发〔1993〕154号）。

（3）因转让著作所有权而发生的销售电影母片，录像带母带，录音磁带母带的业务，以及因转让专利技术和非专利技术的所有权而发生的销售计算机软件的业务，不征收增值税（国税发〔1993〕154号）。

（4）代购货物行为，凡是具备以下条件的，不征收增值税（财税字〔1994〕26号）；不同时具备以下条件的，无论会计制度规定如何核算，均征收增值税：

①受托方不垫付资金；

②销货方将发票开具给委托方，并由委托方将该项发票转交给委托方；

③受托方按销售方实际收取的销售额和销项税额与委托方结算货款，并另收取手续费。

（5）对国家管理部门行使其管理职能，发放的执照、牌照或者有关证件等取得的工本收入，不征收增值税（国税函发〔1995〕288号）。

（6）罚没物品征免增值税问题。

①执罚部门和单位查处的属于一般商业部门经营的商品，具备拍卖条件的，由执罚部门或单位商同级财政部门同意后，公开拍卖。其拍卖收入作为罚没收入由执罚部门和单位如数上缴财政，不予征税。对经营单位购入拍卖物品再销售的应照章征收增值税。

②执罚部门和单位查处的属于一般商业部门经营的商品，不具备拍卖条件的，由执罚部门、财政部门、国家指定销售单位会同有关部门按质论价，交由国家指定销售单位纳入正常销售渠道变价处理。执罚部门按商定价格所取得的变价收入作为罚没收入如数上缴财政，不予征税。国家指定销售单位将罚购品纳入正常销售渠道销售的，应照章征收增值税。

③执罚部门和单位查处的属于专管机关管理或专管企业经营的财物，如金银（不包括金银首饰）、外币、有价证券、非禁止出口文物，应交由专管机关或专营企业收兑或收购。执罚部门和单位按收兑或收购价所取得的收入作为罚没收入如数上缴财政，不予征税。专管机关或专营企业经营上述物品中属应征增值税的物品应照章征收增值税（财税

字〔1995〕69）号 。

（7）根据《中华人民共和国增值税暂行条例》第六条规定，应税销售额是指纳税人销售货物或者应税劳务向购买方收取的全部价款和价外费用。因此，各燃油电厂从政府财政专户取得的发电补贴不属于规定的价外费用，不计入应税销售额，不征收增值税（国税函〔2006〕1235 号 ）。

（8）根据《国家税务总局关于融资性售后回租业务中承租方出售资产行为有关税收问题的公告》文件规定，售后回租业务中承租人出售资产的行为，不属于增值税征收范围，不征增值税（国家税务总局公告 2010 年第 13 号）。

（9）受托代理销售二手车。

经批准允许从事二手车经销业务的纳税人按照《机动车登记规定》的有关规定，收购二手车时将其办理过户登记到自己名下，销售时再将该二手车过户登记到买家名下的行为，属于《中华人民共和国增值税暂行条例》规定的销售货物的行为，应按照现行规定征收增值税。

除上述行为以外，纳税人受托代理销售二手车，凡同时具备以下条件的，不征收增值税；不同时具备以下条件的，视同销售征收增值税。

①受托方不向委托方预付货款；

②委托方将《二手车销售统一发票》直接开具给购买方；

③受托方按购买方实际支付的价款和增值税额（如系代理进口销售货物则为海关代征的增值税额）与委托方结算货款，并另外收取手续费（国家税务总局公告 2012 年第 23 号 ）。

（10）纳税人取得中央财政补贴的，不属于增值税的征税范围，不征收增值税（国家税务总局公告 2013 年第 3 号 ）。

提示

　　根据《国家税务总局关于取消增值税扣税凭证认证确认期限等增值税征管问题的公告》（国家税务总局公告2019年第45号）文件规定：

　　纳税人取得的财政补贴收入，与其销售货物、劳务、服务、无形资产、不动产的收入或者数量直接挂钩的，应按规定计算缴纳增值税。比如：个人所得税手续费返还、新能源行业电价补贴。

　　纳税人取得的其他情形的财政补贴收入，不属于增值税应税收入，不征收增值税。比如：中央奖补资金、稳岗补贴、地方财政返还、涉农贷款增量奖励、厨房垃圾处理补贴、污水处理厂财政补贴。

案例一：

某企业取得了废弃电器电子产品处理资格，从事废弃电器电子产品拆解处理。2020年，该企业购进废弃电视1 000台，全部进行拆解后卖出电子零件，按照《废弃电器电子产品处理基金征收使用管理办法》（财综〔2012〕34号）规定，取得按照实际完成拆解处理的1 000台电视的定额补贴，是否需要缴纳增值税？

解析：该企业拆解处理废弃电视取得的补贴，与其回收后拆解处理的废弃电视数量有关，与其拆解后卖出电子零件的收入或数量不直接相关，不属于45号公告第七条规定的"销售货物、劳务、服务、无形资产、不动产的收入或者数量直接挂钩"，无须缴纳增值税。

案例二：

为鼓励航空公司在本地区开辟航线，某市政府与航空公司商定，如果航空公司从事该航线经营业务的年销售额达到1 000万元则不予补贴，如果年销售额未达到1 000万元，则按实际年销售额与1 000万元的差额给予航空公司航线补贴。如果航空公司取得该航线补贴，是否需要缴纳增值税？

解析：本例中航空公司取得补贴的计算方法虽与其销售收入有关，但实质上是市政府为弥补航空公司运营成本给予的补贴，且不影响航空公司向旅客提供航空运输服务的价格（机票款）和数量（旅客人数），不属于45号公告第七条规定的"与其销售货物、劳务、服务、无形资产、不动产的收入或者数量直接挂钩"的补贴，无须缴纳增值税。

（11）非营业活动，不属于增值税应税范围（财税〔2016〕36号）。

①行政单位收取的符合条件的政府性基金或者行政事业性收费。

②单位或者个体工商户聘用的员工为本单位或者雇主提供取得工资的服务。

③单位或者个体工商户为聘用的员工提供服务。

④单位或者个体工商户向其他单位或者个人无偿提供服务用于公益事业或者以社会公众为对象的，不属于增值税征税范围。

（12）非境内下列情形不属于在境内销售服务或者无形资产（财税〔2016〕36号）：

①境外单位或者个人向境内单位或者个人销售完全在境外发生的服务。

②境外单位或者个人向境内单位或者个人销售完全在境外使用的无形资产。

③境外单位或者个人向境内单位或者个人出租完全在境外使用的有形动产。

④财政部和国家税务总局规定的其他情形。

（13）根据国家指令无偿提供的铁路运输服务、航空运输服务，属于用于公益事业的服务，属于不征收增值税项目（财税〔2016〕36号）。

（14）存款利息（财税〔2016〕36号）。

（15）被保险人获得的保险赔付（财税〔2016〕36号）。

（16）房地产主管部门或者其指定机构、公积金管理中心、开发企业以及物业管理单位代收的住宅专项维修资金（财税〔2016〕36 号）。

（17）在资产重组过程中，通过合并、分立、出售、置换等方式，将全部或者部分实物资产以及与其相关联的债权、负债和劳动力一并转让给其他单位和个人，其中涉及的不动产、土地使用权转让行为（财税〔2016〕36 号）。

（18）各党派、共青团、工会、妇联、中科协、青联、台联、侨联收取党费、团费、会费，以及政府间国际组织收取会费，属于非经营活动，不征收增值税（财税〔2016〕68 号）

（19）财税〔2016〕36 号文件《销售服务、无形资产、不动产注释》第一条第（五）项第 1 点所称"保本收益、报酬、资金占用费、补偿金"，"保本收益、报酬、资金占用费、补偿金"，是指合同中明确承诺到期本金可全部收回的投资收益。金融商品持有期间（含到期）取得的非保本的上述收益，不属于利息或利息性质的收入，不征收增值税（财税〔2016〕140 号）。

（20）纳税人购入基金、信托、理财产品等各类资产管理产品持有至到期，不属于《销售服务、无形资产、不动产注释》（财税〔2016〕36 号）第一条第（五）项第 4 点所称的金融商品转让，不征收增值税。

提示

不征税项目是否可以开具发票？

根据《中华人民共和国发票管理办法》（国务院令2010年第587号）第十九条规定，销售商品、提供服务以及从事其他经营活动的单位和个人，对外发生经营业务收取款项，收款方应当向付款方开具发票；特殊情况下，由付款方向收款方开具发票。《中华人民共和国增值税暂行条例》第二十一条规定，纳税人销售货物、应税劳务或者发生应税行为，除了规定不得开具增值税专用发票的情形以外，应当向索取增值税专用发票的购买方开具增值税专用发票。而不征增值税项目本身并不属于增值税的征税范围，理论上不能开具增值税发票。

但在，在规定的特别情形下，可以开具"不征税"字样的增值税普通发票。如《国家税务总局关于增值税发票管理若干事项的公告》（国家税务总局公告2017年第45号）规定：融资性售后回租业务中承租方出售资产、资产重组涉及的房屋等不动产、资产重组涉及的土地使用权等，可以在发票开票系统"未发生销售行为的不征税项目"下开具增值税普通发票，发票税率栏应填写"不征税"。

提示

不征税项目相应进项税是否允许抵扣？

根据《营业税改征增值税试点实施办法》第二十七条规定的进项税额不得从销项税额中抵扣七种情形中，并未包括不征增值税项目，只要能够取得税法认可的扣税凭证，用于不征增值税项目的进项税额不影响抵扣。

第 8 章

税收筹划 控制风险

实务中，各家企业都在做税收筹划，成败皆有案例。但税收筹划应该更宽泛地去理解，应该包括税收规划、税收风险控制、税收管理、节税与避税安排，税收基础管理工作做好了，避免了业务损失，节约了税务稽查成本本身就是很好的税收筹划。实务中更多的是以税收政策为导向，通过对业务架构调整与优化以及日常税收风险的管控，去获得最优税收利益，这种筹划就是新形式的税收规划与安排。本章介绍了税收筹划的一些理论和实践策略，重点对日常经营过程中增值税的风险控制给出了大量上市公司实务案例，借鉴意义重大。

8.1　增值税税收筹划理论

增值税税收筹划理论是税收筹划实践的前提，内容也比较丰富，笔者也是从自身实践角度给出其中一些适用的方法。本节主要介绍了税收筹划的原则、目标及基本思路，非一家之言，以供参考。

8.1.1　税收筹划原则及目标

企业税收筹划有原则性的要求，即一般规律、道理，有时候是底线。具体税收筹划的方法、策略千变万化，不可尽书，就是所谓的方法。策略要遵循规律，经济学规律、管理学规律、法律法规。不是为了筹划而筹划，税收筹划方案要把握一般原则，没有最优，都是相对方案。

企业税收筹划至少应遵循四个原则：

首先，是合法性原则，这是纳税筹划最本质特点，其底线是不能与国家现行的税收法律与法规相抵触，明确区别于偷税、漏税及骗税行为。

其次，是事前性原则，在真实的业务发生前就应该考虑税源因素，等到申报纳税时筹划必然导致非法的税收筹划。

再次，是全局性原则，纳税筹划与企业的每个部门每个人都有密切关系，纳税筹划要做到的是整体税负最小化，不单是局部的最小化。

最后，是成本效益原则，税收筹划也有诸如业务调整、外聘专家费用等成本，与业务收益之间要符合一般的投入产出比原则。

8.1.2　税收筹划基本思路

节税不应成为税收筹划的目标。企业税收筹划是企业财务管理的一项内容，它应当服从和服务于企业财务管理目标，企业价值最大化是采用最优的财务政策，充分考虑资金的时间价值和风险与报酬的关系，企业总价值的最大化。另外全面"营改增"后，作为价外税，收入成本随之变化，增值税的筹划也必须考虑对其他税种的影响，也要服从整体税收利益最大化。

因此企业集团税收筹划的目标必然是财务管理最优化以及企业价值最大化。甚至有些情况下，节税、避税要让位于企业价值最大化目标的实现，问题是辩证的，不是一成不变的。

对企业的税收筹划，理论上存在几种思路（见表 8-1）：

表 8-1　企业集团税收筹划基本思路

项目序号	基本思路	具体阐释
1	缩小税基	法定限额内，实现各项成本费用扣除和摊销的最大化等，减少应纳所得额
2	降低税率	在税法中税种多样化、税率多样化，比如增值税目前拥有 0 ～ 13% 共 7 种税率或征收率，其他税种也存在多种优惠税率，筹划空间较大
3	筹划纳税义务发生时间	合理增减或分摊收入、成本、损失、费用等的发生，规划纳税义务发生时间，重点在于税务规划与风险管控
4	延缓纳税期限	资金的时间价值决定延迟纳税的利益。一般而言，应纳税款延期越长，所获得利益越大。当经济处于通货膨胀期间，延缓纳税的理财效益更为明显。比如"特殊性重组"的实质也是延迟纳税
5	税负转嫁	集团内部企业合理的转让定价。常见于流转税以及并购重组的弥补问题
6	平衡集团税负	通过集团的整体调控和投资延伸，主营业务的分割和转移实现。重点在于税务的平衡和协调

8.2　企业设立的税收筹划

本节主要就企业设立的类型、业务、税率、组织架构等选择做了介绍，谈了一些税收筹划的思路和方法，以供参考。

8.2.1　小微企业的选择

在现代企业管理制度下，通过企业组织形式的变化筹划税收问题，可以说是税收筹划的真正起点。企业的出资方式、注册登记地点、组织形式、投资方向、投资期限的不同都可能影响税负的高低。企业架构下的母公司、子公司、分公司以及直属单位等组织类型，均可以根据组织不同结构特征，结合税收政策进行筹划，并且企业设立阶段，筹划得越早，节约税负的空间就越大。

该种策略的思路是充分利用小微企业税收优惠政策。小型微利企业是指从事国家非限制和禁止行业，且同时符合年度应纳税所得额不超过 300 万元、从业人数不超过 300 人、资产总额不超过 5 000 万元三个条件的企业。

增值税方面，对月销售额 10 万元以下（含本数）的增值税小规模纳税人，免征增值税。

企业所得税方面，对小型微利企业年应纳税所得额不超过 100 万元的部分，减按 25% 计入应纳税所得额，按 20% 的税率缴纳企业所得税；对年应纳税所得额超过 100 万元但不超过 300 万元的部分，减按 50% 计入应纳税所得额，按 20% 的税率缴纳企业所得税。

　　小税种方面，由省、自治区、直辖市人民政府根据本地区实际情况，以及宏观调控需要确定，对增值税小规模纳税人可以在 50% 的税额幅度内减征资源税、城市维护建设税、房产税、城镇土地使用税、印花税（不含证券交易印花税）、耕地占用税和教育费附加、地方教育附加。并且，增值税小规模纳税人已依法享受资源税、城市维护建设税、房产税、城镇土地使用税、印花税、耕地占用税、教育费附加、地方教育附加其他优惠政策的，可叠加享受在 50% 的税额幅度内减征的优惠政策。

　　小型微利企业在税收上得到了"超居民"待遇，广泛存在于企业所得税、营业税、增值税、印花税等税种。比如近几年来财税〔2018〕55 号、财税〔2019〕13 号以及国家税务总局 2019 年第 2、3、4、5 号公告等多项优惠政策相继出台，优惠力度进一步加大，在此背景之下多元化发展的企业，可以考虑采用"化整为零"的方式，把业务链单一、利润集中的法人公司直属的营业机构注册成为独立的单店或者销售公司，把多种经营业态分别设立为小型分公司、子公司，创造条件满足小型微利企业的条件，最大化享受其税收优惠政策。

8.2.2　拆分的选择

　　增值税是毛利税，可以避免重复征税，当然也具有流转税的共同特征——易于转嫁。针对那些生产销售型企业，增值税是其主要税种。企业拆分式的税收筹划策略可以实现把税务部分转嫁。

　　业务拆分方面，企业集团可以通过将部分服务进行外包，在最大化增大销项税额转嫁税负的同时，获得进项税额。比如，"营改增"后，非独立核算的自营运输队车辆运输耗用的油料、配件及正常修理费用支出等项目，按照 13% 的增值税税率抵扣，而委托运输企业发生的运费可以按照 9% 的税率进行抵扣，企业集团可以通过测算二者的税负差异，来决定选择委托运输还是自营车辆运输，从而对企业分公司、子公司组织类型进行优化调整。再比如，全面营改增后房地产企业为了降低税负，应更多地考虑增加进项税额来进行抵扣，在既定的战略框架内进行税收筹划。比如，可以大幅提高精装修房比例取得更多的固定资产和物料的增值税进项税额；也可以把集团范围内的地产开发、分包转包、建筑以及装修装饰等具体业务进行分拆剥离，注册成独立核算的不同企业组织，增大抵扣项。

　　税率拆分方面，企业集团应该适应"营改增"以来的税率变化，针对不同的经营业务情况，可以在不同税率之间进行筹划。全面"营改增"后，增值税税率体系包括 13%、9%、6% 以及 3%、5% 的征收率。比如营改增后交通运输服务与物流辅助服务属于两个税率不同的税目，交通运输服务按 9%、物流服务服务按 6% 缴纳增值税（一般纳税人），业务的拆分需要有合理的理由，有对应的实质性业务，并且要分别核算适用不同税率的销售额，否则存在从高适用税率的而产生多缴税的风险。因此，企业在"营改增"后，应对涉及的混业经营项目分开核算，以适用较低税率，增大转嫁范围，降低税负成本，也可以考虑成立不同的分、子企业，各自承接分拆后的业务。

利润拆分方面，很多集团公司还有一种特殊的税收筹划，让某个环节的分子公司隐藏利润、发生亏损，从而实现不交所得税，再根据政府的优惠政策获取财政补贴，或者通过业务调整，把利润实现到别的分子公司。比如中石油、中石化的炼油事业部，经常在油价高企集团公司利润暴增的时候亏损，来获得补贴。另一方面，抬高炼油事业部的采购成本，降低售价，从而把利润留在油田事业部、销售事业部。这样的操作手法也是一种税收筹划，总体看是获得了财政补贴，实现了企业的整体收益最大化。

8.2.3 一般计税与简易计税方法的选择

1. 筹划模型的构建

一般纳税人选择简易计税方法，要进行业务预算与数据测算，有时候选简易征税未必合适，并且一经选定，36 个月不能变化，擅自改变肯定就是税务风险了。简易计税方法对应的进项税额是要转出的，如果当期进项税较大的话，不要急于选择简易计税方法，实务中这是一个筹划点。

我们可以思考，假设仅考虑增值税不考虑其他税种的情况下，选择一般计税方法和简易计税方法，理论上存在一个税负临界点，而这个临界点又必定存在于增值税税负相等时。

假设某企业为一般纳税人，以房屋租赁为主营业务。年度收入为 S，收入增值率为 R，则进项归集率（可抵扣率）为 1 − R，同时要求取得的进项税额均符合抵扣条件、均能认证抵扣。

如果选择一般计税方法，税率为 9%，税负率为 A。

如果选择简易征收，其征收率为 3%，税负率为 B。

两种计税方法假设收入不变时，可以等式如下：

$$A=\frac{\left(\dfrac{S}{(1+9\%)}-\dfrac{S\times(1-R)}{(1+9\%)}\right)\times 9\%}{S}$$

$$B=\frac{\left(\dfrac{S}{(1+3\%)}\right)\times 3\%}{S}$$

2．计算与结论

假定税负率相等，$A=B$，则：

$$\frac{\left(\dfrac{S}{(1+9\%)}-\dfrac{S\times(1-R)}{(1+9\%)}\right)\times 9\%}{S}=\frac{\left(\dfrac{S}{(1+3\%)}\right)\times 3\%}{S}$$

$$\frac{R\times 9\%}{1+9\%}=\frac{3\%}{1+3\%}$$

$R=35.28\%$

由此我们得出结论：

当 $R=35.28\%$ 时，$A=B$，一般计税方法（9%）税负与简易计税方法（3%）税负相等。

当 $R>35.28\%$ 时，$A>B$，一般计税方法（9%）税负大于简易计税方法（3%）税负。

当 $R<35.28\%$ 时，$A<B$，一般计税方法（9%）税负小于简易计税方法（3%）税负。

3．应用与延伸

首先，以上方法不仅适用于一般纳税人企业简易计税方法与一般计税方法的筹划，而且适用于企业针对一般纳税人和小规模纳税人选择的筹划。

其次，如果把模型中的增值税税率 9% 改变后，在保持小规模纳税人或者建议计税税率为 6% 的情况下，会得出不同的结果：

增值税税率	13%	6%
税负临界点的增值率 R	25.32%	51.46%

根据以上结果，企业可以根据主营业务收入适用税率情况来考虑如何选择纳税人资格，是小规模还是一般纳税人。

最后，要注意该模型本身的特点。比如，该模型优先适用于单一主营业务的情形，对多元化经营的企业税负优化效果不明显；再有，该模型更多地依赖于增值税进项归集率，实务中并不好做到全部归集，或者应抵尽抵。另外，在具体选择时，还要综合考虑企业上下游企业的状况以及其他因素。

8.2.4　资产重组设立方式的筹划

企业资产运营必须在某一平台之上，但是平台公司如何设立、设立之后怎么装入核心资产是大多数企业，尤其是企业集团面临的共性问题，不同的设立方式会面临截然不同的税负效果，这也是我们税收筹划的意义所在。设立方式上存在母公司"先以现金出资设立子公司，子公司再购买资产""直接以核心资产作价出资设立公司"和"先以现金出资设立，再无偿划转核心资产"的方式。

案例：

假定甲集团公司 2012 年取得某地块土地使用权，拟设立全资控股公司乙，以延伸产业链。该地块账面价值 5 000 万元，公允价值为 8 000 万元，以上均为含税金额。

1. 方案一：以现金出资方式，计算税费

（1）增值税及附加

全面"营改增"后，按照老项目计算增值税，以转让土地使用权所得差额计算缴纳增值税：

应缴纳增值税＝（8 000－5 000）÷（1＋5%）×5%＝142.86（万元）

以北京为例，附加税＝142.86×（7%＋3%＋2%）＝17.14（万元）

合计＝142.86＋17.14＝160（万元）

（2）土地增值税

按照土地增值税的暂行条例的规定计算缴纳土地增值税：

土地增值额＝[（8 000－5 000）÷（1＋5%）－17.14]＝2 840（万元）

扣除项目＝[5 000÷（1＋5%）＋17.14]＝4.779（万元）

增值额占扣除项目的比例＝2 840÷4.779＝59.43%；

所以适用税率40%，应交土地增值税＝2 840×40%－4.779×5%＝1 135.76（万元）

（3）企业所得税

应纳企业所得税＝[3 000÷（1＋5%）－17.14－1 135.76]×25%]＝426.06（万元）

因此，公司应纳税金合计：160＋1 135.76＋426.06＝1 721.82（万元）。

2. 方案二：以不动产（土地使用权）出资，计算税费

根据现行《中华人民共和国公司法》规定，作价出资额不动产要以评估价，即公允价值进行入账，甲公司核销无形资产——土地使用权，增加长期股权投资；乙公司以公允价值增加无形资产——土地使用权，对应增加实收资本或资本公积。

（1）增值税

根据"财税〔2016〕36号"文及总局"营改增"解释，以无形资产、不动产投资入股，应该以取得股权价值作为收入，计算缴纳增值税。

甲集团公司以 2012 年取得价值 5 000 万元的不动产按公允价值 8 000 万元（经评估）投资入股新公司，可以选择简易计税缴纳增值税：

应缴纳增值税＝（8 000－5 000）÷（1＋5%）×5%＝142.86（万元）

以北京为例，附加税＝142.86×（7%＋3%＋2%）＝17.14（万元）

合计＝142.86＋17.14＝160（万元）

（2）土地增值税

根据《财政部 国家税务总局关于土地增值税一些具体问题规定的通知》（财税字〔1995〕48号）第一条规定，对于以房地产进行投资、联营的，投资、联营的一方以土地（房地产）作价入股进行投资或作为联营条件，将房地产转让到所投资、联营的企业中时，暂免征收土地增值税。对投资、联营企业将上述房地产再转让的，应征收土地增值税。同时，《财政部 国家税务总局关于土地增值税若干问题的通知》（财税〔2006〕21号）规定，对于以土地（房地产）作价入股进行投资或联营的，凡所投资、联营的企业从事房地产开发的，或者房地产开发企业以其建造的商品房进行投资和联营的，均不适用财税字〔1995〕48号文件第一条暂免征收土地增值税的规定。

所以，投资企业与被投资企业如果有一家属于房地产开发企业，都不适用免征土地增值税的条款。当然本案例假定双方都不属于房地产开发企业。所以，该投资暂免征收土地增值税。如果是房地产企业，则另行讨论。

（3）企业所得税

根据《财政部 国家税务总局关于非货币性资产投资企业所得税政策问题的通知》（财税〔2014〕116号）以及《国家税务总局关于非货币性资产投资企业所得税有关征管问题的公告》（国家税务总局公告2015年第33号）规定，居民企业（以下简称企业）以非货币性资产对外投资确认的非货币性资产转让所得，可在不超过5年期限内，分期均匀计入相应年度的应纳税所得额，按规定计算缴纳企业所得税。

因此，甲集团公司在符合文件规定的要件的情况下，不必一次性把土地增值所得2 857.14万元〔（8 000－5 000）÷（1＋5%）〕计入当期应纳所得税额，可以分五年均匀计入，即投资当期可以计入571.43万元，应纳所得税额为142.86万元。其余税款可以延迟纳税，享受资金时间价值收益。

3. 方案三：先以现金注册成立公司，再无偿划转

本方案中，首先甲公司要以少量现金注册成立全资子公司乙，然后甲公司通过无偿划转的方式，投入到乙公司，作为乙公司生产经营用地。

（1）增值税

在营业税时代现实中存在争议，并且有关无偿划转营业税的规定主要是针对个案逐案进行审批，没有统一政策。比如"财税〔2005〕160号"文件规定原中国建设银行无偿划转给建银投资的不动产，不征收营业税。

全面"营改增"后，无偿划转，在本书前篇分析时我们已经谈到很多，要视同销售。

划出方可以开票交税，增值税及附加金额为 160 万元。当然，划入方可以凭增值税专用发票，进项税额分年抵扣。

（2）土地增值税

土地增值税方面，针对无偿划转是否应纳土地增值税也有不同观点，目前主要是针对国有企业集团内部无偿划转的个案逐案审批，没有统一政策，比如"京地税地〔2009〕187 号"文件规定：根据《中华人民共和国土地增值税暂行条例》的规定，北京汽车工业控股有限责任公司等八家企业将非经营性房产无偿划转北京房地集团有限公司，不属于土地增值税征收范围，不征收土地增值税。

另外，根据重庆市地方税务局公告 2014 年第 9 号《重庆市地方税务局关于土地增值税若干政策执行问题的公告》，无偿划转房地产，不征收土地增值税有了具体文件的明确，具体参见如下：

> 三、无偿划转房地产有关规定
>
> （一）同一投资主体划转
>
> 同一投资主体内部所属企业之间无偿划转（调拨）房地产，不征收土地增值税。"同一投资主体内部所属企业之间"是指母公司与其全资子公司之间；同一公司所属全资子公司之间；自然人与其设立的个人独资企业、一人有限公司之间。
>
> （二）行政性调整划转
>
> 经县级以上人民政府或国有资产管理部门批准，按照国有产权无偿划转的相关规定，国有企业、事业单位、国家机关之间无偿划转房地产不征收土地增值税。

笔者认为，本案例中无偿划转只是同一投资主体之间的划转行为，不论经济性质是否属于国有，转让方未取得收入，就不适用《土地增值税暂行条例》第二条的规定。

当然，如果是国有资产，同一投资主体内部所属企业之间无偿划转（调拨）房地产，笔者建议最好还是经过"县级以上人民政府或国有资产管理部门"批准，按照国有产权无偿划转管理的相关规定办理。

本题按照不征收土地增值税处理。

（3）企业所得税

企业所得税方面，根据《财政部 国家税务总局关于促进企业重组有关企业所得税处理问题的通知》（财税〔2014〕109 号）以及《国家税务总局关于资产（股权）划转企业所得税征管问题的公告》（国家税务总局公告 2015 年第 40 号）规定，对 100% 直接控制的居民企业之间，以及受同一或相同多家居民企业 100% 直接控制的居民企业之间按账面净值划转股权或资产，划出方企业和划入方企业均不确认所得，且划入方企业取得被划转股权或资产的计税基础，以被划转股权或资产的原账面净值确定，应按其原账面净值计算折旧扣除。因此甲企业可以适用特殊性重组政策，不缴纳企业所得税。

综上所述，在企业设立环节，不同的方式也产生不同的税负负担（见表 8-2），企业可以根据实际情况，进行事前筹划并选择不同的方式，使集团整体税收负担最优化。

表 8-2　企业设立方式纳税比较

	设立方式	应纳税金（万元）	说明
1	以现金出资，再购买	1 721.82	没考虑印花税及契税，下同
2	以资产作价出资	302.86（160 ＋ 142.86）	如果涉及房地产企业，要加上土地增值税约 1 135.76 万元的
3	先现金出资，再无偿划转	160	如果当地税务机关认定要土地增值税，则应加土地增值税 1 135.76 万元

综上所述，第三种方式下，税收方案最优，节税额明显，实务中企业可以借鉴操作。

另外，根据财税〔2014〕109 号文进行思维发散：假设 P 公司 100% 控股 S 公司，P 公司有两个业务单元 P1 和 P2，均赢利，S 公司有两个业务单元 S1 和 S2 均亏损，现 P1 划至 S 公司，S1 划至 P 公司，从而实现赢亏互抵，因此这种相互划转做法在税收上对企业集团而言是更加有利的。

8.3　企业投资运作的综合筹划

本节主要从企业投资运转的角度综合考虑涉及税种，重点对股权转让、投资收回、企业退出等角度对税收筹划的一些策略进行介绍，以供参考。

8.3.1　股权转让的魅力

1. 涉税分析

在实务中，以房屋、土地为代表的不动产以及有形动产的交易、投资、捐赠过程中会面临大量税收负担，尤其是在企业集团范围进行资产调转、调拨时，在没有创造利益的情况下却产生大量增值税、土地增值税等税金负担，因此税收筹划的意义重大。该种情况下，比如 A 公司可以把标的资产以实物资产的形式注册成立一家新公司 B，然后通过转让公司股权的形式，转让到有需要的 C 公司，C 公司在对 B 公司进行吸收合并，达到实际拥有该标的资产的目的。具体税费分析（见表 8-3）：

表 8-3　股权转让与资产转让方式纳税情况比较

转让方式 税种	股权转让		资产转让	
	转让方	受让方	转让方	受让方
增值税及附加	×	×	√	×
增值税	×	×	√	×
契税	×	×	×	√
土地增值税	×	×	√	×
税金及附加	×	×	√	×
企业所得税	√	×	√	×
印花税	√	√	√	√

　　上表显示，"√"表示须应纳税种，"×"代表不缴纳该税种。资产转让的形式下，转让方面临的税种达 7 种之多。可见，企业在资产运作时，通过变资产转让为股权转让，成立"过桥股权"，最后到吸收合并"过桥股权"，这一过程中节省税金。

2. 低价股转让的筹划

　　近年来，一元转股、股权激励、合伙人计划、内部职工股、股权对赌、干股等词在投融资行为中屡见不鲜，共同特点是"低于市场价格转股"，也因此引起了税务机关的特别关注，一方面，税务机关给予理解，比如个人所得税中有"虽然价格偏低但有合理理由"几种情形（国家税务总局公告 2014 年第 67 号），企业所得税有并购重组特殊性税务处理以达到延迟纳税的目的（财税〔2009〕59 号、财税〔2014〕109 号、财税〔2014〕116 号）。另一方面也有被稽查补税、筹划失败的案例，比如股权转让嵌套房地产转让的，土地增值税被穿透征税。总之，实务中常见的"一元转股""平价转股"并不一定都是违法的，股权转让筹划大有可为，前提是遵循税收筹划的相关原则。

　　（1）研读税收政策，合理利用税收优惠

　　比如，《股权转让所得个人所得税管理办法（试行）》（国家税务总局公告 2014 年第 67 号）第十三条对低价转股税法上认可的正当理由予以了阐明。

> 　　第十三条规定，符合下列条件之一的股权转让收入明显偏低，视为有正当理由：
>
> 　　（一）能出具有效文件，证明被投资企业因国家政策调整，生产经营受到重大影响，导致低价转让股权；
>
> 　　（二）继承或将股权转让给其能提供具有法律效力身份关系证明的配偶、父母、子女、祖父母、外祖父母、孙子女、外孙子女、兄弟姐妹以及对转让人承担直接抚养或者赡养义务的抚养人或者赡养人；

（三）相关法律、政府文件或企业章程规定，并有相关资料充分证明转让价格合理且真实的本企业员工持有的不能对外转让股权的内部转让；

（四）股权转让双方能够提供有效证据证明其合理性的其他合理情形。

面临大额股权转让的时候，我们可以利用上述条款，创造条件，对个人转让股权可利用"合理低价"方式达到少缴税。

比如，《中华人民共和国企业所得税法》第四十一条规定：企业与其关联方之间的业务往来，不符合独立交易原则而减少企业或者其关联方应纳税收入或者所得额的，税务机关有权按照合理方法调整。但是《特别纳税调整实施办法（试行）的通知》（国税发〔2009〕2号）第三十条规定：实际税负相同的境内关联方之间的交易，只要该交易没有直接或间接导致国家总体税收收入的减少，原则上不做转让定价调查、调整。针对有限责任公司以及非上市的股份有限公司缺乏一个活跃的公平交易市场的股权，一是要通过熟悉的具有法定资质的资产评估机构出具资产评估值来确定股权合理的公允价值、市场价格。二是积极适用特殊性税务处理，通过股权收购、合并、分立、划转等方式实现合理延迟纳税。

其实，市场价格也存在一定的筹划空间。如利用司法拍卖、仲裁、股权质押司法划扣等方法；充分利用行业政策重大调整创造特殊情形；通过设计相关业务交易，实现股转涉及利润的合理输出，延缓业务收入的入账时间，降低综合评估值。

（2）合理利用税收洼地政策优惠

目前境内和境外都存在大量税收优惠较大的特殊地区，要在税收洼地设立项目公司，获得税收优惠、财政奖励等方式降低税负。比如，个人独资企业、合伙企业并非企业所得税的纳税主体，转让方若为自然人的，该自然人可先在税收优惠地设立 SPV（特殊交易机构），转让方将持有的项目公司的股权平价转让给 SPV，SPV 变更为项目公司股东后，再由 SPV 将持有的项目公司的股权溢价转让给收购方，对于股权转让溢价产生的所得适用税收优惠地的税收返还 / 税收奖励或核定征收等税收优惠政策。

海利尔（603639.SH）2017 年 7 月 28 日发布《海利尔关于股东变更名称等工商注册信息的公告》称，其股东上海思科瑞新投资管理中心（有限合伙）近期迁址霍尔果斯，经营范围由"投资管理，实业投资"变更为"创业投资业务"。

新国都（300130.SZ）于 2017 年 11 月 22 日发布公告，披露拟以 7.1 亿元现金收购深圳市敏思达技术有限公司（其公司名称于 2017 年 10 月 26 日变更为山南市敏思达技术有限公司）持有的嘉联支付有限公司 100% 股权的交易价值评估。根据国家企业信用信息公示系统查询结果，标的企业股东——山南市敏思达技术有限公司已于 2017 年 10 月 26 日完成西藏迁址的工商变更登记。

（3）股权架构重构

若目标企业股权价值已提高，直接平价或低价转让目标企业股权具有较大税收风险，但若在目标企业股权之上再架设控股公司，通过转让控股公司股权，可达到合理的平价或低价转股的效果。

（4）所有者权益调整

可以通过先分红后转股、先减资再增资方式、先增资再减资方式、先增资后转股方式，降低转让标的的公司的所有者权益，进而降低其评估价值。这些方式在本书后面的篇章中会有详细讲述。

8.3.2 巧妙的投资收回

企业集团在运营过程中，由于产业结构、产品结构、经营策略以及管控模式的变化，会出现集团内部子公司、孙公司之间股权的划转或转让的情形，直接股权转让，转让方主要面临企业所得税成本。可以采用"一进一出"的方式进行税收筹划，保持原有公司股权结构又降低所得税成本。

根据《国家税务总局关于企业所得税若干问题的公告》（国家税务总局公告2011年第34号）规定，投资企业从被投资企业撤回或减少投资，其取得的资产中，相当于初始出资的部分，应确认为投资收回；相当于被投资企业累计未分配利润和累计盈余公积按减少实收资本比例计算的部分，应确认为股息所得；其余部分确认为投资资产转让所得。

如投资某企业成本是500万元，该企业累计应得到分配利润100万元，如果投资收回取得800万元，则800万元中的500万元视为投资收回不征税，100万元视为股息所得作为免税收入，200（800－500－100）万元作为投资资产转让所得作为应税收入。

假定，企业集团内A、B、S三家公司，A公司与B公司共同持有S公司股权，分别占有30%、70%的股权。S公司注册资本2 000万元，留存收益6 000万元，企业集团由于股权整合，把B公司持有的S公司的股权转让给C公司（不一定是集团内企业），交易对价为3 000万元。税收筹划方案分析如下：

1. 方案一、直接股权转让

直接股权转让，则B公司应纳所得税＝（3 000－2 000×30%）×25%＝600（万元）

2. 方案二、利用投资收回

B公司先进行投资收回，投资收回的补偿假定为3 000万元，先把B公司从S公司中撤资出去，再让C公司以3 000万元的对价投资到S公司。此时S公司注册资本先减为1 400万元，C公司投入后再增加到原来的2 000万元，以保持S公司权益结构。

B公司撤回投资，相当于初始出资的部分600（2 000×30%）万元，不作为应纳税所得额；相当于被投资企业累计未分配利润和累计盈余公积按减少实收资本比例计算的部分 1 800（6 000×30%）万元，也不作为应纳税所得额；则 B 公司应纳所得税＝（3 000 － 600 － 1 800）×25% ＝ 150（万元）

综上可以看出，经过测算，利用投资收回、"一进一出"的方式进行税收筹划，既能保持原有股权结构，退出者又能节约大量税负成本。

实务中，面临较大所得税成本的盈利企业直接转让则税收负担重，由于企业所得税法规定股息分红为免税收入，就可以采用把未分配利润先行分配，之后降低转让对价进行交易，在退出企业总体利益不变的情况下，可以达到减少应纳税所得额的目的。如果再进行思路发散，还可以把"分红"与"资本公积或未分配利润转增股本"并用，大幅度减少应纳税所得额，从而减少集团企业内股权转让的税收成本，达到企业集团整体税负最优化。

8.3.3　企业退出的税收筹划

集团企业由于产业周期或者经营管理原因，会对下属亏损或者不盈利企业进行退出处理，以优化资产结构，这是大多数企业集团，尤其是国有企业面临的普遍问题。实务中企业工商登记注销往往以税务清算、税控机注销为前提，因此企业退出时，如果合理计算清算所得，适时进行税收筹划，可以最大化保留注销子公司的亏损弥补额度，增加母公司的投资损失确认额度。

纳税人依法清算时，以其清算终了后的清算所得为应纳税所得额，按规定缴纳企业所得税。清算所得是指纳税人清算时的全部资产或者财产扣除各项清算费用、损失、负债、企业未分配利润、公益金和公积金后的余额，超过实缴资本的部分。

以下就举例说明企业不同退出方式下的税收筹划：

假定：甲是集团母公司，A 公司是甲公司的全资子公司，注册资本 500 万元，A 公司因经营管理不善多年亏损，净资产为负。母公司甲公司决定注销 A 公司，实施企业退出整合。A 公司截至本期期末财务数据为：银行存款 100 万元、应收账款 100 万元、存货 50 万元、应付工资 100 万元、其他应付款 1 300 万元（欠母公司甲公司）、实收资本 1 000 万元、未分配利润－2 150 万元（包括近五年亏损 500 万元）。

1. 方案一：直接清算注销

根据《财政部　国家税务总局关于清算业务企业所得税若干问题通知》（财税〔2009〕60 号）规定，企业的全部资产可变现价值或交易价格，减除资产的计税基础、清算费用、相关税费，加上债务清偿损益等后的余额，为清算所得。

A 公司资不抵债，往来款 1 300 万元，因 A 公司无力偿还，转作债务清偿收益。A

公司账面存款有 100 万元，支付应付工资 100 万元，清算所得 150（1 300 − 100 − 50 − 1 000）万元，需缴纳税款 37.5（150×25%）万元左右。由于累计亏损，不缴纳所得税。

但根据《国家税务总局关于企业资产损失所得税税前扣除管理办法的公告》（国家税务总局公告 2011 年第 25 号）第四十六条第五项规定，企业发生非经营活动的债权，不得作为损失在税前扣除。甲公司借给 A 公司的往来款 1 300 万元，属于非经营活动的借款，因 A 公司注销时无力偿还，甲公司只能确认为坏账损失，税前无法扣除，母公司甲税收上也只能确认 1 000 万元长期股权损失。

2. 方案二：先增资后注销

母公司甲通过正常程序，对 A 公司增资 1 300 万元，这时，A 公司实收资本从 1 000 万元变成 2 300 万元，净资产从负到正，同时甲公司对 A 公司长期股权投资账面价值也从 1 000 万元增加到 2 300 万元。A 公司因 1 300 万元增资，偿还欠母公司甲公司的 1 300 万元往来款，这时母子公司无往来借款。

此时进行企业清算，A 公司清算债权债务后，清算亏损 150（0-100-50）万元，因此 A 公司不缴纳所得税。

而母公司甲的情况却发生了较大变化。由于 A 公司当年度清算亏损 150 万元，加上累计亏损 2 150 万元，资产负债表未分配利润数为 −2 300 万元，实收资本也是 2 300 万元，净资产为 0。因此母公司与子公司 A 之间没有了坏账损失，依法可以确认长期股权投资损失 2 300 万元，作为专项申报的事项，经中介机构鉴证，报经税务机关审核后，可以税前扣除。

3. 两个方案比较

A 公司因长期经营不善，造成了巨额亏损，给母公司甲公司带来投资损失及坏账损失共计 2 300 万元，母公司甲公司从税收角度出发，希望能最大限度得到税收弥补，减少未来母公司的税收支出。第二方案下，甲公司全部损失得到弥补，对整个企业集团显然最有利。思路进一步发散，母公司可以增加投资，把退出公司的净资产作为 0，增加的投资最终还是被收回，而母公司同时也获得了一定额度的投资损失，把退出子公司的所得税亏损额度，进一步转移到母公司，降低母公司所得税税负。

8.4 日常经营税收风险控制

本节主要围绕日常经营的增值税管理展开介绍，从采购、核算、支付、发票、房产建筑承包等方面，挖掘上市公司出现的问题，并给出实用分析和建议。

8.4.1　微信平台采购有陷阱

2016 年 6 月因生产需要，湖北天瑞电子股份有限公司（证券代码：837601）前任采购人员，通过微信平台采购铜芯护套线 BRV2.5×2、铜塑软线 BRV4×2、铜塑软线 BRV6、铜塑软线 BRV2.5×2 一批，因公司结账要正规的发票，供货方提供珠海广安通贸易有限公司 2016 年 6 月 17 日开具的增值税专用发票 4 份，金额 398 807.69 元，税额 67 797.31 元。

2016 年 7 月 26 日，湖北天瑞电子股份有限公司 2 次通过银行网上银行支付货款给珠海广安通贸易有限公司。经税务局检查，公司有原材料入库、出库明细，但没有提供明晰的物流运输证明。这 4 份增值税专用发票公司已于 2016 年 7 月认证抵扣增值税进项税额 67 797.31 元。

2017 年 5 月 2 日收到广东省珠海市税务局稽查局的《已证实虚开通知单》，把天瑞电子少缴增值税 67 797.31 元的行为定性为偷税，追缴少缴增值税 67 797.31 元，并处所偷税款 50% 的罚款 33 898.66 元。

通过上述案例，如何避免采购陷阱，笔者认为要做好以下几点：

（1）网购商品，做好源头控制。随着网络交易平台的兴起，各企业的采购业务渠道也日渐拓宽，不断尝试新的购货方式。但是网购建议选择正规商店，笔者就要求公司采购部门从京东、苏宁或天猫采购时，选择自营商品，或者去相关商品的官方网站，从源头上降低收到虚开增值税专用发票的概率。

（2）严格执行税法的规定，对于不能够抵扣增值税进项税的增值税专用发票，坚决获取增值税普通发票不索取增值税专用发票，比如餐费、食堂采购涉及职工福利的发票。

（3）保存好采购商品的入库、出库记录，甚至物流运输证明，确保采购事项的合理性和真实性。

提示

新三板上市公司神州电子（证券代码：832451）2017年6月27日发布公告称，因采购经理离职，在2016年10月，泉州市国税局例行检查中，公司未能提供深圳市柏诺卡电子科技有限公司和深圳市美博瑞科技有限公司两家供应商的相关交易证据材料。税额总计124万元，自愿作进项税额转出处理，并追溯调整以前年度主营业务成本。

新三板上市公司群鑫科技（证券代码：834008）于2019年6月28日由券商发布公告，披露江苏群鑫公司2018年度累计向淄博博山盛杰玻璃制品有限公司开具增值税专用发票1 861 770.00元（含税），收到货款1 844 434.64元，其中1 347 210.00元销售额（含税）未见发货记录，这部分销售款回笼也未能证实系淄博博山盛杰玻璃制品有限公司支付。

（4）坚决遵守增值税抵扣的"三流（资金流、票流和物流或劳务流）合一"或"四流（合同流、资金流、票流和物流或劳务流）合一"的原则。但是以下方式是常用的采购和支付模式：

①通过支付宝付钱，形式会出现"票款不一"的情况，实际上还是符合票款一致的要求，是可以抵扣的增值税进项税。个人付款，单位报销的情况已经被税务机关证实可以抵扣。

②采用银行承兑汇票，背书背背书，包括支票背书，虽然形式上票款不一致，实际上还是可以抵扣的增值税进项税。

③在"三流"不一致的情况下，通过三方补充协议付款或收款的行为，可以抵扣的增值税进项税。

提示

新三板公司厦门茶人岭电子商务股份有限公司（证券代码：836369）2016年11月22日披露：往期因财务人员按供应商提供的《收款账户临时变更通知》，向该第三方付款并取得了增值税专用发票，被厦门市税务局稽查局证实为虚开，并按照偷税行为处以0.5倍罚款和滞纳金；茶人岭同时申报进项税额转出、补缴了增值税6.16万元。

8.4.2　收到预收款全额开票需谨慎

新三板上市公司首信科技（证券代码：870556）2016年12月披露法律意见书：首信科技在收到预收款项即全额开票；其在收到预收款即全部开具发票的原因为：客户主要为电信运营商及其他行业客户，公司客户通常会在到货时点要求开出全额发票，并一次性全额付款。报告期内存在未达到收入确认条件，根据合同为客户提前开具增值税发票的情形，上述情形违反了《中华人民共和国发票管理办法》《中华人民共和国发票管理办法实施细则》的相关规定。

根据《中华人民共和国增值税暂行条例实施细则》规定：采取预收货款方式销售货物，为货物发出的当天，但生产销售生产工期超过12个月的大型机械设备、船舶、飞机等货物，为收到预收款或者书面合同约定的收款日期的当天。

A公司按规定没有达到纳税义务发生时间却开具了发票，应在货物发出当天开具发票，但A公司提前开具了200万元的发票。但是，根据《中华人民共和国发票管理办法实施细则》第二十六条，填开发票的单位和个人必须在发生经营业务确认营业收入时开具发票。未发生经营业务一律不准开具发票。

比如，某煤炭销售有限公司（以下称A公司）主营销售煤炭，与某电力公司（以下称B公司）签订煤炭购销合同，合同采购金额为1 000万元，增值税额160万元，按合同约定签订后 7 日内先预付款 20%，货到后 10 日内支付余款。B 公司支付预付款 200 万元后要求 A 公司开具相应金额的增值税专用发票，A 公司按其要求开具了等额的专票，并依法计提缴纳了增值税。最终，A 公司收到预收款即给 B 公司开具了增值税专用发票，虽然按《增值税暂行条例》规定申报并缴纳了增值税，但根据《中华人民共和国发票管理办法》第三十五条规定，A 公司未按规定开具发票，被税务机关处 1 万元罚款。

8.4.3　兼营免税项目的税额划分

新三板上市企业内蒙古佰惠生新农业科技股份有限公司（证券代码：835409）于 2017 年 5 月 31 日发布公告称，公司 2017 年 5 月 11 日收到林西县税务局稽查局税务处理决定书以及林西县地方税务局税务事项通知书。税务局认定公司 2012 年 1 月至 2014 年 11 月期间，计算兼营免税项目不得抵扣进项税额时，对"无法划分的进项税额"划分不准确，处理决定公司补交 2012 年至 2014 年 11 月期间的增值税及附加税费，本次进行了追溯调整，累计调整减少 2013 年期初留存收益 665 526.13 元。

一般纳税人兼营免税项目或者非增值税应税劳务而无法划分不得抵扣的进项税额的，按下列公式计算不得抵扣的进项税额：

不得抵扣的进项税额＝当月无法划分的全部进项税额 × 当月免税项目销售额、非增值税应税劳务营业额合计 ÷ 当月全部销售额合计。

对于兼营项目或者特殊的混合销售行为，单独分开核算更好，不能单独的，要销售额、工作量、消耗量比例等合理划分，切勿存在侥幸心理而不加区分统一抵扣增值税进项税额。

8.4.4　会计核算与业务合同不匹配

上市公司世纪天鸿（证券代码：300654）于 2017 年 9 月 5 日发布法律意见书披露，2013 年曾因 2012 年部分发出商品会计记账与业务合同不能完全匹配，被稽查局追缴增值税、企业所得税并加收滞纳金共计 186 万元。

2012 年，淄博市税务局稽查局在现场稽查时，认为发行人 2012 年部分发出商品会计记账与业务合同不能完全匹配，故对发行人作出了追缴增值税、企业所得税并加收滞纳金的处理。2013 年 11 月 14 日，淄博市税务局稽查局出具《税务处理决定书》，认为公司 2012 年一项单笔销售合同的账务处理存在问题，追缴公司增值税 1 460 244.50 元，企业所得税 25 万元，从上述滞纳税款之日起，按日加收滞纳税款万分之五的滞纳金共计 15.21 万元。

实务中，财务付款一定要关注合同。业务部门的请款单据上要明确付款条件，财务人员做好严格审核，付款比例、条件、发票开具与否等都是审核重点，世纪天鸿的教训十分深刻。

8.4.5　都是个人账户收款惹的祸

有一种愚蠢的节税避税行为：认为个人账户最安全，可以隐藏公司收入，可以逃避公司应纳税款税务稽查。可是税务稽查不仅要查公司的账户，还要查公司法定代表人或实际控制人或主要负责人的个人账户。

2017 年，北京市通州区税务局、稽查局向北京创四方电子股份有限公司（股票名称：创四方 股票代码：838834）出具《税务行政处罚决定书》（通国税稽罚〔2017〕47 号），主要内容如下：

通州国税稽查局对公司实际控制人、法定代表人李元兵在工商银行和兴业银行开立的个人账户进行检查发现，以上两个账户均是用于收取客户汇入的购货款。

在 2013 至 2015 年期间，收取金额共计 4 197 447.08 元（不含税金额为 3 587 561.61 元），其中：1 368 229.53 元已经在 2013 至 2014 年期间确认了收入纳税申报，剩余 2 219 332.08 元应在 2013 年度应申报而未申报，应追缴增值税税款共计 377 286.46 元。公司 2013 年度应申报而未申报收入 2 219 332.08 元，确认成本 1 813 269.08 元，应调增当年应纳税所得额 406 063 元，应追缴 2013 年度企业所得税 101 515.75 元。

处罚决定：对公司少缴增值税 377 286.46 元、企业所得税 101 515.75 元，分别处以 0.5 倍的罚款，金额合计 239 401.11 元。

通过上述案例，笔者建议如下：

一是，提醒企业负责人和财务，企业节税应采取合法合规途径，个人账户当公户的做法不可取。

提示

河北省税务局发布稽查公告指出，迁安市某铁矿2010年1月至2013年9月期间，采取个人银行卡收款、销售货物不入账的账外经营方式向部分单位和个人销售货物，共计收款278 635 309.00元，未申报缴纳相应的增值税。

二是，税务和银行已合作、金三系统已上线，要杜绝公对私频繁交易。

三是，合法的税收筹划及节税避税是王道。在信息传递如此快捷、透明的时代，微小的不合法也可能会被放大，到头来总是得不偿失。

2017 年 6 月，眉山市某商业银行依照《金融机构大额交易和可疑交易报告管理办法》

向眉山市人民银行反洗钱中心提交了一份有关黄某的重点可疑交易报告。眉山市人民银行立即通过情报交换平台向眉山市地税局传递了这份报告。黄某在眉山市某商业银行开设的个人结算账户，在 2015 年 5 月 1 日至 2017 年 5 月 1 日期间共发生交易 1 904 笔，累计金额高达 12.28 亿元。这些交易主要通过网银渠道完成，具有明显的异常特征。最终税务查出来黄某 2015 年从其控股的眉山市公司取得股息、红利所得 2 亿元，未缴纳个人所得税 4 000 万元。

8.4.6　限售股转让 10 亿元按照小规模纳税人征税

上市公司钱江摩托（证券代码：000913）的国有控股股东温岭钱江投资经营有限公司拟通过公开征集的方式转让钱江摩托国有股权 13 500 万股，引入战略投资者。

钱江摩托主动披露有关交易事项后，温岭市国税局就国有股份转让的注意事项、营改增后投资公司股权转让的计税依据做了讲解和测算，明确了温岭钱江投资经营有限公司应按照小规模纳税人 3% 的征收率对转让的股权以卖出价减去买入价的差额计税。2016 年 6 月，国地税共计征收股权转让税款 1 亿余元。钱江摩托于 2016 年 9 月 19 日发布公告称控股股东钱江投资将持有的钱江摩托无限售流通股 135 000 000 股（占公司总股本 29.77%）转让给吉利控股、过户登记手续已于 2016 年 9 月 12 日办理完成。

钱江摩托控股股东的国有股份转让，为什么按照小规模纳税人 3% 的征收率完税呢？

第一，要确认非公开发行证券的股权交易不征收增值税，但是公开发行的股票（本案例是限售股）股票按照"金融商品转让"差额征税。

浙江省税务局公开信息查到，温岭钱江投资经营有限公司是纳税人资格是一般纳税人，但是有效期起止 2016 年 11 月 1 日至 9999 年 12 月 31 日。也就是说，限售股交易的时段，该企业登记的纳税人资格是还是小规模纳税人。

可以从两个角度分析，温岭钱江投资经营有限公司可以按照小规模纳税人完税。

一是即便当次"金融商品转让"金额超过了 500 万元转成一般纳税人的标准，但是该笔限售股转让额度是否应该作为销售额纳入 500 万元认定范围，存在不确定性；

二是即便是达到了转换条件，按照《增值税一般纳税人登记管理办法》（国家税务总局令第 43 号）规定：纳税人自一般纳税人生效之日起，按照增值税一般计税方法计算应纳税额，并可以按照规定领用增值税专用发票，财政部、国家税务总局另有规定的除外。本办法所称的生效之日，是指纳税人办理登记的当月 1 日或者次月 1 日，由纳税人在办理登记手续时自行选择，也就是登记当月可以开始，也是下月才开始。温岭钱江投资经营有限公司在交易的当期仍然可以选择使用小规模纳税人简易计税办法，在将变未变之际，做了如此大手笔的特殊交易。

> **提示**
>
> 当时还在生效的文件《国家税务总局关于调整增值税一般纳税人管理有关事项的公告》（国家税务总局公告2015年第18号）有关"生效日期"的规定，和现行有效的"国家税务总局令第43号"规定一致。

综上，案例中限售股转让10亿元按照小规模纳税人征税并无不妥，税务机关从实际出发，而不是单纯的金额衡量，做出了合法合理的判断，也体现了纳税服务的价值。对我们的启示而言，就是要充分利用现有条件或创造新的条件，比如纳税人资格选择、行业专有政策优惠、良好的税企关系等进行税收筹划，在特殊的阶段，小的细节往往能发挥大的作用。

8.4.7 账务处理筹划的成与败

1．成功的案例

账务处理中的税收筹划一般都是时间性差异，就是拉大到整个企业的生命周期来看，其实纳税总额是不变的。账务处理的调整在所得税的筹划上成功率较高。

（1）差错更正补税

上市公司永安林业（证券代码：000663）于2019年6月10日发布公告，披露2015年收购家具制造子公司森源家具，因2016～2017年提前确认收入、滞后确认成本与费用的情形，于2019年对2016、2017年度的合并财务报表数据进行了更正：调减两年收入共8 560万元，作为会计差错调整，对收入成本的归属期间进行调整。该事项引致深交所问询，公司答复合理性，并补充披露了子公司森源家具于2016年曾补申报以前年度增值税未开票收入，补缴增值税及附加税834万元。

（2）会计估计变更

2018年8月31日，格力电器（证券代码：000651）发布了会计估计变更的公告，将一部分固定资产的折旧年限调短，比如房屋建筑物从20至30年全部调整为20年。不考虑其他因素的影响，仅此会计估计变更，全年增加折旧费用约6.43亿元，增加的折旧会抵减利润，从而降低需要交纳的所得税。

科大讯飞（证券代码：002230）从2008年5月上市以来，科大讯飞市在同行业中其固定资产比重处于较高水平，其中房屋建筑物资产账面价值达10.42亿元，即三分之二的资产都是房屋及建筑物。又由于该公司的折旧政策规定，房屋建筑物的折旧年限为40年，意味着分摊到每年的需要抵减的利润大幅减少了。如果和格力电器一样改为20年，以2017年年报数据为例，科大讯飞的利润总额会减少1 800万元。

在同一个账务处理上，上述两家公司用了截然相反的方式进行税收筹划，为了满足完全不同的目标。除了折旧外，资产减值准备、无形资产摊销年限等项目都可以进行税收筹划。

（3）账务调出来的利润

2017 年上市公司黑芝麻（证券代码：000716）演绎了黑芝麻通过递延所得税科目增加净利润的手法，市场专业人士唏嘘一片。

黑芝麻 2016 年的利润总额为 -2 113 万元，净利润等于利润总额减去所得税，通常情况下利润总额为负的企业必然是亏损的，但黑芝麻 2016 年的净利润却是盈利 2 517 万，公司税前利润亏损 2 113 万元，所得税却是 -4 629.82 万元。黑芝麻 2016 年财报里的递延所得税资产主要由 5 995 万的可抵扣亏损和 1 490 万的资产减值准备构成。税法规定，预计可以弥补的亏损允许做成递延所得税资产，最多可以抵扣五年。于是，黑芝麻就将发生的亏损预计五年内弥补，提取了递延所得税资产，从而把 2016 年的净利润调成了正数。

2. 涉税账务处理出错

上市公司金瑞矿业（股票代码：600714）2015 年 12 月 30 日曾发布公告称，全资子公司青海省西海煤炭开发有限责任公司曾因往期自产货物用于非增值税应税项目、免征增值税项目、集体福利或者个人消费的项目未做视同销售处理于 2015 年 12 月 29 日收到青海省海北州税务局稽查局《税务处理决定书》，要求缴纳增值税 15 720 207.25 元，滞纳金 7 516 671.75 元。

新三板企业城市药业（股票代码：836315）曾于 2016 年 1 月 29 日提交挂牌反馈意见显示：2013 年 8 月 15 日，经税务机关检查公司在 2010 年 1 月 1 日至 2011 年 12 月 31 日存在情形：单位账簿设置不规范、产成品科目及原材料科目未按明晰分别核算，以及实物抵债事项中未按规定做销售计提销项税额人民币 1 153.85 元；公司存在增值税税务规则不熟悉（增值税视同销售情形销项税额的计提、非正常损失情形下进项税额转出等）和产成品及原材料科目未按明细分别核算，比如："将构筑物及用于不动产在建工程的购进材料抵扣增值税进项税额""赠品未按照同类价格计收入""原材料非正常损失未做进项税额转出""成本结算不准确"，导致部分涉及增值税及其引发的会计确认错误，致使企业漏缴部分增值税、企业所得税而受到处罚。

以上两个案例，很难说是有意为之，还是不了解税收政策导致的。如果是税收筹划，也是最低层次的，不遵从税法规定的做法，违背了税收筹划的原则，也遗留了更大的税收风险。建议加强企业税收政策学习研究，涉税账务处理是税收筹划的最终一环，要把好关口。

8.4.8　不合规使用发票的罪过

1. 非法伪造、变造发票

上市公司庄园牧场（证券代码：002910）于 2017 年 10 月 10 日发布《庄园牧场：华龙证券股份有限公司关于公司首次公开发行 A 股股票并上市之发行保荐工作报告》显示：2015 年，青海省地方税务局稽查局园区稽查分局在对青海湖乳业进行税务检查时，发现青海湖乳业在 2011 年 1 月 1 日至 2013 年 12 月 31 日期间通过软件扫描制作发票影印件两份，为非法伪造、变造发票的行为，并于 2015 年 2 月 15 日出具了税务行政处罚决定书，处以罚款 10 万元。通过仔细阅读公告发现，青海湖乳业伪造、变造的两张发票的影印件主要用于青海湖乳业向国家开发银行青海省分行贷款后受托支付时转账使用，发票未作为记账凭证在会计账簿中反映。

非法伪造、变造发票往往都是用来抵扣或者作为入账凭证，上例提到的只是将通过扫描修改方式变造的两张发票的影印件提供给了银行，随后银行转付了款项。虽然未造成国家税金事实上的流失，不具有偷税漏税等违法违规行为的主观意愿，但是税务机关仍然做出处罚。

这无疑启示我们，伪造变造发票用于偷税漏税固然违法，其他不正当用途仍然违法。我们务必加强公司财务人员的系统培训，提高财务人员专业能力和综合素质。

2. 专用发票票面信息不规范抵扣的

新三板上市企业山东东阿东方阿胶股份有限公司（证券代码：838841）于 2017 年 5 月 23 日发布《东阿县税务局稽查局税务行政处罚决定书》显示：东阿县税务局通过审查公司 2013 年 1 月 1 日至 2015 年 12 月 31 日增值税、企业所得税纳税情况，发现如下违法事实：因取得的增值税专用发票票面信息不规范应做进项税额转出 25 532.01 元，并调减应纳税所得额 25 532.01 元；因公司产品、原辅料抵账应补提增值税税额 203 309.99 元。以上事项导致三年累计应补交增值税税款 228 842.00 元。因罚款支出、商业保险费用不符合税前扣除条件并因上述增值税调整导致应纳税所得额调整，导致三年累计应补交企业所得税 45 256.90 元。根据《中华人民共和国税收征收管理法》及《中华人民共和国税收征收管理法实施细则》规定，对补缴税款处以百分之五十罚款，共计金额 137 049.45 元。

我们在本书第 2 章中专门列举了十几种票面信息不合规的发票情形，山东东阿东方阿胶股份有限公司被处罚的案例，足以警醒我们，发票票面信息不合规坚决拒收。

上市公司大康农业（证券代码：002505）于 2019 年 7 月 2 日发布公告，披露 2016 年 2 月和 4 月分别在管理费用的"中介费用"中分别列支信息查询费 0.6 万元、评级服务费 5 万元，两份发票均为深圳市地方税务局监制的发票，2018 年 3 月 28 日，怀化市税务局认为该业务应取得由税务局监制的发票，并对该扩大发票使用范围的违章行为处罚 0.2 万元。

上市公司嘉事堂（证券代码：002462）于 2019 年 4 月 26 日发布公告，披露公司因部分凭证名称不符，违反《中华人民共和国发票管理办法》，2018 年 3 月被北京市海淀区税务局稽查局处罚 2 000 元。

上市公司神州长城（证券代码：000018）2019 年 4 月 30 日发布公告，披露子公司神州长城国际工程有限公司取得涉嫌虚开增值税普通发票、外省清包增值税普通发票、失控增值税专用发票等列支工程施工成本共 4 293.13 万元，2018 年 12 月 7 日被国家税务总局北京市通州区税务局第二税务所出具税务事项通知书，调增应纳税所得额 643.97 万元。公司称，系税务管理不规范，缺乏发票管理等税务管理制度，造成违规列支工程施工成本。

8.4.9　个税手续费返还如何顺利到账

上市公司老百姓（证券代码：603883）于 2018 年 8 月 9 日发布公告，披露子公司兰州惠仁堂 2016 年因往期三代手续费未计提缴纳营业税金及附加被稽查处罚：甘肃省兰州市地方税务局稽查局于 2016 年 10 月 25 日出具的兰地税稽罚〔2016〕100 号《行政处罚决定书》，认定兰州惠仁堂药业连锁有限责任公司 2014 年、2015 年的三代手续费收入未计提缴纳营业税及附加税，2014 年、2015 年未计提缴纳城镇土地使用税、房产税、车船税等情形，根据《中华人民共和国税收征收管理法》第六十四条第二款的规定，罚款 45 169.50 元。

上市公司华泰证券（证券代码：601688）于 2017 年 10 月 24 日发布公告，披露多地营业部受到涉税处罚的情况，其中沈阳某营业部因个税手续费返还款未缴纳营业税而被处罚该营业部营业外收入科目 2015 年收到个人所得税手续费返还款 2013 年 4862.17 元，2014 年 5 568.75 元，未按规定缴纳营业税及附加，对其罚款 279.04 元。

《国家税务总局关于做好中国石油化工集团公司税收风险管理后续工作的通知》（税总发〔2013〕100 号）在"营改增"之前曾提出：代收代缴或代扣代缴个人所得税，消费税，预提所得税手续费收入应征营业税。"营改增"后，依照（财税〔2016〕36 号）文件规定，各地税务机关普遍认定"三代"服务属于现代服务中的经纪代理服务，应按 6% 税率缴纳增值税。

会计核算方面，企业作为个人所得税的扣缴义务人，根据《中华人民共和国个人所得税法》收到的扣缴税款手续费，应作为其他与日常活动相关的项目在利润表的"其他收益"项目中填列，取得环节作为"其他收益"收益核算。比如，创业板上市公司瑞丰光电（证券代码300241）于2018年7月16日发布公告，披露其于2018年上半年收到"三代税款手续费"共计536 009.65元，作为政府补助计入"其他收益"核算。

8.4.10　财务人员虚开发票的自我救赎

虚开增值税专用发票是国家重点打击的危害税收征管的经济违法行为，扰乱正常社会经济秩序，影响企业正常发展，更不易于良好营商环境的形成，根据《中华人民共和国发票管理办法》以及《中华人民共和国税收征收管理法》虚开发票的企业将面临补缴增值税、企业所得税、加收滞纳金及罚款等多种税务处理，更有可能达到犯罪标准而受到刑事处罚，有些企业贪图小利虚开发票，孰不知，因小失大、得不偿失。

1. 老板虚开发票，兼职会计判刑

2008年11月10日新华网报道了一个案例：北京市第一中级人民法院判处被告兼职会计刘冬辉虚开发票罪有期徒刑8年，并处罚金人民币6万元。2005年2月至2006年6月期间，刘冬辉在明知公司没有实际经营活动的情况下，领购增值税专用发票共计175份，并办理增值税纳税申报。公司老板蔡某虚开专票145份，税款209万余元。刘冬辉辩解对公司及虚开发票情况均不知情。

法院认为：刘冬辉作为兼职会计，以专业知识应当发现蔡某等人大量领购增值税专用发票的行为具有违法性。刘冬辉领购增值税专用发票、报税等行为已构成虚开增值税专用发票罪。鉴于刘冬辉在共同犯罪中起次要辅助作用，系从犯，可依法对其减轻处罚。

然而，八年牢狱之灾出来后恐怕早已物是人非。

2. 实际经营者虚开发票，会计判刑

根据《四川省资阳市中级人民法院刑事裁定书（2015）资刑终字第60号》显示：黄耿忠伙同欧阳拥民（另处）利用他人身份信息注册成立了资阳市康兰特商贸有限公司，并取得一般纳税人资格。黄耿忠聘请刘丽为职员，刘丽负责在黄耿忠的指示下虚开增值税专用发票。黄耿忠以公司名义虚开增值税专用发票50份，税额共计847 501元。其中刘丽虚开20份，税额共计339 000元。

被告人黄耿忠犯虚开增值税专用发票罪，判处有期徒刑十一年六个月，并处罚金十万元；被告人刘丽刘某犯虚开增值税专用发票罪，判处有期徒刑二年，缓刑三年，并处罚金一万元。

3. 如何避免虚开增值税发票罪

纳税企业及主管人员应培养正确的风险防范意识与法律常识，自觉遵守法律法规，提高自身专业能力和专业素养。

（1）提高防范意识，工作做在前面

一般纳税企业在购进货物时，应当具有防范意识，并积极地采取一些措施避免收到虚开发票。收到发票后，直接负责人员需要仔细核对发票内容，包括货物内容、开票单位和汇款账户等信息，是否与业务实际发生情况与实际销售单位相符。

提高拒腐防变意识。面对非法提供虚开发票并支付的"好处费"要拒而远之，不要拿职业生涯和人生开玩笑。

发票报销，要求业务人员验证发票真伪。在网上查验后，纳税企业仍有疑虑的，可暂停抵扣并向税务机关寻求帮助，由他们介入进行调查。

（2）了解交易对象，过程把控

在交易中，需要尽可能全面掌握对方的信息。对于正常交易中的供货单位以及相关业务联络人员的实际情况也应进行深入的调查。通过调查一旦发现交易对方有异常情况，应当引起警惕，做进一步的追查，并考虑是否继续进行交易。

有一些情况，先付款后给票的，这种尤其涉及大额支付要谨慎，付款完毕开不出发票的例子很多。

上市公司厦门港务（证券代码：000905）于 2019 年 6 月 1 日发布公告，披露贸易子公司曾因供应商龙岩兴友鑫工贸有限公司未交付劳务加工的增值税发票（金额为 1 272 万元、增值税金额 184.82 万元），2014 年提起诉讼，截至目前虽已判决，但被告未交付，公司 2014 年度已做进项税转出。

（3）善意收到虚开发票，果断处理

日常发现虚开端倪，果断拒绝。如果不小心收到虚开发票并受到了执法机构的调查，无须慌张。应主动保留相关的证据，并寻求专业律师的帮助。

8.4.11　挂靠"代开"专票却未被判处"虚开"罪

1. 挂靠"代开"过程

李某某系西弘服务部业主，该服务部为小规模纳税人，其先后与新广兴物流、广元中铝、国大公司建立货物运输关系，成为三公司的货运承揽人。营改增后，于 2016 年初，上述三家公司要求李某某出具税率为 11% 的货物运输业增值税专用发票。因其属于小规模纳税人，不能开具税率为 11% 的增值税专用发票，但李某某为继续承揽上述三家公司的货运业务，便找到徐某某帮助其提供增值税专用发票用于结算运费。徐某某又找到文波物流（一般纳税人）实际控制人罗某某妻子胡某，经胡某促成同意由文波物流向新广兴物流、广元中铝、国大公司开具税率为 11% 的货物运输业增值税专用发票，由李某某通过被告人徐某某向文波物流交纳票面金额 7% 的管理费，徐某某按票面金额的 0.5%（含在 7% 中）提取介绍费。

后李某某与三家托运单位发生实际运输业务，需要结算运费时，李某某每次将受票单位名称、日期、金额、纳税人识别代码等信息通过手机发送给徐某某，后由徐某某通过胡某将开好的增值税专用发票、委托李某某收取运费的委托书及文波物流和新广兴物流签订的公路运输合同通过邮寄的方式交给李某某。李某某将票面金额的 7% 作为开票费以现金方式支付给徐某某。李某某再将收到的税率为 11% 的货物运输业增值税专用发票等手续交到上述三家托运单位结算运费，托运单位依据文波物流出具的委托书将运输费直接支付给李某某。

自 2016 年 2 月以来，李某某接受徐某某帮其开具承运人为文波物流的货物运输业增值税专用发票 19 份，发票金额共计 1 137 691.56 元，上述三家托运单位收到李某某交付的增值税专用发票后，在税务机关抵扣税额 125 146.06 元。、

案例源于案件字号：2019 川 0802 刑初 4 号，材料内容来源于中国裁判文书网。

法院认为，李某某的行为不属于虚开增值税专用发票。没有骗税目的的找他人代开发票行为与以骗税为目的的虚开犯罪行为的社会危害性不可相提并论，在不能证明被告人李某某有骗取抵扣税款或者徐某某有帮助他人骗取抵扣税款故意的情况下，仅凭找其他公司代开发票的行为就认定构成此类犯罪不符合立法本意，也不符合主客观相一致原则和罪责相适应原则。

但是，李某某违反国家对增值税专用发票管理规定，非法购买增值税专用发票，票面金额累计超过 10 万元，其行为已触犯《中华人民共和国刑法》第二百零八条的规定，构成非法购买增值税专用发票罪。

2. 案例启示

对于"虚开"犯罪的构成以及性质，最高院曾多次公开发表意见，其中《最高人民法院研究室〈关于如何认定以"挂靠"有关公司名义实施经营活动并让有关公司为自己虚开增值税专用发票行为的性质〉征求意见的复函》（法研〔2015〕58 号）认为：虚开增值税发票罪的危害实质在于通过虚开行为骗取抵扣税款，对于有实际交易存在的代开行为，如行为人主观上并无骗取抵扣税款的故意，客观上未造成国家增值税款损失的，不宜以虚开增值税专用发票罪论处。

虚开发票事实发生，不被定性为虚开增值税发票罪的案例相对较少，而且这种情况下，虽然能够避免"代开"发票、"虚开发票罪"的重罚，往往也难以逃脱其他犯罪的惩罚。实务中，有"虚开罪"改为"逃税罪""增值税专用发票管理规定"及"违法发票管理办法"的案例。

因此，我们遇到被认定虚开增值税专用发票的官司时，要认真分析，从业务流程、税法规定、程序法要求等各方面分析法律关系，必要时寻找专业中介机构的帮助，把罪责在合理范围内降到最低；另外，不管是建筑类还是交通运输企业，挂靠企业的税务风险都是与生俱来的，税务上对挂靠企业的业务事实认可，但是其复杂的业务、资金往来、发票开具等关系，无疑给业务发生的三方都带来较大的风险。建议做好源头控制，通过承包经营等方式让实际经营者与法律主体保持一致，纳税主体、管理体制和法律责任等主体明确，承担的社会责任明晰。最后，涉及增值税专用发票的开具与使用，务必以业务实际发生为根据，这是核心，虽然业务类型千变万化，但是合规合矩是基本要求。

8.4.12　重视税控设备管理　历史报税数据要备份

新三板上市企业广西新生活后勤服务管理股份有限公司（证券代码：834781）2017年4月11日发布《广西新生活后勤服务管理股份有限公司关于收到税务行政处罚决定书的公告》显示，未按规定安装、使用税控装置或者损毁、擅自改动税控装置，违反了《中华人民共和国税收征收管理办法》第六十条第一款第（五）项的规定，高新国税局对公司处以罚款 200 元。

虽然行政处罚金额较小，处罚不会对公司的经营造成重大利润影响，但是作为上市公司的社会影响大，反映出财务管理及内控建设的缺失。

新三板上市企业西力生物（证券代码：871574）于2017年5月12日发布法律意见书，披露了相关税收滞纳金情况。由于金税系统近年来多次升级改造，造成金税系统历史数据差错，对该差错的调整需要追溯调整以前年度申报表，于 2016 年 10 月 27 日按税务机关要求补充申报缴纳 2015 年度企业所得税 64 987.62 元，并支付延期滞纳金 3 866.76 元。

即便滞纳金不属于罚款，滞纳金是由于税务机关系统升级改造原因导致延期申报产生的，不属于违反国家有关税收法律法规的情形，可是问题的核心是历史数据差错，如何避免这种情况？首先做好数据备份，每年的纳税申报表要严格保存，及时归档。其次是发生这种事情的概率毕竟偏小，纳税申报人员每月接触申报系统，发现问题及时提出。还有是错误发生尽量在征期内解决，由税务机关造成的问题，积极争取政策，降低税收成本。

提示

依据《中华人民共和国税收征收管理法》第五十二条第一款："因税务机关的责任，致使纳税人、扣缴义务人未缴或者少缴税款的，税务机关在三年内可以要求纳税人、扣缴义务人补缴税款，但是不得加收滞纳金。"

8.4.13 增值税纳税漏报迟报涉嫌偷税

1. 收入未申报涉嫌偷税

新三板上市企业江苏蔚联机械股份有限公司董事会（证券代码：832194）2017 年 6 月 22 日发布收到盐城市盐都区税务局稽查局下达的《税务行政处罚事项告知书》显示：公司 2016 年 11 月销售筒机价税合计 161 598.86 元未记销售收入未申报纳税；公司 2014 年至 2016 年下脚废料收入未申报缴纳增值税 3 123.93 元；公司用于非生产经营的购进货物，涉及公司食堂线路改装用电线电缆材料、食堂小餐厅安装空调、搭棚子所用彩钢板计入生产成本、将交际应酬用手机计入管理费用、租赁汽车接送职工上下班、职工食堂用电费及燃气费，未作进项税转出 8 236.25 元；公司 2016 年 12 月房租收入 6 500 元记营业外收入未申报缴纳增值税 309.52 元。

根据《中华人民共和国税收征管法》第六十三条，稽查局认定上述少缴增值税 35 176.88 元属于偷税，并对所偷税款 35 176.88 元处 50% 罚款 17 588.44 元。

2. 逾期未申报被处罚

新三板上市企业东阳三尚传媒股份有限公司董事会（证券代码：836597）2017 年 3 月 22 日发布了《东阳三尚传媒股份有限公司关于收到税务行政处罚决定书的公告》显示，经北京市朝阳区地方税务局呼家楼税务所对公司申报征收情况进行的检查核实，公司未按照规定的期限办理纳税申报和办理纳税材料，涉嫌违反《中华人民共和国税收征收管理法》第二十五条第一款之规定，决定建议罚款 2000 元。

8.4.14 "白条"入账不可为

在企业的实际经营中，由于各种原因，使用"白条"作为原始凭证入账的情况有时候是存在的。但是以虚构的"白条"列支费用，属于逃避财务监督或偷漏税款的一种舞弊手段，要承担相关的法律责任。

1. 食堂或维修费等"白条入账"

根据《吉林省四平市中级人民法院行政判决书（2017）吉 03 行终 36 号》显示：吉林省丰达高速公路服务有限公司 2010 年度、2011 年度原告购进肉类、冻货类原材料价款合计 2 639 658.6 元，原始凭证均为收据（无税务机关发票监制章），计入南、北餐厅"主营业务成本"结转后计入当期损益，在年度企业所得税汇算清缴时未作纳税调整。吉林省丰达高速公路服务有限公司最终被责令补缴企业所得税款 827 676.61 元（其中包含本案争议补缴税款 659 914.66 元）、补缴增值税 45 179.46 元，合计应补缴税款 872 856.07 元，并从滞纳税之日起按日收取滞纳税款万分之五的滞纳金，至 2013 年 6 月 28 日止。

2．其他原始凭证入账

新三板上市企业东莞市锐源仪器股份有限公司董事会（证券代码：430543）2017 年 4 月 20 日发布《东莞市锐源仪器股份有限公司关于收到税务行政处罚决定书的补发》公告显示：2016 年 10 月份东莞市地方税务局松山湖分局例行抽查工作中发现有以白条等其他凭证代替发票使用的行为。东莞市地方税务局松山湖分局根据《中华人民共和国发票管理办法》第三十五条第（六）项，决定拟处罚 5 000 元。

3．"白条"问题如何解决

（1）"白条"入账不合规

真实、合法、与正常的生产经营活动有关的支出都是可以税前扣除，涉及生产经营活动支出的"白条"本身就不能说明支出的真实性、合法性。

《中华人民共和国税收征收管理法》第十九条规定："纳税人、扣缴义务人按照有关法律、行政法规和国务院财政、税务主管部门的规定设置账簿，根据合法、有效凭证记账，进行核算"。

《中华人民共和国发票管理办法》第二十条规定："所有单位和从事生产、经营活动的个人在购买商品、接受服务以及从事其他经营活动支付款项，应当向收款方取得发票。取得发票时，不得要求变更品名和金额"；第二十一条规定："不符合规定的发票，不得作为财务报销凭证，任何单位和个人有权拒收"。

国家税务总局 2009 年 7 月 27 日发布的《进一步加强税收征管若干具体措施》第六条规定："加强企业所得税税前扣除项目管理……未按规定取得的合法有效凭据不得在税前扣除……"

《中华人民共和国企业所得税法》第八条规定："企业实际发生的与取得收入有关的、合理的支出，包括成本、费用、税金、损失和其他支出，准予在计算应纳税所得额时扣除。"

可以看出，"白条收据"可以按照合法、有效的票据在计算应纳税所得额时扣除的法律仍然不明确、不足。相反，企业用于记账核算的凭证应是合法、有效的发票。

（2）如何把握必要的"白条"

实务中，也会有一些无法取得发票的情况，比如：付给个人的各种补偿、赔偿费用，比如福利费、出差补助费，个人劳务报酬、向个人借入资金支付的利息等；公司内部的食堂业务招待；需要开具发票但是由于各种客观原因未取得发票的。

总体来看，"白条"入账风险较大，有被税务机关纳税调整、补税、补滞纳金、处罚的风险，尽量减少"白条"入账行为。但是也要从真实业务出发费用合法真实、符合有关扣除标准，由于某种客观原因，没有取得有效、合法的原始凭证，也可以让"白条"入账，当然要准备好相关业务发生材料、资金支付凭证、相关证明等，以备查验。

8.4.15 "甲供材"与"甲控材"的操作筹划

1. 建筑业"甲供材"销售额的确定

（1）一般纳税人为甲供工程提供的建筑服务，可以选择适用简易计税方法计税。

甲供工程，是指全部或部分设备、材料、动力由工程发包方自行采购的建筑工程。

根据《中华人民共和国建筑法》第二十五条规定和《中华人民共和国建设工程质量管理条例》第十四条的相关规定可以看出，甲供材在法律层面是合法的，也是允许的。"甲供材料"，对于乙方而言，可以减少材料资金占用；对于甲方而言，材料质量能保证。

另外，针对"甲供材"工程，建筑施工企业在增值税计税方法上，具有一定的选择性，既可以选择增值税一般计税方法，也可以选择增值税简易计税方法。

（2）试点纳税人提供建筑服务适用简易计税方法的，以取得的全部价款和价外费用扣除支付的分包款后的余额为销售额。

注意：营业税时代，提供建筑业劳务无论与对方如何结算，其计税营业额均应包含工程所用的原材料和其他物资和动力的价款在内，但不包括下列两种情况的甲供设备或材料：①甲供的设备；②清包工方式的装饰劳务。

而全面"营改增"后，无论是采用一般计税还是简易计税方法，建筑服务提供方的营业收入，是不包括甲供部分的，"甲供"工程销售额认定的具体范围发生了变化。

🔍 小贴士

"甲供材"是否作为建筑企业销售额的税基？

根据《全面推开营业税改征增值税试点政策培训参考材料》（总局货物和劳务税司编写）460～461页中解释，甲供材不作为建筑企业的税基。具体内容如下：

在建筑工程中，出于质量控制的考虑，甲方一般会自行采购主要建筑材料，也就是俗称的甲供材。目前，甲供材主要有两种模式：

第一，甲供材作为工程款的一部分，甲方采购后交给建筑企业使用，并抵减部分工程款（比如，工程款1 000万元，甲方实际支付600万元，剩余400万元用甲供材抵顶工程款）；

第二，甲供材与工程款无关，甲方采购后交给建筑企业使用，并另行支付工程款（比如，工程款600万元，甲供材400万元）。按照营业税政策规定，不论哪一种模式，建筑企业都要按照1 000万元计算缴纳营业税。

从增值税的角度看，其实甲供材并没有特殊性。第一种模式，甲方用甲供材抵顶工程款，属于有偿转让货物的所有权，应缴纳增值税；甲方征税后，建筑企业可以获得进项税额正常抵扣。

> 对第二种模式，甲供材与建筑企业无关，建筑企业仅需就实际取得的工程款 600 万元计提销项税额即可。第二种模式下建筑企业的计税依据中不包括甲供材。

2. 甲供材简易计税的选择条件

现行政策规定，一般纳税人为甲供工程提供的建筑服务，可以选择简易方法计税。这里的甲供工程，指的是全部或者部分的设备、材料、动力由甲方自行采购。

那么一个工程中，甲方采购了多少东西，才算是甲方"全部或者部分"采购，才可以适用简易计税呢？

按照总局的解释，只要工程发包方自行采购了"全部或部分"的设备、材料和动力，无论其所占比例的大小，建筑企业都可以选择简易计税方法计税。

3. 甲供材案例解析

假设甲房地产公司发包一项工程，乙建筑公司承包。工程结算成本中，原材料 5 994 万元，人工成本、其他费用共计 3 396 万元，假设包工包料情况下全年营业收入为 11 100 万元；原材料甲供情况下营业税收入为 4 995 万元。

以上金额全为含税金额，原材料能够取得 13% 的增值税专用发票，其他成本费用不能取得增值税专用发票。

问题：在"包工包料"与"材料甲供"情况下，对甲乙公司税负有何影响？

解析：

（1）对施工乙企业的影响

首先，包工包料情况下属于乙建筑企业增值税的混合销售，根据"财税〔2016〕36 号文"附件 1 第四十条规定，一项销售行为如果既涉及服务又涉及货物，为混合销售。从事货物的生产、批发或者零售的单位和个体工商户的混合销售行为，按照销售货物缴纳增值税；其他单位和个体工商户的混合销售行为，按照销售服务缴纳增值税。

其次，乙建筑企业不是货物生产企业，应该按照建筑服务业缴纳增值税。所以，包工包料情况下：

销项税额 = 11 100 ÷ （1 + 9%）× 9% = 916.51（万元）

进项税额 = 5 994 ÷ （1 + 13%）× 13% = 689.58（万元）

应缴纳增值税 = 916.51 − 689.58 = 226.93（万元）

226.93 万元小于 333 万元，也就是全面"营改增"后，包工包料情况下，建筑施工企业的税负是下降的，当然这很大程度上取决于进项税额的多少。

最后，如果原材料甲供情况下：

①若一般计税方法：

销项税额＝4995÷（1＋9%）×9%＝412.43（万元）

进项税额＝0（万元）

应缴纳增值税＝412.43（万元），412.43万元大于333（万元）。

②若选择简易计税方法：

则应纳增税额＝4995÷（1＋3%）×3%＝145.48(万元)，145.48万元小于333万元。

可以看出，甲供情况下一般计税方法，建筑企业可抵扣项目减少，税负有所上升；选择简易计税方法税负能够有效降低。

（2）对房地产企业影响

①包工包料。

进项税额＝11 100÷（1＋9%）×9%＝916.51（万元）

②材料甲供。

若建筑公司按一般计税方法计税，甲房地产公司能够取得乙建筑公司开具的建筑服务增值税专用发票，也能获得材料公司开具的增值税专用发票。即：

进项税额＝412.43＋689.58＝1 102.01（万元）

若建筑公司选择简易征收，即：

进项税额＝145.48＋689.58＝835.06（万元）

③结论。

显然，甲房地产公司如果采用"甲供"模式，一般计税方法下取得的进项税额要大于"包工包料"情况下的进项税额。而如果建筑公司采用简易计税方法，则结论有很大的不确定性。

（3）"甲供材"操作建议

①税负影响。甲方如果是一般纳税人，会倾向于扩大甲供材的采购，以增加自身可抵扣的进项税。相应的，建筑企业可抵扣的进项税必然减少，税负增加的概率较大。另外，对没有甲供材、材料全部由建筑企业采购的工程，建筑企业抵扣的进项税大多是13%的税率，而销项税按照9%计算，低征高扣，税负基本也不会增加。

但在建筑市场中甲方居于主导地位，这种强势的地位，或可导致甲方将易于取得增值税专用发票的材料、设备、构配件等自己来采购，如螺纹钢、管材以及水泥等，而将难于取得发票的砂、土、石料等交由乙方采购。所以，甲方为降低自身税负，势必提高"甲供材"的供应比例，建筑企业的去材料化将更为显著，甲乙双方的税负将产生较大变化。

②开票模式。乙方在有两种开票选择，一种是简易计税方法开出3%的进项专票，一

种是根据甲乙双方谈判开出 9% 的进项专票。

建筑企业如果选择 9% 的税率开票，自身税负上涨压力很大（如上例），如果甲方选择甲供材的模式，那么乙方极有可能只会开出 3% 的进项专票，而甲方利益是一般计税方法获得更大的抵扣，因此建筑公司和房地产公司两者之间的博弈会加剧。

③计税方法的选择。

甲供材模式下，建筑企业选择按一般计税方式计税，还是选择按简易办法计税还需要进一步进行测算，对原材料及其他成本的进项税额进行估算，对整个项目的收入进行预算，综合得出项目的税负成本以及税负临界点，在合同签订前做好税务风险的控制。

4. "甲控材"操作建议

"甲控材"，主要形式是甲方组织监理协助进行招投标，选择供应商，由乙方签订供货合同。零星材料由甲方、监理、乙方三方共同商定。

例如，甲房地产企业与乙建筑公司协议，甲企业的 A 项目，由乙企业施工，采用包工包料方式，但甲企业负责组织招投标活动，选定建筑材料的供应商后，由甲企业与供应商签订购销合同，发票开具给乙企业。

所以，乙企业缴纳增值税时，应当就其全部销售额向甲企业开具发票。同时这种行为属于增值税的混合销售，乙企业应当就其取得的包工包料价款申报缴纳增值税，税率为 9%。

另外，在"甲控材"模式下，甲方"甲控材"只能抵扣 9%（建筑公司开具的建筑服务发票），低于甲供材模式下的 13%（材料商开具的发票）。

而乙方购销合同由甲方签订，材料部分发票却开具给乙方，税务机关可能认定为交易不真实，有"三流"不一致的风险。甚至，如果甲方将材料款直接支付给供货方，从工程款抵减，乙企业取得的材料款的进项税额发票是不可能抵扣的。

8.4.16　房地产红线外开发配建工程涉税处理

实务中，房地产企业在拿地时与当地政府约定，由房地产企业在红线外为政府配建一处小学、一座社区医院，配建完成无偿移交当地政府的情况很常见。

1. 增值税处理

根据"财税〔2016〕36 号文"附件 1 第十四条规定：下列情形视同销售服务、无形资产或者不动产：

（1）单位或者个体工商户向其他单位或者个人无偿提供服务，但用于公益事业或者以社会公众为对象的除外。

（2）单位或者个人向其他单位或者个人无偿转让无形资产或者不动产，但用于公益事业或者以社会公众为对象的除外。

（3）财政部和国家税务总局规定的其他情形。

因此，房地产公司配建红线外工程，之后移交政府的，属于"用于公益事业或者以社会公众为对象的"，不需要视同销售缴纳增值税。

同时注意，与红线外设施有关的增值税进项税额要做转出处理。

可以借鉴海南国税的做法，海南省税务局发布了《全面推开"营改增"政策指引——四大行业座谈会问题系列解答之房地产业》政策指引，其中：房地产企业将建设的医院、幼儿园、学校、供水设施、变电站、市政道路等配套设施无偿赠送（移交）给政府的，如果上述设施在可售面积之外，作为无偿赠送的服务用于公益事业，不视同销售；如果上述配套设施在可售面积之内，则应视同销售，征收增值税。

2．企业所得税

（1）公益性捐赠的扣除比例

根据《中华人民共和国企业所得税法》第九条规定，企业发生的公益性捐赠支出，在年度利润总额 12% 以内的部分，准予在计算应纳税所得额时扣除。

（2）成本费用的处理

根据《国家税务总局关于印发"房地产开发经营业务企业所得税处理办法"的通知》（国税发〔2009〕31号）第十七条规定，企业在开发区内建造的会所、物业管理场所、电站、热力站、水厂、文体场馆、幼儿园等配套设施，按以下规定进行处理：

第一，属于非营利性且产权属于全体业主的，或无偿赠予地方政府、公用事业单位的，可将其视为公共配套设施，其建造费用按公共配套设施费的有关规定进行处理。

第二，属于营利性的，或产权归企业所有的，或未明确产权归属的，或无偿赠予地方政府、公用事业单位以外其他单位的，应当单独核算其成本。除企业自用应按建造固定资产进行处理外，其他一律按建造开发产品进行处理。

注意，如果有偿移交的，"所得税"上可以按照国税发〔2009〕31号第十八条处理，企业在开发区内建造的邮电通信、学校、医疗设施应单独核算成本，其中，由企业与国家有关业务管理部门、单位合资建设，完工后有偿移交的，国家有关业务管理部门、单位给予的经济补偿可直接抵扣该项目的建造成本，抵扣后的差额应调整当期应纳税所得额。"增值税"上当然按照正常业务处理。

（3）用于慈善的捐赠所得税结转扣除

根据《中华人民共和国慈善法》（中华人民共和国主席令第 43 号）第八十条规定：

> "自然人、法人和其他组织捐赠财产用于慈善活动的，依法享受税收优惠。企业慈善捐赠支出超过法律规定的准予在计算企业所得税应纳税所得额时当年扣除的部分，允许结转以后三年内在计算应纳税所得额时扣除。
>
> 当年发生的公益性捐赠超过税法规定标准，当年不得扣除，结转到下年度继续抵扣；在第三年仍旧无法扣除的，在第三年一次性扣除。"

3．土地增值税

根据《财政部 国家税务总局关于土地增值税一些具体问题规定的通知》（财税字〔1995〕48 号）规定，房产所有人、土地使用权所有人通过中国境内非营利的社会团体、国家机关将房屋产权、土地使用权赠予教育、民政和其他社会福利、公益事业的行为，不属于土地增值税征税范围，无须缴纳土地增值税。上述社会团体是指中国青少年发展基金会、希望工程基金会、宋庆龄基金会、减灾委员会、中国红十字会、中国残疾人联合会、全国老年基金会、老区促进会以及经民政部门批准成立的其他非营利的公益性组织。

房地产开发企业配套建设的中小学校和社区公共用房无偿移交政府有关部门管理使用的行为，如果是通过中国境内非营利的社会团体、国家机关，无偿赠予教育、民政和其他社会福利、公益事业的，不属于土地增值税征税范围，无须缴纳土地增值税。

4．印花税

根据《中华人民共和国印花税暂行条例》第四条规定，财产所有人将财产赠予政府、社会福利单位、学校所立的书据，免征印花税。

房地产开发企业配套建设的中小学校和社区公共用房无偿移交政府有关部门管理使用的行为，符合上述规定，免征印花税。

8.4.17　房地产开发企业"预收款"开票策略

1．政策指南

实务中，预收款包括分期取得的预收款（首付＋按揭＋尾款）、全款取得的预收款。定金属于预收款，而诚意金、认筹金和订金不属于预收款。

预收款的税务处理不同，主要是纳税义务发生时间不同。对此，《财政部、国家税务总局关于全面推开营业税改征增值税试点的通知》（财税〔2016〕36 号）附件 1《营业税改征增值税试点实施办法》第四十五条规定了纳税义务发生时间的判定规则，其中：

（1）一般情况为纳税人发生应税行为并收讫销售款项或者取得索取销售款项凭据的

当天；先开具发票的，为开具发票的当天。

（2）纳税人提供租赁服务采取预收款方式的，其纳税义务发生时间为收到预收款的当天。

房地产开发企业收到预收款时，未达到增值税纳税义务发生时间，只是需要按照3%税率预交增值税。开票的主要原因是后续办理房产过户、银行或公积金贷款时，相关部门需要房屋买卖预收款发票。但如果对预收房款开具发票，则"先开具发票的，为开具发票的当天"，可判定为达到了增值税纳税义务发生时间，需要按照9%税率纳税申报，会发生进项和销项不匹配的"错配"现象，导致房地产开发企业一方面缴纳了大量税款，另一方面大量的留抵税额得不到抵扣。

根据《国家税务总局关于营改增试点若干征管问题的公告》（国家税务总局公告2016年第53号）第九条规定，"《国家税务总局关于全面推开营业税改征增值税试点有关税收征收管理事项的公告》（国家税务总局公告2016年第23号）附件《商品和服务税收分类与编码（试行）》中的分类编码调整，纳税人应将增值税税控开票软件升级到最新版本（V2.0.11）"。升级到最新版本后的主要内容有：

（1）增加6"未发生销售行为的不征税项目"，用于纳税人收取款项但未发生销售货物、应税劳务、服务、无形资产或不动产的情形。

（2）"未发生销售行为的不征税项目"下设601"预付卡销售和充值"、602"销售自行开发的房地产项目预收款"、603"已申报缴纳营业税未开票补开票"。使用"未发生销售行为的不征税项目"编码，发票税率栏应填写"不征税"，不得开具增值税专用发票。

2. 开票实务

国家税务总局2016年第53号公告增加"未发生销售行为的不征税项目"开票编码的方式，即满足购房者取得发票办理手续的要求，又不需在开票环节申报纳税。

（1）期房销售情况

期房销售，在交房之前收到的预收款，选择6"未发生销售行为的不征税项目"下的602"销售自行开发的房地产项目预收款"编码进行开票（见图8-1），并在发票税率栏填写"不征税"，开具增值税普通发票，不得开具增值税专用发票。在开具发票的次月按照3%的预缴率进行预交增值税，不需要进行纳税申报。如系统清卡不成功，需要在申报期去税务局办税服务厅进行手工清卡。

商品和服务税收分类编码

退出　打印　编码下载　编码导入　导入　导出　　首条　上条　下条　末条　增加　删除　修改　保存　撤销

商品和服务税收分类编码
- 货物
- 劳务
- 销售服务
- 无形资产
- 不动产
- 未发生销售行为的不征税项目
  - 预付卡销售和充值
  - 销售自行开发的房地产项
  - 已申报缴纳营业税未开票
  - 代收印花税
  - 代收车船使用税
  - 融资性售后回租承租方出售
  - 资产重组涉及的不动产
  - 资产重组涉及的土地使用
  - 代理进口免税货物货款
  - 有奖发票奖金支付
  - 不征税自来水
  - 建筑服务预收款
  - 代收民航发展基金

查询条件　名称　编码 602　规格型号　查找
关键字　简码　分类简称

【未发生销售行为的不征税项目】类别下的编码信息

编码	名称	简码	税收分类简称	税率
601	预付卡销售和充值	YFKXSHCZ	预付卡销售	
602	销售自行开发的房地产项目预收款	XSZXKFDFDCXMYSK	房地产预收款	
603	已申报缴纳营业税未开票补开票	YSBJNYYSWKPBKP	补开营业税发票	
604	代收印花税	DSYHS	代收印花税	
605	代收车船使用税	DSCCSYS	代收车船使用税	
606	融资性售后回租承租方出售资产	RZXSHHZCZFCSZC	融资性售后回租承租方出售资	
607	资产重组涉及的不动产	ZCZZSJDBDC	资产重组涉及的不动产	
608	资产重组涉及的土地使用权	ZCZZSJDTDSYQ	资产重组涉及的土地使用权	
609	代理进口免税货物货款	DLJKMSHWHK	代理进口免税货物货款	
610	有奖发票奖金支付	YJFPJJZF	有奖发票奖金	
611	不征税自来水	BZSZLS	不征税自来水	
612	建筑服务预收款	JZFWYSK	建筑服务预收款	
613	代收民航发展基金	DSMHFZJJ	代收民航发展基金	

当前版本：33.0

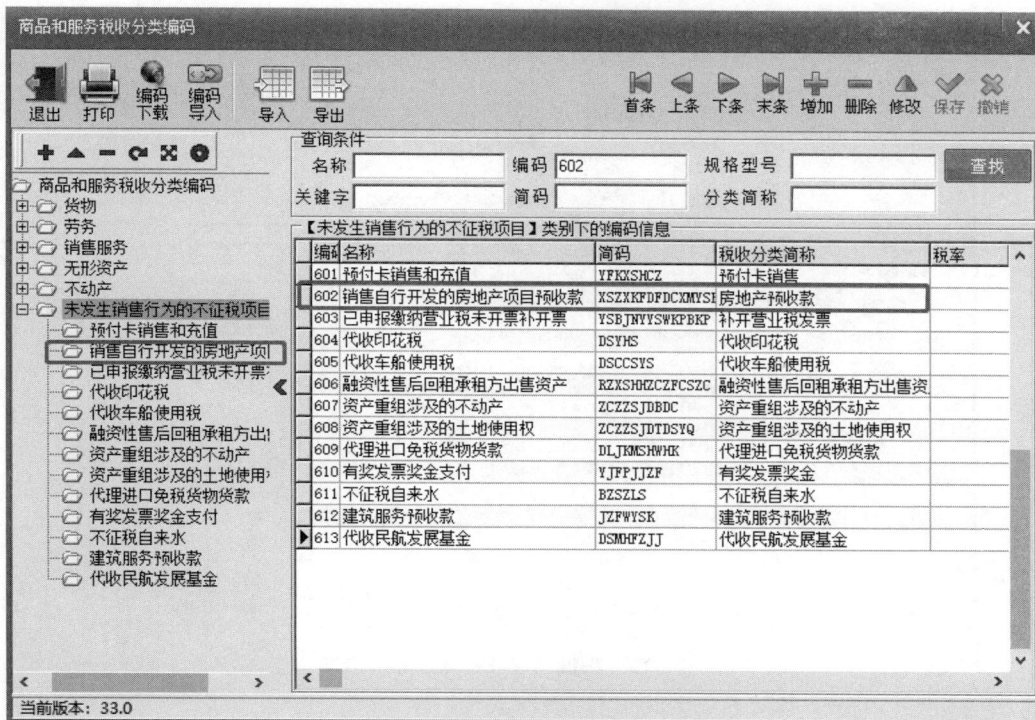

图8-1　在交房之前收到的预收款开票

在交房以后，需要将之前开具的税率栏为"不征税"的增值税普通发票收回红冲后再重 新开具税率栏带实际税率的增值税发票，并于次月进行纳税申报。此处原开具的"不征税"增值税普通发票如果不收回红冲，对方会有重复入账的问题。

（2）现房销售情况

现房销售，由于预收房款后会很快交房，可以直接开具税率栏带实际税率的增值税发票，并进行纳税申报。

（3）已申报缴纳营业税未开票补开票

对于已申报缴纳营业税未开具发票不开发票的，选择 6"未发生销售行为的不征税项目"下的 603"已申报缴纳营业税未开票补开票"编码进行开票（见图 8-2），并在发票税率栏填写"不征税"，开具增值税普通发票，不得开具增值税专用发票，开具发票后不用进行纳税申报。如系统清卡不成功，需要在申报期去税务局办税服务厅进行手工清卡。

实际上，从国家税务总局 2016 年第 53 号公告对预收款开票的规定来看，与目前房地产企业的普遍做法大同小异，即将"零税率"换成"不征税税率"，此时的发票相当于房地产行业的专有收据，解决了银行、公积金贷款的相关难题。

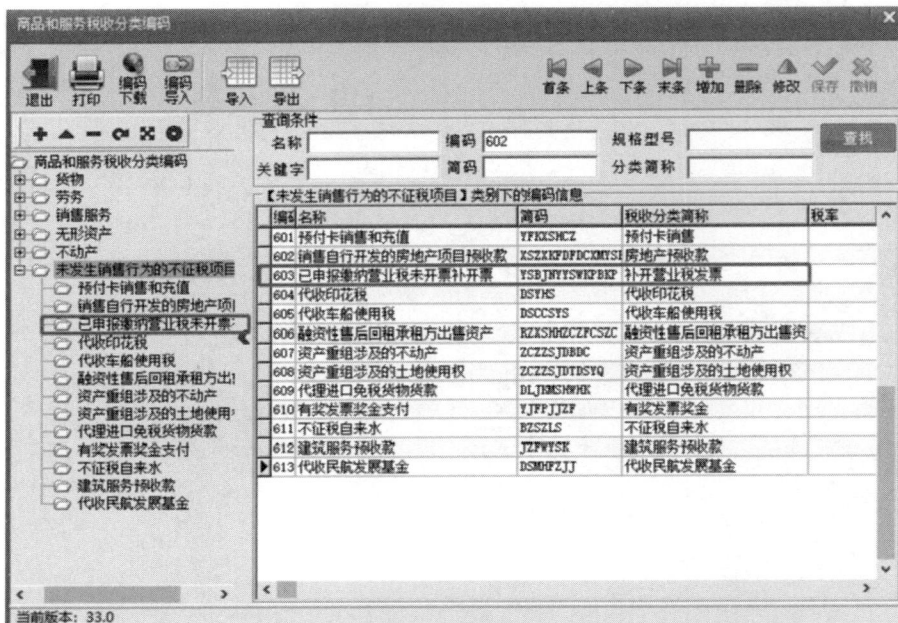

图8-2　已申报缴纳营业税未开票补开票

8.4.18　售后返租的增值税优化策略

所谓"售后返租"，就是房地产开发商在销售商品房给购房者时，同时与购房者签订该房的租赁合同。租赁合同中开发商承诺在购房后几年内，给予购房者固定租金，所购房屋由开发商统一经营。开发商一般会将已售出的房屋整体再租赁给另外的公司，进行商业经营。开发商收取租金后，再按合同约定的租金支付给购房者。

售后返租，这一模式是地产商巧妙融资的手段，可以快速回笼资金，多用于商业地产。

在一般计税方法下，房地产公司销售环节要缴纳增值税，"销售不动产"税率为9%；返租情形下，如果购买方是个人，可以获得3%的进项税税额；再通过招商租赁给其他单位时，又要缴纳增值税，"不动产租赁"税率为9%。整个过程房地产公司两项收入比营业税时代税负升高，而取得的进项税额明显较低，进项销售不匹配，而且税率较高。

但是，如果通过房地产下属物业公司或资产管理公司来代替业主进行出租。各购房者在购房时，由物业公司与购房者另外签订委托代理租房协议，而不是以开发商的名义与购房者签订租房合同。物业公司或资产管理公司收取代理费，把收到的租金再转付给另外招商租赁的其他单位，物业公司代收费用向付款方开具委托方的发票。这样物业公司或资产管理公司需要按照"现代服务业—经纪代理业"进项差额缴纳增值税，税率为6%。

8.4.19　工程项目经营模式与资质共享的冲突解决

1. 经营管理模式

集团内资质共享是指建筑业的集团母公司凭借高资质优势中标工程项目、签订工程承包合同，委托低资质的下属单位履约合同，这种情况在大型央企、大型地方国有企业、大型民营企业内普遍存在，具体表现为自管模式和代管模式及平级共享模式。

（1）自管模式

以集团母公司名义中标大型工程项目或技术含量高、施工难度大、具有战略性地位的工程项目，母公司设立项目指挥部作为项目管理机构，各子公司为参与单位，成立施工项目部，完成工程任务。

母公司中标工程项目并与业主签订工程承包合同，业主将工程款支付给母公司，母公司开具工程项目的增值税发票给业主，但工程任务却是由子公司组织完成的，合同主体与施工主体不一致，"四流"（比"三流"多一合同）不统一。

但是，母公司与分包单位和材料供应商签订合同，并向分包单位和材料供应商支付合同款，并收取分包单位及材料供应商开具的增值税发票，分包单位及材料供应商提供合同规定的货物或服务，"四流"统一。

（2）代管模式

指以集团母公司名义中标并签订合同，母公司不设置项目指挥部，授权子公司成立项目部代表母公司直接管理该项目，履行母公司与业主签订合同中的责任和义务，承担相应的法律责任。

（3）平级共享模式

即平级单位之间的资质共享，如二级单位之间、三级单位之间，中标单位不设立指挥部，直接由实际施工单位以中标单位的名义成立项目部管理项目的模式。

2. 各经营模式存在的冲突与风险

（1）存在冲突

实务中各种经营模式存在的冲突与风险主要有：

①合同签订主体与实际施工主体不一致，销项侧与进项侧管理失衡，无法形成法定闭环，无法匹配，进项税抵扣存在风险。

②中标单位与实际施工单位之间无合同关系，内部总分包之间不开具发票，无法建立增值税抵扣链条，影响进项税抵扣。

③除自管模式下，中标单位与实际施工单位均未按总分包进行核算，无法建立增值税抵扣链条，实现分包成本进项税抵扣。

（2）存在的风险

①涉嫌虚开增值税发票，各种管理模式存在合同流、物流、资金流和发票流等"四流"不一致的情形。

②增值税抵扣链没有形成闭环，基本上表现为集团公司的销项税较大，子公司的进项税额归集较大，二者又没有有效的抵扣，导致集团母公司和子公司的整体税负增加。

3. 经营模式与资质共享冲突的解决

（1）减少集团内资质共享，集中管理

集团母公司作为中标单位对工程项目进行集中管理，集中归集工程项目的收入及成本费用，支付给业务的销项与工程成本的进项都发生在集团母公司，实现增值税进销项相匹配。子公司可以参建，各实施施工单位不再确认收入、成本，同时要完善对参建单位的考核机制。

这种方案可以实现"四流一致"，但是集团母公司也集中了所有因工程可能引致的风险，子公司收入减少，不利于实际施工单位的业绩考核及资质认定和维持。

（2）合理内部分包，完善抵扣链条

根据《中华人民共和国建筑法》规定：

> 第二十八条　禁止承包单位将其承包的全部建筑工程转包给他人，禁止承包单位将其承包的全部建筑工程肢解以后以分包的名义分别转包给他人。
>
> 第二十九条　建筑工程总承包单位可以将承包工程中的部分工程发包给具有相应资质条件的分包单位；但是，除总承包合同中约定的分包外，必须经建设单位认可。施工总承包的，建筑工程主体结构的施工必须由总承包单位自行完成。

集团母公司作为中标单位与业主签订工程总包合同，自行（或通过分公司项目部）完成主体工程，其他工程由集团母公司向下属子公司分包，子公司向集团母公司开具分包增值税专用发票，建立增值税的抵扣链条，完善整体抵扣链条。这种方案也可以实现"四流一致"，但是要注意如果层层分包，链条过长，管理层级复杂，可能增加其他税费，比如印花税。

（3）"一甲多乙"，联合承包

集团母公司和下属子公司一起作为联合体去投标承包建设单位（业务）的工程项目。这种方式目前建筑业普遍存在，在总承包合同、投标函、中标通知书等文件中明确联合体各单位具体成本项目、金额等。同时，施工工程中涉及联合体各方的工程项目和金额发生变动时，及时补签联合体协议，保证各施工单位的金额、收款即合同一致。

这是一种分散的解决方式，要求也比较高。在资金流方面，甲方要分别向联合体各方支付工程款；发票流方面，联合体各方要分别开具发票给甲方。"一甲多乙"的各环节要防止"四流不一致"的情况，避免虚开增值税专用发票的风险。

（4）积极筹划，合理利用政策

根据《国家税务总局关于进一步明确营改增有关征管问题的公告》（国家税务总局公告 2017 年第 11 号）第二条规定：

> 建筑企业与发包方签订建筑合同后，以内部授权或者三方协议等方式，授权集团内其他纳税人（以下称"第三方"）为发包方提供建筑服务，并由第三方直接与发包方结算工程款的，由第三方缴纳增值税并向发包方开具增值税发票，与发包方签订建筑合同的建筑企业不缴纳增值税。发包方可凭实际提供建筑服务的纳税人开具的增值税专用发票抵扣进项税额。

该文件解决合同流不一致的问题，也就是解决建筑企业有资质企业的挂靠与集团内部的合同主体问题。企业可以集中在建筑企业总分机构之间，由总机构统一签署协议，然后交由分支机构提供建筑服务，并由分支机构收款、开票。因为本质上由于总分机构是一个法律主体，不属于虚开发票，具备经营上的合理性。但是注意，涉及建筑服务对应的进项税额要最大化的在分支机构发生，总机构减少集中采购的内容。

8.4.20　工程承包与分包的疑难处理

1. 对工程承包公司承包的建筑安装工程的增值税处理

实务中，有些工程承包公司承包了某些小的工程，比如建筑安装工程，但是并没有实际参与施工，该按照什么税目交税？

主要根据承包合同的签订来判断：

如果工程承包公司承包建筑安装工程业务，即工程承包公司与建设单位签订承包合同的建筑安装工程业务，无论其是否参与施工，均应按"建筑业"税目征收增值税，其税率为 9%。

如果工程承包公司不与建设单位签订承包建筑安装工程合同，只是负责工程的组织协调业务，对工程承包公司的此项业务则按"服务业"税目征收增值税，其税率为 6%。

2. 总承包合同是老项目，分包合同适用简易计税的筹划

实务中，总承包合同在 2016 年 5 月 1 日前签订的，但是分包合同在 5 月 1 日之后签订的。总承包项目单位肯定可以按老项目简易计税，但是分包单位如何处理？

针对该问题，总局层面的"营改增"政策并未明确。由于总包合同老项目简易征收，适用 3% 征收率，不得抵扣进项。即便是为分包单位开具了增值税专用发票，抵扣税率也较低，不符合"税负不增加"的改革精神。实务中，各地的税务机关对此解释不一。

比如湖北国税认为，分包合同可以跟随总包合同一起选择简易计税。但是深圳国税却要求，分别根据总、分包注明的开工日期，独立确定。

实务中，由于"清包工""甲供工程"形式存在，因此遇到这种情况可以进行筹划，做成"甲供工程"项目，让分包企业也可以选择简易计税方法。

3．自然人分包合作，如何获取发票

根据《中华人民共和国建筑法》第二十六条规定：承包建筑工程的单位应当持有依法取得的资质证书，并在其资质等级许可的业务范围内承揽工程。禁止建筑施工企业超越本企业资质等级许可的业务范围或者以任何形式用其他建筑施工企业的名义承揽工程。禁止建筑施工企业以任何形式允许其他单位或者个人使用本企业的资质证书、营业执照，以本企业的名义承揽工程。

因此，作为自然人，不能成为建设工程的承包人承揽工程。这意味着自然人无法开具工程分包的增值税专用发票，发包单位如果采用一般计税方法就无法抵扣进项税额。

但是换一个角度讲，自然人可以为建筑安装等工程提供建筑劳务服务。可以通过税务机关代开发票，发包单位如果采用简易计税方法，则可以入账。当然个人代开发票时，主管税务机关可根据其工程规模、工程承包合同（协议）价款和工程完工进度等情况，核定其应纳税所得额或应纳税额，征收个人所得税等。

8.4.21 建筑企业总分机构资产管理税收策略

"营改增"之前，企业购置的建筑机械、设备等，由于用于非增值税应税项目，无法抵扣增值税进项税额。"营改增"后，设备购置增值税进项税额可以抵扣，重点要注意以下两个方面：能否最大化地抵扣增值税进项税额？总分机构能否进行有效的设备资产管理？

如何才能最大化地抵扣增值税进项税额？要注意两点。

第一就是对采购供应商的选择，要选择一般纳税人，因为一般纳税人才能开具增值税税率为 13% 的专用发票。

第二是注意对特殊采购业务的把握。

比如，企业采购 150 万元的设备，其中配件 10 万元、运费 5 万元、安装费 20 万元，此种情况下，如何要求销售方开具发票比较有利？对供应商而言，最希望适用兼营模式，针对主设备、配件、运费安装费等分别按照不同的税率来分别核算以降低自身企业的增值税税率，运费、安装费税率为9%；反过来，针对购买方而言，由于部分价款适用了低税率，自己得到的增值税进项税额减少了，可以借机要求在购置价款上给予一定的让步。如果价款不能折让，则以运输费和安装费与设备及配件价款的合计金额要求销售方按照货物销售开具增值税发票，这样就可以整体按照13%的税率进行抵扣。另外，还要注意开票方、供应商、资金流保持一致，避免采购过程中虚开的情形。

建筑企业总分机构之间如何实现设备资产的有效管理？

根据《中华人民共和国增值税实施细则》（以下简称《增值税实施细则》）第四条第三款规定，单位或个人工商户的下列行为，属于视同销售：设有两个以上机构并实行统一核算的纳税人，将货物从一个机构移送至施行统一核算的纳税人，但相关机构设在同一县（市）的除外。

针对上述情况下的视同销售行为，《国家税务总局关于企业所属机构间移送货物征收增值税问题的通知》（国税发〔1998〕137号）文件规定，《增值税实施细则》第四条第三款所称的用于销售，是指收货机构发生以下情形之一的经营行为：①向购货方开具发票；②向购货方收取货款。

根据以上规定，在一个纳税人内的不同分支机构间，发生货物移动情况的，如果开具发票或者收取货款的，均应视同销售，分支机构依法缴纳增值税；如果没有开票也没有收款，则应由总机构统一缴纳增值税。如果收货机构只就部分货物向购买方开具发票或收取货款，则应当区别不同情况计算并分别向总机构所在地或分支机构所在地缴纳税款。

8.5　增值税税收管理策略

1. 税务团队的组建

全面"营改增"后，企业要专门设置税务岗。由于增值税税制特点的独特性，要求对以增值税为代表的流转税实现精细化管理，涉税事项甚至要细化到每一张安排的金额、税率、开票时间等，因此在企业税务团队的组建上要突出专业性和能力相结合的特点。

一方面，要求涉税管理人员具有税务处理过程中体现专业性，不但要求相关人员具有财务管理、会计以及税收等相关履历背景，而且更要突出其在解决税务实际问题、运用税收相关法律过程中体现的专业性、权威性、精确性。

另一方面，就是要求涉税管理人员在工作能力上，兼具细节核查和宏观管理的双重能力，比如在税收核算、纳税申报等具体细节上，马虎一点，可能会出现无法通过申报系统、适用政策错误、延迟认证抵扣等风险；宏观管理上要更多体现到税负分析、税务筹划、税务筹划与风险防控上，在经济业务发生前后为企业发展提供税务决策。

另外，涉及集团税务管理上，企业决策者要有一定的前瞻性和魄力，对集团税务管理引起足够的重视。实务中，大多数集团化企业设置"税务管理部"的已经屡见不鲜，设置"税务总监"或"税务高级经理"岗位的企业数不胜数，主要集中在大型央企、跨国公司、房地产企业、金融投资企业等。只是有的放在了财务管理部的下面，有的和财务管理部并驾齐驱，比如京东集团、华润集团、华为、西门子（中国）有限公司、万科地产、中石化等大型企业集团。

税务工作是一项"见微知著"的工作，企业应该梳理各子、分公司及项目机构的经营定位及管理职能，推进组织结构扁平化改革。笔者相信，随着我国税制改革的推进以及依法治税的施行，企业对税务平台、架构以及人员的要求会越来越高。

2．税务制度建设

无规矩，不方圆。税务制度建设应该是开展税务工作的前提，是税务工作评估与考核的抓手。全面"营改增"后，企业税务工作面临更多新的挑战和要求，企业在围绕财务战略、业务架构来制定税务管理制度的同时，更要细化各方面涉税工作制度、规程，形成体系，制定手册，使税务工作规范化。

企业涉及的税务管理制度包括且不限于：企业增值税发票管理规定、发票入库与分发流程、企业增值税会计处理办法、企业增值税进项侧管理规定、企业集团税务管理办法、企业税务培训管理办法、涉税台账管理办法等。

3．纳税核算与申报入库

企业纳税核算与申报入库是税务管理的核心，是税务管理中最重要的一环。不能够保证税款及时合理入库，很多诸如税务制度建设、筹划、检查与培训的工作都失去了意义。对税务管理人员而言，也是真正体现专业能力的环节。税款入库一分不多，一分不少，从来都是最理想的结果。

企业的纳税核算，重点是掌握具体经济业务发生的特征，确定业务性质。比如建筑公司如果取得"工程监理"业务收入，如何开票？如何核算？是按建筑工程服务的9%，还是按照服务业的"鉴证咨询服务6%"计算销售税额？比如取得的按照"其他建筑服务"税目开具的、税率为9%的"航道疏浚"增值税专用发票能否抵扣？这一类的问题，只有通过专业的学习和判断才能正确进行纳税核算（"工程监理"和"航道疏浚"都属于现代服务业）。

其中，进项侧方面，主要关注业务性质和取得抵扣凭据的合规性，业务性质决定能否抵扣，比如购买产品，用于计提福利的，要把进项税额转出；取得抵扣凭据的对方是否有资格开具、开具的票面内容是否合规等。销项侧方面，主要关注不开票的收入，具体界定不开票收入的业务性质，正确适用增值税税率进行核算。

企业纳税申报入库方面，要重点关注申报数据的准确性和完整性。

第一，纳税申报的数据要和企业账务处理系统的数据保持一致，当月的申报数据和下月的申报数据互相关联，要准确反映企业账务核算与报表数据，避免虚假申报。

第二，纳税申报肯定要在征期以内，有些纳税筹划方案，考虑资金的时间价值，让企业尽量拖到征期的最后才进行纳税申报与缴纳。这一点笔者不提倡，比如对总分机构管理的企业而言，实务中不进行纳税申报，总机构系统不能向分支机构分配发票，分支机构不能及时取得或开具发票，势必会影响其生产经营。另外对于一般企业而言，纳税申报过晚，如果出现申报差错，无法进行征期内补充申报的，只能进行征期后的更正申报，当然有滞纳金的风险。

4．税务咨询服务

对于企业内部，税务管理工作服务于生产、经营、管理的各个流程。税务管理工作可以为合同签订提供咨询；为企业组织形式、成本架构提前做出节税筹划；为重大重组、收购、合并等项目提出税务决策方案咨询、税务优化方案的研究与推广、涉税流程设计和纳税风险检测等。

对于企业控股或参股单位，可通过业务部门和下属业务单元提出的税务问题解答、税务政策转发与咨询服务、重大税务稽查协调处理、企业税收实务案例的编辑与宣导、税收法律法规与政策信息库的建立等方式进行税收服务。

企业税收管理实务中，往往也存在着"外来的和尚会念经"的现状。即很多企业的税务咨询与服务业务板块，都是外包给"税务师事务所"来做，或者是在碰到重大项目运作时请相关中介机构出具税务筹划意见。这样，企业领导比较偏好，涉税处理有问题后，事务所的"报告"往往就是对付税务机关的重要砝码。比如，大的央企和上市公司偏好于聘请"四大会计师事务所"作为他们的税务顾问，很多企业基本上都会请税务师事务所来做企业所得税的汇算清缴与税务审计等工作。

一方面反映目前企业自身税务管控能力偏弱、决策模式不规范；另一方面也凸显税务在整个企业管理体系中越来越重要。所以，企业应该建立拥有独立决策能力的税务咨询与服务团队或小组，只有企业自己的税务管理者才知道企业的真实状况，才能给出最优的决策方案，给出最符合实际的咨询与服务内容。笔者建议，企业要施行以自主决策为主，外部协助、税局监督为辅助的税务咨询与决策模式。

5．税务培训与检查

一般而言，实务中税务培训涉及不同种类的培训。

从培训组织看，有企业自身组织，也有税务机关或税务协会组织或其他培训机构组织的培训。从培训内容看，可以是针对税务会计处理及纳税申报方面的培训，也可以是针对某一涉税问题专项培训，比如"营改增"的税务培训、转移定价税务处理培训、房地产企业税收培训、企业重组培训等。

企业组织的培训，要注重实效，能够解决问题，有所区分。一般办税人员的培训和税务管理岗的培训应分别举办，一般办税人员注重细节，重点是税务控制过程梳理与实施；而后者着重于对税务决策与管控、视觉拓展与开拓等，比如税收筹划、重大资本运作涉税实务、税企关系的处理技巧等方面的培训。另外，税务机关组织的一般是公益性质的"大波轰"，以税法宣贯为导向，人数较多，实际效果一般不明显。其他培训机构的培训活动，企业可以选择性参加，有节制参与。

实务工作中，税务检查主要分为三类业务。第一种是企业内审自查，可以通过部门交叉审计，审计内控部门审查财务部门，或者分子公司财务部门互相自查，或者针对某一涉税事项的专项检查，比如发票检查等；第二种是外聘税务师事务所，分年度或季度对企业或下属企业税务检查，包括揭示各种税种的潜在风险、进行纳税评估等；第三种就是税务稽查，各级次税务稽查局进驻稽查，主要是做好材料提供，情况说明，纳税事项报告及稽查人员往来接待等，主要是控制税务把握技巧，最大化节约税务稽查成本。

6. 税企关系的协调

现实中，税务机关往往处于主动地位，出现征纳双方信息不对称、税务机关自由裁量权过大、纳税强制较多而服务偏少、纳税遵从成本与收益配比失衡等状况，税收征纳关系不和谐在客观上给企业在税收操作上带来的潜在的风险。

另外，税收行政执法不规范以及法际之间冲突的现象仍然存在。由于我国目前税务行政执法主体多元，主要包括海关、财政、国税、地税等多个税务执法主体，各部门之间在税务行政执法上常常重叠，且不同的执法主体对同一涉税行为的理解和处理可能有所不同。对于公司的涉税行为，不同的法律对行为的处理会有所不同，比如关于公司收入确认值的问题，税收法规、财务会计法规和合同法的规定可能会不一致。根据税法相关规定，不同的收入确认方式，对于纳税义务会产生多方面的影响，如纳税义务发生时间、当期纳税金额等。如果企业不及时跟进调整自己的涉税业务，加强对国家税收政策的学习和理解，就会使自己的纳税行为由合法转变为不合法，给企业带来税务风险。

所以，税企关系的协调与维护是企业税政管理工作的重中之重。一方面，要以企业主管税务所为突破多与税务机关进行沟通、汇报，保持一定的"存在感"，借助各种研讨会、座谈会等场合与税务机关相关人员进行交谈，或汇报问题，或征询意见；与税务机关一起举办联谊活动，或者请税务人员到企业实地考察调研等形式，最大化压缩非法"寻租空间"。另一方面，也有正确看待与税务机关的关系，不是一味地逢迎怕事。明显是税务机关过错的，遇到事情要通过合法的程序、渠道去申诉、复议或争议起诉等。比如，

2015 年华润置地（上海）有限公司与上海市税务局第五稽查局、上海市税务局税务（详见"上海市黄浦区人民法院一审［2015］黄浦行初字第 256 号"）的争议诉讼案，实务中争议较大。无论结果如何，我们应该为华润置地合理维权的法制精神点赞。

7. 企业税务风险防控

我国企业税务风险防控的现状主要从国内大企业税务风险考虑。据安永会计师事务所日前发布的调查，注册资本 1 亿元人民币以下的企业，建立税务部的企业不足 10%。可见，中小企业的税务风险管理基本依靠于财务风险管理，在具体操作上主要依靠财务会计账目的核算来控制税务风险，还没有形成独立的税务风险防控体系。

2009 年国家税务总局发布了《大企业税务风险管理指引》，主要从制度规范上针对企业税务风险管理做了指导。主要内容包括税务分析的六点要求、税务风险防控的五大目标、企业需要建立的五项制度等。该指引从税务相关的更多方面对税务风险点加以阐述，包括税务信息系统、税务人员培训等具体事项。

综上可以看出，企业税务风险的防控经历了一个过程：即从账目基础的税务风险防控，到以制度建设为核心的税务风险防控，目前发展到以风险因子为导向的税务风险防控。

全面"营改增"后，建议企业在增值税的风险管控方面也以风险因子为抓手，去分别管控税务风险。风险因子企业根据实际情况自行梳理，大致包括，虚开增值税发票风险、不合规增值税发票报销入账或进项税抵扣风险、纳税义务发生时间适用错误风险、政策适用错误风险、增值税简易征收及税收优惠备案管理风险、纳税申报技术性错误风险等。

建议企业建立税收风险因子信息系统，结合先进的信息互联技术，把实务中发现的、解决的、隐藏的税收风险点都纳入信息系统，比如，有的企业增值税专用发票的认证使用了"扫码枪"的先进设备，提高了工作效率，减少了出错概率。因此，要从企业生产运营、财务会计、税务管理等多维度分析和管控税务风险，分析评价税收风险管理效用效果。当然有效的税务风险管理需要理论支持，但更需要实践去检验。

参考文献

[1] 刘桂华，朱志红. 建筑业"营改增"对企业税负影响及对应策略 [J]. 中国总会计师，2016，（7）:62-64.

[2] 骆永菊，骆剑华. 一般纳税人金融商品转让业务的增值税处理 [J]. 财会月刊，2017，(34):68-71.

[3] 辛连珠. "营改增"设定"余额为销售额"的原则与应用探讨 [J]. 中国税务，2016，(7):381.

[4] 朱蓓芸. 浅议"营改增"对上市公司财务管理的影响 [J]. 中国总会计师，2016，(4):153.

[5] 欧阳巍. "营改增"背景下市政园林公司税收筹划的策略分析 [J]. 财会学习，2015,(153):140-141.

[6] 孟凡芹. 建筑施工企业"营改增"面临问题及应对措施 [J]. 当代经济，2015，(17):49-51.

[7] 李旭红，赵丽. 建筑业"营改增"操作实务解析 [M]. 北京：中国财政经济出版社，2015.

[8] 王有松. 全面营改增新政运用及纳税实操 [M]. 北京：中国铁道出版社，2017.

[9] 全国税务师职业资格考试教材编写组. 2018 年财务与会计 [M]. 北京：中国税务出版社，2018.

[10] 国家税务总局全面推开"营改增"督促落实领导小组办公室. 全面推开"营改增"业务操作指引 [M]. 北京：中国税务出版社，2016.